近現代學人著述叢刊

香草續校書

（清）于鬯 撰

1

國家圖書館出版社

圖書在版編目(CIP)數據

香草續校書：全三册／(清)于鬯撰. -- 北京：國家圖書館出版社，2024.10.
(近現代學人著述叢刊). -- ISBN 978-7-5013-8218-7

Ⅰ. G256.3

中國國家版本館 CIP 數據核字 2024NJ8196 號

書　　名　香草續校書(全三册)
著　　者　(清)于鬯　撰
責任編輯　司領超
封面設計　程　言

出版發行　國家圖書館出版社(北京市西城區文津街 7 號　100034)
(原書目文獻出版社　北京圖書館出版社)
010-66114536　63802249　nlcpress@nlc.cn(郵購)
網　　址　http://www.nlcpress.com
印　　裝　河北三河弘翰印務有限公司
版次印次　2024 年 10 月第 1 版　2024 年 10 月第 1 次印刷

開　　本　787×1092　1/16
印　　張　79
書　　號　ISBN 978-7-5013-8218-7
定　　價　2800.00 圓

前言

《香草續校書》是清末學者于鬯所撰的一部重要的校勘學著作。

于鬯（1854—1910），字醴尊，號香草，清末江蘇南匯（今上海市）人。秀才。他雖然一直未考取舉人、進士，但在光緒二十三年（1897）參加并通過了每十二年纔考一次且每縣祇有一個名額的拔萃科考試。由於他是家中獨子，且父母年事已高，因此遵循舊制，終生未入仕，以布衣之身致力於教學與治學。他主持過南匯芸香草堂講席，提倡漢學；又於南匯周浦鎮設立治經會，與鄉賢同志講論學問。

于鬯精於傳統小學，在音韻學、訓詁學、文字學方面都下過極大功夫，緣此，他對古籍的解讀深入且精確，對經史及諸子之學都頗有心得，取得了很高的成就。其生平事迹分見於民國時期編纂的《南匯縣續志》《青浦縣續志》。此外，與其大致同時期的著名史學家、文獻學家繆荃孫撰有《于香草墓誌銘》，現代著名年譜學家秦翰才編有《于香草年譜》，皆可參讀。

據上述有關資料可知，于鬯因學養深湛，頗受當時著名學者俞樾、王先謙等人的期許。雖然他享年祇有五十六歲，但他心無旁騖，以讀書、著書爲務，最終結撰成書的有二十三種，可謂成果豐碩。可惜限於財力，刻印行世的衹有《讀〈周禮〉日記》《讀〈儀禮〉日記》《卦氣直日考》《〈説文〉職墨》《香草校書》《香草續校書》《花燭閒談》等數種而已，其他大都以稿本、抄本的形式流傳，現分藏於上海圖書館和南京圖書館。

在于鬯衆多著述中，古代典籍的校勘之作是非常突出的，生前他就自己編訂爲《香草校書》和《香草續校書》。《香草校書》的主要校勘對象是群經及傳統小學典籍，包括《周易》《尚書》《逸周書》《詩經》《周禮》《儀禮》《禮記》《大戴禮記》《春秋左氏傳》《春秋穀梁傳》《春秋公羊傳》《國語》《孝經》《論語》《孟子》《爾雅》《説文》，總計十七種六十卷。《香草續校書》則以考校諸子文獻及少量史書爲主，總計十五種二十二卷。此外，他還校過《楚辭》及宋人洪遵的《泉志》，不知何故并未收入到《香草校書》或《香草續校書》中。

目前學界對《香草校書》的稿抄本流傳情況，還不是很瞭解，據1984年中華書局整理本前言可知，當時曾據上海圖書館所藏舊抄本增補了光緒二十九年（1903）刻本中所缺的十卷内容，但完殘的具體情況就不清楚了。而《香草續校書》是一份比較完整的稿抄本，且保存狀況良好。細觀于鬯的墨迹可以看出，鬯、爲、名、也等字都有明顯的書寫特徵，由此可以推知，由他本人書寫的有《老子》《管子》《墨子》《莊子》《列子》《商君書》《内經素問》《水經注》，而《晏子》《荀子》《韓非子》《吕氏春秋》《列楊》《孫子》《淮南子》則是他人所抄，且抄者不止一人，但書眉上有于氏親筆批註，行間有其親筆校改，可知書稿經過一再審校。需要説明的是，其中《列楊》一種，專從《列子》中摘取與楊朱言行有關的文字加以校勘，不算是另外的子書品種，且其所引文字除《列子》外，末有三條分别出自《莊子·應帝王》《説苑·權謀》《淮南子·説林》，徑稱之『列楊』，稍嫌不妥。于氏對此没有交代，不知是其偶疏，還是屬稿未定所致，暫時祇能存疑。

《香草續校書》的校勘方法與《香草校書》基本接近，既重視版本核校，更重視文義考證。于氏生當清末，仍然能在校勘事業上异軍突起，成爲里程碑式的學者，原因或許正在於此。于氏雖説行文謙退，但也嘗言道，『自高郵《述聞》後有德清《平議》，德清《平議》後有此書』（《香草校書》自序），自謂直追王念孫、王引之父子和俞樾，自許之意還是禁不住躍然紙上。

當然，于氏的説法也絶不是自我過譽，細讀其校語，覺得他不愧是清代校勘學的殿軍人物。他在《老子》第八十章『使有什伯之器而不用』下的按語中指出：『「使」下疑脱「國」字，上文云「小國寡民」，此「國」字承上「小國」，猶下文云「使民重死而不遠徙」，「民」字承上「寡民」文例也。脱「國」字失例，義亦不曉。』此説雖然不能遽定爲確解，但畢竟有相當的説服力。他在《孫子·（始）計》『法者，曲制、官道、主用也』下的按語中指出：『「曲」疑「典」字之誤，《國語·周語》「瞽獻曲」宋公序本「曲」作「典」，是其例也。曹操《略解》以「曲」爲部曲，蓋不然。』判斷合理，引證可信。這樣精彩的條目在書中所在多有，毋須多舉，讀此書者自可尋繹。

略檢以往相關論著可知，過去對《香草校書》的研究還是比較充分的，但對《香草續校書》的討論相對還是偏少。雖然中華書局曾於1963年出版過《香草續校書》的點校本，但一來祇是圈點斷句，并非規範的標點，二來在排印時又發生了某些新的錯誤。因此，將這部世人難得一見的稿抄本原樣影印出來，爲廣大讀者提供一份可靠的原始文獻，無疑是很有意義的事情。

劉心明

二〇二四年九月

總目録

第一册

第二册

第三册

第一册目録

香草續校書

老子一卷

050458

香草續校書

南匯于鬯

老子

上篇一章無名天地之始鬯案始當讀為胎胎始竝諧台聲例得通假無名天地之胎故下句云有名萬物之母胎與母對若第作始初義則與母虛實失倫矣王弼不通假借故所注未允抑始字說文女部云女之初也女之初其義實難曉蓋因字从女故解為女之初竊謂凡从女之字多有作从人義者不必其事偏於女子說已見前說文女部威字條校且从人台聲之字已有佁癡之佁則始更不

得不變从女以別之其从女即从人也然則女之初者非果謂女之初為始男之初不爲始亦曰人之初耳始以人之初為本義則始字實即胎字矣胎始二字雖並見說文而胎乃始之後出字蓋始之本義為人之初其引伸則凡初皆曰始凡初曰始之義行而本義晦於是復造从肉之胎字故胎字引伸亦有凡初之義爾雅釋詁云胎始也是凡初之義也然則書傳用始字皆從其引伸之義惟此始字與母字對獨從其本義耳而并非假始為胎說亦可備矣

故常無欲以觀其妙常有欲以觀其徼鬯案兩常字宜並

讀爲當當常並諧尚聲故得通借常無者當無也常有者當有也謂當其無當其有也此文無字有字讀逗諸家言者衆矣王注以無欲有欲連讀非是惟兩常字與上文兩常字截然義別說者皆溷而同之俞蔭甫太史諸子平議於上文兩常字謂與尚通尚者上也其說確矣而於此兩常字亦云依上文讀作尚則豈可通乎一章之中同字異義有不可不辨者如十三章云故貴以身爲天下若可寄天下愛以身爲天下若可託天下兩若字與彼上文寵辱若驚貴大患若身之若亦別說具彼校此兩常字之不可同於上文之兩常字與彼兩若字之不可同於上文之兩

老子

若字正一例也當其無欲以觀其妙者觀其自無而之有也當其有欲以觀其徼者觀其自有而之無也即下章所謂有無相生是也故下文云此兩者同出而異名

二章天下皆知美之為美斯惡已皆知善之為善斯不善已矣案此文當以下章說之彼云不尚賢使民不爭不貴難得之貨使民不為盜不見可欲使民心不亂聚珍本校云原本及各本均無民字惟永樂大典有之據弼注故可欲不見上承浚命而盜則經文本有民字案傳奕校古本亦有民字令他本有民字者多惟倪元坦老子參註斥有民字者為俗本倪書淺陋當不可從天下皆知美之為美皆知善之為善者尚賢也貴難得之貨也見可欲也而不知民爭即在尚賢民為盜即在貴難得之貨民心亂

即在見可欲故曰斯惡已斯不善已兩章之意反復相明
自由來解此者似皆未得其旨姚鼐老子章義本以此章
合下章爲一章則頗有所見 又案十二章云五色令人目
盲五音令人耳聾五味令人
口爽馳騁畋獵令人心發狂難
得之貨令人行妨意亦可參
五章天地不仁以萬物爲芻狗聖人不仁以百姓爲芻狗
案此文當各以十字句天地不仁以萬物爲芻狗者謂
以萬物爲芻狗天地以爲不仁也聖人不仁以百姓爲芻
狗者謂以百姓爲芻狗聖人以爲不仁也實倒裝文法耳
猶孟子盡心篇云仲子不義與之齊國亦謂與之齊國仲
子以爲不義也說見前彼校此言不仁即彼言不義矣王

注既誤讀天地不仁為句聖人不仁為句則義豈復可說乎芻狗者不過言實物耳老子之意謂天地以萬物為空虛而非實物聖人以百姓為空虛而非實物以萬物百姓為實物不仁之道也故下文云天地之閒其猶橐籥乎橐籥則空空洞洞矣此并可以定自來囊橐之說囊橐說有兩家史記陸賈傳司馬索隱引埤蒼云有底曰囊無底曰橐而戰國秦策高注則云無底曰囊有底曰橐義適相反以此橐籥義審之橐之無底決矣籥亦兩頭通穿之物也詩賓之初筵篇鄭箋云籥管也小戴少儀記鄭注云籥如笛管也笛也皆中空而通穿則籥亦中空而通穿可知橐

籥竝中空通穿之物天地之間其猶槖籥者若云天地之閒空無一物耳槖籥與芻狗意義相反槖籥以喻空虛則芻狗之喻實物亦明矣槖籥者槖也籥也芻狗者芻也狗也王注云地不為獸生芻而獸食芻不為人生狗而人食狗說義誠無當然其以芻狗分言較之後人觧作結芻為狗者猶為勝也

八章心善淵卷緊此承上文上善而言非承水言則淵字與水義無涉古人言心輒言淵如詩燕燕篇云其心塞淵定之方中篇云秉心塞淵揚雄太玄閑篇云中心淵也皆是注家皆訓淵為深似不足以盡其義占經引爾雅釋天

李巡注云淵藏也莊子應帝王篇郭象注云淵者靜默之謂竊謂凡淵屬心言者當備深藏靜默之義心善淵亦謂其心善於深藏靜默耳易所謂聖人以此洗心退藏於密者蓋此義也則與下文與善仁（與黨與也）言善信正善治（正讀為政永樂大典作政）事善能句義一例（玩此諸句句上一字實句下一字虛上文居善地亦當居實地虛虛字實用實字虛用之例蓋謂其居則善於處所耳不可謂居於善地也下文動善時亦然）下文夫唯不争故無尤今本王注云言人皆應於治道也是止說無尤之義而永樂大典作言水皆應於此道也竟是通釋上文居善地以下之文後人解此文者亦率牽涉水言豈因此一淵字并誤及上下乎不知自居善地以下七善字實

顯承上文上善之善也惟姚鼐章義於居善地下云以下言聖人非言水語最分明第上文言上善不言聖人則聖人二字猶可斟耳今案章義本合上章為一章上章出聖人字故云言聖人也然二章究以分為當不必并合

九章天之道十章載營魄抱一叅案天之道三字獨為句與上文各四字句不類載營魄抱一獨五字句或讀載營魄三字句與下文各四字句亦不類竊疑此分章之誤也載字當在天之道之下天之道載者猶詩文王篇言上天之載耳如此則天之道載亦四字句營魄抱一亦四字句與上下文法悉當乃自漢以來竟莫有訂其誤者淮南子

道應訓一引老子曰功成名遂身退上文云功遂身退此引多成名二字天之道也字多也又引老子曰載營魄抱一能無離乎明載字已屬下讀蓋必因道字與上文保字守字咎字叶韻以載字為失韻故耳失韻則不得不屬下讀則不得不於道字分章殊不知載亦正與保守咎韻叶也何以徵之小戴中庸記云辟如天地之無不持載無不覆幬左襄二十九年傳云如天之無不幬也如地之無不載也載何以與幬叶乎持載疊韻覆幬疊韻兩韻通轉相叶此古文法之密文子道原篇云以天為蓋則無所不覆也以地為車則無所不載也載何以與覆叶乎載之叶保守咎即猶載之叶幬叶覆矣而何疑載字之

在九章末不在十章之首
專氣致柔能案此專當如幺字之義專㠯爲有幺義也專
諧叀聲叀从幺省故專得有幺義說文寸部云專六寸簿
也此義於書傳專字無以施之論語學而篇傳字魯讀專或以六寸簿爲訓亦殊附會
叀部云叀專小謹也則凡書傳專字實皆叀字之借幺
部云幺小也是幺叀並有小義幺訓小猶其引伸之義也
其本義即具於其象子初成之形今說文成作生非子初說見彼叀部校
成在母腹中骨節未具是至柔之物幺氣者謂子初成之
氣也故曰專氣致柔若曰幺氣致柔耳故下文云能嬰兒
乎嬰兒者二十章所云嬰兒而未孩是也玩嬰兒字即可

知此專字之義不然上下文言無離無疵無知無雌無為此獨不一例而著嬰兒字文法不且突乎王注云專任也言任自然之氣以專為專任之義失之夫任言妊也妊固自然之氣也誠借任為妊以訓專亦卻無特〔害〕王意不爾則為誤耳

十三章何謂寵辱若驚寵為下得之若驚失之若驚是謂寵辱若驚叅案失之若驚句上當有辱為上三字與寵為下偶文老子之說不過與常情相反耳故以美為惡以惡為美二章云天下皆知美之為美斯惡已以福為禍以禍為福五十八章云禍兮福之所倚福兮禍之所伏則必以寵為辱以辱為寵二十八章云知其榮守其辱寵者

常情以為上也曰寵為下辱者常情以為下也曰辱為上以寵為下得寵是得下矣故得之若驚以辱為上失辱是失上矣故失之若驚所謂寵辱若驚者如此上文云寵辱若驚貴大患若身兩句當係古語故老子為分釋之此釋寵辱若驚一句也寵辱若驚義極難解蓋如常情論則辱可驚寵無可驚如老子論則寵可驚辱無可驚而云寵辱若驚疑必居一不然者矣故特為釋之曰寵為其得之而驚也辱為其失之而驚也故曰寵辱若驚也且其得寵失辱而若驚者則為其寵下而辱上也其旨於是至曉矣脫辱為上三字則義不明自來解者率多未協至妄改者或改

寵為下為辱為下或改作寵為上辱為下殊以常情論寵辱豈有當哉

故貴以身為天下若可寄天下愛以身為天下若可託天下遂棄此文當不誤而讀者則誤耳此兩若字並合斷句若猶然也易離卦云出涕沱若戚嗟若猶云出涕沱然戚嗟然也巽卦云史巫紛若猶云史巫紛然也此例不勝舉數然則貴以身為天下若猶云貴以身為天下然也愛以身為天下若猶云愛以身為天下然也以身為天下然則是身即天下天下即身而何不可寄託天下之大患故曰可寄天下可託天下謂可寄託天下即謂其可寄託大患於吾

身也身可貴而大患亦可貴也身可愛而大患亦可愛也所以釋上文貴大患若身之義也又因貴而推言及愛耳自讀者誤於兩天下斷句則若可寄天下若可託天下必不成義於是或改為則可寄於天下乃可以託於天下或為則可以寄天下乃可以託天下竟沒去兩若字而不顧又有於兩身為天下下加兩者字者意殆謂若字為者字之誤而陸釋且為為字作于偽反音愈誤愈遠矣王注雖無足取而用兩若字本則猶為能存古也

二十章絕學無憂卷案此句據姚鼐章義綴在上章之末甚確而姚顧云末句不用韻或當為無憂絕學則誤矣此

老子

非不用韻也乃學與憂一句中自為韻不與上文足屬樸欲叶也且乙使作無憂絶學學與足屬樸欲卻同入聲韻仍不叶學與憂入聲與平聲轉叶也又其以絶學與無憂作串義涉上文聖智仁義説之更不分曉竊謂此文既掇入上章則實甚平易直不須解釋葢絶學也無憂也與上文見素抱樸少私寡欲同一例皆平列法也三句平列而語有次第老子之道貴素樸故曰見曰抱賤私欲故曰少曰寡至於學與憂尤老子之所賤矣故直曰絶曰無無之言毋也絶即上文絶聖絶仁絶巧之絶也

唯之與阿唫案阿當讀為呵或隸書口旁阝旁形近而誤

此與下文善之與惡相對為文善與惡反對為義唯與呵
亦反對為義唯應聲也呵斥聲也注家以唯阿皆為應聲
誤矣

荒兮其未央哉巻案央當讀為殃無極山碑云為民來福
除央央與福對明借央為殃哉當讀為𢦏大戴曾子制言
記云義者哉仁者殆仁（有曰行 見戴震校本）哉與殆對明借哉為𢦏
殃即諧央聲哉𢦏並諧𢦏聲假借通例也未央哉者未殃
𢦏也謂殃𢦏未至也殃𢦏未至故下文有衆人熙熙如享
太牢如春登臺云云義至白矣此句本起下之語非為上
文作束語即觀哉字與下韻叶不與上叶亦已顯甚而說

老子　九

老子

者誤以未央如詩庭燎篇未央之義則不得不以哉字為語助之辭而起下遂為東上之句何可通乎

二十五章故道大天大地大王亦大域中有四大而王居其一焉樾案兩王字並當作人鄭環本義引一本王亦大之王作人無域中有四大而王居其一焉二句其無二句當屬脫文設不脫亦必當作人居其一故下文云人法地地法天天法道道法自然不然不合云王法地邪竊疑老子古有兩本其一本作人云故道大天大地大人亦大域中有四大而人居其一焉故下文承之曰人法地一本作王云故道大天大地大王亦大域中有四大而王居其

一焉下文亦當承之作王法地今雜兩本為一本此出兩王字而下以人字承之非法也說文大部云天大地大人亦大故大象人形即據老子以說字則許所見老子亦作人之本葢兩本自以作人一本為勝

二十八章為天下式己案式之言軾也此式字以訓車軾為是與上文為天下谿下文為天下谷為類谿式谷皆實字也玩谿谷之義不過取其能承受而已軾可以憑倚憑倚亦猶之承受也故曰為天下式王注云式模則也葢未諦

二十九章或行或隨己案此行字主其本義而言故與隨

字為對隨者隨行也行之本義乃二人並行之謂也鬯嘗謂人字篆作ク象人側立之形加一筆為彳篆作ㄔ是變立形為行形故見其步跨也反彳為亍篆作亍亦是仍人行之形然則行字从彳从亍篆作𧗓非二人並行乎故其引伸則有行輩行列之義其說互見說文彳部校益二人並行為行二人前後行為隨故曰或行或隨隨與行義正相對也不明行字之說則或以行為行在前者顧隨卻有後義行何嘗有前義乎

或歔或吹鬯案歔字河上公本作呴竊謂二字皆誤也而呴字之誤其迹可尋上文云或行或隨隨與行對已見上

條下文云或强或羸或載或隳羸與强對隳與載對尤易見載亦依河上公本王本作挫俞蔭甫太史平議云載安也隳危也王本挫乃在字之誤在篆文作扗故誤為挫或在即或載載從𢦏聲在從才聲而或亦從𢦏聲州輔碑𢦏貴不濡是也則此必作或吸或吹矣吸者氣入也吹者氣出也吹與吸亦正相對益吸字从口从及古文及字作弓見說文又部則吸字古文必作吲矣結體整齊必作吲矣然則與句字之作吲其形不甚肖乎吸誤為句因誤為呴此河上公本所由作呴也吹呴義不對其誤字可知非吸之誤而誰誤乎歔吹義亦不對而嘘吸形又不近何以成誤則較之誤為呴者更無迹矣抑或者歔吸雙聲字為假借與亦不可執言也

三十章果而不得已果而勿強鬯案此當讀得字句果而不得與上文果而勿矜果而勿伐果而勿驕此語也不猶勿也勿矜勿伐勿驕在其心不得則在實事矣故易勿為不措辭當然謂雖勝敵而不貪其地也若鄭莊之入許楚莊之入鄭其果而不得者與已即上文果而已之已字已止也果而已者果而止也已果者止於果也已果而勿強正與上文善者果而已（者字今作有誤）不敢以取強為應結之語王注當因下章有不得已字故此亦以不得已連讀然下章云不得已而用之則義自明此云果而不得已而字之義安在直須改而字為者字始有義耳（聚珍校疑下章有注語雜入頗為似）

主

之蓋文意淺薄不類老子且通章無王注明王注即在內也兵者不祥之器非君子之器不得已而用之即是王注其不得已三字乃正本此章不得已而言之尤不得援彼證此矣參見下條　河上公有注者其注僞出在王後且果而不得已與上文比語而成不類而果而勿强句又不與上文比而轉相類於是更有於果而勿强上漫增一是字以顯其不比者豈知讀已字下屬是字殊不必增也

「注意」夫佳另一篇不與前行末也字聯接

夫佳兵者不祥之器巹察之器二字永樂大典無或頗是之竊謂不然彼謂夫佳兵者不祥謂用兵者非謂兵論義不應有之器二字且下文云兵者不祥之器於此先著之器二字文亦犯複其說粗觀之頗似矣然而非也此佳字王念孫雜志餘編謂佳字之誤甚確佳之言唯也夫唯兵

卷下　十三

者正謂兵非謂用兵之人故曰不祥之器大戴用兵記云公曰蚩尤作兵與子曰蚩尤何器之能作是古謂兵為器國語周語韋解云器兵甲也是也且佳兵二字他無所見謂好曰佳後世雖習語古人非恆言佳字之誤無疑矣下文兵者不祥之器聚珍本校云自此句至言以喪禮處之似有注語雜入亦甚確下文云偏將軍居左上將軍居右老子之時何以有偏將軍上將軍之謂乎漢書百官公卿表云前後左右將軍皆周末官前後左右即偏將軍之謂矣蓋在春秋之世縱有將軍之稱不聞前後左右之號則無所謂偏上也若夫將軍之稱卻已屢見左昭二十八年傳云豈將軍食之而有不足穀梁年

傳使狐夜姑為將軍公羊年傳有將軍子重大戴記有衛將軍文子國語晉語云鄭人以詹伯為將軍吳語云夫差黃池之會十旌一將軍史記以司馬穰苴在景公時而云名與語大說之以為將軍墨子天志篇云士竭力從事未得次已而為政有將軍大夫政之將軍大夫竭力從事未得次已而為政有三公諸侯政之凡此雖不必盡足據然欲并以將軍始周末又似未可說也偏將軍居左上將軍居右其出之王氏注語亦無疑矣正所以釋老子用兵貴右之說也然則兵者不祥之器是即標老子此文足見此文原有之器二字而何犯複之有

下篇三十八章卷案此可明分章之出自後人非老子原書所有否則既別下篇合仍依上篇例標一章起何得以三十八章續上篇邪故使分章而出於舊則篇之分上下

老子　十三

轉在後上下篇之分為舊則分章在後章與篇不能並分於原書為其以三十八章續三十七也然而上下篇之稱見於史記老子傳陸釋亦言道德二篇蓋以上篇首出道可道下篇首出上德不德因有道德之名明二篇之分有自來矣二篇之分有自來則必非篇之分於後章之分於後也且陸釋言德經篇即下四十四章即三十八至八十一一本四十三章則必有合兩章為一章之本若出原書何以有異而河上公本且每章有名目其出後人更顯見矣今案倪元坦參註題後云老子道德經諸家所傳八十一章莊君平所傳七十二章更有分為五十五章六十四章者今從吳幼清刻本分為六十八章此在後世臆改更不足論

下德為之而有以為[illegible]案此以字亦當作不上文上德無為而無以為當依傅奕本及韓非子解老篇以作不俞蔭甫太史平議已據訂正上德無為而無不為下德為之而有不為義相反對不煩解釋俞謂無為與無以為似無所區別則為之與有以為安在有區別邪蓋皆涉下文而誤不字為以字耳不知下文云上仁為之而無以為上義為之而有以為彼皆以為之相較故一則無以為一則有以為其義可通此則以為之與無為相較無為之下不得云無以為為之之下自不得云有以為矣故同一為之而有以為在彼可通而在此不可通要之彼無以為有以為就

老子 十四

彼仁義言實皆此下德之有不為者也

前識者道之華而愚之始　瑩案前者古之義識當是記識之識非知識之識前識者猶謂古之記者也上文云夫禮者忠信之薄而亂之首此承上文而言則仍指禮其所記即禮經是也禮既為忠信之薄而亂之首則謂記禮者道之華而愚之始不亦宜乎王注云竭其聰明以為前識是以前識作先知解必非章中之旨章中及於禮而止不容禮之外又增出先知一義也

四十一章故建言有之　瑩案云建言有之而不云建言者有之則建言乃古書篇名也老子書中引古書出篇名者

二此之建言一也六十九章之用兵二也彼亦云用兵有言不云用兵者有言則用兵亦書篇名明矣説者不察謂建言為古之立言者謂用兵為古之用兵者如是則當曰建言者用兵者兩者字必不可省雖其義不必謬而説則迂矣

四十二章人之所教我亦教之强梁者不得其死吾將以為教父覺案我亦教之益當亦〈作〉我教之聚珍本校引焦竑云一作亦我義教之鄭環本義引蘇本同義字當即涉我字衍兩言雖人之所教亦由我教之故曰吾將以為教父也誤作我亦教之非其義矣强梁者不得其死一句則當

老子　十五

在上文故物之上其文云人之所惡唯孤寡不穀而王公以為稱强梁者不得其死故物或損之而益或益之而損損之而益即指孤寡不穀王公以為稱也益之而損即指强梁不得其死也强梁句錯在此於此既不成義而於彼義亦殊不足矣

四十三章無有入於無間鬯案無有上當有出於二字淮南子原道訓引老聃之言正作出於無有入於無間是其明據兩句對文承上至柔而言義甚明曉非以無有與至柔分二項也王注云無有不可窮至柔不可折以無有至柔對言誤矣然亦有可疑者上文注云氣無所不入水無

所不出於經此語必不可解當本云氣無所不入水無所
不經其出於二字乃正是正文而雜於注中者則王本似
亦原有出於二字矣獨於此注以無有至柔作對不合豈
此注或誤邪且先言無有次言至柔何以與正文又倒轉
則謂其有誤良有說矣不然則王本原如此而校者據他
本旁補出於二字因溷作注文耳要之王本之有無不必
固執而老子之文必當有出於二字且無出於二字而曰
無有入於無間作一句讀實不成義也即王注云云亦豈
密切之解哉或又以下文不言之教無為之益作兩承文
法設非上文分兩項何以承之是更大不然豈欲以不言

之教承上文天下之至柔馳騁天下之至堅二語乎則試問於義云何也蓋此章實當與上章通為一章不言之教者正承上章人之所教亦我教之吾將以為教父也說見上條無為之益者承此章天下之至柔馳騁天下之至堅出於無有入於無閒吾是以知無為之有益也老子分章本出後人陸釋言德經四十四章一本四十三章則明有兩章并合一章之本故少一章其必即此兩章矣今本入於無閒有去於字作入無閒者則出於無有亦可省作出無有弟觀王注中雜出出於二字知入下亦必有於字兩於字雖於義無關是自老子書本有不得謂鴻烈增加者也

四十五章大成若缺其用不弊[illegible]案弊字鄭環本義本作敝敝弊通用字而云敝叶弼非也此入去相叶實古讀缺亦去聲非讀敝為入聲也儀禮冠禮緇布冠缺項鄭注云缺讀如有頍者弁之頍此缺讀去聲之明證要細別古音缺頍敝各自為部特通轉為甚近耳鄭不通音而輒好言叶書中誤處不少聊出於此

五十章入軍不被甲兵[illegible]案甲兵者因兵而兼言甲甲兵實止謂兵而已上文云陸行不遇兕虎以甲兵對兕虎故不可不兩字成文若單云入軍不被兵非法矣且下文云兕無所投其角虎無所措其爪兵無所容其刃承兕承虎

老子 十七

承兵而獨不及甲明甲字因兵及之非義所在矣古書此例甚多小戴文王世子記云養老幼於東序幼不在養也因老而兼言幼玉藻記云大夫不得造車馬馬不可造也因車而兼言馬此其説在後儒頗能言之而韓非轉昧之則未可據以為周秦之書漫説老子之義矣夫陸行不遇兕虎遇者遇彼也則入軍不被甲兵被者被彼也其義至顯可不煩解釋即觀下文兕無所投其角云云亦足發明河上公本被作避避者避彼也其旨亦無殊異乃韓非子解老篇云不恃備以救害句上有入山二字疑是上句陸行之校語誤見彼故曰入軍不備甲兵改被為備義斯顯矣推其意詎不因一甲

字乎蓋入軍而被其兵有之無所謂被其甲也則何云甲
兵是必我不備我甲兵非我不被彼甲兵矣而豈知古人
文例甚不可以泥也且彼下文云遠諸害故曰兕無所投
其角虎無所措其爪兵無所害其刃果不備甲兵是我甲
兵也害於何有則就彼文上下亦既自相矛盾尚可信乎
下文容字或謂即害字之誤當據韓非改然容字亦可解
俞蔭甫太史平議訓為用蓋是特用者仍謂彼用以害我
非謂我 而俞平議因河上作避即援解老而云甲兵以在
用耳
已者言自當以作被為長是并因韓非之義而被字之義
亦失矣被者被彼也書禹貢傳云被及也依説文正字實
即彼字之借彳部云彼往有所加也是其義也若以甲兵

為我甲兵據備字之義推之則所云被為長者必以被為披字之借矣老子之義宜其爾乎蓋此被之義正可通於避而不可通於備也

五十三章朝甚除卷案朝朝廷也除當是除去之除除以殿陛為本義除去之除實捨字之假借朱駿聲說文通訓以為祛字之借卷謂不如為捨字之借較近書湯誓陸釋云捨廢也廢義與去義通此除去之除實當如廢捨之義朝甚除猶云朝甚廢也謂朝廷一切政令廢捨也因與下文蕪虛餘令諸字叶韻故不曰廢而曰除朝甚除與田甚蕪倉甚虛句法一例義必同類朝廢田蕪倉虛三項平列甚顯王注以朝為宮室除為潔

好又云朝甚除則田甚蕪倉甚虛設一而衆害生也則以朝甚除一句與下二句為貫義殆少此文法

五十四章以天下觀天下㡯案此句自來解者皆附會王注謂以天下百姓心觀天下之道尤見迂回蓋以上文例之云以身觀身以家觀家以鄉觀鄉以國觀國兩國字當依韓非子解老篇作邦上文與堂字叶可見此因漢諱改　注云彼皆然也彼身與此身然彼家與此家然彼鄉與此鄉然彼國與此國然故云彼皆然也是謂以此身觀彼身以此家觀彼家以此鄉觀彼鄉以此國觀彼國至於天下則不得分彼此矣故言之終不能明而不知以天下觀天下亦正謂以此天下觀彼天下也㫖言彼天下即今西人他星球之說矣

老子　十九

然雖有彼天下而不可見故下文云吾何以知天下然哉以此然者然彼天下也此者此身家鄉國也身家鄉國有彼此則天下曷為無彼此乎他星球之說今日西人能言之而我中國本有早見及者鄧牧超然觀記云（伯牙琴據洞霄圖志補錄）地大也其在虛空中不過一粟耳虛空木也天地猶果也虛空國也天地猶人也一木所生必非一果一國所生必非一人謂天地之外無復天地焉豈通論邪營甯之生人腹中精神所照必以為日月膏液所浸必以為江河筋骨所樹必以為山岳其周流百骸六臟而不見所窮必以為四方萬里若是遠也而告之曰一人之外又有若人者

彼不信也人生於天地之閒何以異此此非即他星球說邪而不知其原實見於老子世無收心之識人不及聞西人之言則老子之文宜索解莫得矣

五十七章天下多忌諱而民彌貧民多利器國家滋昏憃案此句似無義妄疑而民彌貧與國家滋昏兩句當互易唯如此則兩民字似病複然據鄭環本義本民字作人與下文人多伎巧同合從之然則此四句本云天下多忌諱國家滋昏人多利器而民彌貧義自顯豁矣此雖臆改儻或然與願與學者共審之

五十八章正復為奇善復為妖憃案兩復字蓋訓反論語

先進篇顔淵篇皇侃義疏並云復猶反也後漢書梁竦傳李賢注云復反復也反復連文則二字本義同正復為奇善復為妖者正反為奇善反為妖也而有兩義可解一云是正也反之即為奇是善也反之即為妖是即上文禍兮福之所倚福兮禍之所伏之意也一云是正也而人反以為奇是善也而人反以為妖斯其人不亦迷乎故下文云人之迷其日固久兩說於老子之宗旨似前一說為合然後一說於人之迷句為浹洽所當並存王注以復作復又之義所說都不可通

六十章非其神不傷人聖人亦不傷人卷案非字涉上文

非其鬼不神非字而衍亦不傷人人字當作神即涉上文及此兩言不傷人而誤其神不傷人聖人亦不傷神故下文云夫兩不相傷故德交歸焉若如今本則兩字相字交字胥不可通矣韓非子解老篇作聖人亦不傷民亦非

六十一章故大國以下小國則取小國小國以下大國則取大國故或下以取或下而取[illegible]案大國取小國取人之取也觀下文大國不過欲兼畜人可知小國取大國見取於人之取也觀下文小國不過欲入事人可知古讀兩取字當有異音如所謂輕讀重讀長言短言之例故曰故或下以取或下而取以而通用或下而取即或下以取小國以下

大國之以字亦有作而之本凡偶句一句用以一句用而古書恒見不足著取人取於人之别益取人取於人之别不别於以而二字而别於取字之讀也今人讀取字者有此庚此苟此須諸反然亦不定於取人取於人之别而如見人之見讀經甸反見於人之見讀形甸反聞人之聞讀無分反聞於人之聞讀無運反此類甚多其讀縱不必盡合古而古音輕重長短其理亦如是矣俞蔭甫太史平議欲於或下以取下補小國二字或下而取下補大國二字要不煩補也

六十七章不敢為天下先故能成器長卷案成上韓非子解老篇引有為字俞蔭甫太史平議從之云成器二字相

連為文成器者大器也以天下言質言之則止是不敢為天下先故能為天下長耳上言天下下變文言成器古人自有此例卷竊疑不然成猶為也既言成自不煩著為字器謂官也二十八章云樸散則為器聖人用之則為官長是器即官之明據為官長即為器長也此言成器長即彼為官長耳故解老篇云不敢為天下先則事無不事功無不功而議必蓋世欲無處大官其可得乎處大官之謂為成事長引此文不敢為天下先故能為成事長以證是亦明以大官說之雖其所據老子本有為字又器字作事而實初未以成事連讀也故曰大官之謂為成事長事官也

卷下

二十二

為事之長故曰大官大官所以解事長而非為成事作詁也事之言吏也墨子公輸篇臣以三事之攻宋戰國宋策作悪以王吏之攻宋（悪即臣字今作惡誤）事吏二字古人通用金刻中尤不勝舉吏即官其義尤顯然則質言之不敢為天下先故能為大官耳未可以上下變文之例相例也

天將救之以慈衛之陸案論慈而歸諸天救不免迂闊竊謂救當讀為仇九聲求聲古音同部詩關雎篇君子好逑鄭箋本逑作仇救之為仇猶逑之為仇矣天將仇之以慈衛之謂雖天將仇我我能以慈自衛極言慈之可寶也仇借救為之若作救助義則不惟其見太迂闊以慈衛之句

亦不可貫也
六十九章扔無敵巠案此句依王本與下文執無兵句互倒注云言以謙退哀慈不敢為物先用戰猶行無行攘無臂執無兵扔無敵也言無有與之抗也是扔無敵在執無兵之下其本當是蓋行無行攘無臂執無兵三句義一律扔無敵一句義不與三句同依文例若扔無敵上着一而字則便曉然云是謂行無行攘無臂執無兵而扔無敵扔無敵者乃行無行攘無臂執無兵之效驗也王注所謂無有與之抗也今扔無敵句倒在執無兵句之上則四句之義必歸一律所謂無敵者果何解乎且兵與行韻敵與臂

韻知王本乃閒句叶韻之例或疑執無兵句在攘無臂句上則韻連叶亦一說今本并韻亦亂矣　又案依今本四句義歸一律亦有一解扔本訓引廣韻釋詁云扔引也三十八章則攘臂而扔之陸釋亦云扔引也引者蓋謂引弓而發矢也敵當讀為鏑釋名釋兵云矢其本曰足又謂之鏑鏑敵也讀敵為鏑猶訓鏑為敵矣（釋名例以音訓）二字並諧啻聲例可通借鏑為矢足之名矢足即矢鏃故說文金部云鏑矢鏃也矢有鏃乃可以引弓而射今乃引而無鏑故曰扔無敵扔無敵猶行無行攘無臂執無兵也四句一義也聊備於此以俟審擇

七十章知我者希則我者貴鬯案二句明是偶文平列而

王注云知我益希我亦無匹則以二句為串義下者字為贅文矣後人遂有改作知我者希則我貴矣文雖通順非老子原書也惟倪元坦參註云則法也此為得解顧云人能頓悟此心即可超凡入聖故則我者貴則其解貴字仍未得貴即希也凡物賤者必居多數貴者必居少數故希訓少貴亦有少義雖無古訓老子以希貴相比偶即古義矣知我者少實即上文所謂天下莫能知也則我者少即所謂莫能行也下文云是以聖人被褐懷玉正惟知我則我者少故我亦不輕以示人所謂被褐懷玉也若謂我貴與下文轉不能密接

七十一章夫唯病病是以不病𠀤案病病當複衍一字鄭環本義云蘇本少一病字誤則正作夫唯病是以不病是北宋時尚有未衍之本鄭謂其誤非也上文云不知知病單言病不言病病此文承之自合亦單言病凡用夫唯句法緊承上文恆例也下文出聖人則此二句指衆人言衆人以不知為知是病也王注不知知病云不知知之不足任則病也義亦未確後人易解作以不知為知自勝唯其病所以不自以為病故曰夫唯病是以不病衍作病病義不可解矣下文云聖人不病以其病病是以不病始言聖人謂聖人之不病者非如衆人之不自以為病為不病也

25

正以衆人之所病以為病也故聖人不病此病病即涉彼病病而復衍其一兩是以不病則不同此不病為不自以為病下文不病真不病也

七十二章夫唯不厭是以不厭疊累兩不厭文復上不厭蓋當作無厭承上文無厭其所生而言凡言夫唯顯承上句者字恆例也若二章云夫唯弗居是以不去承上句功成而弗居也十五章云夫唯不可識故强為之容容當作承上句深不可識也又云夫唯不盈故能蔽不新成承上句保此道者不欲盈也五十九章云夫唯嗇是謂早服承上句治人事天莫若嗇也惟八章云夫唯不爭故無尤七十章云夫唯無知是以不我知並上無所

二十五

承似有脫或錯四十一章云道隱無名夫唯道善貸且成亦顯承道字唯論法似應承隱無名七十一章云不知知病夫唯病病是以不病病病衍一病字說見上條七十五章云夫唯無以生為者是賢於貴生反承上文求生之厚也則此承無厭其所生當作夫唯無厭不當易無厭為不厭明矣上章聖人不病以其病病是以不病據韓非子喻老篇作聖人之不病也以其不病是以無病也與此文例亦可參驗彼承不病言故云不病是以無病此承無厭言故云無厭是以不厭無不兩字之義不必甚分而不得連言兩不厭者所謂文也八章七十章亦無不參用又此厭字當如斁義詩葛覃篇毛傳駉篇鄭箋思齊篇陸釋並訓斁為厭斁有厭義則厭有斁義矣無厭其所生者無斁其所生也與上

句無狎其所居義類夫唯無厭是以不厭即無斁其所生是以其生不斁也漢書薛宣傳顏注云斁壞也今案國語周語云宣敢厭縱其耳目心腹以亂百度此厭當即厭縱之義生即耳目心腹也

七十四章而為奇者𢘵案而知也

七十九章無德司徹𢘵案徹當訓取孟子公孫丑篇徹彼桑土趙章句云徹取也詩鴟鴞篇毛傳云徹剝也剝亦取也朱駿聲說文通訓以彼徹字為撤字之借則此亦撤字之借矣說文手部云撤拾取也廣雅釋詁云撤取也撤與上文契正同部韻叶徹與契雖亦叶而音轉稍遠矣是讀徹為撤於義於韻兩允也上文云是以聖人執左契而不

責於人有德司契蓋左契者所以取債於人之契也惟聖人執左契而不取債於人故曰有德司契若無德者則必司取債矣故曰無德司徹文義甚明而自來解者於此句及上文皆不甚了俞蔭甫太史平議作轍迹解其義尤迂或曰據毛傳訓徹為剝取債於人必剝刻人之子財此義益精而稍纖屑備存亦可也

八十章使有什伯之器而不用鬯案使下疑脫國字上文云小國寡民此國字承上小國猶下文云使民重死而不遠徙民字承上寡民文例也脫國字失例義亦不曉

香草續校書　管子一卷

香草續校書

南匯于鬯

管子

牧民篇使民於不爭之官　鬯案官即館字俞蔭甫太史平議於立政篇言之甚詳兒笘錄亦云官者館之古文也以宀覆𠂤正合館舍之義館後出字古字止作官孟子庶人在官者即是庶人在館者原館之始正為庶人在官者而設彼皆從田間來若無以舍之何以從事於公乎其說殊確吳夌雲遺著校論語子張篇百官之富實已先言之然則使民於不爭之官者使民於不爭之館也上文云藏於不竭之府官與府一也

管子

如月如日唯君之節[illegible]案云唯君之節則所謂月日者當是歷之月日非指天上之日月也歷之月日即本於天上之日月然以如月如日為如天上之日月則何以云唯君之節乎節當訓制國語魯語越語韋解並云節制也或云即形勢篇所謂春秋冬夏不更其節之節亦通唯君之制者正謂君所制歷之某月某日也若天上之日月非君所能制矣然則與上文如地如天取喻有虛實之别且上文云如地如天何私何親謂上之於下而此如月如日唯君之節謂下之於上四句雖對文而其意實貫在上者有如地如天之度則在下者有如月如日之遵朱東光本此月日二字互倒戴望校正云

誤曰與節韻𢀖謂戴以韻定之固矣然上文先地後天固專因親字之韻使然此先月後日亦不專因節字之韻而然也義蓋不當言日月而當言月日也此章題六親五法房元齡注就文句强分不可據蓋牧民篇當有脱文所謂六親五法者必已脱去也又案權修篇八言凡牧民者疑是牧民篇文形勢篇抱蜀不言𢀖案抱蜀疑是古語故形勢解云所謂抱蜀者祠器也是古謂祠器曰抱蜀房注或云尹知章亦本解爲説而云抱持也蜀持器也君人者但抱祠器以身率道云云解以抱蜀爲祠器而房但以蜀爲祠器本其説實失其義矣抱蜀蓋與下文鴻鵠爲類皆取喻於物而不出正意謂君人者抱祠器則與鴻鵠之取喻不類矣且君人者

何為而抱祠器乎竊謂抱蜀為祠器祠器本不能言故曰抱蜀不言喻君人者無聲而治也鴻鵠本能鳴故曰鴻鵠鏘鏘喻君人者有聲而治也

裁大者衆之所比也鬯案裁讀為材戴望校正引孫氏説及俞蔭甫太史平議俱已讀正比益當讀為庇庇諧比聲故得通借周禮世婦職及公羊哀五年傳陸德明釋文並云比本作庇是其例矣爾雅釋言及許叔重説文广部並云庇蔭也周禮考工輪人記及小戴表記鄭康成注並云庇覆也覆亦蔭也故形勢解云天之裁大故能兼覆萬物地之裁大故能兼載萬物人主之裁大故容物多而衆人

得比焉衆人得比者亦謂衆人得蔭庇焉房注云衆必比之便失義

無廣者疑神菴案廣蓋當讀曠列子湯問篇陸德明釋文云廣一本作曠荀子王霸解蔽二篇楊倞注並云廣讀為曠皆其例也曠者空曠之義說文日部云曠明也明義引伸則有空義或謂空義當為壙字之引伸土部云壙塹穴也書傳二字閒出然用曠字者居多上文云怠倦者不及怠倦即曠其事矣無曠與怠倦義正相反無曠則不怠倦故事成疑神也形勢解云故事不廣於理者其成若神彼廣亦當讀為曠理為治理之理非事理之理事不曠於理者猶云治其事而不曠即不怠倦之謂也房氏於此不發注

儻依廣大爲説則無廣既不成義而事不廣於理益不可解矣書臯陶謨云無曠庶官國语越语云無曠其衆凡書傳言無曠者甚多其義一也

神者在内奄棠此内字與下句门字為對則内者謂屋室也古謂屋室為内詩山有樞篇子有廷内與彼上下文衣裳車馬鐘鼓為類則廷内者廷也内也説詳王引之毛詩述聞王云内兼堂室而言之
亦有專謂室為内者此内與门對猶彼内與廷對矣神者在内不及者在门在内在门皆喻辭也房注謂神雖無形常在於内故曰在内不明内字之説誤喻辭為正辭與门字不失比乎下文云在内者將假承此在内而言

其同義可知邪氣入内則内為正辭可也

生棟屋覆巻案生當讀為眚此猶易觀卦云觀我生觀其生謂觀我眚觀其眚也書盤庚篇汝何生在上謂汝何眚在上也說各見彼校惟易之眚當訓過書之眚當訓病而此之眚則又當訓敗也易說卦傳為多眚李鼎祚集解引虞翻曰眚敗也然則眚棟者敗棟也故曰覆屋形勢解云棟生橈不勝任則屋覆生亦當讀眚棟生橈者棟敗折也說文木部云橈曲木故引伸義為折不察生之讀眚則生棟棟生橈皆文不成義矣房注但云人以生棟造舍不知以生字作何解俞蔭甫太史平議讀生為笙訓為細貌然棟細未必遽至屋

覆疑説未是且笙訓細或謂猶之借非笙之本義也

權修篇是以臣有殺其君子有殺其父者矣　暨案兩殺字宋本並作弑或疑作弑當是暨聞之先師鍾朝美先生曰古祇有殺字而上殺下及敵者相殺讀殺短言之下殺上讀殺長言之弑者後出之字凡六藝羣書在公羊前者皆有殺無弑其參差混亂不畫一者皆寫本刊本之失也説在穀梁隱四年傳撰異先生定魯論語弑字亦並從殺據先生是説則此兩殺字當是管子原文宋本作弑者轉是寫刊之失然則如八觀篇云此亡國弑君之所自生也法法篇云故春秋之記臣有弑其君子有弑其父者中匡篇云昔三王既弑

其君小臣篇云魯有夫人慶父之亂而二君弑死小問篇云則人持莫之弑也諸弑字在管子原文當亦皆作殺而今亦寫刊失之故小問篇房注云弑謂殺親也可見房本猶是殺字房注必本云殺謂殺親也若正文作弑字房亦必謂弑親不謂殺親矣五輔篇云臣不殺君大臣篇云遂殺公而立公孫無知參患篇云凡人主者猛毅則伐懦弱則殺戴望校正云此殺字當讀為弑邑謂殺與伐韻此字尤顯見作殺不作弑君臣上篇云其大者有侵偪殺上之禍又云則下雖有姦偽之心不敢殺也侈靡篇云此謂殺房注云此謂弑君之事卻並作殺與此兩殺字為原文之僅存者也五輔篇君臣上篇宋本亦已並改作

管子　五

弒而中臣篇太平御覽皇王部引弒作殺

二者不失則民能可得而官也鬯案二當是三字之誤承上文三項而言之人情不二故民可得而御民下今有情字戴望校正引陳先生云民情之情蒙上文人情而衍一也審其所好惡則其長短可知二也觀其交遊則其賢不肖可察三也故曰三者不失則民能可得而官也三誤為二非文法矣房注云二者謂好惡交遊趙用賢標注趙氏凡例云劉績所注其最切當者列之篇首皆冠以按字其間有愚見所標注者亦雜見篇首據此冠以按字者為劉注此條不冠按字則趙氏自標注也謂二者賢不肖可察皆不省其字誤而漫為之說又能之言乃也乃能聲相近故古或以能為乃書金縢篇云予仁若考能多材多藝

能事鬼神兩能字犯疊上能字亦乃也説見彼校民能可得而官者民乃可得而官也房注略而求百姓之安難邕塞此難字為患難之難安難者安於患難也下句云兵士之死節安難與死節對文羣書治要無難字非也葢誤讀為難易之難則與下文不可得也義複而删之矣七法篇云皆輕其死而安難此安難二字之證

使民偷壹邕塞偷壹二字疑是古語偷諧俞聲則在古偷壹當是雙聲字也文選江文通雜體詩云測恩躋踰逸踰逸亦雙聲字偷壹即踰逸矣惟彼李注云踰逸耽樂縱逸

也則其義又當相反偷壹者正謂不耽樂而勞苦不縱逸而束縛也故下文云則百姓疾怨凡古語同辭而義反者甚多陳啟源毛詩稽古編所謂豈弟至美之稱而齊人譏文姜用之繾綣忠愛之誼而召公惡詭隨謹之凡若此者不足異也

此厲民之道也案此厲民與孟子滕文公篇厲民不同彼厲民為病民此厲民蓋防閑其民之謂竊謂當如周禮山虞職物為之厲之厲鄭注云物為之厲每物有蕃界也蕃界即防閑之義又墓大夫職云帥其屬而巡墓厲亦即此厲字彼注云厲塋限遮列處遮列亦即防閑之義蓋其

本字當作迾說文辵部云迾遮也

立政篇刑省治寡朝不合衆毖寀治即上文隱治之治俞蔭甫太史平議解上文隱治謂與蔽獄同義古人以治為訟之證引周禮小宰職司市職胥師職及公羊僖二十八年傳何休解詁諸治字以證其說甚確然則治寡者謂獄寡也刑省獄寡則朝不合衆朝不合衆注家尚遺亦當補之蓋國有亂則合衆於朝即周禮小司寇職所掌外朝之政以致萬民而詢焉一曰詢國危是也刑省獄寡則國治矣何用合衆故朝不合衆者國治之象也

官吏以命士毖寀此以字當訓與儀禮鄉射禮大射儀鄭

注並云以猶與也官吏以命士者官吏與命士也春秋繁露服制篇與管子同而盧文弨校本作官吏命士益不悟以之訓與以為無義而刪之矣

不敢畜連乘車晏案畜連無義或謂連當讀為輦但畜輦亦實不成義竊謂此連字恐是誤字管子本文當作馬畜馬乘車義自大曉春秋繁露服制篇止作乘馬二字則有馬字可證

乘馬篇有壹宿之行道之遠近有數矣晏案此必有脫文但言有壹宿之行何以道之遠近有數壹宿下當有再宿二字有壹宿再宿之行故道之遠近有數其義了然也房

注云一宿有定準則百宿可知特斡旋之説而已
汎山其木可以為棺可以為車斤斧得入焉十而當一卷
案此二十一字疑即上文之異文上文云蔓山其木可以
為材可以為軸斤斧得入焉九而當一葢一本則如彼蔓
山云云二十一字一本則如此汎山云云二十一字校家
以汎山之本校蔓山之本因以此二十一字注於彼二十
一字之下而傳寫誤入正文於是兩本遂合為一本矣然
既言可以為材又言可以為棺棺猶材也既言可以為軸
又言可以為車車猶軸也然則同一可以為棺可以為軸
而又何以一則九而當一一則十而當一且上文先言百

而當一下文則言五而當一其數自多而少則九而當一之下不合出十而當一之文（凡言當一一謂田畝也百而當一者謂有百畝之廣當田一畝也九而當一十而當一五而當一義皆同）種種雜亂其為兩本異文誤合一本無疑也然則汎實當為氿字形近之誤說文雖無氿字顧野王玉篇水部有之九聲與曼聲疊韻例得假借故氿山即蔓山若作汎凡聲與曼聲不假矣蓋氿與蔓異文而聲通者也棺與材車與軸異文而義通者也惟十而當一與九而當一數目不合以上文言數鎌纆得入焉九而當一例之自作九者是兩言九而當一即猶上文四言百而當一下文三言五而當一豈容以十而當一雜出其間然

卷竊謂在作十兩當一之本其上文言數亦必云十兩當一不作九兩當一特校者或遺未校及即校及而不誤入正文故今不可見也要其兩言十兩當一與兩言九兩當一之本數雖不同而次第亦不亂也抑或謂先言百次言十次言五較言九者實覺為數齊整云

季絹三十三制　卷案季絹者絹名曰季未必因其下等而名之房注云三等其下者曰季然則上等中等豈猶有名伯絹仲絹者乎而下文經暴布又將何説季者絹名也猶經暴者布名也俱不可望文以生義戴望校正引劉云季絹細絹暴布白布經則公用之字　制字屬此讀諸家多訂正亦鑿説也

名之曰央亦鬯案央亦當連文雙聲字也以亦字屬下讀者非下文闠市之賦額句

今日不爲明日忘貸鬯案爲益讀爲賸說文貝部云或白此古貸字是也忘宋本作亡戴望校正云亡當訓爲無是也然則今日不爲明日忘貸者即今日不賸明日亡貸也若云今日不貸明日無貸耳不貸之貸動義無貸之貸靜義其義不煩言而解益借貸以喻時之不可失也房注云言不爲則失時意已得之而借意則未得至戴校以貸爲資字之誤必不然貸與爲叶資則失韻矣又引丁士涵以貸爲貸字之誤雖下與來字可叶亦非也

七法篇言是而不能立壁案立讀為位下同
存乎聚財而財無敵壁案兩財字並當讀為材下文云存
乎論工而工無敵存乎制器而器無敵先言材次言工次
言器義相貫串房注以本字解之失其旨矣下文云故聚
天下之精財論百工之銳器文與此照應而幼官篇云求
天下之精材論百工之銳器正作材字故王念孫雜志謂
彼財當作材甚確且精材有義精財無義也精材字亦見
小問篇明彼精財之財字當作材則此兩財字之當作材
益可知矣而王顧謂彼涉此聚財而誤則不免智者一失
也材財假借亦非誤字要篇中財字皆當讀材八觀篇云

船網不可一財而成也彼財字亦當讀材

版法篇正彼天植鬯案植者標準之名蓋植之本義為戶植引伸之則為豎立之義標準者又從豎立之義引伸而出也天植者猶言天之標準也故下文云植固不動植即此天植之植字房注以種植解此固失義俞蔭甫太史平議以為悳字之誤亦不可通於下文之植字版法解云天植者心也心亦標準之名不必作天悳始與心義為合也

遠近高下各得其嗣鬯案遠近者猶言四海之內高下者猶言天地之中房注以高下為賦稅之多少迂甚矣其故由不解一嗣字耳云君之賦稅因其遠近之別以多少之

遠近另是一篇。因前篇字數未符剞劂。斷標記以便分別。將來付印排板時。應注意。切勿前後誤併爲一篇。

差輕重合宜故可嗣之以常行嗣續也以續詁嗣安得不曲為生義至於是乎今案嗣當讀為治治諧台聲嗣諧司聲台聲司聲古音同部例可假借書舜典弗嗣史記五帝紀裴駰集解引徐廣曰今文尚書作不怡嗣之通治猶嗣之通怡矣公羊莊八年經祠兵左經作治兵嗣之通治又猶祠之通治矣遠近高下各得其嗣者遠近高下各得其治也嗣字之義明則高下之義不須解甚矣不適古音誠不許讀古書也

必先順教云云案順讀為訓訓順並諧川聲故二字古多通用牧民篇順民之經俞蔭甫太史平議謂順當讀為訓甚

是此順字與彼一例必先順教者必先訓教也版法解云不教順則不鄉意亦謂不教訓則不鄉意也又云明教順以道之亦謂明教訓以道之也房注云必爵祿順而與之所以教之急則失義矣

幼官篇若因夜虛守靜人物人物則皇略案人物人物四字殊不可解疑本作𣃦𣃦二字𣃦字誤分為人物二字則物不成字其改𣃦作物固必然之勢矣說文勿部勿下出𣃦字云勿或从㫃是𣃦為勿之或體𣃦𣃦即勿勿也小戴禮器記云勿勿乎其欲其饗之也又祭義云勿勿諸其欲其饗之也大戴曾子立事記云君子終身守此勿勿也鄭

注盧注皆云勿勿猶勉勉也然則若因夜虛守靜務務則皇者猶云順因處虛守靜勉勉則皇也務務誤分作人物人物四字必不可通矣幼官圖止人物二字此必疑其複衍故删去其一殊不知单举人物仍無義也若字训順夜字依圖作處又此句當在下文尊賢授德則帝之上此在前人皆已校正句在尊賢授德則帝之上張嘯山先生舒藝室隨筆說戴校謂下當接帝至命云云則在凡物開靜形生理之下说又異今不贅

養孤老卷寡孤即獨義廣雅釋詁云孤獨也孤老者即小戴王制记所謂老而無子謂之獨者也且呂氏春秋懷寵紀高誘注云無子曰孤則老而無子正不特曰獨而亦復

管子 十二

曰孤此尤孤老之明解矣蓋使老而有子自有子養正惟無子故令養之故此孤字與下文收孤寡之孤自别彼孤爲少而無父之孤此孤爲老而無子之孤戴望校正不辨兩孤字之異乃欲改下文孤寡爲鰥寡不亦専乎詩泮水篇云永錫難老彼難當讀爲去聲難老蓋亦謂老而無子者或無妻者無夫者老之在難中者也鄭箋難使老之説非孤老猶難老也養孤老與錫難老同一惠政也或曰難老既賅無子及無妻無夫則孤老何必不賅王制記言老而無子者謂之獨老而無妻者謂之矜老而無夫者謂之寡矜也寡也莫非獨也則莫非孤也曰然且無子曰孤獨見高注他

言老而無子皆曰獨不曰孤夫懷寵紀言求其孤寡而振恤之彼以孤寡連文猶此下文之孤寡則安見高注不本作無父而傳寫誤為無子乎則孤實未當為無子者專稱孤老兼無妻者而言又何不可特無夫者不在內以下文出孤寡也

五年大夫請受變卷案變疑當作率率字别體有作卛者詩召旻篇陸釋云率字又作卛是也卛變字形相近故誤卛為變戰國東周策云又禁天下之率史記孟嘗君傳作又禁天下之變正其例也率與律古通用顏之推家訓書證篇云率字自有律音顏師古匡謬正俗亦云率有律音

班固白虎五行通云律之言率廣雅釋言云律率也明二字相通爾雅釋詁云律法也然則受律者受法也房注云請所變更之教令則但曰請受變不辭甚矣

發於驚故能至無量毖累驚當即參患篇所云三驚當一至之驚彼房注云驚謂耀威示武能驚敵使懼故此注云發舉可驚故敵不能量似即本彼注意為說然以敵不能量解此無量非也誠無量為敵不能量或當曰故所至無量則猶可言也今曰故能至無量玩一能字則與上文故能聞未極故能見未形故能知未始一律彼皆指在我言此何當指敵人言乎無量者自是無限之謂也論語鄉黨篇

云唯酒無量亦謂唯酒無限也故邢昺正義云唯人飲酒無有限量耀武示威所至亦無有限量故曰發於驚故能至無量無量之量靜字也敵不能量則量爲動字矣無量爲無限之義至今人皆習用安得作動字説乎下文云動於昌故能得其寶注云舉動昌盛故敵懼而輸實也據注似實字當爲寶字之誤然兩可通或注文實字本作寶亦未可知云其實則寶字自指敵之寶然曰能得其寶則亦謂我能得敵人之寶不謂敵人輸寶於我是仍指在我言非指敵言也彼文且不指敵言況此無量乎

器成不守經不知教習不著發不意遂業此四句止是二

項若云器成不守則經不知教習不著則發不意添兩則字文意便明然即省兩則字而下文止承經不知發不意二句不承器成不守教習不著二句則亦已一望明白矣何意房注乃以不守為敵不能圍守不著為敵不能明著與以不知為敵不能知不意為出敵不意平列則二項分作四項其誤甚矣蓋不知不意者指敵言也不守不著者指其在我者言非指敵也夫使器成而守則敵皆知其器成矣豈能經而敵不知（王念孫雜志云經過也謂兵過敵境而敵不知也）教習而著則敵皆知其教習矣豈能發而敵不意故不守者務使敵不知其器成也不著者務使敵不知其教習也此即軍政

寄內政之法管氏之学不過是而已下文四機不明自與下障塞不審由守不慎詭禁不修死亡不食為比然則四機必別有所指決非承上文而言房既誤分此為四項并四機為即不守不知不著不意誤而益誤矣

必明其一邕案此一字與下文其次一之之一字同義故房注云一謂號令不二下文注云其次善者雖戰而號令一明兩一字同義也然竊謂兩一字同義是也房指號令言非也下文明云數戰則士疲數勝則君驕驕君使疲民則國危至善不戰其次一之是一字明對數字而言益管氏之意以不戰而勝為至善其次則在一戰而勝而殊不在乎數戰數勝耳彼一字之義甚明則此一字之義亦可

見必明其一者亦謂必明其戰勝之止在於一而不在於
數也豈謂號令之一乎且下文云必明其政政令一也則
號令之一實已賅於必明其政之中此不煩及者矣兵法
篇云數戰則士罷數勝則君驕夫以驕君使罷民則國安
得無危故至善不戰其次一之文與此下文同彼下文申
言破大勝彊一之至也夫大豈可數破彊豈可數勝又推
言一之原一之終所云云一者亦謂當致力於一戰而勝
也房注於彼說一字之義亦迄未明曉故五輔篇云是以一戰而正諸侯正
此一字

幼官圖弟案此圖本圖居前副圖居後南方在上北方在

下東方在左西方在右何以知之以宋本列次第知之宋本次第與今本不同今本以中方本圖為第一副圖第二東方本圖第三副圖第四南方本圖第五副圖第六西方本圖第七副圖第八北方本圖第九副圖第十即幼官篇之次第也宋本則西方本圖第一副圖第二南方本圖第三中方本圖第四北方本圖第五南方副圖第六中方副圖第七北方副圖第八東方本圖第九副圖第十若非據圖而列之安得與幼官篇次弟差異若此故今本不足見圖之方位宋本則依次案之其方位自見也戴望校正云宋本此篇與今本大異恐宋本為是此必有意義存乎其中

今本特以其不同前篇而移其先後耳鬯謂戴說是謂有意義存乎其中則實未見所謂意義也惟自來輿圖家作地圖皆北方在上南方在下東方在右西方在左而此則反之然相傳八卦之圖離在上坎在下震在左兌在右則亦明以南方在上北方在下東方在左西方在右故至今葬師作墓圖依之與輿地家作圖相反今幼官圖亦與之合則勿謂其法非古也蓋以圖縣室壁南鄉人北面觀之宜如輿地家所作東西南北也若置圖於案上人南面觀之宜如此圖法矣今繪如左

南方在上

南方本圖 弟三

南方副圖 弟六

西方在右

西方本圖 弟一

西方副圖 弟二

中方本圖 弟四

中方副圖 弟七

東方本圖 弟九

東方副圖 弟十

東方在左

北方本圖 弟五

北方副圖 弟八

北方在下

本圖居前

副圖居後

管子 十七

衍二

宙合篇大賢之德長明乃哲哲乃明鬯案長明二字當連讀長或讀爲張論語公冶長陸釋引家語字子張是張長二字通用之證張明者即張明大賢之德也張明乃哲哲乃明哲乃明之明與張明之明不同初不複疊房於此無注而下文斷長字句則以德長連讀既不成義而明乃哲哲乃明復作何解邪

若鼓之有揨擿擋則擊鬯案揨字或作㨃周禮職金職鄭注用金石者作槍雷椎㨃之屬陸釋云㨃宅耕反房注於此揨亦音宅耕反則揨㨃同字明矣但二字論古音實非同部不在假借之例以說文求之當即朾字朾諧丁聲揨

諧亭聲亭諧即丁聲則二字可通於楟字則不可通然則楟是而楟非矣木部云朾撞也朾訓撞則楟亦訓撞葢楟之本義為橦所以橦者即謂之楟故曰若鼓之有楟擿㨖則擊擊猶撞也或謂楟當為梃字之借梃諧廷聲廷聲與亭聲同部則説亦可備戴望校正引洪氏説又謂楟當作桴此儻即本之職金注釋文云楟本又作桴但桴諧孚聲孚聲與亭聲不通即與楟諧享聲亦不通凡隸書享聲字篆文皆从享則破字矣又云擿㨖則擊當作擿擊則㨖尤為謬妄房於擿音丁歷反㨖音丁用反則二字雙聲連語甚明安得漫為分析此乃是倒文法也擿㨖則擊若云擊則擿㨖耳因擊字

與上文迹字易字古讀隃易之易亦入聲叶韻故倒之也下文榜作榜房注云榜當為響更非

宙合有橐天地卷案有讀為又下文同故愁其治言含愁而藏之也卷案上愁字蓋即涉下愁字而衍觀房注云故曰理代之言理代即治世唐人避諱字通例乃上注有意濟世又顯出世字何也陰愁而藏之則無上愁字甚明注文曰字當即其字之誤

修業不息版卷案此與上句故退身不舍端對文甚明蓋一故字總領兩句也房注乃云不息修業亦不息其版籍似以不息二字義貫上下古書雖有此例非施於此且房

氏亦必能知此例也或者注文上不息二字衍
謀泄菑極邑案極當讀為亟亟極二字古多通用書微子
篇小戴少儀記陸釋並有亟本作極之語荀子賦篇楊注
云極讀為亟並其證也謀泄則菑之及身亟矣故曰謀泄
菑亟房注以極為至義雖本爾雅殆未確
夫行忿速遂沒法賊發言輕謀泄菑必及於身邑案夫行
忿速遂沒法句即承上文止忿速濟沒法也行止二字義反益猶亂之
為治之例賊發言輕句賊當讀為則古則賊二字互通用周書
文酌篇有德有則當讀則為賊書舜典怙終賊刑當讀賊
為則說並見彼校此亦讀賊為則謂行忿速遂沒法則發

十九

管子

言輕也發言輕則謀泄謀泄則菑必及其身皆承上文而言故曰夫行忿速遂沒法則發言輕謀泄菑必及於身上文三項分言此則以三項貫承之故特用一則字耳房於此不發注戴望校正引丁云賊發句中言速遂沒法之意誤讀誤解矣

而倚以為名譽卷案此而字當如則字之義則而二字語助通用詳王引之釋詞又法篇云故事無備兵無主則不蚤知野不辟地無吏則無蓄積官無常下怨上而器械不功朝無政則賞罰不明賞罰不明則民幸生依文例當用五則字今用四則字一而字明而即則矣此王釋所未徵及朱東光本改而為則非也倚當讀為何何諧可聲倚諧奇聲奇亦諧可聲承上文而言上文云夫為君上者既失其

義正則何以爲名譽其義至顯房不發注則疏矣

下乃解怠惰失念孫案失讀爲泆

下泉於地之下念孫案泉當是原字原泉二字古音亦同部

義亦相近或假借也

法禁篇輕取於其民而重致於其君念孫案重有難義史記

張耳陳餘傳司馬貞索隱云重難也又司馬相如傳索隱

亦云重猶難也見於漢書顏注者此訓尤多此謂取於其

民則輕輕謂取之易也而致於其君則重重謂致之難也

義甚平顯而房注解重字謂僞飾成重則失其義是直真

有所難并無僞飾也

房注云下取於人輕然不難上致於君僞飾成重似當以輕然不難爲句

若讀輕字句以然不難下屬更不然矣　權修篇云欲為天下者必重用其國欲為其國者必重用其民欲為其民者必重用其民力此重字與彼三重字同彼注云重謂矜惜之也矜惜亦難意也

議言為民者邑案此議字與篇首法制不議之議其義當同據俞蔭甫太史平議讀彼議字為俄云俄者傾也邪也則此議亦當讀為俄俄言者傾邪之言也戴望校正以為訛字之假借其意亦同顧邑竊謂讀此議字為訛不如讀此為字為訛訛字不見說文其本字即言部之譌字則正諧為聲讀為為譌不較之讀議為訛於假借之例尤切乎

爾雅釋言云訛化也方言陳楚篇云譌化也譏言爲民者
俄言訛民也謂以傾邪之言化民也戴謂以訛言疑惑民
心疑惑之意與訛化之意亦未始不合然讀譌爲訛不讀
爲爲訛則爲字從無疑惑之義也

然後失矯以深與上爲市者毖案失矯二字不成義失疑
本作夭隷書夭失二字形近而誤夭矯疊韻連語文選思
元賦偃蹇夭矯李注云夭矯自縱恣貌也夭矯爲自縱恣
故曰夭矯以深與上爲市深與上爲市其自縱恣可知然
則夭矯即形容其深與上爲市之狀矣房注不省失字爲
夭字之誤而云君失必矯則安得但曰失矯乎且君失必

矯是忠直臣也何深與上為市者能及亦不當為聖王之禁矣夭矯為後世詞賦家習用之字說者謂二字始見於淮南子本經訓曰夭矯曾橈而不知其早出於管子也

大言法行鬯案法行與大言為對猶上句詭俗異禮異禮與詭俗為對此一望可知本不煩釋而房注乃云大為言譽以為法使人遵行也意以大言法三字作貫義行一字又屬人言恐自來無此文體也意房當以法行非不美之辭不合為聖王之禁故曲解至此不知下文云難其所為而高自錯者則此一等人實能自務其難者殆即後世所稱方巾道学者流與則繩趨矩步固其所矣所謂法行也

霸者尚用道学者即史记自序所譏博而寡要勞而少功者也宜為管子所斥［上句詭俗異禮管子之所謂禮俗禮也異禮正其人必拘執古禮者］重令篇則民毋為自用鬯案自之訓我不見於古詁然其義習見於古書如孟子引太甲自作孽小戴大学记毋自欺之類皆我義也蓋正因習見之義故古人偶不為作詁不得謂無是詁即無是義也民毋為自用者民無為我用也無之作毋管子書中通例我者我有國者也非指民也房注云故人不自用其力失之矣下同

法法篇則為人上者衆謀矣鬯案謀下當脱之字下句可證

管子　卅二

管子

國毋怪嚴〻案怪嚴即法禁篇所謂法行是也法行者方巾道学繩趨矩步之謂說見彼校管子之所不取也故善言之猶曰法行不善言之直曰怪嚴而已謂其莊嚴之行出於怪異也彼文云詭俗異禮大言法行此云國無怪嚴下又云毋襍俗毋異禮士毋私議襍俗者即彼詭俗也異禮者即彼異禮也私議者即彼大言也則怪嚴之即彼法行明矣房注云國不作奇怪則嚴肅而無襍俗以國無怪為句嚴字屬毋襍俗為句其意葢以嚴毋襍俗與下士毋私議為語偶然義不可通嚴與士虛實亦不對也

易國之成俗者〻案成當訓舊荀子正名篇云則從諸夏

之成俗曲期楊倞注云成俗舊俗可補此房注之略
毋赦者痤雎之礦石也謹案痤當訓腫說文疒部云痤小
腫也是痤以小腫為本義則痤雎者必謂腫疽也即謂是
小腫之疽亦無不可特小義或不必拘耳趙用賢標劉注
云雎恐疽是也疽雎並諧且聲例得假借羣書治要及初
學記赦記太平御覽䜌覽赦覽徐鍇說文石部通釋皆正
引作疽（今刊本从目作雎誤字）上文云故赦者犇馬之委䜌此云毋
赦者痤雎之礦石痤雎為腫疽貫義正與犇馬為對若如
房注訓痤為癰癰疽則二字平列與犇馬失對矣又礦字
據治要及赦覽所引作砭徐釋引作磏王念孫雜志以作

砭為是固當從之說文石部云砭以石刺病也戰國秦策高注云石砭所以砭彈人臃腫也是砭字本動義蓋砭字單文有當解作靜義者即如高注石砭以砭釋石是砭當靜義砭彈人動義砭石連言則石字是靜義砭字是動義砭石貫義亦正與委辔為對作礦則石部云磺銅鐵樸也磺即礦本字礦石又二字平列與委辔失對矣惟鄙尚有說者既以作砭為是則必以作礦為誤但砭礦二字其形甚異何緣致誤故竊以為管子之文當以小徐所引作磏為是蓋磏字或加广作𥕢正如磺之加广為礦磏𥕢二形宜涉誤矣特磏仍當讀為砭論語陽貨篇云古之矜也廉陸釋引魯讀廉為貶徐養源

論語魯讀攷據劉邵人物志簡暢而明砭謂即書皋陶謨之簡而廉廉砭之通猶廉貶砭廉之通矣葢乏聲與兼聲本古音同部字例無不可假借作砭者後人以本字易假字耳殆非原文也

軒冕不下儗而斧鉞不上因學案說此文者惟俞蔭甫太史平議得之而儗因二字猶未得葢儗當讀為礙因當讀為恩皆聲借字也俞議云軒冕不下儗謂其人有善即從而軒冕之不以其人在下位而有所儗議也斧鉞不上因謂其人有罪即從而斧鉞之不以其人在上位而有所依違也今試易之曰軒冕不下儗謂其人有善即從而軒冕

之不以其人在下位而有所礙難也斧鉞不上因謂其人有罪即從而斧鉞之不以其人在上位而有所恩免也則凝因二字詎不曉白而何必及凝議依違以解至房注之失愈已著辯可不復贅

輕誅之流道正者不安邑案流蓋有過義論字之原則流必主水言水之流與凡物之經過何以異故流與過一也過之引伸為過失之過則流之引伸為流失之流流失即過失也故如小戴中庸記言君子和而不流荀子致士篇言流言流説流事流謀流誉流愬流賞皆過義蓋輕誅者原欲使道不正者無幸免然其過也道正者或冤及故曰

輕誅之流道正者不安猶重誅者原欲使行不邪者無寃及然其過也行邪者或幸免故下文云重誅之過行邪者不革輕誅之流重誅之過一流一過明其義同也房注云輕誅則乖正故道正之士不安是於流字之義直沒去而不說必未察流即過義耳參患篇文與此文大同彼云輕誅殺人之謂猛毅重誅殺人之謂懦弱此皆有失彼此此文之流過即彼文之失字矣

兵法篇九章著明邕案章當指旗蓋旗有表識謂之章故或二字連稱小戴月令記云以為旗章鄭注云旌旗及章識是也或即謂旗為章國語晉語云變非聲章韋解云章

旌旗也是也詩六月篇織文鳥章戰國齊策章子為變其徽章並此章字且下文云一曰舉日章則晝行二曰舉月章則夜行三曰舉龍章則行水四曰舉虎章則行林五曰舉鳥章則行陂六曰舉蛇章則行澤七曰舉鵲章則行陸八曰舉狼章則行山九曰舉韓章則載食而駕觀九章字則九章為九旗甚明房注不發不免疏略至其韓章注云韓韜也謂韜其章而舉之惟旗可韜而舉則房固未嘗不以章為旗也

利適器之至也卷案適當讀為敵戴望校正引陳先生說適古敵字是也特謂古敵字則竟以適敵為一字矣且敵

適皆形聲字何以知敵今而適古乎要同聲假借之字而已至其解利敵為勝敵亦有可商利敵原因乎勝敵然管子固言利敵不言勝敵且此從上文而申言之上文既有破大勝彊之語則勝敵所不待言矣利敵猶下文用敵也用敵者以敵為我用則利敵者以敵為我利耳以敵為我利其殆指獲敵器乎夫我器不至陳云至古織字亦是而以為古今字亦非而敵器至則我器且將為敵之利豈能利敵之器故曰利敵器之至也猶以敵為我用若我教不盡而敵教盡我且將為敵用何能用敵故下文云用敵教之盡也房注云兵刃利而適者其器得宜之至又下文注云士卒用命而適者

則教練之盡蓋房本用敵之敵亦作適今宋本作適可證是亦用借字當讀適爲敵而房於適字之義不曾詮解此姑勿論但如其説利適自然器之至用適自然教之盡此誰不知之而尚勞管子著之又下文云不能致器者不能利適不能盡教者不能用敵此用正字更無容反覆辨論如是矣古人精語經注家不善説之頓成平滯最可歎也而俞蔭甫太史惑於房注且謂下文敵字當作適抑何顛倒故惟陳説爲得小斟之便當無憾已大匡篇云戰於後故敗狄其車甲與貨小侯受之此利敵之謂也

大匡篇國可謂亂乎鬯案可謂讀爲何爲

夷吾尚微為毖案微當訓無小爾雅廣詁云微無也微為
者無為也蓋使既有所為而仍亂亂斯真矣今尚無為則
但使一旦有為即亂可以治故下文云焉亂乎尚可以待
待者待有為之日也房注云國政微為則未至亂可待君
自及未確

同甲十萬車五千乘毖案同蓋举字之誤金刻举字多作
冈與同字形相似故誤舉為同吳清卿中丞字說謂書顧
命上宗奉同瑁太保受同授宗人同之同即冈字之譌彼
以舉為酒器如小戴檀弓記杜举之举此举為举起之举
國語晉語韋解云举起也其義雖殊而其誤一也同甲十

管子　二十七

萬車五千乘者舉甲十萬車五千乘也下文云謂管仲曰我士既練吾兵既多寡人欲服魯是桓公起甲十萬車五千乘以伐魯也而房注乃云同甲謂完堅齊等無論其望文生義且使無舉字以領句句義安得完足乎下文云予車百乘甲一千又云予車百乘卒千人此以舉字領句猶彼以予字領句矣王雜志引之案據彼文以例此訂十萬當云五萬而於同字竟不一校及則王氏亦未悟其為舉字之誤也〔巒舊校以同訓合引考工函人記合甲以證然亦非也〕

去國五十里而為之闗魯請比於闗內以從於齊巒案國有二義或指邦國說文口部云國邦也是也或指國都邑

氏春秋明理紀高注云國都也是也此國亦指國都而言比與形勢篇裁大者衆之所比也之比同當讀為庇見彼校字或作庀周禮世婦職鄭注云鄭司農讀比為庀又大胥職注云鄭大夫讀比為庀是也謂魯去國都五十里設關而自庇於關内以從服於齊也自庇於圉内者即自庇於五十里之内也故下文云魯之境去國五十里其義至明房注於國字之義未析然云更立國界而為之圉說固無戾至不知比之讀為庇而云比於齊之圉内殆不然矣且比於齊之圉内即從服於齊何必又云以從於齊乎呂氏貴信覽作去魯國五十里而封之請比圉内侯以聽行

一侯字尤謬畢沅校本引梁仲子云秦都山西以函内為王畿故曰函内侯齊安得有函内侯乎引管子此文以證彼侯字之衍而不知侯字之所以衍亦由不解比字之故也

中匡篇刑罰以脅盾一戟遂棄此盾字房本蓋脫落故注云脅盾也以盾訓脅明其本無盾字矣房知脅為盾者以幼官篇云兵尚脅盾彼注云盾或著之於脅著或誤署故曰脅盾著之脅而曰脅盾故此單言脅而亦知其為盾也然彼既有脅盾之文則正此文脅盾之左證小匡篇輕罪入蘭盾鞈革二戟上句云制重罪入以兵甲犀脅二戟犀脅或亦指盾房無注國語齊語作

輕罪贖以韥盾一戟亦明有盾字此文盾字當未必可少
特房本無此盾字亦不可不知否則注語不可解矣
寡人非敢自為修也鋻案修之訓長恆訓也長短之長與
長幼之長本一義之通轉古人於此最無拘滯修之訓長
者長短之長居多而此修字訓長獨為長幼之長故下文
云仲父年長即修字之義可知矣至上文云寡人自以為
修矣彼修字自誤白居易帖酒帖引管子作以為脫於罪
矣省引寡人自三字允當從之不可以援彼難此也且彼文果是
修字試問何義

管子　二十九

雖寡人亦衰矣鋻案雖當讀為唯雖即諧唯聲故二字古

多通用詳王引之釋詞上文云仲父年長則是桓公之年少於仲父然雖桓公之年少於仲父而桓公時亦已衰老矣故曰唯寡人亦衰矣以起下文願一朝安之意若從雖本字則直當云雖寡人年少豈合云雖寡人亦衰乎

小匡篇鮑叔知無後事邑累鮑叔知句知讀爲智下文云鮑叔之知不是失也彼知字正與此知字相應房注云以鮑叔之智能及此圖必不失也明彼知即智則此知之即智亦明矣而房於此乃云既得管仲則知後無禍難之事也以六字讀作一句知爲知識義非矣

以旦暮從事於田壄邑累暮本作昔與上下文一律疑後

人以國語齊語改王雜志引之案已校訂惟王謂昔與夕通葢因説文日部訓昔為乾肉故以昔為借字夕為正字則其説實不若吴夌雲遺著校穀梁傳昔字之説葢旦昔之昔實為昔之本義初非借字與齊語作莫同一正字也吴著云昔上从𠈌古文尚書以𠈌為虞字昔與莫同義莫將没之日也故从日在茻中昔日入虞淵既没之日也故从日在𠈌下説文昔乾肉也从殘肉日以晞之與俎同意失之訓乾肉之昔自當依籀文作腊此説頗精然則旦昔之昔殊不必讀昔為夕矣穀梁莊七年傳云日入至于星出謂之昔旦昔之昔正此義也巻前校穀梁傳已主吴説

而定其義爲昔字之本義今亦無以易之下文言工旦昔從事於此白帖百工帖引昔字亦误作暮抑或者管子原有兩本與要即兩本亦不容雜合一本此本上下作昔王校不可非也

管子

小罪入以金鈞分宥薄罪鬯案分字疑衍宥薄罪無所謂分宥也國語齊語作小罪謫以金分宥閒罪韋昭解云小罪不入於五刑者以金贖有分兩之差今之罰金是也是分字上屬金字不下屬宥字宥上初無分字蓋齊語作金分管子作金鈞校者以語校子因入分字於管子而金鈞分既不成句且有下文入以半鈞鈞字絶句作例則不得

不以分字下屬宥薄罪而不知仍不可通於義也
無坐抑而訟獄者正三禁之㐫案坐當讀為挫俞蔭甫太
史平議云言人有挫折屈抑則宜訟若無是而訟是好訟
也故必有以禁之其說甚當乃戴望校正采俞說而標題
於正字絕句又改故必有以禁之作故宜有以正之此大
失俞意矣俞止標無坐抑而訟獄者七字何嘗連正字其
云有以禁之渾言三禁之義特沒正字而不說耳其所以
不說者以房注云正當禁之是正字之義房已得之故不
必復說也蓋此正字當訓長爾雅釋詁云正長也郭注云
正官長也正之訓長見於詩毛傳鄭箋以及周禮儀禮鄭

諸注者更不一而足房謂正當禁之亦謂官長當禁之耳豈可以正即作禁字解乎戴之鹵莽甚矣至房謂正當禁之三日以三禁為三日益本於韋解則竊有所未安其實三禁止是禁之者三不必言三日也

成周邑案成當讀為城左文十一年傳王子成父下文作王子城父即其近例也成周者城周也國語齊語正作南城於周韋解云城王城也周襄王庶弟子帶作亂與戎伐襄王焚其東門不克桓公使仲孫湫徵諸侯戍周而城之事在魯僖十三年則成周之為城周明甚而語文南字卻疑衍又宋公庠補音本無於字然則國語管子初無異文

今案左傳有戎周無城之之文韋氏加之竊謂若如語作南城於周又當讀城為成矣成猶平也傳所謂平戎於王者説姑備参

踰大行與卑耳之谿拘秦夏毖案拘秦夏當三字為名蓋卑耳之谿之山也故曰踰大行與卑耳之谿拘秦夏一踰字領句謂既踰大行又踰卑耳谿之拘秦夏山也房注謂與卑耳之谿共拘秦夏之不服者則失義矣且以秦夏二字為名拘為拘獲之義將何以解下文北至於孤竹山戎穢貉拘秦夏乎齊語作踰大行與辟耳之谿拘夏彼谿字作谿將亦可與谿而共拘乎小問篇云未至卑耳之谿十里又云至卑耳之谿亦並稱谿韋解云拘夏辟耳之谿也則彼無秦字以拘夏二字為

管子

名此拘秦夏三字為名尤見矣獨章謂谿名揆之文義未協此當山名要其為名一也拘之言句也句吳以句為發語辭拘秦夏或亦以拘為發語辭則未可知矣或疑此秦字涉下文而秦戎始從秦字而衍然下文北至孤竹山戎穢貉拘秦夏秦字又何以衍乎

諸侯以縷帛布鹿皮四分以為幣卷業帛蓋讀為白小戴玉藻記鄭注云帛當為白聲之誤也公羊宣十二年傳徐彥解引爾雅釋天孫注云詩云帛旆英英即今詩六月篇白旆央央是白帛通用帛布者白布也白布無文故霸形篇云君何不發虎豹之皮文錦以使諸侯令諸侯以縵帛鹿皮報又云於是以虎豹皮文錦使諸侯諸侯以縵帛鹿

皮報彼虎豹皮文錦即此下文文錦虎豹皮彼鹿皮即此鹿皮四分彼縵帛即此帛布说文糸部云縵繒無文也則此帛布之即白布明矣王念孫雜志并欲據彼文以訂此縷字即縵字之誤則又似不可乘馬篇經暴布百兩劉注云暴布白布也是經暴布者經白布也縷白布猶經白布矣經也縷也皆白布之分别名也此縷為縵之誤豈彼經亦為縵之誤邪縵為無文義合此白布無與此縷字也且國語齊語作故天下諸侯罷馬以為幣縷綦以為奉鹿皮四分亦明出縷字縷綦即縷白布矣故韋注云縷綦以縷織綦不用絲取易共也是也宋庠補音本綦作纂黄丕烈國語札记汪遠孫國語發正

並謂誤

霸言篇道同者不王也鬯案王字無義疑正字之誤正即上文兼正之國之謂王之正也竊謂彼兼正二字當分二義房注謂兼能正他國非也兼能正他國即霸者何獨不然所以不王者以不兼其國也然則兼者取也故上句云德共者不取也即承彼兼字而言也此云道同者不正也即承彼正字而言也王為正之誤明矣房注云若彼德與我共彼道與我同則不取而且不王王字亦無義疑房本此正字猶未誤注文亦本作則不取而且不正謂非特正之而不取其國且不往正其國也正之言征也

國危則聖人知矣遂案知當訓見呂氏春秋自知論高注云知猶見也左僖二十八年傳喜可知也杜解云喜見於顏色是亦以見訓知見知二字其義通用實多即管子中亦有可證知心術篇云見於形容可知於顏色王念孫雜志云可字後人加又白心篇云集於顏色知於肌膚知並即見也穀梁桓六年傳云何以知其是陳君也先師鍾朝美先生補注云知字訓見蓋凡言何以知之類即猶言何以見至今行文口說習通用無別呂氏報更覽高注又云知猶發也發亦猶見也國危則聖人知者正謂國危則聖人發見也房注云懷獨見之明故先知失義矣

管子 三十四

管子

聖人將動必知愚人至危易辭鬯案必當讀為畢戰國秦策云四國必從盧見曾刻宋本必作畢鮑彪亦改必為畢說文八部云尔詞之必然也玉篇八部作尔詞之畢也並可證矣爾雅釋魚鮅鱒廣韻質韻引鮅作⿰魚畢亦足學證必知者畢知也畢知者盡知也聖人將動盡知與愚人至危易辭正相反益將動猶未動也至危動之至矣所謂一則未然一則已然也將動而能盡知則雖至危必不易其辭至危而易辭其仍無所知也所謂一則前知一則後亂也二句之義知是顧其為對文則有上文聖人畏微而愚人畏明聖人之憎惡也內愚人之憎惡也外可例乃房注云

聖人之動必闇知愚者至危不知禍之將至尚有慢易之辭云云玩注文竟以必闇知屬愚者讀則此二句忽作串義竟不顧與上文失類若以必闇知為句則闇字為虛設至解易為慢易猶其失不足論矣故劉注易之云聖人將動先明其安危若愚人則至危之時方改易其平素之言其說可謂得矣獨以先字代必字尚不如讀必為畢之易曉也

精於權則天下之兵可齊 案齊當讀為擠擠諧齊聲例得通借故小戴孔子閒居記鄭注云詩讀湯齊為湯躋齊之通擠猶齊之通躋也又彼陸釋云齊本作隮齊之通擠

管子 三五

亦猶齊之通隮也。說文手部云擠排也，此謂精於權則天下之兵我皆可以擠排之也。史記項羽紀漢書項籍傳並云楚又追擊至靈辟東睢水上，漢軍卻為楚所擠，正此擠字。顏注引臣瓚亦云擠排也。裴解引瓚曰排擠也，盖誤倒。房注略。俞蔭甫太史平議讀為濟，訓止。然訓止非濟字本義，似不如讀擠為得矣。

管子

問篇：上帥士以人之所戴，則上下和巽衆上。盍當訓升，易需卦陸釋引干注及漢書王莽傳顏注並云上升也。帥士盍當時稱士之名目，帥與率通。小匡篇云十邑為率，十率為鄉，下文有率子弟、鄉子弟之稱。說見俞蔭甫太史平議。房注非。然則帥士者率士也率士之稱猶率子弟之稱矣率子弟者率之子弟也率士者率之士也升率士而措之衆人之上苟此率士素不為人所戴仰則必至在下者不服素為人所戴仰則一旦升而措諸人上自必上下和矣故曰上帥士以人之所戴則上下和房注云上帥其士所為者皆人之所戴仰故上下和則必非義至戴望校正引陳先生說附會房義尤不足云

問獨夫寡婦孤寡疾病者些案既言寡婦又言孤寡兩寡字當有別蓋寡有老少之異獨夫寡婦者所謂老而無子謂之獨老而無夫謂之寡者也是寡而老者也孤寡者所

謂少孤少寡也是寡而少者也此與幼官篇言養孤老食常疾收孤寡可倒觀此言兩寡猶彼言兩孤矣彼兩孤亦一謂老一謂少也校已見前戴望校正於彼孤寡之孤漫改謂鰥則於此孤寡之寡何不亦易一字乎乃略不說及何也自來此文無有解及者蓋皆不察寡之有老少之異者也

士之有田而不使者幾何人吏惡何事卷案田字無義田焉可使云有而不使且曰吏惡何事則田必吏字之誤也蓋與下文士之有田而不耕者相涉故誤吏爲田且篆文口字作𠙵左右上出吏字中有口筍上出連上一畫即具

田形然則謂田爲吏之壞字可也士有吏者所謂家老若隸子弟是也既爲士吏宜爲士使然士事少或有而不使不使則吏何事故既問士之有田而不使者幾何人而又問吏惡何事惡何二字同義猶左僖四年傳云十年尚猶有臭尚猶二字亦同義公羊哀十四年傳云末不亦樂乎堯舜之知君子也末不二字亦同義蓋古人自有複語耳惡何即猶尚猶末不矣或疑二字衍一字與下文身何事文對亦一說

冗國所開口而食者幾何人邑案冗爲問字之誤戴望校正引丁説及俞蔭甫太史平議並訂正惟開口二字尚未

有說竊謂此口非口鼻之口字也乃古之倉字也說文倉部云倉穀藏也从食省口象倉形（若廩字則當作回不作口）是象倉形之口與口鼻之口在篆文原有別而隸書本無異形故開倉遂誤讀為開口矣房注云言其不農作直開口仰食不農作義卻可合開倉而食者是富人也尚何農作開口仰食似非其義（今案此條姑備一說海王篇揆度篇並有開口字待考）

戒篇舉齊國之幣握路家五十室案幣益讀為徹握益讀為屋幣握即諧徹屋聲並在假借之例徹屋與路家為對文皆謂窮困之家（王雜志引之案云路讀為露露家窮困之家也）舉齊國之徹屋路家五十室與小戴檀弓記言所舉於晉國管庫之士

七十有餘家同一文法則義亦不異彼鄭注云管庫之士府史以下官長所置也举之於君以為大夫士也然則此举亦謂举之於君耳敝屋路家豈惟府史以下官長所置哉益較之管庫之士尤為窮困者矣於此而举之則其人感激必不已而能使其人不知此之謂大仁也故下文云其人不知也大仁也哉其朋乎房注既誤讀举齊國之幣為句而訓握為持并不知路家之義以為路旁之家説直無一是處王志能校路家之義亦不能知幣握之即敝屋至改握為振破字解書未為善也

勿已者朋其可乎巻案勿已者猶言無已

參患篇道正者不安則才能之人去亡鬯案去亡二字本無可疑而張嘯山先生舒藝室隨筆謂去亡不辭疑衍其一殆非所疑也不特下文又出去亡字可例且此文在法法篇已有之亦云道正者不安則材能之臣去亡矣不更顯證乎法法篇在前即校衍其一亦宜校在彼文也

故一器成往夫具而天下無戰心鬯案具疑讀為懼懼具一聲之轉今俗便寫懼字輒作惧雖不足為典要然論音借未謬也往夫懼而天下無戰心九字作一句舊以往夫具讀斷非也張嘯山先生隨筆以往字為狂字之譌其說當是狂往並諧生聲本在假借通例然必讀具為懼則讀

往為狂始通懼者彼懼我也若依其義則不在彼而在我矣我何取乎狂夫下文二其字放此房注皆非

君臣上篇若望參表則邪者可知也巠案參當訓三廣雅釋言云參三也論語泰伯篇三分天下皇侃義疏本作參亦云參三也陸釋亦出三字云本今作三三參二字至今俗用為同字據儀禮冠禮賈釋辨一壹二字有大小之稱則大寫小寫之別在唐已有之矣故小匡篇出叅字亦必本於唐人書也彼文言叅里據國語齊語作漆里蓋古漆字或作涞新莽侯鉦重五十来斤来即桼字作數目乂字用自漢已然矣叅字譌體即来字而又加氵則漆字也參表者三表也蓋立三表皆正則直望之若一表稍或不正立可見也故曰若望

三表則邪者可知也房注云參表謂立表所以參驗曲直以參爲參驗是未知參之爲三義矣且立表以參驗曲直而謂之參表義亦未安周禮太司馬職云虞人萊所田之野爲表百步則一爲三表此三表之證也

常惠於賞而不忍於刑　鬯案惠字疑本作專專諧叀聲惠亦从叀二字相溷故誤專爲惠常專於賞而不忍於刑其義自明不煩解釋若惠與賞字義雖似相切而云惠於賞實不可通房注云惠賞而不忍刑於惠字無仍所發也豈注文亦本作專賞與專壹之專依說文作嫥然書傳通以專爲之

則婦人能食其意案食與得字古每通用蓋得之則食而食必由於得義本相成且二字疊韻即於假借之例亦無悖故論語季氏篇云戒之在得謂戒之在食也彼論血氣若謂食得則非義矣則讀得為食此云婦人能食其意謂婦人能得其意也則讀食為得蓋婦人近人主故人主之意惟婦人能得之義本至顯房注乃云君意委曲隨於女謁若食之充口故曰婦人能食其意何其迂也房義既為俞蔭甫太史平議所駁而俞謂食當讀為蝕說文虫部蝕敗創也婦人能蝕其意者婦人能敗其意也則又未確上文云主德不立然則此謂意必非德意矣非德意而婦人能敗之不轉

管子　四十

賴此婦人予要謂能得其意而其意之德與不德固不必問也又下篇云便僻不能食其意刑罰亟近也彼房注卻云便僻者不能諂君以得意故曰不能食其意也既不能得君意故刑罰數也正以得意解食意益為說之幸中者矣

相總要者官謀士𡿪業者當讀為諸諸諧者聲例得通用相總要諸官謀士讀作一句下文云量實義美匡請所疑皆承相字而言故下云而君發其明府之法瑞以稽之與上文而官論其德能而待之而相為常具以給之句一律益上言百姓言大夫此言相三疊文法本明顯而房氏乃

於者字斷句以官謀士三字為句且云士事也官各謀其職事也則竟以官字為領句試問相總要者四字安在着落乎餘謬所不待論矣

下篇一畝之賦盡可知也巻案此言賦之平耳承上文千里之内來布之罰兩言謂一畝之賦其當罰不當罰雖千里之内一例也故曰千里之内來布之罰一畝之賦盡可知也則賦不亦平乎房注謂賢人為之視聽故無不知未得其義矣

德侵則君危論侵則有功者危令侵則官危刑侵則百姓危巻案侵之言祲祲侵二字義本相通故釋名釋天云祲

侵也赤黑之氣相侵也穀梁襄二十四年傳五穀不升謂之大侵後漢書光武紀李注云五穀不升曰大祲然則大侵即大祲也祲有妖義左昭十五年傳云祲妖氣也是德祲者德妖也論祲者論妖也令祲者令妖也刑祲者刑妖也故下文云而明君者審禁淫侵者也上無淫侵之論侵上並加一淫字則侵之即祲而其義可見矣房注德侵則君危云君德見侵不危何待於侵字之義未加詮發注論侵則有功者危云論議侵理則功過不明并增設理字以解之尤為不可益未明其為妖義則四侵字或可合或不可合七臣七主篇言侵主又言侵臣侵主侵臣亦妖主妖臣

也

伏寇在側者沈疑得民之道也卷案疑益讀爲凝沈凝者猶謂深重陰惡之人也沈凝得民心者其如齊後來之陳氏與誠不啻伏寇在側矣故曰伏寇在側者沈疑得民之道也沈凝二字後世辭章家亦用之甘子布光賦云沈凝者顯象清貞者流曜此房注太略

爵制而不可加卷案爵制當如專制之義承上文言兼上下以環其私則其專制可知矣房注所謂勢既凌君是也勢既凌君正當解爵制之意而乃云勢既凌君故爵制不能加也則勢既凌君四字轉成虛設且爵制不能加無不

直曰不能加而曰而不可加乎益加之言駕也莊子庚桑楚篇譬猶飲藥以加病也陸釋云加崔本作駕爵制而不可加者謂其專制而不可駕馭也説文口部云加語相增加也馬部云駕馬在軛中則駕馭之義自當主駕而於增加之義亦未始不可引申歟古人駕字每作加如小戴内則記云不敢以富貴加于父兄宗族論語公冶長篇云我不欲人之加諸我也我亦欲無加諸人左襄十三年傳云君子稱其功以加小人加皆駕馭之意

衆農以聽命呰案農當訓勉廣雅釋　云農勉也衆農以聽命衆勉以聽命也大匡篇云耕者農農用力王念孫雜志

亦訓農為勉此農與彼農農正同而王於彼未徵及此所
當補之又彼文農農王以一農字為後人所加則念孫意謂
可不必勉勉二字可重言農農何必不可重言邪
物地生念孫案此物字與上句審天時之審字為對文則物
亦當如審義物蓋讀為䀛說文目部云䀛一曰久視也久
視之義推之即審義矣然經典皆以物為之物地二字見
周禮載師職云以物地事鄭注云物物色之又見草人職
云以物地相其宜而為之種注云以物地占其形色又卝
人職云若以時取之則物其地注亦云物地占其形色知
鹹淡也此皆物地二字之明證而實亦䀛字之借也鄭解

為物色之其義雖可通不如儀禮既夕記冢人物土注云物猶相也尤為切近相猶審也生當讀為性周禮大司徒職辨五地之物生鄭注云杜子春讀生為性大戴子張問入官記盧注云生謂性也則并訓生為性要亦聲訓與假借同例也物地生者眡地性也謂審地之性也地性與天時又正偶對然則鄭解物地為占其形色亦雖可通而以此管子證之乃物其性不僅物其形色矣

小稱篇當民之毀譽也則莫歸問於家矣鬯案凡民有作必先問於家此人情也至於毀譽其上則莫歸問於家足見其觀之至察無所疑竇於其間故能然也此謂民莫歸

問於家非指在上者房注未是
雖有天子諸侯民皆操名而去之則捐其地而走矣愚案
民皆操名蓋當句言雖有天子諸侯之貴而毀訾之名皆
民操之故曰雖有天子諸侯民皆操名其讀法可見矣而
去之者承上文操名去人而言也自在上言之非自民言
之在上者去人則人亦去上矣故曰則捐其地而走矣房
讀民皆操名而去之作一句則既言去之又言捐其地而
走不太複乎且操名而去之於義實難解也今案君臣下篇云有國君民而使民所惡制之此一過也竊謂制之二字當別為句言既使民惡而以法制之此君人者之過也房注云民惡君之制已此亦君之過以制之二字屬上讀則之字不可通此以而去之別為句與彼制之別為句略可比例

四稱篇固其武臣鬯案固當讀為故故固並諧古聲例得通用小稱篇云故臣且謂之彼故當讀固彼王雜志引之案云故與固同此固其武臣則固當讀故

動作則事鬯案事當訓勤爾雅釋詁云事勤也

尊其貨賄卑其爵位鬯案此即賣官鬻爵之謂但有貨賄賂己即不惜予人以爵位是貨賄尊而爵位卑矣故曰尊其貨賄卑其爵位房注謂未必能貴其爵位但尊其貨賄而已解卑其爵位殊覺無義上文云假寵鬻貴此二句即謂申明鬻貴之說亦似無不可然彼與假寵比文故彼注云因君之寵必能鬻其貴則鬻貴者轉非賣官鬻爵之謂

特自衒其一己之貴而已此二句即别為義可也
倨敖不恭不友善士讒賊與鬭奐案不友善士四字當為
衍文鬭宜依劉注引一本作通者是倨敖不恭讒賊與通
兩句恭通連韻猶上文貪於貨賄競於酒食兩句賄食亦
連韻蓋換韻發首之法必連叶至今詞賦家例猶然也衍
不友善士四字則多一句矣且上文云不與善人即是不
友善士也既云不與善人又云不友善士於義不太複乎
其為衍文尤可知矣又奐案下文俱亂其君句亦疑衍彼上
既言迷惑其君於義亦複且亦多一句也
君若有過各奉其身奐案此言君若有過與上文君若有

管子

過義似有異上文云君若有過進諫不疑則過者過失也此云君若有過各奉其身則過當讀為禍君若有禍而各奉其身以見莫有顧其君者若亦作過失義則各奉其身語意不協矣房注云奉身自潔推過於君則上文已云以敗其君皆曰非我是即奉身自潔推過於君矣誠然不必復說且曰君若有過是過誠有也豈謂推過於君乎

侈靡篇則人可刑也鬯案刑當訓治廣雅釋詁云刑治也人可刑者人可治耳房注謂若此則人之賢不肖可刑也於刑字義不著張嘯山先生隨筆云刑疑當作制尤當不然　又案誠刑為誤字則以為制字之誤不如以為別字

之誤房注云若此則人之賢不肖可刑也刑恐亦作別賢不肖可別句始有義可刑不可解也下文云故天子臧珠玉諸侯臧金石大夫畜狗馬百姓臧布帛不然則强者能守之智者能收之收今本作牧王念孫雜志云牧當爲收即別之義也惟別故雖强雖智諸侯不僭天子大夫不僭諸侯百姓不僭大夫別字之義殊勝顧不謂賢不肖之可別也房義抑不然矣

尊天地之理所以論威也遷案天尊地卑尊天地之理者猶言尊尊卑之名分耳故曰所以論威房注謂天地以秋冬肅殺雷震電耀爲威則何以解春夏雨與露乎或曰信如

天尊地卑之説則所以論威合止當尊天之尊必無尊地之卑今不第曰尊天之理而曰尊天地之理何也曰然天地連文古今恆語也即下文可證下文云必辨於天地之道然後功名可以殖辨於地利而民可富既别言地利則所謂天地之道者止天之道耳尊天之理而曰尊天地之理猶辨天之道而曰辨天地之道也蓋因天而兼及地此不在咀嚼之例

不有而醜天地非天子之事也毖案醜當訓比小戴學記云比物醜類鄭注云醜猶比也天子本與天地比猶中庸記言與天地參不有上事則不足比天地矣故曰不有而

醜天地非天子之事也房注云不有上事而又醜惡天地之化非天子之事以醜作醜惡解失其義矣戴望校正引丁氏說據形勢篇有聞道而好定萬物者天地之配也以解此甚善而云此醜字或配之誤則殊昧矣醜訓比猶配也

故嘗至味而罷至樂念孫案罷讀為疲

而雕卵然後淪之念孫案而字當作夫篆文夫字脫上出半筆即形同而故誤夫為而此別起句不承上文不合用而字接轉藝文類聚薪炭灰類引管子曰周容子夏以侈靡見桓公桓公曰侈靡可以為天下乎子夏曰可夫雕橑然

管子　四十七

後炊之雕卯然後瀹之所發積藏散萬物也所引與此上下不同又與下句雕橑然後爨之倒轉在上而此而字之作夫則實為明證也

用其臣者予而奪之使而輟之徒以而富之父繫而伏之予虛壽而驕之收其春秋之時而消之有禖禮我而居之時舉其強者以譽之卷案用字房讀屬上為之畜化句王念孫雜志訂以用其臣者四字為句云用其臣者統下八句而言其說確又謂父繫而伏之父當是又字之譌又者承上之詞說亦可取而引之案以有禖禮我而居之有字亦云讀為又亦承上之詞則殆失其父之意矣此文八句

首出予而奪之使而輟之兩句各為義若云既予之又奪之既使之又止之輟者止也而下六句則各以兩句為一義蓋云既徙以而富之又繫而伏之既予虛爵而驕之又收其春秋之時而消之既有禄禮我而居之又時举其强者以誉之則有禄句乃是起下安得反謂承上而讀為又予念孫之意必不如此管子之意當本不如是也蓋此用其臣者實指當時反復不賢之君予而奪之八句皆甚言其反復雖文字不能無誤而大旨可知俞蔭甫太史平議校下文强而可使服事辯以辯辭智以招請廉以摽人堅强以乘六廣其德以輕上位不能使之而流徙云此乂

管子　四十八

管子

句非美事也說亦確彼〻句正承此八句而言蓋用其臣者一語不特統此八句直當貫至下文此謂國亡之鄙而止彼〻句非美事則此八句非美事可知甚言其反復誠何美之有至房氏既誤以用字屬上解化用為變化富者之用致推解此文全謬不足辨而引之讀有為又意將何居

先其士者之為自犯邕案先其士者與下文後其民者為對義必一律後其民謂民不宜後之則先其士謂士不宜先之矣房注解後其民固謂其當先今乃後之而解先其士乃謂人有士行當推以為先今反自先之以先為自先

之與後其民之義不倒矣如其説直亦當云後其士何云
先其士乎房益以士無不當先之理故不得已兩句出歧
義而不知君之下有卿卿之下有大夫大夫之下始有士
先士是後卿大夫矣則犯分孰甚也故曰先其士者之為
自犯抑士之稱不必為士專稱卿大夫莫非士也説已見
前校孝經孝治章然則此先其士之士又安見不適指卿大
夫士而言則先其士猶謂先其臣先其臣則君無權故為
自犯不然士居卿大夫下民不更居士下乎而何以轉不宜
後乎若臣之於民固不可同語矣
辟之若尊譚巻案尊譚之義玩辟之若三字當是器名玩

管子 四十九

下文未勝其本之流而下二句則其器益可知矣殆即今之漏斗也漏斗不盈其量而先漏下故曰未勝其本之流而下也考譚諧覃聲覃从𣆪鹹省聲篆體作覃然覃實無取於从𣆪說文又出古文作覃篆文作覃皆覃省也竊謂覃之从𣆪非𣆪字乃正漏斗之象形乚即象斗形丨象其管并象流下也○在斗之中以見管之中空也曰則挹注之器挹注之斯流下象其用也然則覃當為象形兼諧聲字為漏斗之本名用以傳尊中之酒即謂之尊覃矣其作譚假借字也房注訓譚為延以尊為尊位必不其然

略近臣合於其遠者立之堅寀略近臣合於其遠與上句

不謹於附近而欲求遠意似無别而不知上句言兵不信則所謂附近者附近之國也非附近之臣也此則明出臣字故不謹於附近而欲求遠者謂不謹於近國而欲圖遠國也略近臣合於其遠者謂忽略此近臣而使與遠人相合也要二句之義絕不同也夫忽略近臣而使與遠人合則危亡之道矣故曰立亡今中土人入外國籍則外國為之保護甚設諸貴名目以誘我此大患也立亡二字當連讀立亡者謂立時可亡也房誤讀立字句注云於近則略之於遠則合之若此者則可以立功不特與上句不謹於附近而欲求遠之意真無别即如其言於近略之於遠合之亦何功之能立乎或曰范雎遠交近攻之計也則

管子　五十

管子

獨不見臣字于且上文云功成而不信者殆兵強而無義者殘不謹於附近而欲求遠者兵不信曰殆曰殘曰兵不信皆不美之辭何此句獨忽出立功美辭其必連亡字讀明矣戴望校正引丁氏說以立為亡字之誤又謂下文亡國之起四字義不可通蓋涉上下文而衍其意得之然更張亦甚不若以立亡連讀而下文則自有譌脫耳

以告中寢諸子卷案中寢諸子即戒篇之中婦諸子下文云云即戒篇所云也然則彼作中婦此作中寢婦寢二字必有一誤矣彼房注云中婦諸子內官之號竊謂諸子是內官之號內官無號中婦者當以此作中寢為是彼文婦

字即寢字之誤中寢即寢中也猶詩言中谷即谷中中林即林中之類寢中猶宮中耳左哀五年傳言諸子鬻姒是内官有諸子之號之證且彼正指齊又晏子春秋問篇云景公令諸子無外親謁更足明齊有諸子矣諸子為内官允當依房戒篇注義而左傳杜解謂庶公子非也乃房於此注云中寢諸子諸侯諸子之居中寢者抑何自出歧義與戒篇載中婦諸子對曰妾人聞之又云妾是以知君之將有行也又曰妾之身之不為人持接也孰有諸侯諸子而自稱妾者乎諸與孺古音不同部而聲類相近故沿及戰國變稱孺子齊策云齊王夫人死有七孺子皆近戰國

之孺子即春秋之諸子也

君子者勉於紀人者也非見紀者也鬯案兩紀字恐是誤文治字古文有作乿者紀或即乿字脫爪耳然則是治字也君子者勉於治人者也非見治者也義至明白誤為紀房注解為紀察則迂矣

明無私交鬯案明當讀為盟詩黃鳥篇鄭箋云明當作盟盟諧明聲例可通借

交解者不處兄鬯案交解者不處句例應下有也字上文云求珠貝者不令也有也字可見竊疑兄即也字之誤也字秦石刻作乜所从之廿即是口猶吳之古文作𡗜曰之

隸書作甘之比此當是語助本字故从口乚者象气出也然則乜容有作為㔾者與兄字爭一筆矣故也可誤為兄也房注以兄弟解之屬下遺利為句又以兄遺利承上遠熱說殊謬不足辨趙用賢標注以為古況字亦屬下讀雖可通然似不若為也之誤而屬上讀之合句例也至下文句讀當以遺利夫事為句左中國之人為句房以事左連讀亦謬也

是故聖人重之人君重之毖案此當讀是故聖為句人重之為句人字句君重之為句聖者聖人也人者衆人也言聖人則衆人重之衆人則人君重之故曰聖人重之人君

重之以聖人人君連讀則義不可通房注云聖人重之謂重天也人君重之謂重君也聖人得天以重聖為重天可說也君重人為人重君適相反矣要房氏不悟讀法即如其言於正文亦不解也

人死則易云生則難合也鬯案人字領死生二句則讀宜略逗此死生字蓋當活解之猶云以死道處之以生道處之耳非果謂人之死人之生也以死道處之則易云以生道處之則難合者即可與同患難而不可與同安樂之謂也房注云死者無所為不憂其為亂故易云生者有利欲之心合而無防或生姦謀故難合真兒童之見矣俞蔭甫

太史平議以云為相親之義固當從之而又云古人族葬
故有死則易云之説則亦甚迂其故恐皆由以人死二字
連讀遂生實死字耳竊謂死道易親故上文謂艱難而立
下文云一為賞二為常三為固然此生道所以難合也
不方之政不可以為國巹案此方字必假借字以上文大
旨觀之如云士能自治者不從聖人豈云哉又曰故阬其
道而薄其所予則士云矣是其立論頗近乎激決非尋常
平易之議也此方字葢直當讀作謗謗諧旁聲旁即諧方
聲故得假借論語憲问篇子貢方人陸釋引鄭本方作謗
此其倒矣不方之政者不謗之政也夫政豈當謗今謂不

管子

誇之政不可以為國豈非激論乎所謂霸人言霸也然孰殺子產之誦釁裘仲尼之歌為政者固不能免人之誇其言為激其事亦豈不確哉房注以不方為邪殆不然

心術上篇去智與故毖案故亦智也惟云智與故不成曰智與智乎則智故同類而亦有別耳然究不得如房注之訓故為事且云既忘智則事自去以智故作串義尤不然也孟子離婁篇云天下之言性也則故而已矣故者以利為本猶云天下之言性也則智而已矣智者以利為本故下文即云所惡於智者為其鑿也明智故一也第不曰智而已矣智者以利為本而必用故字者此故與智之別也

不曰所惡於故而必易故為智者此智與故之別也彼下文又四出智字一出故字皆可意會孟子彼章說者亦殊未愿要以智與故為一類利與鑿為一類則義自大通然正有智故連文無別者淮南子原道訓云不設智故去智與故不設智故文義實同特用一與字足句則智故分為二矣彼高誘注云智故巧飾也然則不設智故者猶云不設巧飾也巧飾亦一也而如曰去巧與飾巧飾亦分為二矣

未於能鬯案未疑求字之誤

下篇所以危者非怒也鬯案危盖讀為詭詭諧危聲例得通借說文言部云詭責也是詭以責為本義書傳作詭變

義者轉是恑字之借説文心部云恑變也是也非詭字之義也自借義行而本義反晦此危讀詭正從詭本義所以詭者非怒也猶云所以責者非怒也與上文所以操者非刑也其義一律蓋操者宜莫如刑而非刑故曰所以操者非刑也責者宜莫如怒而非怒故曰所以責者非怒也依危字解之義不洽矣房注曲説無容置辨

上察於天下察於地鬯案兩察字當讀為際

白心篇巨之徒滅鬯案巨當讀為炬炬與滅義相反故曰炬之徒滅與上文極之徒仄滿之徒虧句法一律極與仄滿與虧義亦相反也説文無炬字艸部有苣字云束葦燒

是炬之木字作苣而此以巨借之房注云謂能立大功也以大釋巨義豈有當乎

孰能已無已乎乢案此與上文孰能法無法乎始無始乎終無終乎弱無弱乎同一句法則必無誤字王念孫雜志以已無已爲當作亡已二字非也已者止之已非人己之己俞蔭甫太史平議解作我喪我亦非也上文云孰能弃名與功而還與衆人同孰能弃功與名而還反無成無成有貴其成也有成貴其無成也即已無已之説也極之徒仄滿之徒虧炬之徒滅者（巨讀炬見上條）不已亦已也故曰孰能已無已乎蓋不已正所以已而已正所以無已漢書藝

管子

文志莞子莞管即本列於道家此正道家之恆言也而刻求之容有當乎

夫不能自搖者謷桀夫疑天字之誤否則與上下文皆複疊

水地篇夫水淖弱以清謷桀淖弱二字蓋古語房注單訓淖為和不連弱字釋非也大戴勸学記作弱約危通似察荀子宥坐篇作淖約微達似察家語三恕篇作綽約微達此似察玩彼諸異文則淖弱者蓋是光明之義故曰以清而彼諸文皆言似察也然則并非和之義矣惟説苑雜言苑作綿弱而微達似察彼綿字恐正淖字之誤或綽字之

誤綿弱何以能察下文云楚之水淖弱而清故其民輕果而賊玩輕果而賊之義亦必非綿弱之謂也

量之不可使概至滿而止正也毖案量之不可使概者正以至滿而止蓋必滿而不止斯概以平之量滿而止何概之有此本一意也故斷之曰正也而大戴勸学記家語三恕篇荀子宥坐篇説苑雜言苑載孔子荅子貢語與此大同而皆以此二語分作兩項記云必出量必平似正（汪貽注補本必出作以注）盈不求概似厲（孔廣森補注本及汪本厲並作度）語云至量必平之此似法盛而不求概此似正荀云主量必平似法盈不求概似正苑云至量必平似正盈不求概似度竊謂彼諸

文陳陳相因實皆根於管子允宜以管子此文正彼析一為二之誤而不圖房注云以意量之則多少不可以概注於器滿則止不可加剩管子本一意而注偏以二意說之斯不然與斯不然與且意量之說用意亦殊乖也

唯無不流鬯案唯讀為雖

瑕適皆見鬯案瑕適二字當是對文玩皆字之義可知房注總以微適為玉病殆非也荀子法行篇作瑕適並見玩並字之義則瑕適為對文益顯故楊注云瑕玉之病也適玉之美澤調適之處也引禮記瑕不掩瑜瑜不掩瑕以證此足驗房氏之失矣廣雅釋詁云適善也是適本有善義

或以為婧字之借釋詁婧亦詁善

為禍福正毛案此正當如正鵠之正為禍福正者猶為禍福鵠也房注云識禍福之正未得其義

四時篇故天曰信明地曰信聖毛案信本訓誠說文言部云信誠也然則信明者誠明也信聖者誠聖也此指天地言非指法天地者言而房注云言能信順天地之道則而行之者曰明曰聖則是指法天地者言乃下文其王信明聖之義非此文義也要其王信明聖亦謂其王誠明聖又云何以知其王之信明信聖也亦謂何以知其王之誠明誠聖也又云信明聖者皆受天賞亦謂誠明聖者皆受天

管子

賞竊謂諸信字以誠解之未見義有窒礙乃經房注一誤説致王雜志引之案悉以諸信字為行其諸未可與乃致張嘯山先生隨筆并以下文慎使能而善聽信之信字亦為行并以聽信之謂聖為當作善聽之謂聖而信字亦為行抑何前哲之校書至於若是也夫遵此法以校管子直可自改作一部管子矣淺学如邕鳥敢漫議先進請質諸後之通人

賞賜賦壽受祿順鄉邕案順鄉當承賞賜賦壽受祿而言則此鄉字與下文刑德離鄉之鄉同彼文云刑德不失四時如一刑德離鄉時乃逆行離鄉與不失為對文則離鄉

即失之謂矣離鄉為失則順鄉為得蓋賞賜賦爵受祿得當之謂耳彼房注云鄉方也則此鄉亦當訓方訓方之義於得當之説無背而此注云順鄉謂不違土俗之宜也以鄉作鄉俗解殆不然與且賞賜賦爵受祿朝廷之事何有於鄉俗即以順鄉別為一項亦未見其確也

中央曰土卷案以中央土出於夏時之中其章法實較小戴月令記列於夏後者為善蓋列於夏後四時不成為五時乎房注云土火之子統於夏所以與火同章也説亦可取獨異張嘯山先生隨筆謂此節不當錯出於此當在下文夏雨乃至也下竊不知先生所謂此節者自中央曰土

至此謂歲德為一節乎抑自中央曰土至歲掌和和為雨為一節乎如至歲掌和和為雨為一節則上句日掌賞賞為暑乃是夏非中央不且以夏文雜出中央乎若至此謂歲德為一節則歲掌和和為雨又中央而非夏是仍以中央文錯於夏矣蓋先生當止以月令記例此故疑其錯簡而豈知管子自成管子之文也

令禁扇去笠毖緊此令甚可異房注云禁扇去笠者不欲令人禦盛陽之氣夫當盛陽而禁扇笠扇笠復將何用乎竊疑扇去二字當誤倒本作令禁去扇笠蓋正欲使人以扇笠禦盛陽之氣而禁其去扇笠者非禁扇笠也

五行篇曰至睹甲子㐫案睹蓋本作睹刋誤耳觀房注云謂春日既至睹甲子用木行御時也則注文亦本是睹字然睹睹並諧者聲假借之例亦無不通睹即今之曙字作睹者本字也說文日部云睹旦明也則睹甲子者以旦明爲甲子耳獨怪俞蔭甫太史平議因睹字不可通而疑爲都戴望校正又疑爲諸同一取諧聲之字則何不疑爲睹於義實乎下文九出睹字皆同此下文皆言七十二日而畢睹云云則睹字亦承日言也

命左右士師内御㐫案此士師王念孫雜志云當爲土師見上文然上文奪龍辯乎東方故使爲土師朱東光本作

管子 五十九

工師工師即司工司工即司空說見俞蔭甫太史平議然則此士師亦當是工師之誤工之誤為士猶工之誤為土矣又案上文云春者土師也夏者司徒也秋者司馬也冬者李也土師亦當作工師即司空也司徒掌五教即宗伯也李獄官即司寇也據此管子說春夏秋冬四季之官視周官皆前差一季

不誅不貞卷案貞訓正房注未誤正之言征也然則此訓貞為正實訓貞為征征者征伐也不誅者不誅戮臣下不貞者不征伐遠方兩義絕判房既訓貞為正而復以責正仲之致戴望校正引丁氏說以貞為即責字之誤俞蔭甫

太史平議又以為賞字之誤獨不顧下文云農事為敬貞與敬韻叶邪若貴若賞則韻安在

選禽獸之禁巹案禁上葢脫一字或是所字房注云禁謂牢囿園所養擬供祭祀也不敢謂注文所字即本正文然禁字之上增一所字文始成義第曰選禽獸之禁不可通也且下云五穀之先孰者是一選字貫二項禽獸之所禁與五穀之先孰語正成偶

勢篇天時不作勿為客人事不起勿為始巹案云天時不作則不作自指天時而言云人事不起則不起自指人事而言乃房注云不因天時而動不因人事而起以不作不

起皆自我言則勿為客勿為始之義何屬且明言勿為客而注云乃為客明言勿為始而注云可謂先事為始其剌謬亦甚矣蓋不作不起者指天時人事言也勿為客勿為始者自我言也國語越語云天時不作弗為人客人事不起弗為之始韋昭解云作起也攻者為客起謂天時利害災變之應人事謂怨叛逆亂之萌也先動為始説至明曉且語又云天時不作而先為人客人事不起而創為之始此逆於天而不知於人則此兩句之義益昭昭可知房不讀韋解并不讀國語其注管子固鹵莽之甚者也

獸厭走而有伏網罟邕寀有當讀為又如房注云獸所以

憎厭其走者恐前有伏網罟則而字當易為以否則不可通矣

正篇飾之巻案飾當讀為飭

當故不改曰法巻案故有變義荀子王霸篇云不敬舊法而好詐故楊注云故事變也然則此故亦當謂事變當故不改者當變不變耳故曰法是不好詐故而敬舊法者也與荀子之義正相反而可相證房注云不改當故法之謂也不知究以當故作何解王念孫雜志於白心篇校謂當當為常未見其確

任法篇周書曰國法法不一則有國者不祥民不道法則

不祥國更立法以典民則祥羣臣不用禮義教訓則不祥百官服事者離法而治則不祥鬯案此引周書今周書中不見是佚文也國法二字當是周書中篇名法不一則有國者不祥二句出周書國法篇也國更二字當亦是篇名立法以典民則祥三句出周書國更篇也乃引兩處之文故五句既四言不祥而獨於中間突出一言祥若一處之文豈有此文法乎因兩處之文而特標篇名以明之亦引例所當然者矣房注不識其爲篇名故就字義衍說其注國法云有國者有法也而國更更不知讀斷以國更立法以典民連讀注以改法說之豈其然乎戴望校正引丁氏

說及俞蔭甫太史平議又因中一言祥與四不祥不倫遂欲於祥上亦增一不字更不可矣典當讀為腆小爾雅廣言云腆厚也立法以厚民故謂之祥房訓典為主乃讀典為數亦未然

君臣上下貴賤皆發焉岂案發讀為撥說文手部云撥治也然則謂君臣上下貴賤皆治也下文云君臣上下貴賤皆從法此謂為大治即可證房注云莫不取法於君臣發行也非

是貴能威之富能祿之賤能事之近能親之美能行之也岂案此五能字絕無可疑下文云此所謂貴而威之也此

所謂富而祿之也所謂賤而事之也此所謂近而親之也此所謂美而淫之也彼五而字即當讀為能房注甚明獨怪戴望校正謂此五能字皆當讀為而何其顛乎彼固當因下文之作而字耳然獨不記上文云貴不能威富不能祿賤不能事近不能親美不能淫儻讀彼五不能為五不而通乎就論此文義亦合作能字為長也

明法篇百官識學案百官識明法解作百官論職故劉注謂字有闕誤然謂識上闕論字是也謂識字為職字之誤未必然也說文言部云識常也耳部云職記微也則職正是今識字識實今幟字幟常引伸即百官之職字然則作

識者正字也作職者借字也至房注謬不足辨矣
家與家務於相益毛案於字當依明法解刪下文大臣務
相貴亦無於字
治國篇衆生而死者霸衆生而不死者王毛案兩死字並
讀爲私明法篇忘主死交解作忘主私佼是管子書中原
有借死爲私者其明證矣衆生而私者謂衆生而各私其
所有則人各有積故可以霸至於衆生而不私則如小戴
禮運記所云貨惡其弃於地也不必藏於己豈非王者之
世乎房注以死本字解之義至不通
內業篇彼道之情惡音與聲毛案惡當訓何公羊昭三十

何云

一年傳何詁云惡有猶何有後漢書馬融傳李注云惡何也葢凡經傳惡字作發聲辭者大都與何相類本一聲之轉耳惡音與聲者猶言何音與聲也何音與聲者謂無音無聲也故下文云凡道無根無莖無葉無榮以音聲論則無音無聲以形體論則無形無體也上文云此氣也不可呼以聲而可迎以音是氣雖無聲而尚有音至於道則并音而無之故曰彼道之情惡音與聲此道與氣之別也詩文王篇云上天之載無聲無臭惡音與聲猶無聲無臭也然則道之情其即天之載與房注謂音聲者所以亂道故惡之也以惡作好惡解失之甚矣

凡食之道大充傷而形不臧案傷蓋當為腸字之誤然
假借亦通
小問篇以振其淫案振本訓救説文手部云振舉救也
小戴月令記鄭注云振猶救也以振其淫者以救其淫也
下文以振其罷者罷讀為疲以救其疲也義實不煩訓釋
而房注云振止也禮樂者所以止人淫放以止訓振則何
以解振其罷乎止其淫可解止其疲不可解也且振有訓
奮訓動訓發訓揚訓拔訓起諸訓而從無訓止者或本止
字作正然振有整字一訓散見左國史漢諸家注中亦未
見有訓正者抑正其淫可解正其疲更不可解矣又此句

當上承隨之以刑敬之以禮樂二句而言第謂禮樂止人
淫放亦爲偏舉也

臣與其使者言三辱其君顏色不變臣使官無滿其禮三
强其使者爭之以死鬯案辱君事大無滿其禮事小令三
辱其君轉顏色不變無滿其禮且三强之至於爭之以死
是使者失小大之權亦自視太重而視君太輕矣管子之義
當爾房注云不識不滿之意纔激强之則爭之以死是不
智殆未得也

七臣七主篇則人反其故鬯案此人蓋指他國之來仕者
故曰反其故故謂故國也房注云故謂先君之理當非

君子無死㒺案無與亡本同義書傳亦通用惟学者習知亡為無而不知無亦為亡耳君子無死者君子亡死也亡死即死亡也與上文百姓罷乏正相偶配若以無為有無之無與罷乏失對且不成義矣房注云言不為君致死當不然

為高則不御㒺案御者執轡不御即失轡矣下文引記曰無實則無勢失轡則馬焉制無實即承上文無實而言明失轡即承此不御而言然則御者御車之御也房注云恬壽祿者君不能御當不然

多兑道以為上㒺案兑道陰道也

禁藏篇功之於其所無誅於下嗇衆無誅於下當連讀舊以誅字斷句於下二字屬下文非也於以養老長弱完活萬民莫明焉嗇衆莫明當即謨明書皋陶謨云謨明弼諧是也惟謨明之義據彼傳謂謀廣聰明則尚非是謨明猶黽勉也說已見前校書立政篇謀面用丕訓德條謀面亦黽勉也黽勉謀面謨明莫明皆一聲之轉此類主聲不主字故不得以謀面謨明莫明為借字而黽勉為正字特今人習用黽勉字耳然則萬民莫明者謂萬民黽勉也蓋養老長弱完活雖由明王之治而養之長之完之者實仍在民也故曰於以養老長弱完活萬民

黽勉焉房注云言養老活人無明於必誅賞未得其義所以去茲毒也壘案此茲字蓋當作玆玆茲二字書傳雜出而實不同説文艸部云茲艸木多益也从艸絲省聲玄部云玆黑也从二玄引春秋傳曰何故使吾水玆朱駿聲通訓以茲隸頤部以玆隸坤部則二字并不得假借也此茲乃訓黑之玆非訓艸木多益之茲許引春秋傳見左哀八年傳陸釋本亦誤作茲孔義本并加水旁作滋然杜解云滋濁也玉篇玄部云玆濁也黑也明傳文本作玆許引必不誤玆訓黑又訓濁則與毒義相類故玆毒二字連文房注謂滋長之毒即誤以玆為茲矣且既曰去又曰滋長

雖不至無義辭究未安下文云所以屬親戚也親戚二字
平列可與兹毒二字比例

塞久禱巻案塞讀爲賽故房注云久禱而未報者當享塞
之是讀塞爲賽也説文無賽字古止用塞字以字義求之
説文竹部有簺字云行棊相塞謂之簺則簺或當爲賽之
本字久疑本冬字古冬字或省仌作夂隸書夂久形相類
因誤夂爲久塞冬禱與上句舉春祭文正對偶蓋冬之所
禱至春而賽之故曰舉春祭賽冬禱也史記封禪書漢書
郊祀志並云冬塞禱祠尤爲明證司馬索隱云塞先代反
與賽同今報神福也顏注云塞謂報其所祈也音先代反

明塞之當讀為賽也

忠人之和　案此忠字俞蔭甫太史平議讀為中蓋是也而訓中為得疑未然就俞所引諸中字訓得者其實即今人讀去聲之中字耳今試讀中為去聲曰中人之和仍不易解也中蓋猶用也中人之和者用人之和也較之訓得為曉矣國蓄篇云夫國之君不相中舉兵而相攻不相中即謂不相用也此可以舉證又書高宗肜日篇云非天夭民民中絕命謂非天夭民民用絕命也說見彼校至房注訓稱固失甚

地員篇其立后而手實　案以下文其木其草等例之則

其立之立字亦必有指實立盍讀為粒詩思文篇立我烝民鄭箋云立當作粒此其例也其粒即承上句五種無不宜而言指五種之粒也后而手實有誤然大旨可知即言粒之善而已房注云謂立君以主之以立后連讀必非

先主一而三之鬯案此主字本可通當非誤字而王雜志引之說以主為立字之誤引史記律書置一而九三之以為法謂置一即立一此說殊似無謂置主正一聲之轉謂置一即主一又何不可何必以立字易之

弟子職篇凡言與行思中以為紀鬯案此當讀思字句言也行也思也三者皆以中為紀故曰凡言與行思中以為

紀房注謂思合中和以為綱紀以思字下屬誤矣思字與
紀字并下文始字起字皆叶韻
左手正櫛卷案正益當作止止櫛者謂止滅其燭夷也上
文房注云櫛謂燭盡燭盡即燭夷燭夷不可以正故知正
為止字之譌上句云右手執燭是新燭已然矣故舊夷當
止滅也
形勢解山者物之高者也卷案此者字必不誤而戴望校正
引陳先生云下文四言高行則高者當是高行之誤說殊
不然下文言惠言愚言忠言孝故謂之行此言山何行之
有且如下文云山高而不崩又四言不解將亦可改不崩

為不解邪如形勢篇有其文何

力而儉則富毖㮣力謂勤也與上句情對詩烝民篇鄭箋

云力猶勤也

奚仲之為車器也毖窾此必一本作車一本作器誤合兩

本為一王念孫雜志以器為衍俞蔭甫太史平議以車為

衍各執一說尚非通論

行私為毖窾為讀為僞

猶之為天子也毖窾猶之即猶且也古讀且同雎音故與

之音為雙聲例得假借或曰誤字也草書且字作旦之字

作之二字止爭一筆故猶且誤為猶之耳下文猶之困辱

而死亡也同此

此與不可之罪卷案向下當有也字則文氣足下文云此

强不能之罪也有也字即其例證

常以言翹明其與人也其愛人也其有德於人也卷案翹

當讀爲曉曉亦明義說文日部云曉明也故曉明連文若

依翹本字讀翹明則不辭矣此謂常以言曉明其與人也

曉明其愛人也曉明其有德於人也下文引形勢篇見與

見愛見施曉明即釋見字之義

立政九敗解養何也卷案養下脫生字上云而生又養生

下云然後爲養生皆可證

管子

六九

然則從欲妄行巹案從讀為縱

就山非世間上輕壽祿巹案山下當脫一字上字衍言上必當有言下為對今不言下則知上為行字也或上字即移在山字下亦可通山上與世間正偶文

版法解惡不位下而位上巹案兩位字並當讀為涖周禮肆師職鄭注云故書位為涖是其證也廣雅釋詁云位莅也穀梁僖三年傳云莅者位也莅即涖字是二字義本可通詩采芑篇毛傳云涖臨也儀禮冠禮鄭注亦云莅臨也臨者自上臨下之名不涖下而涖上是不臨下而臨上矣宜為君子之所惡也涖莅二文說文皆不見或謂本字

當作逮立部云逮臨也

明法解明主者上之所以一民使下也私術者下之所以侵上亂主也鬯案明主當爲明法王念孫雜志已校正而未有援據此二句實本任法篇文彼文云夫法者上之所以一民使下也私者下之所以侵法亂主也正明主爲明法之確證當補王志之疏

不能勿惡也鬯案勿惡下疑有方正二字文義方顯王念孫雜志依羣書治要也字作之必不可

臣乘馬篇有衡求幣焉鬯案有讀爲又上文言求穀穀之外又求幣故曰又衡求幣焉衡字從戴望校正引丁氏説

讀爲橫依俗音去聲讀

乘馬數篇有虞筴乘馬已行矣吾欲立筴乘馬爲之柰何鬯案已當作亡亡已二字形相近而誤也亡行者謂無有行之者也蓋有虞筴乘馬則其行在有虞之世至於桓公之時固無有行之者矣故曰有虞筴乘馬亡亡行矣吾欲立筴乘馬爲之柰何若作已行則吾欲句便不浹洽下文云今至於其亡筴乘馬之君正應此句則此已行之當作亡行明甚又云此筴乘馬之數亡也蓋既無有行之者則其數亦亡耳

霸國守分上分下游於分之閒鬯案此當讀霸國守分上

分下為句守者勿失之謂言勿失之於分之上亦勿失之於分之下譬如分為十數則勿失之於十一是為分之上亦勿失之於九是為分之下故曰游於分之間分之間者即分上分下之間游於分之間即申明守分上分下之義也戴望校正引丁氏说斷守分為句以分下之分涉上下文而衍非

事語篇壞辟舉邕案辟讀為闢

無委致圍邕案無益讀為廡與下句城脃致衝城字對輕重甲篇同此

凡十勝者邕案據上文言六勝此十字當誤否則上文有

脫

海王篇今吾非籍之諸君吾子咾案諸與庶義通故小戴曲禮記鄭注云諸母庶母也周禮夏官序諸子注云或曰庶子宮正職賈釋云諸庶一也君與羣義亦通故白虎號通云君之為言羣也廣雅釋言云君羣也然則諸君者庶羣之謂耳房注以吾子為小男小女是也以諸君為老男老女則何以及老小而不及壯下文云而有二國之籍者六千萬則管子之意不過明不籍人而籍鹽筴以荅桓公吾欲籍於人之義何得謂不籍老小而壯猶籍乎庶羣本可賅老壯小而言惟既言庶羣又言吾子則小者自不在

内要兼老壯而言即上文所謂大男大女也吾子之說俞蔭甫太史平議讀吾爲牙引後漢書崔駰傳注童牙謂幼小集韻吳人謂赤子曰𤘅𤘍爲證說已得之㐌謂今吾鄉人謂赤子曰倭子倭子益即吾子之音變也𤘅𤘍則赤子啼哭之聲

或曰國蓄篇云彼人君守其本委謹而男女諸君吾子無不服習者也諸君上有男女二字如何曰無害男女總辭也庶羣吾子本皆謂男女也

國蓄篇故民無不累於上也㐌案累與繫義本可通小戴儒行記鄭注云累繫也下文云列陳繫纍獲虜繫纍二字連文明二字同義纍之於繫猶虜之於獲也纍即累字繫纍即繫累矣孟子梁惠王篇云係累其子弟係與繫通係累亦即繫累也民無不累於

七十二

上即是民無不繫於上杜佑通典食貨典引此正作繫并
有注云民無不繫於號令然竊謂正文自累字注文以繫
字釋累字杜典誤因注文而改正文王念孫雜志謂今本
繫譌為累則未必然也

乃令使民下相役耳　鬯案今當為令令使同義

而稅臧彈於繼孤也　鬯案臧疑賦字之誤

山國軌篇山不被穀十倍　鬯案山疑田字壞文

衣折券　鬯案折當讀為制書呂刑篇折民惟刑陶潛羣輔錄
折作制論語為政篇折獄陸釋引魯讀折為制此承上文
無貲之家皆假之械器勝籯屑糉公衣功已而歸公而言

則此衣即公衣也蓋公衣與械器勝籯肩糗不同械器勝籯肩糗接年可用故今年功已而歸公者明年仍可以假之糗肩糗蓋亦器名王念孫雜志謂肩碎米劉績注謂糗糗同則是食物矣必非食物則已食之矣何以歸公若衣則敝矣故不可以歸公而制券也制券者謂值衣價而制錢券也故曰衣折券衣折券者衣制券也霸言篇云小國得之也以制節又云折節事彊以避罪小國之形也是彼制節當即折節此折之當讀制猶彼制之當讀折矣或云折有損義荀子脩身篇楊注云折損也是即今人言折算折扣之折衣既敝矣券價必折故謂之折券此又一說今案山至數篇云皆有矩券於上此折券疑即彼矩券蓋券之制以刀判之此判作兩矩成矩形即成折形故名矩

管子

券亦名折券此又别一説附参

山權數篇故王者歲守十分之參三年與少半成歲三十一年而藏十一年與少半藏參之一不足以傷民鬯案此有錯文三年二字當在與少半之下成歲之上下與少半三字當在藏參之一之下不足以傷民之上其文云故王者歲守十分之參與少半三年成歲三十一年而藏十一年藏參之一與少半不足以傷民歲即年也守即藏也謂王者一年藏所入十分之三分又一分之少半分如是三年則成一年之藏矣故曰三年成歲如是三十年則成十年之藏矣故曰三十一年而藏十十字當句舊連下一年

讀大謬也其不云三十年而云三十一年者必至三十一年而三十年之藏始足其實乃欲謂三十年之明年非謂三十年外又多一年也一年藏參之一與少半者即複舉歲守十分之參與少半也十分之參與少半即是參之一與少半文異而數同參之一與少半則其為數無多故曰不足以傷民王念孫雜志俞蔭甫太史平議張嘯山先生隨筆並於此文有校丞特刺取而又下己意云

歲守一分丞案一疑當作二故下文云以行五年國穀之重什倍異日必歲守二分則五年而什倍若歲守一分則五年止五倍與下文不合矣

將御神用寶璽案御讀為迓下同

山至數篇泰之明山之曾青璽案泰之明山即泰明山之

語辭也古人於三字名輒有加之字足句者泰之明山猶

其言泰明之山也揆度篇作泰明山之曾青無之字

之彼幣重而萬物輕璽案之字當屬下讀山權數篇云之

龜為無貲房注云之是也此之與彼同

地數篇蚩尤受而制之璽案上文言黃帝則此蚩尤即五

行篇所謂黃帝得蚩尤而明於天道者為黃帝六相之首

相與戰涿鹿之蚩尤異人鄒漢勛尚書偶識考得蚩尤有四鄒以蚩尤為惡謚則未必然

蚩尤者號也非謚也疑是勇

武之稱故美惡不嫌同號

煑泲水為鹽巴案泲蓋謂鹽之質鹽者已煑之泲泲者未煑之鹽海水之可以煑為鹽者正以其水中有此泲耳故曰煑泲水為鹽泲非水名之濟水名之濟管子書中自通作濟字不作泲字洪頤煊管子義證謂泲水清不能為鹽因援輕重甲篇作煑沸水為鹽以泲為沸字之誤戴望校正據宋本此泲字正作沸然竊謂泲沸二字既各本歧出未可偏執且在古音朿聲弗聲同部又安見不可相假要作泲非水名之濟洪謂濟水清不能不能為鹽則誤矣若作沸亦非煑海水使沸涫之謂沸涫之沸說文鬲部作䰬實通指海水中鹽質而已何以見之輕重乙篇云夫海出泲無止是明

明沸出於海水出於海水而可爲鹽非鹽之質乎若爲水名之濟濟水何嘗出於海彼文沸字宋本亦作沸若謂煑海水使沸涫則曰海出沸可通乎抑沸之言爟也至今俗語鹽爟連稱爟沸並諧弗聲然則作沸殆較作沸爲近云

揆度篇天下即已於我矣鬯案即已二字倒

吾聞海內玉幣有七鬯案玉字疑衍幣者通名也所謂珠玉爲上幣黃金爲中幣刀布爲下幣若玉幣則必以玉爲幣矣而下文所舉不定玉

老者譙之當鬯案當蓋讀爲黨黨當並諧尚聲例得通借黨者鄉黨也與下文邊戍爲比下文云壯年遣之邊戍蓋

壯者可遣而老則不便遣故同一蕩游不作之罪但譙之
於鄉黨而已譙謂責讓之
飢寒凍餓必起於糞土巻案糞土當是古語蓋懶惰之謂
也飢寒凍餓必起於糞土者謂飢寒凍餓必起於懶惰耳
以足上文一夫不耕一女不織之意論語公冶長篇宰予
晝寢而孔子以朽木與糞土之牆喻則糞土猶朽義可會
也
國准篇乘天固以安已者也巻案固蓋讀為祜祜固並諧
古聲例得通假詩信南山篇云受天之祜
今當時之王者巻案今當二字蓋倒

輕重甲篇女華者桀之所愛也湯事之以千金鬯案女華當即是妺喜國語晉語云妺喜有寵於是乎與伊尹比而亡夏又太平桀妃覽引紀年曰末喜氏與伊尹交遂以閒夏末喜即妺喜伊尹猶言湯也即此所謂湯事之以千金者也

故君請縞素而就士室鬯案士疑土字之誤

期年而上無闕者前無趨人鬯案此十一字殊無意義蓋衍文也且下文云三月解匋弓弩無匡軫者既言期年何得又言三月十一字之為衍文顯見

此何故也以其家習其所也鬯案此二語自問自荅王念

孫雜志謂此何故也四字涉上文而衍上是桓公向語此是管子對桓公語不當言何故說卻不然前文云此何故也士非好戰而輕死輕重之分使然也亦管子對桓公語用此何故也云云亦自向自荅與此文法正同若此四字為衍彼四字亦當衍矣而王又不謂彼衍何也

則澤魚之正伯倍異日 卷案正字當句正讀為征伯讀為百

桓公向四因 卷案四因者當是總目之辭即指下文夫好心則萬物通萬物通則萬物運萬物運則萬物賤萬物賤則萬物可因而言益好心則萬物通是萬物通因乎好心

也萬物通則萬物運是萬物運因乎萬物通也萬物運則萬物賤是萬物賤因乎萬物運也萬物賤則萬物可因是萬物可因因乎萬物賤也故目之爲四因當時癸乙四因之說必甚詳故記人載之曰桓公問四因并其篇名亦必當稱曰四因篇也此章論輕重與管子意適相反故知必原有四因篇在癸乙書中今下文取四因篇之文既經節略而此桓公問下仍出四因二字則幾不可解矣

然則是大臣執於朝卷案以上下文審之朝當作祿

乙篇請以一朝素賞軍士卷案素當訓空廣雅釋詁云素空也觀下文誰能陷陳破衆者云云是皆未有功而賞也

未有功而賞則空賞耳故曰素賞詩伐檀篇云不素餐兮
素餐亦謂空餐毛傳正訓素為空素賞與素餐正可類觀戴望校
正讀素為索未得其義下文同
言能得者壘千人晻案壘當讀為纍羣書治要所載正作
累累即纍字千益十字之誤此所謂言者軍士之對言非
管子之問言故曰言能得者即猶上文言千人之衆臣能
陷之千人之長臣能得之皆軍士之言也兩千人上各惟省一曰字
上文云一人秉劍而前則言能陷能得者止軍士中一人
而此則言能得者纍軍士十人故曰言能得者纍十人下文
云賜之人千金謂十人各一人得賞千金也各一人得賞

千金是萬金矣今素賞四萬二千金去萬金其餘數尚多儘可為上文百金之賞與下文十金之賞若言能得者纍千人則各一人得賞千金已有百萬金矣以四萬二千金賞不敷甚鉅況尚有百金十金之賞乎故知千人必十人之誤也蓋即涉上下文千金字而誤十為千耳至戴望校正引丁氏說此謂當作言能得壘千人者乃與上下文句一例得勿誤以軍士言為管子之言與

丁篇其出之鍾也一鍾鑿案上鍾字洪頤煊義證謂當作中戴望校正引丁氏說謂也字當在鍾下然試曰其出之中一鍾也義當何解竊謂此本當作其出之中鍾一釜也

也字在句末是矣上鍾字卻不誤而上脫一中字下鍾字則當作釜下文云其出之中鍾五釜也是其證出者對入而言入一鍾者出則一鍾外又加一釜之息故曰其出之中鍾一釜也釜十則鍾見左昭二年傳下文房注云五鍾為釜非也彼鍾乃鏂字之誤見王念孫雜志此西方之息價也入一鍾者出則一鍾外又加五釜之息故曰其出之中鍾五釜也此東方之息價也皆以粟計至於南方北方不以粟計而以泉計故曰其出之中伯伍也其出之中伯二十也謂入一百泉者出則一百泉外又加五泉之息與二十泉之息也

若處上斷福卷案若處涉上文谷處上斷福涉上文上斷

輪五字皆當爲衍文

衍處負海煑沛爲鹽梁濟取魚之萌也薪食鬯案此葢當作衍處負海梁濟之萌也煑沛爲鹽取魚薪食薪字尚恐有誤

然欲國之無貧鬯案然猶言如是

其周中十金鬯案周葢讀爲售説文無售字故此借周爲之古音同部字也下文周字疑亦同

龍鬭於馬謂之陽牛山之陰鬯案馬謂之陽四字疑衍否則當云龍馬鬭於牛山之陰馬字乙在上亦可衍謂之陽三字

地重投之哉兆鬯桼下文云國有慟風重投之哉兆則地
重上當脫三字
峥丘之戰鬯桼峥疑浮字形似而誤上文言浮丘之戰功
臣之家人民百姓皆獻其穀菽粟泉金穀上蓋脫五字彼上文言五穀可證
歸其財物以佐君之大事與此下文言民多稱貸負子息
以給上之急度上之求其義正相合則即指浮丘可知房
注謂癸丘非也俞蔭甫太史平議以注文癸為古乘字相
近而誤亦未必然古乘作椉與癸不相似也
吾此皆以孤突之地封者也鬯寀此字益涉皆字誤衍
朝夕外之所墆齋地者五分之一鬯桼外字益即涉夕字

八十

而行朝夕之所墆齊地者八字作一句讀謂海中潮汐之所滯齊地者也墆之言滯如積滯之義或曰墆之言遰如往遰之義並得通蓋海中潮汐不第墆齊地而其所墆齊地者則去齊國五分之一也此五分之一合之上文洴龍夏四分之一洪頤煊義證以洴為海莊二字之誤皆非生穀之地故下文承之云非穀之所生也戴望校正引安井衡謂朝夕讀為潮汐其說甚確而又云外之遶其外也則不省外字之衍以朝夕外之四字斷句所謂所墆齊地者將何指乎義皆不可解矣

戎篇始民知禮也晉案始民二字蓋倒

二十八月巻案此當存本文俞蔭甫太史平議謂當作二十四月以同於上文魯梁之民歸齊之月數殆不可也彼自二十四月此自二十八月兩異何害俞云二十四月質言之則二年若二十八月於義無取然則上文言十三月而管子令人之魯梁十三月義何取乎

桓公即為百里之城巻案城疑域字形似之誤域者界限之而已未必為城也戴望校正引安井衡説為圉字之誤然形太遠

代民必去其本而居山林之中巻案此本字藝文類聚戰伐類太平御覽狐覽引並作農俞蔭甫太史平議力辨其

八十一

管子

失以此本字為當指國言所校甚詳然代氏必去其本而居山林之中解作代氏必去其國而居山林之中義固得通而下文言衡山之民釋其本修械器之巧若亦解作衡山之民釋其國修械器之巧即不得通前後兩本字殆不當有異義彼本字不得指國則此本字何必獨指國乎竊謂類聚御覽所引作農之本固不必改從其文而不妨解從其義謂農為本又何妨礙兩處之文得兩通且上文言萊即釋其耕農而治柴又言焚氏即釋其耕農而田鹿文義實一例也俞說殆過於好異耳

己篇帶玉監巹累此玉字疑涉上文搢玉總之玉字而誤

上文王念孫雜志據左桓二年傳孔義引管子云天子執玉笏以朝日以此總為忽字之譌忽即笏字然則此監必當讀為鑑燧之鑑矣搢玉笏帶玉鑑文正相對惟鑑不合以玉為之故知玉為誤字下文云搢玉總帶錫鑑疑此玉字亦本作錫或為金何以言之周禮攻金之工記云金錫半謂之鑑燧之齊鄭注云鑑燧取水火於日月之器也彼言祭月則錫鑑為取水於月之器此言祭日當為取火於日之器非錫即金兩者必居一矣或謂總讀為繐監讀為藍二字並省去艸頭說文糸部云繐帛青色也艸部云藍染青艸也繐藍皆謂五色之青與上文服青而絻青正同

是春之色也顧何以下文言秋之色服白而繞白亦云楷玉總帶錫監予知其説必不然也

校

香草續校書 晏子一卷

050460

香草續校書

南匯于鬯

晏子春秋

諫上篇匹夫行之以家殘鬯案玩家殘字則匹夫葢當作大夫小戴曲禮記鄭康成注公羊桓二年傳何休解詁並云大夫稱家

而禮不使也禽獸矣鬯案而當讀為如詩都人士篇鄭康成箋云而亦如也莊子人間世篇陸德明經典釋文云而崔本作如而禮不傳也者如禮不使則是禽獸矣文義自明若以而作轉語則不可解

公命柏遽巡國致能歌者毖桒此命柏與下文令柏同下文云令柏巡氓家室不能禦者予之金俞蔭甫太史諸子平議以柏為官名與伯通引管子輕重丁篇左右伯謂此伯即左右伯也又云其職即古之常伯古之常伯猶漢之侍中乃近臣也發金與民出自内府之藏故使近臣將命馬然則此命柏亦即此伯矣致能歌者而命近臣於事尤為切合遽乃急遽之意小戴儒行記陸釋云遽急也彼鄭注云遽猶卒也國語晉語韋昭解云遽疾也卒疾亦並即急義孫星衍音義以柏遽為姓名蓋非

馬食府粟毖桒府蓋讀為腐腐諧府聲故得假借腐粟者

（注意）兼于另一行不与前行末飦肉連接

粟積多而腐敗耳粟在倉廩不在府庫府粟無義也或云官府一也府粟即猶言官粟詩甫田篇孔穎達正義云紓出官粟是也下文同

狗饜芻豢皆案芻豢者國因豢而連言芻小戴月令記鄭注云養牛羊曰芻犬豕曰豢國語楚語韋解云草養曰芻穀養曰豢然則此言狗則豢而已曰芻豢因豢而連言芻也古書此例甚多下文云狗不食飦肉則易芻豢為飦肉

兼于塗而不能逮皆案兼蓋讀為歉塗長而足力不足及之故曰歉于塗而不能逮下文因有趣駕之事孫星衍音義謂兼程以進非也兼程以進何以不能逮乎或云當讀

為霡說文雨部云霡久雨也與上文霖雨之說亦可合
晏子朝杜扃望羊待于朝鬯案杜扃當謂門關閉耳說文
户部云扃外閉之關也是也下文云君奚故不朝正因杜
扃而發問也蓋君出朝必門關無用扃杜矣孫星衍音義
云杜姓扃名疑非又云望羊猶仿佯也或云望羊或轉是
人名
以重駕公觀之而不說也鬯案駕下當有八字蓋即因公
字上首正八字傳寫脫去一八字耳下文云夫駕八固非
制也今又重此其為非制不滋甚乎則此文作以重駕八
顯甚重駕八者即駕八而又重之謂十六馬也第曰以重

駕則義不白

君疏輔而遠拂鬯案拂當讀為𢐀𢐀古弼字輔即左輔拂即右弼雜上篇云則內無拂而外無輔輔拂無一人亦用拂字

以管子為有力鬯案力猶功也周禮司勳職云治功曰力下文多字亦當即司勳職戰功曰多之多然文有脫

息于德而并于樂鬯案并本有從義故其字从从从從一也說文从部云并相從也然則并于樂猶云從於樂也問下篇云從南歷時而不反謂之流從下而不反謂之連從獸而不歸謂之荒從樂而不歸謂之亡彼四從字正可解

此并字并于樂猶彼言從樂也又後章云是以從欲而輕誅從樂即從欲也後章又云今君嗜酒而并于樂放此或云并讀為屏或為庰屏庰皆訓蔽見說文尸部广部謂為淫樂所蔽故云蔽于樂說亦姑備

政不飾而寬于小人鬯案飾當讀為飭小戴月令記孔義云定本飾俗本作飭莊子漁父篇陸釋云飾本作飭並其例也詩六月篇毛傳云飭正也國語吳語韋解云飭治也然則政不飭者謂政不正政不治耳作飾非義

何暇在彗鬯案何暇語助若言豈但

為善不用鬯案既曰為善又言不用用與為當何別之蓋

此用宜讀為勇勇諧甬聲甬即諧用聲故可借用為勇為善不勇與下句出政不行相對為與勇出與行字別輕重一例也且下文又云有賢不用若此用非假字則文亦犯複矣

錄錄彊食毖案彊當為彊勉之彊非富彊之彊依說文當作勥勥之古文作彊勥正諧彊聲也食當讀為飾爾雅釋詁云食偽也是正讀食為飾故訓食為偽彊飾者謂其彊辨飾非耳此即承上文百姓疾怨自為祈祥而言夫百姓既疾怨矣而猶自為祈祥苟非彊飾其辭何以祈祥乎故曰錄錄彊食彊食彊飾也食字若從飲食義必不可解錄錄

猶歷錄耳重言與雙聲一也孫星衍音義引漢書蕭曹贊錄錄未有奇節亦有間

公疑疑以為泰山神鬯案公疑二字當句疑晏子所言湯與伊尹也故下文晏子曰公疑之則嬰請言湯與伊尹之狀以為泰山神者信占夢者之言也以七字讀作一句者非

湯質皙而長顏以髯鬯案長下疑復有長字正因兩長字重疊故脫去一長字耳湯質皙而長當句與下文伊尹黑而短相對論衡死偽論無質字然有不害其為對長顏以髯亦與下文蓬頭而髯相對今本脫頭字依御覽鬚髯覽引補孫星衍音義以湯質皙為句

而長顏以髯為句則下文當讀伊尹黑為句然試問而短蓬頭而髯成何語乎即從脫頭字之本云而短蓬而髯亦成何語乎皙而長者謂其體也孟子告子篇云湯九尺春秋繁露三代改制質文篇言湯體長專皆其證然則長下必復有長字可知否則顏以髯又不成語矣藝文類聚頭類云湯長頭而髯鬚

不易行而續蓄邕棨蓄之言畜也孟子梁惠王篇云畜君者好君也此以聲音訓畜君為好君則續蓄為續好矣且孟子正引晏子事見問下篇其曰其詩曰畜君何尤齊大師所作也然則謂好為畜殆齊語齊與依本字蓋當作嬸畜

蓄並借字廣雅釋詁云嫿好也說文女部云嫿媚也媚亦好也王念孫廣雅疏證頗詳蓋齊宋本相舊好之國今齊伐宋是絕好矣易行者易伐為不伐也不伐即續好矣不易行以續好則何伐以絕好耳蓄字之義可得孫星衍音義謂續蓄未詳疏矣

望游而馳鬯案望游蓋猶望羊羊游一聲之轉此類實主聲不主字史記孔子世家云眼如望羊前章亦有望羊字孫星衍音義云望羊猶仿佯也然彼云望羊待於朝或疑是人名見前校則孫義猶疑惑合移以釋此望游而馳正謂仿佯而馳也而孫於此乃引說文游旌旗之流以實義

解之殆未的確

若乃心之有四支而心得佚焉可得令四支無心邪案此當以若乃心之有四支而心得佚為句焉可得令為句四支無心屬下十有八日不亦久乎讀文義自明不意王念孫雜志誤於焉字讀斷因謂可得本作則可得字涉得佚而衍又脫則字如此則是改書非校書矣彼所據韓詩齊桓公傳作人心有四肢而得代焉則善矣令四肢無心十有七日不死乎之文以為左證邪竊謂此類允宜各依本文本文各自可通必欲牽合則必有一傷且以兩文審之晏子之義實較外傳為長焉可得令者謂心之不可困

有四支而自佚也何善之有然則論義轉合以此準彼顧乃以彼準此乎至謂藝文類聚產業部引作若心有四支而得佚則可太平御覽人事部九十七作乃若心之有四支而心得佚焉則可令檢類聚田獵類引云若心有四支而得佚則可令四支無心乎御覽諫諍覽引云乃若心之有四支而心得佚焉則可令四支無心乎兩引明並以則可二字屬下讀王於則可讀斷則試問令四支無心乎的如何接乎殆強就已說而已必不可也且御覽心覽又引云若心有四支而得佚則可令四支一日無心乎彼則可二字亦明屬下讀王志尚失引若依王讀則令四支一日

無心乎句亦不能接也竊謂此三引者實皆節引晏子之文而誤者也而一引亦誤連焉字其兩引皆於佚字斷句則轉可據無據矣

下篇怨者滿朝𨚗案據下文言民則此似不應言朝或者謂外朝耳國語晉語云絳之富商韋藩木楗而過於朝是民亦得往來於朝必外朝也

且夫飾民之欲𨚗案飾讀為戒飭之飭實為敕字說文攴部云敕誡也

請有道于相國𨚗案相國之稱始於戰國晏子之書有相國猶老子之書有偏將軍上將軍皆出自戰國時為其學

者語也相之稱不始戰國相國則前無是矣將軍稱亦不始戰國曰偏曰上則前無是矣

妄父不仁𢕟案仁當讀為佞佞諧仁聲小徐本說文如故此大徐从信省故

得假借小爾雅廣言云佞才也妄父不佞者謂妄父不才

耳問上篇云寡人持不仁不仁亦不佞也俱不合據本字

讀

眛墨與人比居庚肆而教人危坐𢕟案此二句對文則眛

墨下亦當有而字眛墨者孫星衍音義解為貪墨是也居

庚二字當乙轉庚即今之稻堆說見詩楚茨篇校比庚者

此庚與彼庚相屬〔肩〕比也己貪墨而與人比庚則人將疑之

矣居本踞字說文尸部云居蹲也是也己踞肆而教人危

坐則人弗從之矣此二句當是古語而傷槐女稱述之以明景公之不自省察而徒罪人也庚居二字誤倒致文不可讀

以羨餒食之具 畧案餒當本作妥蓋即涉食字而誤加食旁說文女部云妥安也妥食者謂所便安與所飲食二字平列與下文鐘鼓宮室比偶作餒食則不辭矣王念孫雜志依列女齊傷槐女傳作飲食謂餒為飲之誤然誠作飲食文義淺顯何緣誤飲為餒餒飲字形又不相肖故特晏子之文不與傳同

穗乎不得穫秋風至兮殫零落 畧案穗乎二字特當複疊

歌體七字句
乾谿之役八年百姓之力不足而息也畧案此謂百姓叛
也不曰百姓叛而曰百姓之力不足而息特善其辭耳然
非上息之而百姓自息非叛而何下章云楚靈王不廢乾
谿之役起章華之臺而民叛之即可證
恐國之危而公不平也畧案平當讀為便便平一聲之轉
故古多通用書堯典中諸平字史記帝堯紀皆作便國危
則公不便矣故曰恐國之危而公不便也孫星衍音義云
體不平安義固不遠便亦訓安說文人部云便安也惟讀
平為便於文為習宜耳問上篇云臣恐國之危失而公不

得享也又恐能彰先君之功烈而繼管子之業乎與此云若臣之慮恐國之危而公不平也公乃願致諸侯不亦難乎語意正同下章亦有嬰恐國之流失而公不得享也之語然則不平即不得享之義不得享即不便也

景公為西曲潢其深滅軌高三仞愚案高三仞上當有闕文據下文云亦室一就矣亦室一容矣此倒裝法猶言亦就一室矣亦容一室矣且云公伐宮室之美矣又云公下堂就晏子曰梁邱據裔款以室之成告寡人又云請改室然則當謂築室於曲潢之上高三仞耳其文脫去則高三仞之文無著孫星衍音義云滅軌謂滅一車也以云高三仞知之是孫即謂車高

三仞殆不然

移之以善政鬯案移當讀為施施移二字古多通用小戴大傳陸釋云移本作施管子國蓄篇民庶之通施也輕重甲篇施作移詩葛覃篇毛傳云施移也史記田叔傳裴解引徐廣曰移施也是二字又互訓矣然則移之以善政者謂施之以善政也

非存之道鬯案句下當有也字上文可例

二子同桃而節鬯案同疑當作反故下文云亦反

問上篇能服天下鬯案依文例當作能威當世而服天下此蓋脫

功不遺罷邑桼遺蓋遣字形近之誤遣者譴之假字說文言部云譴謫問也元應摩訶般若波羅蜜經音義引蒼頡篇云譴呵也功不譴罷者罷謂無功者也言不以有功而呵譴無功者與上文貴不凌賤富不傲貧下文佞不吐愚義同一律俞蔭甫太史平議以下文吐字爲咄字之誤咄者詘之假字佞不詘愚言不以佞而詘愚也佞者有才智之稱其說甚確譴與詘於義爲一類猶上文凌與傲亦於義爲一類古文用字整密如是元刻本罷字作能誤若云功不遺能非此義矣

雖成不安邑桼依上文例成當作得

雖日危鬯案日當作曰語辭也

則民與若矣鬯案與疑興字之誤

故明君不以邪觀民鬯案觀當訓示莊子大宗師篇云彼又惡能憒憒然為世俗之禮以觀眾人之耳目哉郭象注正謂觀示陸德明釋文亦云觀示也不以邪觀民者謂不以邪示民猶彼言惡能為禮以觀眾謂惡能為禮以示眾晏子莊子取義不同而觀民與觀眾其義一也依俗作去聲讀若讀平聲義不可通

寡人持不仁其無義耳也不然北面與夫子而義鬯案不仁當讀為不佞已見諫下篇校無當訓不義當訓宜皆恒

訓也讀為邪陸釋序錄[illegible]所謂邪也弗殊是也諫上篇云
文舉則先飲禮也俞蔭甫太史平議亦讀彼也為邪然與
如古亦通用書盤庚篇用懷爾然失于政彼文當讀爾字
句然字屬下讀然失于政者如失於政也且凡形容之辭
若勃然即勃如躩然即躩如如然無別不勝舉證此不然
與他文言不然者獨異不然即不如也而猶為也諫下篇
云二子同桃而節冶專其桃而宜亦以而字作為字用景
公之意若曰寡人持不侫其不宜耳邪不如北面與夫子
為宜謂己以此不侫之身其殆不宜於人君之位不如己
就臣位北面而以此人君之位與晏子為宜故下文晏子

曰嬰人臣也公曷為出若言則其意大曉矣孫星衍音義乃云言未嘗行仁義欲北面而事晏子以其義也於文豈可通乎且晏子又何以自明人臣何至有公曷為出若言之對夫秦孝公欲傳於商君梁惠王欲讓於惠施則景公欲以位與晏子又曷足怪乎

文游明友從邑案此疑衍友字朋從連文

晏子對曰意邑案意蓋讀為噫

明言行之以飾身邑案之讀為止

順其令邑案令當訓善爾雅釋詁云令善也善與下文敝其過過字義正相對此言君順臣之令故不可以令作號

令解也然、如下章云逢有道之君則順其令逢無道之君則爭其不義彼雖言臣順君之令而令與不義相對則亦合訓善兩順其令文既同義亦不異

頒民治民邕案頒讀為令號令也

下篇水平清清邕案清清為疊字形容之辭非水色清濁之清也故下文其濁其清並舉否則既曰清不得復言其濁矣下文云石乎落落清清之形容水貌猶落落之形容石貌也勿泥其義文選宋玉風賦云清清泠泠李注云清凉之貌也蓋近之

詩云高山仰止景行行止之者其人也邕案兩止字本作

之已詳於盧文弨羣書拾補及王念孫雜志之止二字古本通用即讀止為之亦無不可要以為誤字從簡捷耳惟盧以下止字為行王依之而又據淮南子說山訓於者字上補一鄉字云此文本作詩云高山仰之景行行之鄉者其人也則殆不然此文但兩止字作之更無衍字亦無脫字之者即複舉仰之行之兩之字而言也之者其人也以其人繹兩之字若謂詩之意曰高山仰其人景行行其人耳文自曉白故下文云諸侯並立善而不怠者為長列士並學終善者為師諸侯為長必為衆諸侯仰之行之列士為師亦必為衆列士仰之行之所謂其人也若作鄉者

其人義轉不憭蓋說山訓當有誤以晏子之文正彼轉可不合取彼正此也孫星衍音義云之或言往往即鄉義亦不可解

以趨於末朝卷案末朝倒文猶言朝末

皆同于君之心者也卷案也讀爲乎

夫儼然辱臨敝邑卷案夫即大夫之省稱也左桓十三年傳云夫固謂君訓衆而好鎮撫之夫亦謂大夫說已見彼校孫星衍音義據秦二世刻石夫下積二畫以爲大夫猶差一閒夫下積二畫則是夫夫非單稱夫然王念孫雜志謂孫說謬則偏過矣王徒以一本作大夫則以此本爲脫大

字而不知大夫之省稱夫固有是例也且安知一本不後人增字乎至黃元同大令校勘引孫頤谷云當作夫子益無本

臣聞君子如美淵澤容之衆人歸之如魚有依鬯案君子何以云如美君子如美既不辭又何以淵澤容之二句義尤難解美字必誤疑本作雨君子如雨故云淵澤容之淵澤容雨者也下文云夫往者維雨乎正與君子如雨雨雨字相照否則彼雨字亦無著矣又淵澤容之衆人歸之二句勿並讀句法雖相似而義分屬上下淵澤容之與君子如雨為義衆人歸之與如魚有依為義

夫往者維雨乎可不復已邑案不可復已承往字而言也往者歸往也上文云若淵澤決竭則失雨矣又云其魚動流則無所歸矣故曰歸往者維雨乎不可復已猶孟子言孰能禦之耳孫星衍音義云不可復已言雨落不上天謬甚矣

公曰王室之正也諸侯之專制也是以欲聞子大夫之言也對曰邑案此文殊無謂上文公問莊公與今君孰賢君字依王念孫雜志補謂景公也晏子既對以兩君之行不同且曰不敢不知則宜接以下文先君莊公云云以伸明其不同之說何得更有公語雜入其間且王室之正諸侯之專制於問兩

君何涉語更不可解也竊謂公曰對曰四字當為涉上文而衍正上脫不字王室之不正三句當綴在上文平公曰之下聞子大夫數矣之上上文問昔君先君得衆今本昔君作昔吾依盧文弨拾補改謂桓公也晏子言不知所以對故平公又有語其文云平公曰王室之不正也諸侯之專制也是以欲聞子大夫之言也聞子大夫數矣今迺得見願終聞之晏子對曰云云如此則庶可通蓋王室之不正諸侯之專制謂今日也以見在昔桓公得衆能使王室正而諸侯不專制故急欲聞其所以得衆之說是以欲聞子大夫之言也與聞子大夫數矣語亦無不接姑著於此以俟學者詳審

俞身徒處毞桌俞蓋有空義說文舟部云俞空中木為舟也則引伸之凡空亦可曰俞矣此承上文而言上文云有智不足以補君有能不足以勞民然則是空有其智空有其能故曰俞身徒處謂空身徒處也或云窬之借字說文穴部云窬一曰空中也

齊尚而不以遺罷毞桌齊尚者同尚也國語楚語吴語韋解並云齊齊同也同尚即尚同也墨子有尚同篇是也上篇云民不事驕行而尚司盧文弨校以司即同之誤然則晏子固明有尚同之說矣柳宗元辯晏子春秋以為宜列墨家晁公武郡齋讀書志馬端臨文獻通考並從之卻不

為無見而孫星衍序斥柳為文人無學晁馬為無識轉非篤論也且如下文云尊賢而不退不肖此非即兼愛之旨乎遺蓋當作遺說在上篇校

得之時其所也鬯案時訓是下文云失之非其罪也是與非對

從重不為進從輕不為退鬯案重輕猶難易也人求進者則背舍易而從難君子之從難不為進也人求退者則多舍難而從易君子之從易不為退也故曰從重不為進從輕不為退若謂道在難則從難道在易則從易於進退無與耳王念孫雜志據家語三恕篇作從輕勿為先從重勿

為後謂此文當作從輕不為進從重不為退謂不見易而進不見難而退也今本輕重互易則義不可通㓂謂今本與三恕篇固不可合然義自可說謂義不可通則過矣要要各存其義自可必改使一之轉為多事

雜上篇若公者之謂矣㓂案者字羨

焉有中乎㓂案中當讀為用說已見管子禁藏篇校焉有用乎者謂無用也承上文若大夫為大不仁而為小仁而言既為大不仁而為小仁則此小仁焉有用乎無用也依中字義不可解

遠其兆徐其日㓂案遠其兆義不可通據荀子王霸篇俛

其期日楊注云佻與偕同緩也謂不迫促也引晏子春秋作遠其涂佻其日然則今本兆徐二字互誤當作遠其徐兆其日徐即涂之誤兆即佻之壞抑即讀徐為涂讀兆為佻假借之例亦無不可也佻得有緩義者朱駿聲說文通訓以為借作迨遙之迨似較楊氏同偕之說為勝兆聲偕聲古音不同部且偕亦非緩義也或云方言佻疾也疾與緩義反此猶亂之為治之例亦一說要楊以晏子證荀子即可以荀子證晏子彼云佻其期日則此作兆其日不作徐其日明矣後人不察而倒乙之不亦謬乎

聖王見賢以樂賢見不肖以哀不肖鬯案謂從見以推及

於所不見者而亦哀樂之
寡人以天子大夫之賜邑桌以天子大夫之賜或謂諸侯之立必天子使大夫命之故景公為是言然大夫二字究當省及義終可疑故王念孫雜志據羣書治要無天字謂此天字後人所加以子大夫之賜得率百姓以守宗廟猶宋穆公言若以大夫之靈得保首領以沒也說較近之桌宋穆公語見左隱三年傳又襄十三年傳楚共王亦言若以大夫之靈獲保首領以沒於地與宋穆語同而其稱大夫則微異隱傳上文云宋穆公疾名大司馬孔父而屬殤公焉則大夫專指孔父也襄傳上文云楚子疾告大夫又

下文云莫對則大夫不專指一人乃總稱也王以天字為後人所加則子大夫專指晏子故舍楚共而用宋穆然玩下句得卒百姓以守宗廟專指晏子而言義或未備也且說苑正諫苑亦有天字則此天字殆不必後人所加而為後人傳寫形則誤有之矣夫蓋當作夫與晏子言故稱夫子指晏子也景公稱晏子為夫子前後不勝舉證大夫亦總稱也景公言以晏子及衆大夫之賜得率百姓以守宗廟則於文義為備於辭令為宜治要自脫落一夫字耳猶賴今本及正諫苑存一天字有迹可案奈何因而抹之孫星衍音義解此章則跪云則足者使守門是也其說甚確

觀下文倍資無征時朝無事亦足見是賤者刖跪為守門賤者以明不在大夫之列正惟刖跪不在大夫之列故言衆大夫之賜於下文今見戮於刖跪以辱社稷之語不病也

晏子曰不卷案不下當脱可字一云不讀否然恐非

食魚無反卷案食魚者必先食一面然後反之再食一面無反者留其下一面不食也

晏子直席而坐卷案直席即正席

其家老曰非大夫喪父之禮也晏子曰唯卿為大夫卷案春秋時有大夫喪父之禮則當時為大夫者必皆習用之

而晏子獨否故其家老有是言也夫小戴中庸記云父母之喪無貴賤一也孟子滕文公篇云三年之喪齋疏之服飦粥之食自天子達於庶人三代共之則烏有所謂大夫喪父之禮大夫喪父之禮即士禮也大夫而有喪父之禮也齊之末造也乃晏子不欲斥大夫喪父之禮之非禮曰唯卿為大夫轉自託於己非大夫為解故孔子謂其不以己之是駮人之非也夫當時旣習行大夫喪父之禮則使晏子斥大夫喪父之禮之非禮不啻桀斥當世大夫矣豈非招尤之道乎故曰晏子可謂能遠害矣明乎此義而下文之義可通從知是滕文定三年之喪父兄百官皆不欲者

彼滕之父兄百官亦習行大夫喪父之禮久矣君既行之
大夫安得不行故不欲也而曰吾宗國魯先君莫之行吾
先君亦莫之行也蓋大夫既別有大夫喪父之禮則諸侯
自必別有諸侯喪父之禮皆春秋之末造也故孟子曰諸
侯之禮吾未之學也豈非隱斥當時諸侯之禮之非禮
與

下篇猶懸牛首于門而賣馬肉於内也邕案懸牛首于門
令殺牛即禁殺馬也而賣馬肉於内民之殺馬必不止

明日問公曰今昔聞鷄聲乎邕案今昔猶謂今夜也上文
昔者王念孫雜志云古謂夜曰昔或曰昔昔者是也蓋昔

字从㳄从日㳄古文虞實取日入虞淵之象故謂夜曰昔惟既言明日問則是問昨日之夜也乃不曰昨夜而曰今夜此猶言今日而有稱明日者說見前校儀禮士虞記皆古人稱謂與今不同當拈出之

彼安有朝夕哉鬯案朝有東義夕有西義爾雅釋山云山東曰朝陽山西曰夕陽周禮司儀職不朝不夕鄭注云不正東鄉不正西鄉賈釋云朝謂日出時為正鄉東夕謂日入時為正鄉西又考工匠人記以正朝夕釋云言朝夕即東西也然則云彼安有朝夕哉猶云彼安有東西哉上文云室夕室何為夕立宮何為夕立城邑為夕諸言夕皆謂

偏鄉西也此言古之立國正而不偏故上文云古之立國者南望南斗北戴樞星此明正南北也南北正則東西亦必正故曰彼安有東西哉謂不偏鄉東不偏鄉西也以見偏鄉西者實非古故下文又言今之夕者用然而字作轉語古謂殷以前也今謂太公以來至於今也

然而以今之夕者啚案以即似字左襄三十一年傳云令尹似君矣孔義引服本作以君彼俞蔭甫太史平議正謂以似同字與啚見合茶香說又謂作已君又公羊定四年傳士之甚何休解詁云言其以賢士之甚謂言其似賢士之甚也彼孔廣森通義引正作似餘說具前校易明夷卦及詩文

王有聲篇似猶如也然而似今之夕者猶云然而如今之夕者也如今之偏鄉西者也否則以字無義下章云公兩賜之曰以晏子不奪人之功以占嘗者不蔽人之能兩以○以字亦即似字而當訓如曰者景公言也作如語氣合作以則若著書者之辭矣則曰字為贅矣

占嘗者曰請反具書晏子曰毋反書鬯案具具字元刻本作其當從之反之言翻也漢書張安世傳顏注云反讀曰翻是也反其書者翻其書也今人謂檢書曰翻書乃出於此或書作繙字占嘗者以晏子問公嘗故曰請反其書謂請翻其占嘗之書以對也晏子曰毋反書謂不必翻書而可以

知公嘗也故下文云公所病者陰也云云若以請反具書作占嘗者欲反其家而具書以對則豈有為占嘗之職奉名占嘗而不攜書以來至欲反而具書乎且毋反書三字不成義

高子國子請㠯案請下當脫見字下文晏子請見可證

宗君而處身㠯案宗讀為崇

齊不我加矣㠯案加當訓陵論語公冶長篇我不欲人之加諸我也即此加字何晏集解引馬注云加陵也加之言駕也左昭元年傳杜解云駕猶陵也小爾雅廣言云駕淩也淩陵字通實並夌之借

足於中免矣邑案中免無義免蓋讀為晚謂足於中年晚年耳

為世國長邑案世國二字蓋倒

乃此則者且惡邑案乃此猶乃今也者云乃今則者且惡國耳故時則見及其少且姣也今與下文故相對

布帛不可窮窮不可飾邑案謂如以布帛為東帶不窮則有垂下者以為飾窮則無飾矣故曰布帛不可窮窮不可飾也

國不可窮窮不可竊也邑案此竊字似難解故俞蔭甫太史平議謂竊與察一聲之轉然讀竊為察云國不可窮窮

不可察義亦艱滯要之察之義乃近窮字之義非竊字之義也㐫謂此竊字竟作本義解說文米部云盜自中出曰竊是竊以盜竊為本義盜竊者非果為盜為竊也凡行而私有所利者皆盜竊也晏子之意以為此輩國宜容之故國宜使有可竊之處而不可太察太察則此輩無容足之地或轉有甚於竊者是即水清無魚之意又如俗所云大綱既舉憑魚漏小穴難防任鼠窺也二句出袁枚小倉山房集故曰國不可窮窮不可竊也問下篇云尊賢而不退不肖夫不肖曰不退則其持論固未可以常道論之矣

外篇外篇二篇元刻本一題重而異者一題不合經術者今不復識別且漢書藝文志雖晏子八篇而史記管

晏傳張守節正義引七略云晏子春秋七篇是外篇止一篇也孫星衍序謂合雜上下二篇為一誤茀又將出天之變鬯案此葢倒文如云天之變茀又將出

大帶重半鈞舄履倍重鬯案半鈞謂半斤也非十五斤也說已見孟子告子篇校然則倍重者倍半鈞之重則一鈞矣一鈞者一斤也非三十斤也泥於三十斤為鈞之說帶履之重皆無其理

齊舊四量而豆鬯案而豆上當脫四升二字

右陛之下鬯案四字似當在上文路寢之下

布脣枯舌鬯案布葢讀為䏋䏋諧尃聲尃諧甫聲甫諧父聲與布諧父聲亦在同聲通借之例故布可讀可為䏋說文

肉部云脯乾肉也是脯以朝乾肉為本義引伸之蓋凡乾
皆可曰脯脯脣者謂乾脣也方與枯舌并下句焦心熱中
四者為一類若布脣無義矣或云讀為⿰口尃或⿰齒尃說文口部
云⿰口尃噍貌齒部云⿰齒尃噍堅也義亦近並備參
今君不辱而臨之卷案不語辭
且嬰固以難之矣卷案以已通
為開凶門卷案謂於路寢庭之牆別開一門使柩入故曰
凶門即小戴檀弓記所謂毀宗者也又曾子問記云曾子
問君出疆薨其入如之何孔子曰入自闕鄭注云闕即毀
宗也柩毀宗而入異於生也所毀宗殯宮門西也殷柩出

毀宗檀弓記云毀宗躐行出于大門殷道也周柩入毀宗禮相變也然則雖君柩亦別開凶門而入矣況此布衣之士之母柩乎葢禮當然也其所開儻亦在路門之西與要與君柩入同一在西而必有異處耳

臣何敢槁也邕案槁疑當讀為驕驕諧喬聲喬葢諧高省聲故與槁諧高聲亦在同聲通借之例驕者自大之意也上文云公忿然作色不說曰夫子何小寡人甚也故晏子對以臣何敢驕言臣何敢自大也驕字正與小字呼應若依槁字義則不可解矣俞蔭甫太史平議以槁為撟之誤槁之於撟與槁之於驕實同一通借之例惟驕有自大之

意與上文小字較吻合也羣書治要上文小字作少則驕者自多之意亦吻合此難得其知也畧案王引之釋詞其字有語助一釋此其字蓋亦當是語助

君反迎而賀臣愚不能復治東阿畧案此讀臣字句與上文君反以罪臣一例臣下當復有臣字屬愚字讀蒙文而省也王念孫雜志謂脱一臣字殆未必然說苑政理苑亦無臣字可證古書本有蒙文而省之例即晏子書中如雜上篇云決獄不避貴強惡之貴強下當復有貴強字蒙文而省也又上章云無良左右淫蠱寡人左右下當復有左右字亦蒙文而省也下篇云今丘失言於夫子譏之夫子

下當復有夫子字亦蒙文而省也王志亦謂夫子二字脫

廢置不周於君前鬯案此周字當不誤俞蔭甫太史平議謂不周當作不由殆未必然周蓋讀為調調諧周聲例當通借說文言部云調和也周禮地官序調人鄭注云調猶和合也蓋廢所君欲廢置所君欲置是為調廢所君不欲廢置所君不欲置是為不調上文云晏子相景公見賢而進之不同君所欲見不善則廢之不辟君所愛則其不調甚矣故曰廢置不周於君前者廢置不調於君前也廢置不調於君前者謂其不和合於君也穀梁成十七年傳云公不周乎伐鄭也楚辭離騷云雖不周於今之人兮彼不

周亦並即不調與此不周正同故王逸章句及俞太史穀梁傳平議皆訓彼周為合范甯集解訓周為信未是訓周為合亦讀周為調矣上章云夫能自周於君者才能皆非常也亦謂其能自調於君也

元豹之茈卷案茈蓋本作茈茈者紕之借字也爾雅釋言云紕飾也廣雅釋詁云紕緣也此承上狐白之裘言之今作狐之白裘黃元同大令校勘云當作狐白之裘謂狐白之裘以元豹之皮為緣飾也緣飾即[illegible]在裘上實止言一裘耳故下文公曰寡人有此二謂有此裘二一以賜晏子一以自服也此非謂狐白之裘之外又別有元豹之茈也茈與紕論音實亦可通特

讀茈為紕與讀茈為紕假借之例有遠近耳故疑茈為茈之誤也山海南山經云洵水其中多茈蠃郭璞注云紫色螺朱駿聲說文通訓云茈當為茈之誤然則此茈之誤為茈猶彼茈之誤為茈矣

而傳者無其外晏案傳當為儒儒或作偄形與傳相近故儒誤為傳無與有無之無本異字說文無訓豐在林部橆訓亡在亡部有無之無乃橆字特書傳通作無字耳此無字正是林部之無非亡部之橆林部又云或說規橅模字此無字正規模字也上文云行之難者在內是晏子之意以儒者不務內而務外故曰而儒者無其外謂儒者徒規

模其外耳下文異于服勉于容以及盛聲樂飾弦歌鼓舞
繁登降趨翔一切云云皆伸發儒者規模其外之實也儒
誤為傳又不察無字而認為有無之無則語不可通矣或
曰儒者亦務内而傳儒道者輒略内而務外此後代儒者
通弊宜為世所譏非儒道本然也則作傳亦未始無義乎
謂非晏子意也晏子之道墨道也彼非儒固舉儒而非之
猶儒家之非佛固舉佛而非之豈能曰佛是而所非者僧
耶且晏子所譏者孔子也下章云始吾望儒而貴之今吾
望儒而疑之彼元刻本正作始吾望傳而貴之今我望傳
而疑之孫星衍音義云望儒今本儒作傳據孔叢改則孫

本亦原傳改作儒墨子非儒篇儒者迎妻儒舊本亦誤作傳畢沅本據彼下文改傳為儒豈非並儒誤為傳之的證與

自大賢之滅鬯案猶云自聖人之没耳

孔丘必據處此一心矣鬯案據字即涉處字而衍心字涉上文而衍孔丘必處此一矣猶孟子梁惠王篇云夫子必居一於此矣

嬰則齊之世民也鬯案春秋時齊晏氏為齊世民故嬰之父弱謚桓子桓子以上無聞焉管子大匡篇有晏子房元齡注但謂平仲之先不能實其人則家世之微亦可見

矣
舜者處民之中則自齊乎士　嬰案士　疑本作民處民之中
則自齊乎民與下文處君子之中則齊乎君子文意一律
且上文云若舜焉則嬰不識正以處民之中齊乎民故不
識也若處民之中而齊乎士　則出乎類矣何為不識
必驕魯而有齊　嬰案驕蓋讀為撟拂之撟荀子臣道篇云
事暴君者有補削無撟拂是也上文云孔子強諫而不聽
則晏子之意以為孔子必且撟拂魯而適齊矣故曰必撟
魯而有齊有字孔叢子詰墨篇正作適孫星衍音義云疑
有當為適是也小戴少儀記云諫而無驕彼驕字疑亦當

讀撟與此驕字正同而鄭注謂言行謀從恃知而慢未必然也或謂撟拂之本字實矯字存參

豈以人為足恃哉可以無亡也鬯案玩可以無亡句則豈上當有闕文

晏子對曰臣願有君而可輔鬯案例上文晏子上當有載一願三字

香草續校書 荀子二卷

香草校書

南匯于鬯

荀子一

勸學篇君子博學而日參省乎己鬯案參省二字蓋平列參亦省義解蔽篇楊倞注云參驗素問三部九候論王冰注云參謂參校並與省義相近故曰參省參與三字通魏徵羣書治要載孫卿子作而日三省乎己要彼三即當讀為參不可以此參讀為三也猶下句則知明而行無過矣黎庶昌古佚叢書所刻影宋台州本知作智彼智即當讀為知不可以此知讀為智也而楊此注竟訓參為三揆曾

子曰三省吾身為證於下文知竟讀智殆均未審矣論語學而篇曾子曰吾日三省吾身彼下文列三者之目此下文無三者之目也且大戴勸學記作君子博學如日參已焉如而通或作知誤若參省為三省安得去省字而單言參已明參即省義詳言之日參省乎己簡言之日參己一也而王引之大戴記述聞轉據此以訂彼豈為楊氏所惑與

所繫者然也鬯案此者字止是語辭謝墉校謝校多本於盧文弨故王益吾祭酒集解例皆標盧然謝書所列參訂姓氏趙段吳朱汪盧凡六家云輯諸家之說并附所見則不得悉歸於盧也因俗閒本多作著故讀者為張略切恐未必然即上下文可證上文云繫之葦苕止出繫字不出著字則此句止

當承繫字不煩增添著字下文云所立者也也所漸者也也者字並止語辭更一例可觀楊注所引說苑作所託者然也者字亦語辭也今說苑善說苑作其所託者使然也句字雖多者為語辭不異強自取柱呂案柱蓋讀為仆或荀子本借朴為之故誤朴為柱要論音柱朴仆無不可通也說文人部云仆頓也釋名釋姿容云仆也也強自取仆謂強則自取其頓踣也楊注云凡物強則以為柱而任勞必非荀子之義大戴勸學記作強自取折頓踣即折義是其證王雜志引之讀柱為祝似尚迂遠禮樂法而不說呂案此說蓋善說非辭說之說蓋學禮樂者非徒學其法也貴說於心也法而不說是不近其人而

徒學之弊也上文云學莫便乎近其人此下三句反承之言不近其人而徒學則禮樂法而不說矣詩書故而不切矣春秋約而不速矣然則禮樂詩書春秋者謂學禮樂學詩書學春秋也楊注不指學者言而即指禮樂詩書春秋言則書理既失以不說為不曲說遂誤說為辭說矣況禮樂何嘗不委曲陳說乎

方其人之習邑案方有法則之義詩皇矣篇毛傳云方則也後漢書桓譚傳李注云方法也蓋實仿之假借仿效之義亦即法則之義字又通作放廣雅釋詁云放效也小戴檀弓記云哲人其萎則吾將安放正此方字的義上文楊注

其人云謂賢師也然則方其人之習故其師之習也如子貢之故孔子也習字當句下文君子之說自為句楊於上文其人既指賢師則此其人亦必指賢師而顧云當其人習說之時則其人之所指不曉讀至下文說字句亦於句法未安其故由誤以當訓方而不察此方之為法則之義也郝懿行補注既知楊注之非而讀方為傍尤實支離宜為王集解斥之若讀方為仿必無斥矣即連下君子之說作一句讀亦甚曉也蓋上文云學莫便乎近其人禮樂法而不說詩書故而不切春秋約而不速三者是不近其人而徒學則君子之說亦有不說不切不速之病不說之說當是喜說

之說已見上條說謂說於心切謂切於身速字難解蓋讀為束楊注亦失故必法則其人之所習則禮樂詩書春秋之說皆尊徧而周世矣大略篇云博學而無方君子不與彼方亦當讀為仿與此方字正同學禮樂詩書春秋而不法則其人即博學而無仿也故曰君子不與義可參證又案下文云為其人以處之為亦仿義謂仿其人之所為以自處楊注亦非王集解引劉台拱郭嵩燾說近之

修身篇見善修然必以自存也念案修當讀為肅肅修在今為雙聲在古為疊韻故可通借修然即肅然也形容之字原不必盡有正字而未始盡無正字楊注云修然整飭貌雖得其義而未得其字詩黍苗篇鄭箋云肅肅嚴整之

貌國語周語韋解云肅整也是整飭之義實肅字之義非修字之義莊子大宗師篇云翛然而往翛然而來說文無翛字蓋翛即修之後出字修之作為翛猶肅之作為翽詩鴻鴈篇陸釋云肅肅本或作翽翽是也大宗師篇陸釋引徐音叔則正讀翛為肅即讀修為肅之證矣然竊謂彼翛然與此修然其字則同而其義別則彼翛實不必讀肅可讀為攸孟子萬章篇云攸然而逝陸釋引李音悠不如移讀此文之修為的儒效篇云修修兮其用統類之行也修修亦即肅肅楊云修修整齊之貌亦得其義而未得其字矣

不由禮則勃亂提僈𡘋案勃之讀為悖僈之讀為慢皆一

望可知不煩校核前人亦既言之惟提字似可疑竊謂提之言怠也怠提一聲之轉故借提為怠是為雙聲假借之例也提僈即怠慢也下文云怠慢僄弃是其證矣又云難進曰偍偍即提提為難進之義則亦即怠義難進曰偍即難進曰怠也

術禮義而情愛仁鬯案術當讀為述述術古多通用儀禮喪禮鄭注云古文述皆為術小戴樂記注云術當為述並可例述从辵術从行行辵義本不遠或并同字也術禮義即述禮義也楊注訓精法迂矣下文云術順墨亦謂述順墨也彼注云順墨當為慎墨慎到墨翟則術字之為述其

義益明

不苟篇夫富貴在者則類傲之悉棄此類字殊無義益誤字也楊注謂富貴之類不論是非皆傲之義必未安類傲二字就句法論必係平列如楊注則類字屬富貴者言而傲又屬見富貴者言斯不辭矣且下文云夫貧賤者則求柔之求柔疊韻字則類傲又當是疊韻字此可見類之為誤字矣竊謂類當作纇纇類字形相似故古書有誤纇為類者家語致思篇不飭無類無類失親王肅注云纇類疑為貌大戴勸學記正作不飾無貌無貌不敬又大戴文王官人記靜而寡類莊而安人周書官人篇作情忠而寬貌莊而

安則類亦額字之誤說見王引之大戴述聞王述於夏小正傳其類辯然亦云類當為額貌額同字說文皃部皃或文作額籀文作貌是也書傳用貌字居多而荀子書中卻有額字見於禮論篇者不一而足則此類字為額字之誤當無疑矣惟此額字實又為藐字之借藐即貌字說文艸部有藐字無藐字書傳又用藐字居多即如艸部云藐茈艸也而爾雅釋草云藐茈草即作藐字孟子盡心篇云說大人則藐之趙岐章句云說此大人之法心當有以輕藐之富貴者則額傲之者富貴者則藐傲之也正孟子所云說大人則藐之之義也荀子與孟子易趣大旨孟惡隨俗而荀子惡矯情故孟

子以藐之為説大人之法而荀子則以藐傲之為非仁人之情下文云是非仁人之情也是姦人將以盜名於晻世者也則孟荀兩論固皆有所激而云然矣皃聲與敖聲古音同部藐傲疊韻與下文求柔疊韻正可比或謂藐既本訓茈艸則輕藐之義在藐仍借字非本字其本字依朱駿聲説文通訓實即秒此固精小學者言然豈又謂讀藐為秒直不若讀藐為小秒諧少聲少即諧小聲也要必據許書以求字通儒亦勿用過泥爾大略篇愛之而勿面使之而勿貌語亦見大戴曾子立事記竊疑彼貌亦讀為藐蓋使與愛異愛言勿面宜也使不合言勿貌藐者亦謂雖長者使幼不可藐傲之也愛易於面而勿面使易於藐而勿藐立意較勿貌為密合

是姦人將以盜名於晻世者也鬯案盜名不必定盜何名凡可以為名者皆可盜荀依上下文實指之則承上文仁人而言所盜者即仁名也下文云田仲史鰌不如盜也田仲廉（即孟子稱陳仲子）史鰌直則所盜者又廉名直名也楊注乃舍此而求諸上文之富貴貧賤云姦人盜富貴貧賤之名則異矣上文云夫富貴者則類傲之夫貧賤者則求柔之荀子之意若云有富貴者藐傲人（藐字說見上條）今乃藐傲富貴有貧賤者求柔人今乃求柔貧賤則必是盜名者其義亦至顯而楊注轉不可解矣然則謂是盜藐傲富貴之名盜求柔貧賤之名亦可也而何得曰盜富貴貧賤之名乎富

貴貧賤何名之有且世有盜富貴者無盜貧賤者誠盜富
貴竟是盜實矣非盜名也
榮辱篇清之而俞濁者口也㽃案口字與上文恕字忮字
呰字及下文交爭勝劇等字獨虛實失類必借字也疑當
讀為詬詬諧后聲后聲與口聲古音同部故借口為詬解
蔽篇楊注云詬詈也則與上下文字例正合矣詬詈原由
口出故大戴武王踐阼記云口生呞呞即詬之借字然云
口生詬自可單曰口則未可不如單曰詬可也楊此注云
欲求其清而愈濁者在口說之過亦必增設說之過三字始
成義又引或曰絜其身則自清但能口斯愈濁則又增設

荀子一　七

身字以對口字義更迂回而王集解轉謂或說是竊未敢從詬之言垢也左宣十五年傳國君含垢漢書路溫舒傳引垢作詬陸釋亦云本作詬說文土部云垢濁也故曰清之而愈濁者詬也孝經卿大夫章云言滿天下而無口過行滿天下而無怨惡口過與怨惡為對則口過亦即詬過矣正與此口字可互證互見彼校大略篇放此

是故窮則不隱通則大明身死而名彌白邕案不隱者謂名不隱也大明者謂名大明也兩句皆指名言而沒去名字故終之云身死而名彌白即俞蔭甫太史古書舉例所謂文沒於前而見於後例也楊注云不隱謂不能隱蔽則

未察古書之例矣

今以夫先王之道鬯案今以夫三字無此語辭今夫先王之道句甚平易以字必衍文也下文云以夫桀跖之道益即涉彼而衍不知下文以當訓與王益吾祭酒集解引儀禮鄉射禮鄭注以猶與釋彼甚是正惟既言先王之道故云與夫桀跖之道彼以夫自可解此今以夫不可解也

餘刀布有囷窌然而衣不敢有絲帛約者有筐篋之藏然而行不敢有輿馬鬯案餘刀布有囷窌與約者有筐篋之藏二句似宜互易約者二字雖不易解然云筐篋之藏則必與衣不敢有絲帛為類有輿馬則必有刀布之用故刀

布與行不敢有興焉亦為類今二句互差斯失類矣或云約蓋讀為勦者蓋讀為緒說文素部云勦白勦縞也糸部云緒絲耑也勦緒者謂縞耑耳勦曰緒猶刀布曰餘也姑備俟考

幾不長慮顧後而恐無以繼之故也鬯案幾不猶豈不也上文楊注云幾讀為豈下同是也然則此也字當讀為邪邪也弗殊古書通例豈不長慮顧後而恐無以繼之故邪語意甚明與上非不欲也句亦洽接而王念孫雜志乃云二句中不當有幾不二字蓋涉下文而衍則未察也字之讀邪字矣且云下文幾字有音而此無音則為衍文明矣

又竟昧上文楊注明出下同二字乎下同者正同此幾字也況下文注云幾亦讀為豈亦者亦上文與此兩幾字若衍此幾不二字則上既云下同下文又云亦注文不太重疊乎

非相篇面長三尺焉廣三寸鬯案焉字不解要其義可意知之既云面長三尺則廣三寸者必指其口也特口不可稱為焉耳楊注謂面長三尺廣三寸言其狹而長甚也則似以焉作語辭屬三尺讀其說已自知未安故又引或曰狹長如此不近人情恐文句誤脫也鬯謂或說是也第不省此焉字為何字之誤耳至謝金圃校以焉為發聲則讀

屬下其讀亦是矣要發聲在古書雖有此例施之於此實覺非類竊疑馬為象字之誤象讀若弛與象別象馬篆文略相似故象誤為馬而象實為喙字之借說文口部云喙口也許氏單訓口本不專為獸口之稱後人執獸口為喙鳥口為咮之說一若不容相假者然如詩候人篇毛傳云咮喙也則鳥獸通稱矣至如昭四年傳云頎而見人深目而猳喙史記　云越王為人長頸馬喙則皆借鳥獸之稱以稱人公孫呂之口何必不類猳若馬故謂其口為喙哉如莊子徐無鬼篇云丘頤有喙三尺則更不必配以鳥獸而單曰喙與說文單訓口之義尤合益可知人口固亦得

稱喙矣面長三尺喙廣三寸義自顯見則或者可備一說也

傅說之狀身如植鰭案鰭葢當讀為楮爾雅釋言云楮柱也植楮者植柱也謂直立不動之狀故曰傅說之狀身如植楮楊注訓植為立固也而云如魚之立則以鰭為魚名說文無鰭字魚部有鮨字云一曰鮪魚名則楊葢讀鰭為鮨然魚不能立安得曰植郝補注云鰭在魚之背立而上見駝背人似之然則傅說其背僂人與夫駝背人正以其似駝而謂之駝背而遠援魚背為喻已屬可疑況又指其背上之鰭駝背人何以似之蓋魚背上鰭其形狀實於人無可比擬以釋此植鰭當

荀子一　十

更不然矣左定十年傳云皆至而立如植如植橧省言之
即如植也彼杜解云如立木不動以亦證即是身如植橧
之義又考工輪人記者云輻也者以為直指也彼直指亦即
此植橧則二字連文又可證彼言以為其義虛此言身如其義實彼卷亦有校
堯舜參牟子邑案牟讀為眸楊注不謬凡參之義皆指三
無指兩者而云參眸子謂有二瞳之相參殆曲說矣竊謂
人之重瞳不必兩目皆重堯舜之目蓋皆一目重瞳一目
否則合計有三瞳故曰參眸子也若兩目皆重則合計當
曰四眸子必不得曰參眸子矣然則如楊注所引尸子曰
舜兩眸子者偏舉一目言也此云堯舜參眸子者并指兩

言目也
曲直有以縣矣晉案曲直楊注謂猶能不姑從之有楊本訓又王雜志亦云與又同是也以當讀為已已以古本通用下文云人之所以為人者何已也何已即何以此以當讀已猶彼已當讀以矣已當訓甚詩蟋蟀篇毛傳云已甚也已縣者甚縣遠也而楊云其能不與人又相縣遠則似訓以為與殆失之矣謝本此句如是王志及王集解本皆依宋呂錢本縣上補相字然讀以為已相字不補亦自通要有相無相已甚之義不易也
禹湯有傳政而不若周之察也非無善政也久故也晉案

既言有傳政即有善政矣而又曰非無善政也久故也於義不協此必涉上文五帝之中無傳政非無善政也久故也而誤不知彼言無傳政故承之曰非無善政也久故也此言有傳政特不若周之察則安得亦承之曰非無善政乎善當為詳字之誤詳从言羊聲善从言从羊論篆文字體正同又涉上文故誤詳為善非無詳政也久故也正承有傳政而不若周之察言也下文云近則論詳又云詳則舉小此作詳之證韓詩外傳舜甑傳同誤應放此訂正

非十二子篇苟以分異人為高鬯案苟以分三字不成句據楊注云苟求分異不同於人以為高行也則楊本似異

下疊一異字作苟以分異異人為高苟以分異為句故云
苟求分異也異人為高為句故云不同於人以為高行也
下文注又云既求分異則不足合大衆亦出分異字則此
疊異字益明若曰人為高又不成句矣
成名況乎諸侯莫不願以為臣㬎案成讀為盛盛名況乎
諸侯為句俞蔭甫太史平議已著說楊注於此列說雖多
皆非也碩俞議訓況為賜似義猶迂回而楊注轉可節取
云比也蓋此況字止是比並之義成名況乎諸侯在謂雖
在一大夫之位而其盛名直可比並乎諸侯也史記於孔子獨作世家蓋得況諸侯之意
莫不願以為臣儒效篇作莫不願得以為臣

多一得字王雜志援以補此固於義無不通蓋比乎諸侯者戚名耳非真為諸侯也曰願得以為臣未為矛盾惟儒效篇本是衍入之文謝校已據韓詩外傳訂正則殆不足為據以豈妄言之不惟彼得字不必補并此以字亦可刪曰莫不願為臣謂人莫不願為之臣下文云賢者貴之不肖者親之即莫不願為臣之義矣非願以之為臣也與諸侯義尤接洽且上文云在一大夫之位則一君不能獨畜一國不能獨容接云戚名比乎諸侯莫不願為臣蓋願為諸侯之臣者止其一國之人耳而此戚名比乎諸侯者非徒一國願為之臣莫不願為之臣則與上文之義亦尤為接洽也姑志一說俟能察

者察焉

儒效篇罔不必分有親者取多[illegible]案讀不爲罘依宋本删必字義固可通王雜志及王集解引劉台拱已著說然竊疑荀子原有兩本一作罔不一作罔必其作罔不必者誤合兩本爲一者也謝校云必與畢古通用然有不字若云罔不必實無義說文華部云畢田罔也是畢罔同類則非可援論語釣而不綱爲比云罔而不畢也若連分字讀云罔不畢分亦不可解謝引新序罔罟分有親者取多又畋漁分有親者得多云與此不同殊未詳其以此作何義也以不字爲衍則罔畢正以同類連文猶之以必字爲衍讀

罔罘之説也𨕥并謂必本畢字其字从弋即畢弋之義八乃象鳥形説文八部訓為分極實未得必字本形本義説已見爾雅卷律謂之分條然則此必字并不煩讀為畢曰罔必其義自合也俞平議於上文必蚤正以待之也句謂必字為衍文以下文孝弟以化也句上無必字證彼説當可信則安知非此句必字衍入於彼然則此句作罔必而不作罔不亦未始不可謂是古本矣或謂依讀不為罘之説即兩字並存云罔罘必分句亦成義弟以新序雜事序兩文證之當不其然雜事序下句亦並云孝弟以化之也則與此文正同謝氏謂不同惑之甚者矣

則貴名白而天下治也念孫案治蓋讀為怡小戴內則記鄭注云怡悅也天下怡謂天下悅之也故下文云近者歌謳而樂之遠者竭蹶而趨之即承天下悅而言若讀天下治則失義矣顧千里校云治疑當作願據榮辱篇王制篇致士篇諸文皆用願字為例然願與治其字不相似何緣致誤竊謂荀子文例不必盡同讀治為怡不煩改字要天下怡即天下願義則無二也

俄而原仁義念孫案原有度義字當與謜通廣雅釋詁云謜度也管子戒篇房元齡注云原察也察義亦即度義原仁義者謂度仁義也上文言混然曾不能決是不能度也下

文言分是非又云辯白黑度義與分義辯義正同倫類楊注訓原為本未確矣文選神女賦云志未可得乎原原亦當是度義而李善注亦誤訓本淮南子首出原道訓以原題篇蓋即本此原字原道謂度道也度道猶度仁義也高誘注亦誤訓本韓愈雜著首出原道原性原毀原人原鬼本淮南知之而不行雖敦必困卬案敦疑教字之誤謂以所知教人也若敦則與知義不貫矣敦訓厚知豈有厚薄之辨邪楊注云雖所知多厚必至困躓以多足厚義亦太迂泥矣小戴學記云教然後知困則作教不但與知義貫與困義亦協上文兩言殺詩書郝補注云殺蓋敦字之誤卬疑亦教字之誤教與殺左旁首相似教與敦左旁下相似也敦與殺則形差遠

王制篇分均則不偏𨻶案偏蓋當讀為辨禮經中徧辯字多通用故儀禮飲禮燕禮少牢禮諸篇鄭注皆云今文辯作徧徧之與辨猶徧之與辯矣分者名分也所以辨上下也分均是無上下矣何以辨之故曰分均則不偏不偏者不辨也楊於偏字無注殆未察其義王雜志乃云偏讀為徧言分均則所求於民者亦均而物不足以給之故不徧也其說曲矣

所以親之者以不并也并之見則諸侯疏之矣所以說之者以友敵也臣之見則諸侯離矣𨻶案二見字無義竊疑此二則字本從古文作劓說文刀部云劓古文則是也因

注意
故曰另一行不
与前行末不贅
連接

誤分劃為貝則兩字又誤貝為見耳今去二見字云并之則諸侯疏矣臣之則諸侯離矣其文自順則二見字斷不宜有楊注云見賢編反是其本已誤然讀賢編反仍無義也至疏下之字原刻本無王雜志王集解並已正茲不贅

故曰一與一是為人者嚮案此蓋當讀故曰一為句故曰一者東上文也與一是為人者為句起下文謂之聖人也楊注讀一與一為句則是為人者不成句矣君子篇云一自善也謂之聖成相篇云好而壹之神以成精神相反一而不貳為聖人此一是與彼言一自善好而壹義可相參也小戴大學記云壹是皆以修身為本鄭注云壹是專行

是也一是猶壹是也與一是為人之義於記義不必盡同而一是連文亦可證

脩採清易案採疑本作釆釆非采字說文華部云糞从廾推華棄釆也官溥說似米而非米者矢字是官溥以釆為矢字此釆正糞字所从之矢字所云似米而非米者也釆先誤為采俗因加手旁作採采採正俗字也說文广部云廁清也元應阿毗曇婆沙論音義云廁溷池言溷濁也或言清言至穢處宜修治使潔清也然則采清二字同類正猶下文之道路室律道即路路即道室即肆肆即室郝補注云疑律當為肆字之譌則采即清清即采也脩者正所謂修治使潔清

也楊注云採謂採去其穢清謂使之請潔皆謂除道路穢惡也其義固不謬而云採去其穢則未得其字矣俞平議以採為埰字之誤引方言冢秦晉之閒謂之埰故解為墟墓之閒不特墟墓與清溷不同類且下文云治市之事市何為有墟墓乎又案以糞字从廾棄釆推之則採亦从手棄釆然則或本作採採即糞字殊體非因誤釆加手旁為採亦未可知附參可也

諸侯俗反鬯案俗蓋當為倍字形近之誤倍與背通左昭二十六年傳孔義云倍即背也莊子養生主篇陸釋云倍本作背倍反即背反也諸侯倍反其義甚明誤作俗反則

不可解矣戰國齊策云若是者信反呂氏春秋知士紀信作倍彼王雜志及黃丕烈札記並謂信即倍字之譌則此倍反之誤為俗反猶彼倍反之誤為信反矣

進退貴賤則舉佞侻昝案侻即娧字凡从人與从女之字多同如說文人部㑵或作嫉女部媮或作偷是也佞侻者佞娧也女部云娧好也娧訓好猶佞訓才矣凡不美之字不必其義本為不美也郝補注云侻與脫同亦與悅同謂喜近小人也則未得其字亦失其義舉佞侻即是舉小人也則舉者正是喜近小人耳若喜近小人為侻字之義則曰舉喜近小人何以通乎脩身篇云饒樂之事則佞兑而

不曲佞兑亦即佞娧楊彼注訓兑為悦王集解謂兑與鋭同字亦未得

富國篇無宜而有用𣅀案宜與誼通釋名釋言語云誼宜也誼訓宜則宜亦訓誼矣誼本古仁義字故宜亦與義通國語晉語韋昭解云宜義也文選東京賦薛綜注云宜之言義也無宜而有用者謂無義而有用於人也楊注謂雖扵人無常定之宜皆有可用人之理不亦迂且晦乎王雜志云言萬物扵人雖無一定之宜而皆有用扵人解有用則得之王讀連下文為人句云為讀曰于要即有用斷句而其意亦為用扵人非用人顧有用扵人即有宜扵人乃增設一定以足無宜之義仍襲楊之謬

說也王制篇云水火有氣而無生草木有生而無知禽獸
有知而無義此無宜正即彼無義是其旳證上文言萬物
則此固兼水火草木禽獸言之禽獸有知尚無義其無知
無生則無義固不待言矣故統曰無宜無宜者無義也
今之世而不然𠳋案此而字當訓則王引之釋詞云而猶
則也是也今之世則不然語始成辭否則而字不已贅乎
下文云不然而已矣前當訓則不然即承此不然而言也
厚刀布之斂三
句是不然之目楊注以不然為不唯如此失之矣王釋詞
引易傳左傳諸文以證而之為則甚詳碩以𠳋觀之彼諸
文而字猶在兩可之例惟此兩則字實不可不作則字解

而王轉遺之則此當補王氏之疏略也
然後六畜禽獸一而剸車毖案一而剸車與下文一而成
羣而一字當無殊異楊注於下文云言每一類皆成羣則
此亦當謂每一類皆滿車乃云一獸滿一車殊覺失比矣
且正文明言六畜禽獸而注專言獸尤屬偏舉或者注文
獸字乃嘼字之誤嘼即畜字爾雅釋畜陸釋云畜本又作
嘼是也禽獸蓋亦畜類舉嘼或可賅禽獸耳一嘼滿一車
即謂每一類皆滿車也惟不云皆滿車而云滿一車措語
似仍可商故亦不敢必謂是嘼字之誤也至正文作畜而
注文作嘼異文同字則在楊氏固有其例即如上文善臧

注言善藏可證也

上功勞苦鬯案功字當行上勞苦者上之言尚也與上文少人徒省官職句法一律下文言與百姓均事業齊功勞多與百姓三字句亦可類上功勞苦則不可類矣蓋即涉齊功勞之功字而行也殊不知勞苦之勞與功勞之勞不同功勞之勞勞上可著功字勞苦之勞勞上不可著功字著功字不惟句與上下不類亦無義矣下文云墨術誠行勞苦頓萃而愈無功亦足知勞苦上斷不合著功字也

王霸篇誠義乎志意加義乎身行鬯案誠義乎志意謂其志意之於義誠而無偽也加義乎身行謂其身行之於義

有加而無已也誠字加字皆實字若如楊注仲尼誠能義乎志意又加之以義乎身行以誠字加字作虛字解不辭甚矣下文誠義乎志意加義乎法則度量同

如是則夫名聲之部發於天地之閒也㘣案部與勃一聲之轉部發蓋即勃發形容之字固主聲不主義說文力部勃字訓排則亦非本字也其本字蓋止當作朩說文朩部云朩艸木盛朩朩然是也勃諧孛聲孛諧朩聲則作勃者諧聲借字也作部者雙聲借字也楊注云部當為剖是亦欲求部之諧聲借字然義實未安故王集解改讀為蔀是仍欲求部之諧聲借字而義仍不愜㘣竊謂誠欲必求部

之諧聲借字則合讀為丕丕諧不聲部諧音聲音諧否聲否亦諧不聲故部與丕亦在諧聲借字之例丕發者大發也要不若以雙聲求之為直捷下文云湯武是也然則即左莊十一年傳所云禹湯罪己其興也勃焉之勃矣勃發猶勃興也

故彊南足以破楚[illegible]案此事在齊閔王二十三年楚懷王二十八年史記六國楚表云秦韓魏齊敗我將軍唐眛於重丘齊表云與秦擊楚使公子將大有功是也楚世家田敬仲世家亦並載其事楊注云史記齊閔王三十三年與秦敗楚於重丘南割楚之淮北既誤二十三年為三十三

年(此依史年若從竹書紀年則實閔王元年考見下條)又及割淮北之事則溷兩事為一事矣割楚淮北在齊閔王三十八年伐宋之後在楚為襄王十三年田世家云齊遂伐宋宋王出亾死於溫齊南割楚之淮北是也中間縣隔十五年何得并為一談乎楚世家云秦乃與齊韓魏共攻楚殺楚將唐眛取我重丘則割者即重丘非淮北又考重丘之役即孟嘗君傳蘇代所稱(戰國西周策蘇代作韓慶)君以齊為韓魏攻楚九年取宛葉以北以彊韓魏者則割者楚宛葉以北亦非淮北也

北足以敗燕粵棄此句楊不注王雜志引盧校云楊氏無注脫耳史記六國表及田敬仲完世家皆不載唯燕世家

載之當在齊閔十年㐫竊謂盧説不然楊所以不注者蓋其慎也非有脱也齊之敗燕在齊宣時有孟子梁惠王篇可據獨荀子此語上文言齊閔薛公則屬之齊閔與史記合與孟子不合楊氏頗不敢據史以歧孟子故守疑者闕之之例不發注耳不然上下注文皆不脱何以獨脱此則未可援王制篇脱注以為例也然則齊之敗燕果齊宣乎齊閔乎曰其事屬齊宣決無可疑史公於齊之世年有誤其誤亦決無可疑獨荀卿乃有此語者則竊有一説以處之史記燕世家雖云王因令章子將五都之兵以因北地之衆以伐燕然戰國時多有以太子為將者即如上文云南

足以破楚六國表謂使公子將大有功則破楚之役實使公子將也安知宣王伐燕不閔王為太子實將而章子特佐之邪苟閔王為太子實將雖在宣王時事即屬之閔抑何不可故孟子載齊宣而荀子言齊閔不然荀子後孟子不遠且曾讀孟子書者豈竟不知此事為齊宣之事漫乃屬之閔邪彼固止言齊閔不言齊閔十年也不言齊閔十年則通齊閔言之安見其不為太子時邪此可以斡旋荀卿此語者史記之齊閔十年實竹書之齊宣七年周王赧之元年曩前歲因川沙麗澤舫曾作齊人伐燕考略本朱右曾汲冢紀年存真之說以訂史記齊之世年之誤特未

見及宣王事而閔王實將故尚以荀子此語為論議假借也雖然仍兩不敢執也今附舊考於左以俟後人參擇

孟子齊人伐燕在齊宣時本無可疑自荀子王霸篇述薛公齊閔事有北足以敗燕句於是有伐燕屬閔王之說然孟子敘問答荀子發論議自當以孟子為可據古人論議率多假借未可盡為典要齊人伐燕本齊宣事而荀子屬之齊閔猶吳人襲郢本吳王闔閭事而戰國齊策屬之吳王夫差也要事實昭著不必深辨獨史記燕世家據燕策載子之三年孟軻謂齊王曰今伐燕此文武之時不可失也王因令章子將五都之兵以因北地之衆以伐燕士卒

不戰城門不閉燕君噲死齊大勝燕子之亡子之三年即六國表燕王噲之七年當齊閔王十年則伐燕一若屬閔王為不誤而不得屬之宣王矣後人因此遂多訟其據荀子史記以反駁孟子謂校者意有所諱改閔為宣說最謬妄乃如司馬氏通鑑先降威(威)王十年因降宣王十年以求合伐燕為宣王事而威(威)王立三十六年者無端有四十六年矣呂氏大事記從通鑑降宣之十不從其降威(威)之十亦合伐燕為宣王事而宣王立十九年者無端有二十九年矣且孟子言燕人畔又在後二年齊王言甚慙於孟子則猶是宣王故顧炎武日知錄又謂何不以宣王之卒下

移十二三年而但拘於十年之成數至閻若璩四書釋地又欲以子之事移上十年說尤紛歧統歸無據他如黄震日鈔欲分宣閔伐燕為兩事周廣業孟子四考欲并威宣二王為一人謬更顯見無煩置喙今考編年之書莫古於竹書紀年而今本紀年又屬偽著其冢中真本存於小司馬索隱所引者則猶有可徵田世家莊子卒子太公和立下索隱云紀年齊宣公十五年田莊子卒明年立田悼子悼子卒乃次立田和是莊子後有悼子蓋立年無幾所以作系本及記史者不得錄也又齊侯太公和二年卒子桓公午立下索隱云紀年齊康公五年田侯午生二十二年

田候剡立後十年齊田午弒其君及孺子喜而爲公春秋後傳亦云田午弒田候及其孺子喜而兼齊是爲桓侯與此系家不同也又六年桓公卒子威王因齊立下索隱云紀年梁惠王十三年江甯局刻史記三家注本三誤二當齊桓公十八年後威王始見則桓公十九年而卒與此不同據此三條是知史公撰田世家於田氏世年實遺失悼子侯剡兩世又減少桓公之年夫悼子一世在田和未紀元之前有無尚非所急若侯剡一世與桓公之年正必不可闕闕此必增彼乃至閔王直衍至四十年事實乖謬無有甚於伐燕之役矣惟索隱所引紀年似尚有小誤其謂齊康公二十二

年田侯剡立後十年齊田午弒其君而為公考齊康二十二當周安王十九年戊戌十年被弒則當周烈王二年丁未桓公即立於是年則桓公十八當周顯王十二年甲子梁惠王之十四年也何以又云梁惠王十三年當齊桓公十八年蓋實相差一年竊疑齊康公二十二年當作二十一年實周安王十八年丁酉侯剡十年被弒實周烈王元年丙午桓公即立於是年至十八年當周顯王十一年癸亥正梁惠王之十三年也此誤字甚明且世家云康公之十九年田和立為齊侯列於周室紀元年二年和卒是田和卒於齊康公二十年侯剡之立必在齊康公二十一年

益着矣由是而論列之田和在位二年周安王十六年乙未十七年丙申也侯剡在位十年元年為周安王十八年丁酉卒年為周安〔烈〕王元年丙午也桓公即立於烈王之元十九年而卒周顯王十二年甲子也威王在位三十六年元年為周顯王十三年乙丑卒年為周顯王四十八年庚子也宣王在位十九年元年為周慎丑〔靚〕王元年辛丑卒年為周王赧十三年己未也閔王則止在位十八年無四十年元年為周王赧十四年庚申卒年為王赧三十一年丁丑也田氏之世年既定則伐燕之役在子之三年即燕噲七年實周王赧元年丁未齊宣王七年後二年而燕人立

公子平即孟子所謂燕人畔者實周王赧三年巳酉齊宣王九年其為宣而非閔不待辨而自明者矣如此約得旁證者三齊策南梁之難在周顯王二十八年庚辰而云田侯召大臣而謀依紀年周顯二十八當齊威十六則田侯者威王也威王未稱王故曰田侯若依史則宣王二年不得稱田侯矣此一證也又齊策孟嘗君就國於薛在周王赧二十一年丁卯而齊王謂孟嘗君曰寡人不敢以先王之臣為臣此必在齊王立年無幾故有此語紀年所不及載依數推之周赧二十一當齊閔八葢為近之若依史則閔王立三十年矣何得有此語乎此二證也又史記越世

家云當楚威王之時越北伐齊齊威王使人說越王是齊
威與楚威同時楚威立在周顯王三十年壬午十一年卒
在周顯王四十年壬辰依史當齊宣四至十四則皆宣之
年非威之年也是即以史證史而不合矣依紀年則當齊
威十八至二十八齊楚兩威正可相值此三證也惟燕策
謂文公卒易王立齊宣王因燕喪攻之取十城燕文公卒
在周顯王三十六年戊子依史當齊宣十年依紀年則齊
威二十四年非宣王矣而策明言齊宣王則反合史而不
合紀年此最為可疑者然考歐陽詢藝文類聚說類引此
策但作齊王因燕喪攻之取十城無宣字則策文本無宣

字今本作齊宣王實即由後人據史文以增入之者益史公據策文齊王而補一宣字即猶之其據策文益輙謂齊宣王而删一宣字以照應其全書也以史校策遂同策於史猶賴唐時猶存未增之本引見於類聚則其本為可貴巳夫但曰齊王安知其必指宣王而不指威王耶又齊策蘇秦説齊亦在是年策著齊宣頗亦疑是增入之字惜無他書徵引以為佐證則但當存疑矣

如霜雪之將將晉案將將益嚴肅之意詩緜篇應門將將毛傳云將將嚴正也彼指應門故釋為嚴正此指霜雪則當釋為嚴肅究之嚴正嚴肅一義也嚴正可曰將將嚴即

肅無不可曰將將矣郝補注云玩荀子之意方說禮所以正國而即引詩又申之云此之謂也然則此引詩以喻禮即將將之義可知其說是矣而顧云將將大也則殆失之王集解援賦篇讒口將將（王誤標成相篇案成相篇無讒口將將句）王念孫訓集也謂此義當同則亦本毛傳為說然竊謂據執競篇傳似不如據緜篇傳為切洽也閟宮篇又有犧尊將將句雖毛鄭皆無釋豈非既釋於緜篇故略後邪則其義可知矣

兩者合而天下取詧案取天下不可云天下取此取字與上文取天下之取實不同取天下者自取者言之也天下取者自天下言之也然則此取字葢當訓為趣釋名釋言

語云取趣也詩棫樸篇毛傳云趣趨也趣取二字古本通用故莊子齊論云趣舍不同漢書王吉傳云言其取舍同也取舍即趣舍也顏注云取進趣也然則趣訓趨取亦得有趣義矣兩者即上文足以竭埶足以竭人也兩者合而天下趨謂能竭埶竭人則天下趨向之也故下文云諸侯後同者先危同之即趨之矣上文云非負其土地而從之之謂也又云則其地且奚去我而他適從也去也適也趨也用字或反或正理一而已若以為取天下之取則取字倒在天下下為下辭下文故能當一人而天下取放此

是傷國之大災也念孫案此傷字疑涉上下文而衍國之大

災即是言國之傷國上不必著傷字下文三言是傷國兩言是傷國者也傷國下並不著大災字且下文三言是傷國而承之云三耶者明不數此句則此句不得言傷國以文法論亦甚顯

香草校書

荀子二

南匯于鬯

君道篇倜然乃舉太公於州人而用之鬯案州有儔義說文川部云一曰州疇也疇之言儔也說文人部云儔翳也朱駿聲通訓謂據許解是與翳同字字从人疑當訓儕輩為合訓翳者借為翳字又謂經傳史子儔類字多用疇引漢諸碑以證其說頗當然則州訓疇即猶訓儔矣國語齊語云羣萃而州處韋解云州聚也州訓聚亦猶訓儔矣蓋儔州疊韻故州聲壽聲之字并有同字者說文酉部醻或

作酬又言部詶譸也譸詶也朱通訓亦以詶譸為一字然則即讀州為儔亦無不可矣州人者儔人也謂舉太公於儔人之中也故曰倜然乃舉太公於州人而用之韓詩外傳紂作傳作超然乃舉太公於舟人而用之舟亦儔人之借儔舟亦疊韻爾雅釋訓郭注引書曰無或侜張為幻今書無逸篇侜作譸舟人之為儔人猶侜張之為譸張矣而郝補注引外傳乃云此作州者或形譌或假借字郝所謂假借據外傳作舟則以州為舟借耳俞平議遂謂太公身為漁父而釣於渭濱故言舟人立說殆於巧穿殊不知彼作舟者仍不得為正字也

有弛易齵差者矣卷案易者移易之易弛易即移易也而王集解以易為慢易之易謂弛易猶言弛慢失之矣上文云天下之變境内之事則弛易齵差者正指天下之變境内之事有移易參差者王集解云齵差參差不齊是也故下文云而人主無由知之若解弛易為弛慢即與上下句意失筍矣楊氏此卷注佚然儒效篇若夫充虛之相施易也注云施讀曰移移易謂使實者虛虛者實也施易即弛易楊既讀彼施為移亦必讀此弛為移矣且弛易之為移易非佞楊也亦有可證集韻紙韻云施改易也通作弛又韓非子内儲說七術篇云應侯謂秦王曰弛上黨在一而已以臨東陽則

邯鄲口中亂也然上黨之安樂其處甚劇臣恐弛之不聽柰何王曰必弛易之矣舊注云謂移易其兵以臨東陽吾斷定矣此當是欲易趙上黨之地謂移易其兵注似尚誤則弛易為移易其說不更明乎若以彼弛易作慢易觧王曰必慢易之矣何以通哉

臣道篇楚之州侯邑案楚州侯前後有二人楊注云楚襄王倖臣引戰國策莊辛諫襄王曰君王左州侯者後一州侯也又引韓子曰州侯相荊貴而荊王疑之因問左右對曰無有如出一口也者前一州侯也其人亦見楚策江乙謂楚王語云州侯相楚貴甚矣而主斷左右俱曰無有如

出一口矣彼楚王宣王也則是楚宣王之相也楚宣王卒於周顯王二十九年至襄王十九年實周王赧三十五年莊辛諫時已六十年若溯至宣王初立當周烈王七年且九十年則其為二人甚明楊溷而一之考據疏矣荀子此州侯與上文蘇秦下文張儀同日為態臣則當指前州侯若後州侯則莊辛與夏侯騶陵君壽陵君並稱鮑彪注謂皆楚之寵幸臣即楊所謂佞臣與蘇秦張儀似不類也抑以楚策考之江乙所惡者昭奚恤也則所云州侯又豈即昭奚恤之封號與州幸近楚之國楚滅之以封其相國事之所有也

事人而不順者不疾者也卷案人字或謂君字之誤此言

臣道自以事君可合然作人亦自通既曰事則言求人即是事君矣惟此順字當讀為訓不當作順從義楊注不順上意非也訓順二字古多通用即勸學篇云順詩書而已耳順詩書者訓詩書也特彼訓為訓詁之訓此訓為訓誨之訓要一義通轉古人不此拘泥事人而不順者謂事君而不知訓誨其君也下文云以德復君而化之大忠也以德調君而補之次忠也以是諫非而怒之下忠也曰化曰補曰諫皆是訓誨之義若順從之義是即下文所云偷合苟容矣則正合不順〇取乎順而云不順者不疾者也楊注云疾速也不疾言怠慢也故必讀順為訓與下文用意方貫即與上文

故因其懼也而改其過四句意亦合下四不順字放此文下云疾而不順者不敬者也與孟子公孫丑篇齊人莫如我敬王意可參又云敬而不順者不忠者也與論語憲問篇忠焉能勿誨乎意亦可參順並當讀訓

議兵篇且仁人之用十里之國則將有百里之聽用百里之國則將有千里之聽用千里之國則將有四海之聽也案此言仁人之用近而聽之者遠聽者乃百里千里四海之聽仁人也非仁人聽百里千里四海也若以三之聽字乙作聽之則義自明然作之聽義亦如是不煩乙轉此猶王制篇言周公南征而北國怨曰何獨不來也東征而西國怨曰何獨後我也惟其聽之是以怨之楊注謂聽猶耳

目也言遠人自為其耳目則以聽為仁聽百里千里四海

顛矣又云或謂閒諜益謬

傾側反覆無日鬯案無日之義楊注以為傾側反覆之速

不得一日殊覺迂晦竊謂廣雅釋詁曰與又耦匹兩諸字

同詁為二似可援以訓此無日之日傾側反覆無日者極

言其技擊之神謂傾側反覆無也猶言無雙也無耦也無

匹也無兩也蓋正以其技愈神而愈速其亡也故下文云

是亡國之兵也此或較楊注稍適廣雅以二訓日自來亦

無有能疏證者則盍即以荀子此語證之

使天下之民所以要利於者上鬯案天下之民即指秦國

之民顧千里校謂天字疑不當有此以下之民與要利於上相對為文其說頗似有理惟各本皆有天字究未可臆刪至於謂秦民非謂天下之民則未知天下之民之即秦民也戰國時言天者下不必指一統之天下各國皆稱天下蓋其語例如此如孟子滕文公篇云然則治天下獨可耕且為與彼下文言惡能治國家而此卻不言治國家言治天下則天下即國家之謂且彼實指治滕言是滕而謂之天下也又如戰國趙策云客見趙王曰然而王之買馬也又不也工今治天下舉錯非也彼言治趙而亦曰治天下則趙亦謂之天下矣又衛策云富術謂殷順且曰子謂

荀子二　五

君君之所行天下者甚謬彼言衛君之所行於衛國者而云所行天下是衛亦謂之天下矣豈非當時謂國為天下語例然乎以是言之則秦國之民謂之天下之民其又何害

兼是數國者也案此兼字與下文兼字不同下文兼字謂兼幷諸侯此兼字止是語辭兼猶況也況兼二字義本相近故其為語辭亦同如云兼且即猶云況且也特单以兼字為語辭此句外少見其實與言兼且之兼無異也兼是數國者況是數國也數國即指齊魏等國也上文言桓文之節制不可以敵湯武之仁義有遇之者若以焦熬投石

焉故云兼是數國在若云況此數國在并無桓文之節制也故下文云未有貴上安制綦節之理也云安制云綦節明指節制而言是指未有桓文非未有湯武楊注似體認未的與下條參

諸侯有能微妙之以節則作而兼殆之耳習案此節字即上文綦節之節亦即上文節制之節上文言秦之鋭士不可以當桓文之節制桓文之節制不可以敵湯武之仁義然則諸侯有能微妙之以節在謂諸侯有能為桓文節制之兵也故曰則作而兼殆之耳兼字當句作而兼在謂起而兼并諸侯也殆之耳三字句殆在庶幾也蓋起而兼并

諸侯必在湯武仁義之兵本非桓文節制之兵所及惟是上文云兼是數國者此兼字猶況義說見上條皆干賞蹈利之兵也傭徒鬻賣之道也未有貴上安制綦節之理也明當時諸侯并未有桓文節制之兵也則有能為桓文節制之兵者亦庶幾起而兼并矣故曰殆楊注誤以此節為仁義則即指湯武仁義之兵其起而兼并理有固然又何云殆乃以兼殆連讀云諸侯有能精盡仁義則起而兼危此數國其措語亦甚拙矣

無欲將而惡廢咎案將當即上文請問為之將蓋為將者必君之將我廢我當置度外然後可欲將而惡廢者常欲保

其將而惡或廢斥是貪戀名位者也貪戀名位之心重則必有所當行而不敢行者不足以成功可知矣故必首戒之王集解謂無以所欲而將之無以所惡而廢之唯視其能否無私好惡則是言君之用將非將之自為矣與上文請問為將下文夫是之謂天下之將義並違背而即通觀上下文所言亦皆言為將非言用將也

𢍰命者不獲罪案𢍰命者蓋猶亾命逃命之謂也彼既逃亾即不必獲之𢍰命二字始見於左傳成七年云余必使爾罷於奔命以死又云子重奔命又云子重自鄭奔命又云子重子反於是乎一歲七奔命奔命即𢍰命楊注云𢍰與奔同

左傳解家雖不著而犇命為亾命逃命之義實楊注云犇
命者貢來歸其命者不獲之因俘也蓋以下文又有犇命
者貢一語與不獲相反下文注云貢謂取歸命者獻於上
將也徑改犇命為歸命究屬未安荀子亦何不直云歸命
而必云犇命乎且歸命者乃即上文之服者也上文云服
者不禽明指歸命者不禽之楊以此犇命為歸命上文
服者之義不可解則云服謂不戰而退者不追禽之失不
戰而退本無禽理所必不禽為說且不戰而退徒退去耳
何服之有竊謂於至奔命必彼敗此勝彼敗此勝必彼逃
此追然則當是時豈能無獲不獲者謂不顧必得之非竟

一無獲也如有獲則貢之而已故此云犇命者不獲下文言犇命者貢兩文雖若牴牾不至兩義絕不可説實較以犇命之義上侵服義爲近情也至漢書昭帝紀發揵爲蜀郡犇命顔注引應劭曰聞命奔走故謂之奔命後漢書光武紀發奔命兵李注亦引前書音義即應書惟走字作赴此又別一説本不足援證荀子亦不足援證楊注而邑竊謂奔命既見於左傳不特荀子奔命不應有異即兩漢奔命亦何獨異其云發奔命乃正是敵兵逃亡而獲者昔獲而今發之故仍以奔命爲名非聞命奔赴之謂也且聞命奔赴是兵之常即不名之曰奔命豈聞命有不奔赴者乎以

是知奔命之命名必不爾也奔命之命是生命之命即楊解作歸命命字義仍不異聞命奔赴則命為命令之命尤相違

兵格不擊啓案兵格不擊則是舍之矣與上文格者不舍之義殊違此格字當是借字與上文不同蓋讀如孟子滕文公篇是率天下而路也之路路格並諧各聲故得通借宋本孟子趙章句云是率道天下人以羸路也是路即羸義上文路亶之路亦是羸義說詳王雜志又戰國齊策云則是路君之道也路君者羸軍也黃丕烈札記云君是軍字之誤國策中及周秦諸子用此字甚多或作潞或作露上文路亶新序雜事序又作落單然則落露潞路格通一羸義也兵格不

擊謂彼兵贏則不擊之周書武穆篇云毀城寡守不路彼路當讀為格正字作格說見彼猶此格當讀為路格擊也路贏也兵贏不擊即寡守不格之義矣楊注德義未加云云其言雖美非荀子意

古者帝堯之治天下也蓋殺一人刑二人而天下治卷案殺一人形刑二人止是刑殺一二人之謂言其刑殺之少不必指實言之楊注謂殺一人謂殛鯀于羽山郝補注云鯀死於殛所非堯殺之刑二人謂流共工于幽州放驩兜于崇山轉覺太泥尚書甫刑伏傳云子張曰堯舜之王一人不刑而天下治則可見言其刑殺之少曰殺一人形刑二人甚

言之且曰一人不刑非有所指實也

彊國篇子發將西伐蔡曾案蔡高蔡也見戰國楚策此當別一蔡國非蔡仲之後遷於州来之蔡觀此西字為足據矣州来之蔡則在楚之北當云北伐何云西伐王雜志乃紐於州來之蔡而云蔡在楚北非在楚西西當為而謬矣楚策云莊辛曰蔡聖侯之事因是以南游乎高陂北陵乎巫山飲茹谿之流文選謝元暉郡内登望詩李注引策有之字今本脫食湘波之魚左抱幼妾右擁嬖女與之馳騁乎高蔡之中而不以國家為事不知夫子發方受命乎宣王繫己以朱絲而見之也考高陂即文選高唐賦所謂高邱與巫山相近故賦云妾在

巫山之陽高卬之岨巫山在秦南故秦策蘇秦曰南有巫山黔中之限秦之南即楚之西矣何得日楚之北乎水經澧水酈道元注云澧水東逕臨澧零陽二縣故界又東茹水注之水出龍茹山引莊辛飲茹谿之流語東流注入澧水又經云湘水出零陵始安縣陽海山東北入於江則並在楚之南亦非楚之北然則高蔡之國實在楚之西南若為州來之蔡則高陵巫山已東西隔遠又豈能飲茹流食湘魚乎且策明言蔡聖侯明言楚宣王州来之蔡列君無謚聖者侯齊為楚惠王所滅見史記蔡世家則是滅者為惠王非宣王宣王之時久無蔡矣宣王惠王之元孫總無一可

合是知高蔡必別是一蔡而非州來之蔡也潘瑒和鼎云
高蔡乃蠻越之國亦單稱蔡適與蔡國同名其國有今湖
南長沙府澧州之地此則闌入湖北之西境至四川巫山
縣與楚接界蓋得其大略矣是知此西字必非誤字也王
氏紐於州來之蔡以不誤為誤貽誤後學不可不辨
天論篇地有其財啓案財當讀為材史記五帝紀云養材
以任地索隱引大戴禮作養財是小司馬所見大戴五帝
德記本作財與此作財正同明財為材字之借故帝紀即
用材字也楊注於下文言財無裁同此不言財與材同似
未明此財為材字之借矣或據小戴大學記有土此有財

為說則義有閒彼無害讀財此自當讀材也

已其見象之可以期者矣𦘔案已當讀為記小戴表記彼記之子陸釋文云記本作已可見記已通用釋名釋天云已紀也皆有定形可紀識也而釋言語云紀記也記識之也釋典藝云記紀也紀識之也則紀記又通用以紀釋已即以記釋已矣上文所志於天者楊注云志記識也俞平議釋志為知然下文云所志於陰陽者已其見知之可以治者矣既是所知又云見知複矣不如仍從楊注為得則此言記其見象云者即承所志而言記亦志也而楊於此已字不發王雜志謂已與以同是誤已為巳古書巳已二字本難分辨要論音無害惟是謂與以同則句首用以其句

未當用也字為順不合用矣字玩用矣字絕脚此已字實借已為記非借已為以也下文三已字放此

傳曰萬物之怪書不説鬯案此書字蓋動義非靜義萬物之怪古人未嘗不書之而不為説之即春秋可證矣故曰萬物之怪書不説猶所謂存而不論之意也若於書字下加一而字則義便曉然雖無而字義亦如是耳楊注云書謂六經也則以書字為靜字失之

正論篇可以奪之者可以有國而不可以有天下鬯案可以奪之者王雜志以可以二字為衍然以下文例之云竊可以得國而不可以得天下則之者二字亦當是衍文此

句止當存一奪字云奪可以有國而不可以有天下方與
下文句法一類並承上而複說也
男女自不取於涂邑案取當讀為聚易萃卦聚以正陸釋
引荀本聚作取漢書五行志顔注云取如禮記聚麀之聚
又云取讀曰聚是聚取二字相借之證說文㐺部云聚會
也男女自不取於涂者自不聚於涂也自不聚於涂者自
不會於涂也蓋古者男女別涂小戴內則記云道路男子
由右女子由左是也故男女在涂無相會之理所謂風俗
之美也且下句云百姓羞拾遺家語相魯篇言孔子初仕
為中都宰云男女別塗路無拾遺以彼拾遺證下句則此

句即男女別塗之謂塗涂同字也取字之當讀聚更無疑矣楊無注宜補或因上下文言盜以為指盜言即援五行志注聚麀之說則不然男女聚麀斷無於涂者不聚麀於涂亦烏足當風俗之美與下句羞拾遺大失倫比必非也

將以為有益於人則與無益於人也𣈆案則與二字蓋誤倒此當云將以為有益於人與則無益於人也與字為句問辭下句答辭義甚明誤倒則上句既不完下句與字無義楊注讀與為豫曲矣王雜志讀為舉亦似未安而其標文人下有邪字檢各本皆無邪字惟近刻湖北崇文書局本有邪字恐屬衍文要與字乙轉即猶之邪字也

百姓以為成俗𣈆案為字王雜志以為衍文云成俗即為

俗以禮論證篇之其説當是惟荀子自有成俗字正名篇云則從諸夏之成俗楊注云成俗舊俗方言也則此成俗作舊俗解亦正無害去為字上三句皆用以為此句猶用以成轉似失比與禮論各存本文可也

今人或入其央瀆竊其豬彘邑案瀆者讀為竇論語憲問篇溝瀆或謂即左莊九年傳之生竇周禮大宗伯大司樂職鄭注四竇陸釋並云竇本作瀆是竇瀆二字古本通用楊注云央中瀆也如今人家出水溝也是於瀆字从水生義未知瀆如當讀為竇矣借身篇注云瀆水竇也彼言厭其源開其瀆河江可竭則解為水竇猶可此言竊其豬彘

則本無涉於水何必入其出水溝然後竊之乎故言中瀆不如其言中竇為得矣而或於央之訓中以為央乃穴字之誤漢書五行志顏注云竇穴也則穴竇一而已亦當姑備一說韓非子外儲說云鼠突出於溝中彼溝當讀構說見彼伏溝中條

獨詘容為己慮一朝而改之呰案詘容為己其道必難持久故曰慮一朝而改之改之即改此詘容為己之道也夫持此道而至於時慮其道之或改其道必不能行也故下文云說必不行矣楊注謂其謀慮乃欲一朝而改聖王之法則謬甚宋子之道以詘容為己乃是求省事者非欲改法者也

人之情欲寡而皆以己之情欲多⿱⿵冂㐅乙案情欲二字本可平列分離言之則有若下文云亦以人之情為不欲乎者如側串矣楊䓛泥於下文故注云宋子以凡人之情所欲在少不在多也特於情欲閒多著一所字一若惟恐人之仍為平列者故於天論篇注引此則云宋子以人之情為欲寡而皆以己之情為欲多為過也特於情欲閒多著一為字而豈知正名篇云山淵平情欲寡情欲與山淵對文則情欲二字平列在荀子固有明徵矣

禮論篇絲末⿱⿵冂㐅乙案二字史記禮書無疑衍文也䓛絲即因上文韅字誤衍韅去革為㬎㬎去日即絲矣末則因下文

彌字誤衍彌去弓為爾爾古文作尒形與末相近故衍成絲末二字又或下文楊注云彌又讀為弭弭末也此雖出楊注儻本舊義則因彌詁末而衍末字亦未可知楊此注謂末與辟同絲辟蓋織絲為辟竊恐難信

饗尚元尊而用酒醴先黍稷而飯稻粱案醴字當依大戴禮三本記及史記禮書作食讀屬下為義後人誤以酒食連讀嫌饗不當有食故改食為醴不知言饗言食下文言祭文極井井若云饗禮則尚元尊而用酒也食禮則先黍稷而飯稻粱也祭禮則齊大羹而飽庶羞也禮書作祭嚌先大羹而飽庶羞有先字則祭嚌連讀

縣一鍾尚拊之膈皁案此當作縣一鍾之尚拊膈尚與上文尚元尊尚元酒尚生魚之尚同之字倒在拊字之下致使楊注未詳又引或說以尚為上古謬矣郝補注頗知之字之倒而以為在縣字下以縣之一鍾為句則亦不然大戴禮三本記作縣一磬而尚拊搏彼文而字即此文之字彼而字在鍾字之下不在縣字之下知此文之字亦在鍾下不在縣下矣縣一鍾之尚拊膈與下文朱絃而通越也兩句以一也字承之則或并兩句作一句轉可說安得又分一句為兩句乎至集王解以之字衍為可援史記禮書為說不可兼援禮三本記為說乃云大戴無之字竟不省

大戴無之字正有而字也　又案三年之喪哭之不文也清廟之歌一倡而三歎也一鍾之尚拊膈朱絃而通越也四句一之一而相間成文之即而也異文同義之例王引之釋詞尚遺

故天子棺椁十重諸侯五重大夫三重士再重　案十當本作九據楊注引禮記曰天子之棺四重又禮器曰天子七月而葬五重八翣四重五重合為九重非十重而云今十重蓋以棺椁與抗合為十重也與所引不合矣是知楊本十重必作九重注文兩十重字亦必並作九重也其言諸侯已下與禮記不同未詳然禮記諸侯以下止有葬之

重說即禮器記又云諸侯五月而葬三重六翣大夫三月而葬再重四翣是也則止言椁不言棺其言棺則止有天子四重之說見檀弓記無諸侯以下棺之重說椁之重說亦止下及大夫而未及士則宜其未詳矣然諸侯以下棺之重與士椁之重禮記無文而鄭注有之檀弓記注云諸侯再重大夫一重士不重因天子之棺四重推之則言棺之重也又喪大記注引檀弓記而申之云諸侯無革棺再重也大夫無椑一重也士無屬不重也視檀弓注尤詳禮器記注云此士之禮一重因天子葬五重諸侯葬三重大夫葬再重推之則言士椁之重也鄭之言重有一重復有

不重竊鬯不謂然說見儀禮卷抗木條楊氏之所以不取鄭注而甯言與禮記不同未詳者毋亦疑於鄭之所謂重邪第取其所推之數以例此文又何其巧合與諸侯葬三重記明文也然則其椁三重也而其棺再重合之非諸侯棺椁五重邪大夫葬再重記明文也然則其椁再重也而其棺一重合之非大夫棺椁三重邪惟士棺為不重士椁為一重如鄭之意則有三重今既不依鄭義為說一重即不重得不曰士之棺椁再重邪由是言之天子棺椁十重之當作九重益顯矣是雖取鄭注說而不用其義較郝補注之改十為五王雜志之改十為七猶為有據矣故備之

而仍不敢執

然後月朝卜日月夕卜宅㫖案此當是前月之夕卜宅後月之朝卜日因先言月朝後言月夕於文為順遂先言卜日後言卜宅耳其文無妨倒述而其事不可遂施也楊注亦明知士喪禮先筮宅後卜日而云先卜日知其期然後卜宅此大夫之禮則臆說無據荀子然後二字在二句之上故二句不妨倒言楊移然後二字於卜宅之上謬矣宜王雜志斥之謂斷無先卜日後卜宅之理頃王氏因之欲在改日宅二字則甲不免於專輒矣

其須以象菲帷幬尉也㫖案尉字無義楊注謂讀為罻罻網也生人之無所用網故又云帷帳如網則必不然上文

云其須象室屋也室屋二字平列又云其須象版蓋斯象揚也楊以下象字為行則版蓋斯拂四字平列俞平議云斯疑斬字之誤或借為報下文云其須以象樓茨番闕也樓茨番闕四字亦平列然則菲帷幬尉四字亦必平列帷帳如網不既失其倫比乎竊疑尉為幄字之誤幄本毋上作屋與尉字左邊近相又或古人左右形輒多反寫無別寫無別幄字反寫作⿰屋寸與尉字尤形似故誤幄為尉且尉幄本一聲之轉繩以雙聲假借之例即讀尉為幄亦無不可釋名釋牀帳云幄屋也以帛依板施之形如屋也小爾雅廣服云幄幕也覆帳謂之幄然則幄與菲帷幬正同類故曰其須以象菲

帷幬幄也非帷幬幄四字平列與上下文一例
刻死而附生謂之墨𦣞案此墨當如解蔽篇引詩墨以為
明之墨彼楊注云墨謂蔽塞也然則謂之墨者猶謂之蔽
塞耳楊注謂墨子之法王雜志已辨之而王上辨楊注墨
之子非未解荀書墨字義之則前所當為之申釋也
樂論篇帶甲嬰軸歌於行伍使人之心傷𦣞案傷蓋讀為
揚揚諧易聲傷諧𥏫省聲𥏫亦諧易聲同聲字例得通借
故傷可讀為揚也揚者即小戴樂記發揚蹈厲之揚鄭注
云發揚蹈厲所以象威武時也帶甲嬰軸歌於行伍正使
人心威武故曰使人之心揚揚借為傷茍以傷字本義說

之則不可通矣俞平議謂荀子書多用愓字愓與蕩同歌於行伍則使人之心為之動蕩故曰使人之心愓愓傷形似因致譌耳案愓傷亦並同聲字可通借不必謂譌但動蕩之義與歌於行伍仍似未切樂記又云粗厲猛起奮末廣賁之音作而民剛毅粗厲等音正合歌於行伍民剛毅正使人之心剛毅也剛毅猶威武也則讀傷為揚似較讀愓為近矣

瑟易良瑟案瑟易良與下文琴婦好為對惟易良與婦好又顛倒成文耳易與好對則易亦好也小戴郊特牲記鄭注云易和悅也論語八佾篇何解引包注云易和平也和

悦和平皆好意也良與婦對則良者夫也孟子離婁篇趙
章句云良人夫也儀禮昏禮媵衽良席鄭注云婦人稱夫
曰良此良人單稱良之證王念孫廣雅釋詁疏證云郎之
言良也良與郎聲之侈弇耳古者婦稱夫曰良而今謂之
郎案如王說則良正宜單稱不必連人字蓋良人者猶今
言郎君耳琴瑟易良之義蓋如此琴瑟比夫婦莫不能道之此文瑟比夫琴比婦亦典
故所知者當楊此卷注佚未知云何王集解謂易良同義然則
婦好亦同義與俞平議引賦篇女好證此婦好彼楊注云
女好柔婉也夫女既好必柔婉以柔婉為女好引申義自
無害而不可以柔婉為女好之詁代字也知女好二字非

同義則知婦好亦非同義即知易良不得以同義解之矣下文其容婦謂男子而效婦人之容耳婦字亦非有別解也解蔽篇數為蔽卷案數當依宋本作故郝補注王雜志俞平議王集解皆已正俞議謂故猶胡胡之言何乃設為問辭其說甚是然則此為字當作謂胡謂蔽正設是問辭例應用謂字不應用為字蓋正因胡字借故字為之讀者不察其為問辭依下文句法改謂作為猶其改故為數同一誤也抑謂為二字聲轉相近戰國西周策臣恐齊王之為君實立果絕彪本改為作謂吳師道校注云策為謂通借果如吳說即非誤謂作為亦當讀為作謂與下文十為字

自不可交溷也
凡人之有鬼也必以感忽之間疑立之時正之卷案正或
讀為証証者證也凡證驗字作証今人所習用蓋未始無
由証之者謂證驗之也鬼本無可證驗有證驗必其感忽
疑立上文楊注云立或讀為駐故云凡人之有鬼也必以其感忽之間
疑立之時証之楊注云必以此時定其有鬼則楊讀正為定
定亦正聲讀定與讀証音理一也顧證驗之義似較定義
為愿即不必漫易楊說要無害於楊外備一說矣下文而
己以正事故此至王雜志竟以荀子本文作定則不敢信
下文注云己以正事謂人以此定事也明本是正字非定

字

雖億萬己不足以浹萬物之變𢍉案己當是人己之己非已止之已蓋一己固不足接萬物之變楊注云浹或當為接然即使化己為億萬亦不足接萬物之變故云雖億萬己不足以浹萬物之變楊於己字無注俞平議以為已之止已云已猶終也疑未是

案彊鉗而利口𢍉案此彊字勉彊之義能似較彊暴之義與下文厚顏而忍詬為近類厚顏忍詬之人必其能勉强者也楊注云彊彊服人非也鉗蓋有持義鉗之言拑也說文手部云拑脅持也拑訓脅持則鉗亦得訓持矣說文金

部云鉗以鐵有所劫束也劫束即脅持之義是拑鉗當屬屬後之分別文古實同字朱駿聲通訓云以手曰拑以竹箝拑曰箝以鐵鉆拑曰鉗上文云案直將治怪說玩奇辭以相撓滑也則持者即持其怪說奇辭也怪說奇辭焉用持之不可持而持斯不亦出於勉彊矣乎故曰彊鉗彊鉗者彊持也楊注云鉗鉗人口亦非也王雜志據方言廣雅訓鉗為惡以彊惡二字平列則與利口及下文厚顏忍詬皆貫義者失比俞平議據大元元瑩篇范望注訓箝為求以彊鉗為彊求而所求何物迄未說且彊字皆作彊暴義似均不然下文云不少頃干之胷中干當讀為扞扞者扞格也不少頃扞格胷中與彊鉗者正相反矣

正名篇說故喜怒哀樂愛惡欲心以異鬯案說之言悅也故疑讀為苦苦故並諧古聲例得假借苦者不悅也說與苦義正相反對猶喜與怒哀與樂愛與惡也楊注云說讀為脫脫故猶律文之故誤則既失反對之義且律文言故誤亦不足以證脫故王集解謂說者心誠悅之故者作而致其情也是欲強比反對之義而不知仍在悅字一面也且但言說又何以見其必誠悅不過因故字為不誠特增其成意耳

單與兼無所相避則共鬯案避當讀為譬譬避並諧辟聲古二字多止作辟則二字通借可知廣雅釋言云譬喻

也說文言部云譬諭也諭即喻字許書有諭無喻上文云單足以喻則單單不足以喻則兼此云單與兼無所相避避即譬譬即喻也上言喻此言譬文異而義同之例若依避字解則無義楊注不明避為譬之借於避字亦不能詮釋也

楊注云謂單名復名有不可相避者則雖共同其名此雖字與下文犯複似當省謂若單名謂之馬雖萬馬同名復名謂之白馬亦然雖共不害於分別也案楊解共字亦恐未是共字之義見下文云故萬物雖衆有時而欲徧舉之故謂之物物也者大共名也推楊注之意亦未始不本乎此蓋物雖萬共謂之物故馬雖萬謂之馬白馬雖萬謂之白馬殊不知萬物非一馬之

謂也故共也馬雖萬仍一馬也白馬雖萬仍一白馬也無所謂共也當云如白馬黄馬共名之曰馬而已如白馬黄馬而又有白羊黄犬則共名之曰畜而已推而廣之物雖不齊無不可以一二名共之此所謂共也如楊注雖萬馬謂之馬雖萬白馬謂之白馬是仍单言兼言之例無所謂共矣

荀子

不治觀者之耳目也案治蓋讀為也猶周書酆保篇美好怪奇以治之謂亦治亦當讀為怡說見彼書金縢篇鄭注云怡悅也然則不怡觀者之耳目謂其辨說不肯求悅於觀者之耳目也楊注云不求夸胵於衆人夸胵之義於治

字無涉則荀子或本亦作治亦未可知眩之正所以怡悅之或本作怡亦未可知矣至王雜志謂治當作治治與蠱通則竊疑未然上文云不動乎衆人之非譽下文云不賂貴者之權埶不利傳辟者之辭蓋動非譽賂權埶利辟辭傳辟猶辟書也皆世俗所犯也而君子獨否悅觀者之耳目亦世俗所犯若謂蠱觀者之耳目則亦為世俗所惡矣細論其義於上下文實有差故以為不如讀治為怡之愈不賂貴者之權埶詧案賂疑讀為輅輅有迎意左僖十五年傳及宣二年傳杜解國語晉語韋解並云輅迎也不輅貴者之權埶者謂其辯說不肯迎合貴者之權埶也若以

　二十三

賂為貨賂則何至貨賂於貴者然後可辨說乎至楊注云不為貨賂而移貴者之權埶則義又異一移字已顯見增設其謬殆不足辨

苟之姦也鬯案苟即論語子路篇君子於其言無所苟而已矣之苟苟之則姦明君子必不姦則君子之言必不苟矣故下文云故名足以指實辭足以見極苟則無實無極也指實見極即申明不苟之義然則此句起下文而楊無注其上文注又斷於此句下則一若此句為承連上文者不知其作何義矣夫上文云足以相通則舍之矣即論語衛靈公篇辭達而已矣之義惟辭止取其達則或且慮其

荀是此句從上文轉出以起下文之義以上文注於此斷
烏乎可也

雖封侯稱君其與夫盜無以異瞖案疑大字之誤大盜與
下文無足為偶大誤為夫則為語助與無足失偶矣故或
本遂刪此夫字更非也戰國秦策夫項槖史傳
大項槖則夫大二字之誤有例矣

性惡篇必失而喪之用此觀之然則人之性惡明矣瞖案
失喪二字平列上文失喪其性可證云失而喪之則而字
之為語辭猶莊子庚楚桑篇尸而祝之社而稷之之類古
人自有此句法也又王雜志謂明矣下當有其善者偽也

句人之性惡其善者僞也二句前後凡九見則此亦當然
鬯謂王氏補一句是也要其文不合在此處竊疑用此觀
之然則人之性惡明矣其善者僞也凡十七字當在下文
若夫可以見之句上上文云孟子曰今人之性善將皆失
喪其性故也曰若是則過矣今人之性生而離其朴離其
資金字蓋作今涉上文而誤謂假今生而離其朴離其資
信失喪其性矣故又曰必失而喪之而所謂性善者初非
離其朴離其資者則不得謂失喪其性故下文云所謂性
善者鬯句頗疑上文孟子曰今人之性善作今人之不善今以此句觀之則彼性字又實不誤不離其
朴而美之不離其資而利之也上下文義其大旨可知者

如是楊注俱謬不足置辨下文所謂性善者句與必失而喪之句正相密接入此用此觀下以下十七字隔斷無義矣而下文若夫二字承其善者偽也句文氣亦自合則用此觀之以下十七字必當移入於彼似無可疑惟下文心意之於善句下恐猶有闕文耳

今不然人之性惡邑案今不然承上文而言上文云今誠以人之性固正理平治邪則惡用聖王惡用禮義矣哉雖有聖王禮義將曷加於正理平治也哉則今不然者謂今今之性不能正理平治不能不用聖王禮義聖王禮義實有加於人則以人之性惡也故曰今不然人之性惡此義

本甚顯而楊注云今以性善為不然者謂人之性惡也解
不然句差矣楊蓋以今不然即上文之是不然而不知兩
不然自不同上文云孟子曰人之性善曰是不然則不然
者信以性善為不然也此承上文則不然者謂人實不能
然非我以為不然也
禮義積偽者鬯案此積字蓋當訓習解蔽篇楊注云積習是
也偽讀為為在荀子前後皆是不煩舉證然則積偽者猶言
習為也楊此注謂禮義雖是積偽所為亦皆人之天性是
別為於偽矣偽即為字楊明亦知之何以此於忽又異說
王集解謂積作為而起禮義雖知為偽為一然義更[illegible]迂

文亦未敢信也上文云聖人積思慮習偽故偽故者為故也積偽即彼習偽也彼習字與積字偶則其互義亦可知矣

成相篇主忌苟勝咢案忌苟二字疑本作苟忌傳寫誤倒主苟忌勝謂人主苟忌人之勝己則人莫敢諫矣故下文云羣臣莫諫必逢災義甚明曉苟忌倒為忌苟則苟勝二字無義矣楊注云苟欲勝人曲說也

愚而上同國必禍咢案上當讀為尚儀禮鄉射禮鄭注云今文上作尚論語顏淵篇草上之風孟子滕文公篇上作尚又史記主父傳司馬索隱云上猶尚也是二字義本相通

矣上同者尚同也即墨子尚同之道也天論篇楊注云墨子著書有上同兼愛則楊所見墨子尚同篇正作上同墨子尚同而荀子尚別荀與墨尤水火也故荀卿斥諸子獨於墨子尤屢斥之此云愚而上同國必禍又隱斥墨子也下文既云慎墨季惠又云聖人隱伏墨術行亦見荀子於墨尤惡楊注謂以愚闇之性苟合於上則必禍其說殊非上文云拒諫飾非明指人君言故曰國必禍人君即是上安得云苟合於上所謂上又其誰耶且又沒去國字則其說之不安明矣正名篇云貴賤不明同異不別如是則志必有不喻之患而事必有困廢之禍貴賤不明同異不別即尚同之說也志有不喻非愚

而何困廢之禍乃所謂國必禍矣又賦篇云嗚呼上天曷維其同亦正此同字

隱諱疾賢良用姦詐鮮無災鬯案此文論例讀法自合隱諱疾首[賢]四字為逗良用姦詐鮮無災七字為句都十一字而義則賢良連屬上文云隆賢良又云窮賢良又云宗其賢良並可證也古人之文不泥如是猶上文云下以教誨子弟上以事祖考論例讀法亦自合下以教誨為逗子弟上以事祖考為句而義則教誨子弟連屬與此可比觀矣郝補注王雜志皆泥求之故郝謂當作隱疾賢良諱由姦詐鮮無災王謂良當為長是非校書乃乙書改書耳究失

信而好古之義俞平議於下文孰公長父之難云古人之文變動不居誠哉是言曾竊謂不惟古人文例有然即後世能文家亦有然者曷勿吟蘇軾念奴嬌詞一案也大江東去浪淘盡千古風流人物故壘西邊人道是三國周郎赤壁依律自宜讀去字句是字句而義則浪字上屬人道是下屬

顧千里校云本篇之例兩三字句一七字句一十一字句為一章每章四句每句有韻其十一字句或上八下三或上四下七上八下三者如愚以重愚闇以重闇成為桀之屬是也上四下七者如主誠聽之天下為一海內賓之屬是也唯下以教悔子弟上以事祖考又孰公長父之難楊注云孰或為郭厲王流于彘兩處則上六下五雖變例正可

推其知十一字句矣愚案然則知此文又上五字句下兩三字句合之仍十一字句又知下文云前車已覆後未知更無覺時上七字句下四字句合之仍十一字句當補顧氏之遺而要其讀法仍上四下七無害也

賦篇喜溼而惡雨愚案蠶性喜溼古時必有其說故小戴祭義記云故者天子諸侯必有公桑蠶室近川而為之玩近川二字見蠶性之喜溼矣若第為浴蠶計浴蠶之水所需無多即遠川為室亦豈難致是知彼下文言奉種浴于川者既因近川自從其便非其本意專因浴蠶而然也蓋川氣有溼與蠶性實有宜者故戴記之近川與荀書之喜溼

正可互證楊注云溼謂浴其種專以浴解喜溼於喜字之義殊不足宜後人執鄭注蠶性惡溼之說疑之太平御覽蠶覽引孫卿蠶賦作疾溼而惡雨王雜志至欲據彼疾字以訂喜字之誤殊不知此句與上句一律上句云夏生而暑夏生者宜喜暑而惡暑喜溼者宜喜雨而惡雨兩句兩而字皆作轉義若作疾溼與上句不類文亦平弱矣且蠶性惡溼後人習知必原作喜而改疾則有之烏有原作疾而改為喜者是知御覽所引實係誤字俞平議已辨王志而仍云其種必浴有似喜溼從楊氏之說則猶惑於惡溼之說而不知蠶性之真喜溼也竊謂鄭言惡溼者解記桑

于公桑風戾而食之之文其注明云風戾使露氣燥乃以食蠶蠶性惡溼則所謂惡溼者實惡露也惡露猶荀子謂惡雨也即今人恒言蠶性惡溼亦並以雨露為溼非能知近川之溼知後人格物必不逮古人矣

閭娵子奢鬯案閭娵作明陬見楊注所引後語而謝校謂明是閭字之誤楊未省照則非也楚辭哀時命篇云寵廉與孟娵同宮王章句云孟娵好女也是好女有名孟娵者孟明一聲之轉周禮職方氏賈釋云明都宋之孟諸也是則明陬即孟娵也娵陬同諧取聲通借更無疑義荀子之閭娵後語作明陬然則哀時明之孟娵即閭娵也 俞蔭甫

太史楚辭人名孝正云孟娵疑即閭娵閭氏孟字也其說確矣顧猶未徵及此注之引後語不免少疏俞考云娵子作姝是據洪興祖補注所引荀子而未檢今荀子正作娵不作姝也作姝乃戰國楚策而以明為閭字之誤且譏楊未省者愍抑何言之易與

大略篇慶者在堂弔者在閭邑案閭疑本作閶閶閭二字其形相似故誤閶為閭上下文皆有韻此不應無韻閶與堂亦正相叶若作閭則失韻矣故知閭必閶字之誤至論其義一也說文門部云閶天門也朱駿聲通訓云此字本訓門自淮南原道排閶闔淪天門用以為喻後遂以為天門也然則慶者在堂弔者在閭正如楊注云慶者雖在堂

弔者已在門言相襲之速也惟又云閭門也則楊本已誤然即云閭門也自通注文傳寫與正文俱誤亦可言矣要不必以是護楊耳

上大夫中大夫下大夫案此九字無著楊注謂此覆一命再命三命也然覆之甚無謂或者荀子在唐以前已有注而傳寫誤為正文此蓋即上文一命再命三命之注語特倒釋耳上大夫三命也中大夫再命也下大夫一命也此則在古注本不必拘又如下文云立視前六尺而大之六六三十六三丈六尺既云六六三十六亦不必復云三丈六尺蓋三丈六尺者亦即三十六之注語也姑為拈出

俟後士之考察

不知而問堯舜無有而求天府鬯案此文各六字句本一望可知而楊注云好問則無不知故可比聖人知無而求之是有天府之富則竟自讀不知而問無有而求絕句者其謬不待言宜為俞平議所斥駁俞所說亦非荀之文義竊謂不知而問堯舜堯舜必不可作也無有而求天府天府必不可到也然則終於不知終於無有而已矣故下文為之說曰先王之道則堯舜已六貳之博則天府已若云堯舜不可作不如問先王之道則不知者可知也天府不可到不如求六貳之博則無有者可有也蓋此二語必當

時俗言以譏世者其意猶孟子言道在邇而求諸遠事在易而求之難下文乃轉出曰字以善解之若如俞議謂何謂堯舜先王之道是何謂天府六貳之博是則荀子亦曷不如是言而特倒之曰先王之道則堯舜六貳之博則天府乎玩其文法之不平即其意可矣見謝校云貳當為藝聲之誤也即六經也俞議從之畧案下文云學問不厭好士不倦是天府也則六經之說自近然究不敢執言先王之道蓋亦謂問之方策耳

和之璧井里之厥也畧案厥讀為橜謝校是也楊注既云未詳又引或曰厥石也則其解仍嫌未詳矣惟謝以橜為門限門限也者若止作限止門義固無不可若以門限指

閾則不啻以闑槷為閾矣斯不然也爾雅釋宮云槷謂之闑小戴曲禮記鄭注云闑門槷則槷者闑閾也閾為門之界限闑則用以止門耳楊注引晏子春秋此文作井里之困也困即梱字梱之説説文木部云梱門槷也又門部云闑門梱也是梱亦即闑而小戴曲禮記鄭注云梱門限也門限也者儻亦以為限止門義則無不可若謂是以梱為閾矣梱晏子本作困困梱蓋古今字困既从木梱又从木則梱為困後出字無疑困之口即象門之匡當門匡當中有木非闑而何奚閾之云也謝校以晏子作困當即因鄭注訓梱為門限而并槷亦為門限門限二字雖於限止

止門義檿梱皆可通而終指閾為確切說文門部云閾門榍也木部云榍限也則門榍即門限也曲禮記不踐閾玉藻記不履閾鄭注爾雅釋宮柣謂之閾郭注國語魯語不踰閾韋解左僖十二年傳襄二十七年傳並言不踰閾杜解皆云閾門限無異辭也漢書王莽傳顏注云閾門橛也最謬又疑檿闑閾不但閾與檿闑不容相假即檿之與闑渾言可通稱而析言亦有別特皆所以止門者耳蓋闑者以短木豎地使門闔有著論語鄉黨篇皇疏謂闑以硋門兩扇之交處是也而檿之為用乃在門闔施閣之後爾雅釋宮云所以止扉謂之閣今本閣誤閡閣者蓋即今俗稱門栅也以閣止門門

與閣猶病能不絕合故復用木若以介之所謂檕也其形
當一頭厚一頭薄今人家大門猶皆用之說文木部云檕
弋也曰門梱也梱即闑朱也此渾言之例析之則檕爲機
別相於弋外則檕非訓弋蓋即此物矣廣雅釋室云檕機闑
爲一類闑朱爲一類朱即困字
而仕者必如學邑案如字無義蓋始字之脱壞仕者必始
學謂仕者必始於學也楊注不省其壞文而訓如爲往遠
矣郝補注云如肖似也亦殆未然
宥坐篇綦三年而百姓往矣邑案此往字蓋不誤故楊注
云百姓從化極不過三年也從化當釋往字之義而王雜
志引盧校云往乃從之誤是未解得往字矣下文云邪民

不從往與從異文同義謂往即從義自可改往為從斯已拙矣周書謚法篇仁義所在曰王張守節史記正義所載謚法作仁義所往曰王彼盧校亦以張義作往為非而王雜志謂彼往字是也後人不解仁義所往之語故改往為在廣雅歸往也廷歸也廷與往同仁義所往猶言天下歸仁耳𠁁謂彼志此說實為此往字之確解歸亦從也謚法篇孔晁解云民從之也張義作民往歸之百姓往即百姓歸之亦即百姓從之也盧改此往為從猶謚法篇改往為在矣而王志於此轉依盧改且援御覽所引及韓詩外傳說苑於從下復添入風字抑何多事若此下文楊注云百姓既往則楊本此原作

往字可信要與韓傳政理苑並存無害政治覽所引雖標孫卿子而作上陳敎而先服之則百姓從風矣與荀子此文實不同而轉同於彼明即涉彼而誤不足引證而盧并以注文往字亦爲從之誤又何武斷之甚哉

邪民不從然後俟之以形鬯案此邪民二字亦當不誤王雜志據說苑政理苑作躬行不從以此邪民爲躬行之誤殊不必也且其言曰上文云上先服之服者行也即此所謂躬行也故云躬行不從然後俟之以刑案上文云上先服之若不可尚賢以綦之若不可廢不能以單之然則躬行不從尚有尚賢廢不能兩事安得遽云俟之以刑乎益

正雅躬行之復尚賢以綦之復廢不能以憚之楊注云單或為憚謝本作或為殫益非而百姓從獨有邪民不從故俟之以刑也家語始誅篇作其有邪民不從化者然後待之以刑此作邪民之明證而王顧强謂王肅改以曲通其義不亦謬乎且楊注云百姓既往然後誅其姦邪則楊本又明作邪民王氏亦既不能為之解徒執說苑以繩荀子豈能饜人飫哉竊恐政理苑之躬行乃轉是邪民之譌誤也惟政理苑上文無若不可二語則其作躬行以承服字如王所說於理猶可荀子則必不然矣

還復瞻被九葢皆繼嗇案被讀為彼葢讀為闔繼當為繼

前儒之説皆不謬可從獨九字楊注謂當為北字傳寫之誤引家語作北蓋皆斷王肅云觀北面之蓋皆斷絶也則竊有疑焉上文云賜觀於太廟之北堂吾亦未輟是太廟盡於北堂北堂之北更無可觀而賜意猶未止故還復瞻彼九闔也若九闔作北闔若解作於北堂瞻北方之闔何還之有家語今見三恕篇作還瞻北蓋皆斷無復字被字而亦有還字竊意王肅當正因一還字故不謂北蓋為北方之蓋而云北面之蓋北面之蓋則是非北闔乃南闔矣惟南闔故北面也南闔而謂之北蓋尤覺無理故家語北字轉屬誤文而荀子九字之不誤可知惟九闔之義誠不易

解要先明北堂之制然後九闔可得而言而自漢以來北堂亦無確說伏生尚書多士傳以東房西房北堂並稱則則北堂似即指正室此說與禮經不合後儒鮮或宗之儀禮昏記鄭注云北堂房中半以北夫房中地位既不寬大又分半以北為北堂不愈逼窄乎故俞蔭甫太史有通以房中為北堂之說而儀禮特牲記云尊兩壺于房中內賓立于其北宗婦北堂既言房中又言北堂分別明析又如此北堂與房中必有辨而不容溷矣遂妄謂諸說皆非也北堂實在太廟之北其制略如明堂之法東西三室南北亦三室合之有九室特規模當視堂明為小耳考工匠人

荀十二

三十五

記云內有九室九嬪居之外有九室九卿朝焉鄭注云內
路寢之裏也外路門之表也賈釋云九卿之九室在門外
正朝之左右為之案九室必不能分左右若左四右五左
五右四其制皆不整後人或謂九室皆偏在西者西有而
東無仍不成體制蓋其數既有九則其室必不居左右而
居中苟使九室居中一字排列又妨於出入之道勢非略
仿明堂之法不可蓋東西占三室之位度其地尚足容耳
九卿之九室如是九嬪之九室亦如是惟一在朝外一在
寢內耳至於廟無九嬪之居而廟後之寢亦為九室之制
在廟後故謂之北堂每室有闥有九室自然有九闥矣則

正賴此文一九字因闔而或猶得想見北堂之制斯則可寶實甚安得漫不加察改九為北乎益乖貢既觀於北堂意猶未止因復徧觀周圍闔皆斷截故曰還復瞻彼九闔皆斷也還字正有著落謂還轉而觀之也而皆字亦正從九字出改九為北不但不可通於還字之義并皆字意亦不應則九字之不誤益可明矣　又案禮經諸言北堂率指士言士之北堂不必有九室而其地位正亦如是故昏記云婦洗在北堂直室東隅惟北堂在室之北故設洗可直室之東隅若室即北堂洗即在室隅不得曰直即房中半北以為北堂則可直者止室一東北隅但云直室隅已明

三十六

矣若通房中為北堂則可直者有東北東南兩隅今直東北一隅當省去東字云直室北隅卻不當省去北字而云直室東隅蓋東西直之與南北直之異也今云直室東隅知必自北直之非自東直之矣洗自北直室東隅而洗在北堂知北堂必在室之北而不在室之東矣蓋北堂者其實即燕寢之異名也詩斯干篇西南其戶指燕寢似可因九室之制以通其說

法行篇老而不教死無思也鬯案此思字疑本作志涉上下文思字而誤抑志思二字在古音本可通即讀思為志亦在假借之例不煩改字而要非上下文之思字也哀公篇楊注云志記識也蓋古者先生既死則其門人記識其

平日之所教即知論語記識孔子之教是也戰國時則有自著書者即知荀子是也孔子時猶無之若不教則無可記識故曰老而不教死無志也楊此注不察思之為志而云無門人思其德殆非矣且上文曰三思此處出思字在文例亦宜也

哀公篇不知選賢人善士託其身焉以為己憂案不知選賢人善士託其身則必所託非人及所託者一旦得禍託之者亦被其禍故曰以為己憂楊注云不知託賢自憂而已失以為二字之義蓋但不知託賢知其無託則亦無憂以為己憂者坐在誤託也此文若以後人審義定讀之法言之以不知選賢人善士讀作一句託其身焉以為己

憂八字連讀則其義自曉然古讀初不必爾故大戴哀公問五義記作不能選賢人善士而託其身焉以為已憂（訛）上著一而字則自讀至託其身焉為句韓詩外傳紂作傳亦有而字（家）語五儀解作不擇（擇）賢以託其身有以字且並删卻以為（己）憂四字是其讀益可知矣蓋（古）人行文自有省法但言不知選賢人善（士）託其身其所（託）非人已在言外不（患）以為已憂句不接也亡國之虛則必有數蓋焉邑案蓋者屋也左襄十七年傳孔義引服虔云蓋覆蓋之穀（梁）文十三年經范解云屋者主於覆蓋屋（明蓋）二字同義小戴郊特牲記云喪國之社屋之

不受天陽也喪國之社即亡國之虛也彼言屋即此言益其言數者則可見前此亡國者之多也楊注云有數益焉猶言益有數焉倒言之耳夫益為屋作語助常解試倒言則必益有數焉成何意義楊直安卻則必二字其說之妄實不足辨謝校謂數益猶言數區似差近之而益從無區字之詁至郝補注據新序雜序事則作列之誤文而屬上謂謂故虛羅列必有聚廬而居者益為無理上文云君出魯之四門以望魯之四郊既聚廬而居則望而見其聚廬何由知其為亡國之虛乎要亡國之虛本無可望而知所可望而知者惟有見其社屋而已是則苟不以益指社屋

於文義并不可通雜事序作亾國之墟列必有數矣列字既為誤文蓋字亦為脫文矣今案公羊哀四年傳云亡國之社蓋揜之蓋揜之當亦謂屋揜之徐解謂公羊子不受于師故言蓋未必然東野畢之馬失兩驂列兩服入廄鬯案此當讀失兩驂為句列兩服入廄為句列讀為䮋說文馬部云䮋次第馳也廣雅釋室云䮋犇也謂東野畢之馬失其兩驂其兩服犇馳而入廄楊注斷失字句讀列為裂謂外馬擘裂中馬牽引而入廄作七字為一句非也俞平議讀兩驂列三字為一句尤非家語顏淵篇作東野畢之馬佚兩驂曳兩服入于廄彼列作曳曳字必當屬下讀此明證依彼作曳則讀此列為迾亦可

注意）堯問另一行不與前行末小字接連

堯問篇周公謂伯禽之傅曰女將行盍志而子美德乎曾
案此於傅字當讀斷曰者周公與伯禽言非與傅言也女
者女伯禽也而子者子伯禽之傅也惟問伯禽以其傅之
德故曰周公謂伯禽之傅楊誤連曰字讀之故注云將行
何不志記汝所傅之子美德以言哉[我]夫伯禽之傅何得稱
之曰汝伯禽何得轉尊曰子且曰美德其立辭既失體且
上文明云伯禽將歸於魯如楊所謂將行竟是傅將行非
伯禽將行矣而下文又明云女以魯國驕人幾矣又豈是
與其傳[傅]言哉伏生尚書洛誥傳及說苑敬慎篇並載伯禽
封魯周公戒之之語與下文所云可以取驗謂伯禽乎謂

其傳乎自此文讀一誤致通篇意義全失而不知古人自有曰字不上屬之例也

彼爭者均者之氣也　豈案均叠讀為匀說文勹部云匀少也少小義通匀訓少亦可訓小矣爭者匀者之氣者猶言爭者小人之氣也上文云彼其好自用也是所以窶也小人之氣正與窶小之義應王雜志云窶亦小也楊注解為均敵者尚氣之事於上文君子力如牛六句似可承而與窶小之義了不可然窶小之義實此段主意此句斷不容不應小人與君子相反則於上六句亦未始不承也且此文上下以文例論之其有錯簡益未可知依例上文彼其好自

用也是所以窶小也十二字當在此句之下下文彼其愼也是其所以淺也十字當在下文彼淺者賤人之道也之下如此則與第一段彼其寬也然無辨矣下接女又美之句同法而下文所以淺正綖承彼淺者賤人之道言此所以窶小亦正綖承争者均者之氣言均言當讀爲句而訓小更顯然矣廣韻諄韻句字下云一曰均也均字下云或作句則二字之通明甚

近現代學人著述叢刊

香草續校書

（清）于鬯 撰

2

國家圖書館出版社

第二册目録

香草續校書墨子一

050462

香草續校書

南匯于鬯

墨子一

親士篇入國而不存其士則亡國矣鬯案亡當讀爲忘詩綠衣篇鄭康成箋云亡之言忘也假樂篇不愆不忘說苑建本苑引忘作亡小戴檀弓記陸德明釋文云本亡作忘列子仲尼篇殷敬順釋文亦云亡一本作忘是忘亡古多通用下文云非士無與慮國則不存其士是忘其國矣非謂亡國也下文又云緩賢忘士而能以其國存者未曾有也此正亡國之義亡國之義在彼明此不得先言亡國此

先言亡國前後義犯矣且如謂亡國則此文卻當云國亡不可倒言亡國玩語氣自曉惟其言忘國故又不得倒言國忘也緩賢忘士彼緩忘二字並承上而言緩承緩其君之緩忘即承此亡國之亡則此亡國之當讀為忘國愈明矣

君子進不敗其志內究其情鬯案進不敗其志者不敗其未進時之志也故曰內究其情惟能內究其情故能不敗其志是二句貫義而畢沅校注俞蔭甫太史諸子平議皆以二句為偶文畢且於內字下增一不字而云疚究同俞則謂內當作衲即退字兩家之說俞為校近蓋進與內初

非反對字不足為偶進與退方可偶也但此二句實與下文雖雜庸民終無怨心為偶不當自為偶進者富貴也即不雜乎庸民也雜庸民者貧賤也即不進也以此二句自為偶則下文轉蛇足矣

分議者延延𨒅寀延延蓋是審慎安詳之意延之言延也說文延部云延安步延延也字亦作眐廣雅釋訓云眐眐行也楚辭哀時命篇云魂眐眐以寄獨兮王逸章句云眐眐獨行貌也王望寄獨之義故以眐眐為獨行貌然獨行貌與審慎安詳意亦正無悖眐實⿰目延字之省⿰目延依說文即目部之遉字彼云遉相顧視而行也相顧視而行則於審

慎安詳之義尤顯矣此謂分議之人當遇事審慎安詳故曰分議者延延下句云而支茍者詻詻支茍二字他書少見故畢沅注疑字誤然以分議者例之則支茍者必是主斷之人矣主斷之人與分議之人異故不合延延而合詻詻也說文言部云詻詻訟也引傳曰詻詻孔子容小戴玉藻記云言容詻詻鄭注云教令嚴也是即詻詻之義與主斷之義可合則支茍之義卽可會矣

脩身篇批扞之聲讙案批扞之言狴犴也說文犬部解犴為胡地野犬而無狴字字書或訓狴犴為獸狴犴之為獸當卽野犬之名古犬以守獄故狴犴又為獄獄字从㹜㹜即二犬此

言狌犴之聲則無與獄義正謂野犬之聲也葢其聲惡故下文云無出之口說文有陛字見非部一云牢也即狌犴之狌殺傷人之孩㲋累人之孩即人之子也此為人君言猶謂民為赤子之意耳人固莫非人子也故曰殺傷人之孩於殺傷而曰人之孩語甚沉痛畢沅注謂當讀如根荄轉似迂塞矣經說云忠不利弱子亥不葢當作必彼亥當讀孩單言孩與累言子孩一也

藏於心者無以竭愛㲋累竭當讀為遏詩文王篇無遏爾躬陸釋云遏或作竭明遏竭二字通用釋文盧文弨書湯校本竭作謁誓云率遏衆力彼遏當讀為竭說見前校竭之讀為遏猶

過之讀爲竭矣無以過即無過也卷前亦校文王篇無過爾躬宣昭義問猶彼上文亹亹文王令聞不已無過即亹亹也亹亹者勉也然則藏於心者無以過愛亦謂藏於心者勉於愛耳下文云動於身者無以竭恭出於口者無以竭馴孫詒讓閒詁云馴猶雅馴兩竭字並當一例讀過亦謂動於身者勉於恭出於口者勉於馴耳若以竭爲竭盡之竭則何言無以其義必不可通易大有卦云君子以過惡揚善益惡則當過愛也恭也馴也非惡也善也不可過也故曰無以也

徧物不博卷案徧益論字之形誤

故彼智無察毖槩彼有非義而畢沅注云彼當爲非則以彼爲誤字拘矣廣雅釋言及左襄八年傳杜解並云匪彼也匪可訓彼則彼亦可訓匪故王引之釋詞云彼匪也匪之言非也彼可訓匪則彼亦可訓非彼智無察者即非智無察也不必以彼爲誤也經篇云循此與彼此同彼此亦即非此非此即不循此彼此與循此相反對明彼即非矣可以相證論語憲問篇彼哉彼哉彼彼亦當訓非

所染篇子墨子言見染絲者而歎曰毖槩既言子墨子言又言歎曰曰言二字殊覺犯複雖墨子書中固多犯複之文兼愛篇云不識將擇之二君者將何從也兩將字犯複節葬篇云後世之君子或以厚葬久喪以爲仁也義也

又云或以厚葬久喪以為非仁義四然此言字疑之字之
以字並各犯複此類良多不勝枚舉
誤也之與言草書相近尚賢篇云今也天下士君子據
彼下文又云今天下之士君子則言字明之字之誤已見
王念孫雜志此可比例下文五入必而已必疑亦之之誤
處官得其理矣鬯案官當訓管小戴王制記孔義云官者
管也管官二字本在假借之例儀禮聘禮鄭注云古文管
作官史記范雎傳云崔杼淖齒管齊司馬貞索隱引高誘
曰管典也漢書食貨志顏師古注云管主也而管子宙合
篇房元齡注官亦云主也則益見管官二字之通矣至今
恆言謂典主之義猶曰管如管事管家之類上文云士亦

有染則此指士言必不得言官府之官也下文處官失其理矣故此

則段干木禽子傅説之徒㐌案此傅説次段干木禽子之下疑非殷之傅説當别一人與殷之傅説同名宜考

法儀篇是以天欲人相愛相利而不欲人相惡相賊也㐌案是字為辭有同於則字者王引之經傳釋詞云是猶則也然則是以猶則以矣此與上句相呼應上句云夫奚説人為其相殺而天與禍乎則以天欲人相愛相利而不欲人相惡相賊也用則以字義斯可接明是以即則以也而王雜志以是以下脱知字殊謬蓋上句大奚説人為其相

五

殺而天與禍乎與上文夫奚說以不欲人之相愛相利也雖同用夫奚說三字而語氣自别彼結上語此呼下語也王氏殆誤以呼下亦為結上故不得不於此增一知字然誠上句是結上語則合云天不與禍何云天與禍乎然則如王說上句且脫不字不第脫此知字矣當不然也

七患篇先盡民力無用之功巻案此先葢語辭也先與率一聲之轉先盡民力猶書湯誓言率遏衆力彼率亦語辭也見俞蔭甫太史羣經平議尚書巻遏之言竭也見前校竭盡也此先盡民力四字疑墨子正本書語而言之兩文適可相證此盡字可證彼遏字之當讀竭彼率字可證此先字之非先後字

也

必無社稷彘案無本訓亡說文亡部云𣞤亡也與𣞤本兩字而隸書通作無則無亦亡也必無社稷必亡社稷也孫詒讓閒詁云無疑當為亡云當為則以無為誤字矣猶拘虛也管子七臣七主篇云君子無死無死即亡死也校見彼可與此參

為者疾彘案疾病也此與小戴大學記為之者疾異

辭過篇足以待不然彘案不然即不服下文云足以征不服服與然益字異而義同左莊二十三年傳云征伐以討其不然杜解云不然不用命不用命即不服也

六

凡回於天地之閒迻案回豈即輪回之說與佛家輪回之說未必本於墨子而墨子好鬼其與佛家同說亦因其所也不然何以云回與蘇時學刊誤以回為同字之誤殊無當也

三辨篇聖王之命也多寡之迻案命與名通名猶謂也聖王之命也猶聖王之謂也言我所謂聖王者分别於多寡而已故曰聖王之命也多寡之益言我所謂聖王無樂者分别於有樂無樂之多寡如有樂寡而無樂多是即無樂也

食之利也以知饑而食之者智也因為無智矣迻案此因

字當知陳陳相因之因謂其多也言食利於人則以知饑
而食之者本人之智也然人人皆知饑而食之即不足為
智故曰因為無智矣因即陳陳相因之因也謂食之者多
也食之多者則雖有智即為無智以譬聖王之有樂少而
無樂多則雖有樂可稱無樂故下文云今聖有樂而少此
亦無也畢沅注言人所以生者食之利但必以知饑而食
之否則非智以否則解因字必非義且與下文意亦不曉
也孫詒讓閒詁謂因當作固尤必不然
尚賢篇上不辟近遻案此言不辟近下文言不辟遠遠近
二字蓋互辭也據上文言親者云不辟親疏則此言近者

當云不辟遠近乃下文又别出遠者言不辟遠故此不言不辟遠近并不言不辟遠而卻言不辟近要之言不辟近者不辟遠近也下文言不辟遠者亦不辟遠近也特取遠近二字分配二句故謂之互辭文之變例也不察乎此則若王念孫雜志以近為當作遠矣然而與下句語複且不辟遠亦不辟近義始周匝猶上文言不辟親疏也其所以不兩言不辟遠近而必一近一遠為互辭者正嫌其語複也至上文言不辟貧賤而不言富貴若云不辟富貴貧賤又嫌文累固不必泥王氏泥於彼文而并以上文親字為衍改書無乃甚乎孫詒讓閒詁貿然從之亦為不察尚同

篇云千里之外有賢人焉千里之内有暴人焉一言外一言内外内二字亦互辭與此遠近正可取例　又案上文云不義不富不義不貴不義不親不義不近以富貴親近列為四項而承之卻以富貴并作一項近者之外别出遠者一項亦列成四項四項同而不同亦文例之變也

牆立既謹𢇍案既謹葢讀為塈墐說文土部云塈仰涂也墐涂也二字皆有涂義故可連文牆必用涂故曰牆立塈墐也小戴内則記塗之以謹塗鄭注云謹當為墐聲之誤也彼亦借謹為墐與此正可比例孫詒讓閒詁於既字斷句而又欲乙立既為既立必非也或云但讀謹為墐既字不必破讀亦可解

墨子

上為鑿一門卷案上字無義下文云有盜人入闔其自入而求之盜其無自出是其故何也則上得要也上字更不可解竊疑兩上字皆工字之誤鑿門必用匠工故曰工為鑿一門鑿一門則盜入而無自出故曰工得要也孫詒讓閒詁以上為止字之誤非

以勞殿賞卷案殿疑㱿字形近而誤㱿之言疇也疇之言受也故魏徵羣書治要作受

中篇故唯昔三代聖王堯舜禹湯文武之所以王天下卷案三代而有堯舜則此三代者非弟稱夏商周三代矣疑墨子此言實本尚書漢儒傳古文尚書者題虞夏書商書

周書益以唐虞合夏爲一代唐虞禪讓本可與夏聯合商
又唐虞之書成於夏史
一代周一代其本當有所自墨子之尚書即是已則宜其
以堯舜禹湯文武爲三代也不然言三代不當兼及堯舜
兼及堯舜則且五代非三代矣曰三字安知非五字誤與
曰非也此言不但見於此下文亦云若昔者三代聖王堯
舜禹湯文武者是也天志篇云若昔三代聖王堯舜禹湯
文武者是也又云吾以昔者三代之聖王知之故昔也三
代之聖王堯舜禹湯文武之兼愛天之下也貴義篇云凡言
凡動合於三代聖王堯舜禹湯文武者爲之若三爲五誤
豈容皆誤且下文云故雖昔者三代暴王桀紂幽厲之所

以失措其國家又云若昔者三代暴王桀紂幽厲者是也
即彼天志篇下文亦云若昔者三代暴王桀紂幽厲者是
也是故昔也三代之暴王桀紂幽厲之兼惡天下也貴義
篇亦云凡言凡動合於三代暴王桀紂幽厲者舍之皆言
桀紂幽厲明是三代非五代文法上下相比又豈得上言
五代下言三代邪知三之必非五誤也曰然則桀紂幽厲
豈非夏商周與曰然三代原夏商周之名特古文家以唐
虞合夏為一代非謂必合唐虞夏為一代也就如天志篇
又一則云故昔三代聖王禹湯文武再則云昔三代聖王
禹湯文武魯問篇亦云昔者三代之聖王禹湯文武言禹

湯文武而不及堯舜彼亦並又云昔三代之暴王桀紂幽
厲何傷其稱三代哉去堯舜而三代無所損兼堯舜而三
代無所增古文尚書説也　今案明鬼篇亦云若昔者三
代聖王堯舜禹湯文武者足以為法乎又云且惟昔者虞
夏商周三代之聖王此尤明證云三代聖王而冠以虞夏
商周則墨子不啻自注之矣古文尚書不題虞夏書而不
及唐則固以虞夏為一代而虞書兼載堯舜故言國號則
三代者虞夏商周也言聖王則三代者堯舜禹湯文武也
其為本古文尚書於茲益信曩校失檢今得此喜不自勝」
無故富貴蹙案此無字當是語辭俞蔭甫太史平議云故

「但説」
無故二字一行，不与
前行未勝字接連

墨子一　十

富貴謂本來富貴者也是也而云後人不達故富貴之義而妄加無字則不必然既不達故富貴之義然加無字義仍不曉也況下文及下篇屢見無故富貴字謂逐處妄加之尤難信矣墨子書中固多以無為語辭字或作毋詳王引之釋詞非攻篇云夫無兼國覆軍猶言夫兼國覆軍也此王釋尚遺引

距年之言也傳曰求聖君哲人以裨輔而身毖緊此承上先王之書而言則距年者書篇名也故云傳曰求聖君哲人以裨輔而身即距年傳之文也與下文湯誓並引惟湯誓但稱湯誓曰此則不但稱距年傳曰而云距年之言也

傳曰文法為變耳下篇云於先王之書呂刑之書然又云於先王之書豎年之言然彼豎年之言與呂刑之書並稱書字蓋亦當作言豎年之言即距年之言則距年之為書篇名彰彰明矣又尚同篇云是以先王之書呂刑之道曰又云是以先王之書相年之道曰彼相年之道與呂刑之道並稱相年之道亦即距年之道畢沅注云相年當為距年案相拒形誤拒距聲近則距年為書篇名更彰彰明矣蓋墨子引書例出篇名距年若非篇名則所謂傳者何傳邪惟距年篇今既佚其義不可妄說畢注謂猶遠年必不然也墨子所引古書篇名今不見者此距年之外又如尚同篇之術令引唯口出好興戎句孫詒讓閒詁云

術令當是說命之假字晉人作偽古文書乃以竄入大禹謨

天志篇之天明不解 云又以先王之書馴天明不解之道也知之畢注云馴與訓同是也天明不解亦書篇名馴天明不解之道者訓天明不解篇之說也蓋讀懈解

明鬼篇之禽艾 孫詒讓閒詁引翟灝云逸周書世俘解有禽艾侯之語當即此禽艾鬯案彼禽謂擒之也殆非此禽艾

非樂篇之官刑 左昭六年傳云商有亂政而作湯刑 武觀 即五子之歌

非命篇之三不國 三下原有代字衍說見彼 執令說亦見彼

校總德去發 即太誓上篇見後校

十簡公孟篇之子亦 戴望校云子亦疑當作亣子亣古其字其子即箕子周書有箕子篇即 皆賴墨子存其名者也 御覽箴覽引胡廣百官箴敘曰墨子著書稱夏箴之辭今墨子書中不見惟㐅患篇云故周書曰國無三年之食者云云止稱周書不出篇名然與周書文傳篇引夏箴云云大類或本出夏箴字也

乃熱照無有及也鬯案熱照者蓋赦之之謂也承此指親

而不善以得其罰者上句既乃刑之于羽之郊而言既刑矣而乃令赦故曰無有及也小戴文王世子記王公族獄成有司讞於公其死罪則曰某之罪在大辟其刑罪則曰某之罪在小辟公曰宥之有司又曰在辟公又曰宥之有司又曰在辟及三宥不對走出致刑於甸人公又使人追之曰雖然必赦之有司對曰無及也此即熱照無有及之謂矣畢沅注言其罪績用弗成亦止見有所不及當非其義孫詒讓閒詁謂幽囚之日月所不照尤為臆說必欲詮熱照之義或者照之言詔也熱詔者猶後世稱恩詔云爾然亦不敢執也或曰下文云帝亦不愛既不愛矣何赦為

曰禮在則然不能因不愛而禮不行也抑正有疑焉世子記又云反命於公公素服不舉為之變此愛字豈或變字之譌正以其不愛而不為之變與

若禹稷皋陶是也鬯案據下文引呂刑云云則皋陶當作伯夷

下篇勸以教人鬯案勸本訓勉說文力部云勸勉也勸以教人者勉以教人也故與上文疾以助人勉以分人句義一律戰國秦策云則楚之應之也必勸齊策云然二國勸行之者何也宋策云許救甚勸皆即此勸字彼高注宋策云勸力也力亦勉也而注秦策云勸進也失義矣

湯有小臣鬯案小臣伊尹也呂氏春秋尊師紀云湯師小
臣高注云小臣謂伊尹楚辭天問篇云成湯東巡有莘爰
極何乞彼小臣而吉妃是得王章句亦云小臣謂伊尹也
齊侯鎛鐘有伊少臣少臣即小臣然則小臣為伊尹固無可
疑惟伊尹曷稱小臣豈猶以其始為師僕與上文云昔伊尹為莘氏師
僕案師僕蓋猶言眾僕僕謂羣從也殆非也竊謂小臣當以齊鐘作少臣為
正而彼少臣上有伊字實為贅文少即伊也臣即尹也伊
與少在古音同部尹與臣亦同部故伊尹可稱少臣而又
加伊字不成曰伊伊尹乎蓋在春秋時已昧其少臣之所
以稱而漫贅之者也伊尹之稱少臣蓋猶其稱阿衡詩長

十三

發篇毛傳云阿衡伊尹也阿與伊衡與尹並雙聲字少與伊臣與尹並疊韻字皆音借也少與小同義故少臣遂又稱

小臣

尚同上篇其明察以審信巹察其當讀為期期其二字古多通用如邾庶其之或作邾庶期樊於期之或作樊於其已具前書無逸篇校以猶與也其明察以審信者期明察與審信也義本甚明若以其為語辭則不可解矣其者借字也中篇作甚明察以審信甚與期不能假借則形誤矣猶左僖二十四年傳云懼者其衆矣陸釋云其本作甚亦必有一誤是其例也惟彼甚其二字卻得兩通而此則甚

其二字而不通必讀其爲期然後可通則知此其字不誤
而彼甚字誤也而王念孫雜志乃轉以此其字爲當作甚
不亦惑乎
中篇故相交非也巻案相交二字似倒當乙作交相上篇
可證
以爲唯其耳目之請巻案唯當讀爲雖雖諧唯聲故得通
借詳王引之釋詞及俞蔭甫太史古書疑義舉例即墨子
書中借唯爲雖者亦幾不勝舉也請當讀爲清清請並諧
青聲故亦得通借且从言傍水傍之字草書相似最易譌
溷或本是清字而傳寫誤爲請亦未可知矣下句云不能

獨一同天下之義故此云雖其耳目之清句勢絕接明白不煩解釋唯其耳目之請則義不可通畢沅注云請當為情唯其耳目之情仍不可通也畢於下篇唯欲毋與我同御改唯為雖此不改者坐以請為情誤耳然唯雖本通用改之亦非故已為王念孫雜志所辨墨子他處之文請字卻多有可讀情者此請字不可讀情也凡字義必隨文義而定即如號令篇云志意顏色使令言語之請及上飲食必令人嘗皆非請也擊而請故彼言語之請請字當讀為情非請之請亦當讀為清清謂清潔也非清謂不清潔也至皆字為若字之誤擊字為繫字之誤請故之請又為詰

字之誤具見孫詒讓閒詁孫詒從蘇時學說以非請之請亦讀為情則不如讀清為的

下篇有黨上以若為善廢案黨當讀為儻漢書伍被傳及京房傳顏注並云黨讀為儻是其例也下文云上以若人為暴與此上以若人為善相比而彼句上無有黨二字則此有黨乃總辭當連讀不得以黨上連讀而說為黨與之黨也說文無儻字故古止作黨或作當法儀篇云當皆法其父母奚若當皆者儻皆也或作尚尚賢篇云尚欲祖述堯舜禹湯之道尚欲者儻欲也或作賞魯問篇云或所為賞與為是也賞與者儻與也說見彼

小人見姦巧乃聞廢案小人見姦巧當謂見小人姦巧一

見字著在小人姦巧之間義貫上下古書有此文例此引先王之書大誓之言非出墨子之言則宜有此古法也乃閒絕句閒謂上閒也即使其言也下文不言也作轉語

愛民不疾民無可使鬯案疾當謂愛之極也猶尚賢篇云有力者疾以助人疾以助者亦謂助之極耳故與彼下文勉字勸字為類勸以教人校見彼彼主助言則為助之極此主愛言則為愛之極而如方言爰暖篇云拊撫疾也拊撫是極愛之意而訓疾則疾且正有愛之極之義矣此言雖愛民而不能極其所愛則民仍不可使故曰愛民不疾民無可使下文云必疾愛而使之致信而持之致今本誤畋道藏本不誤疾愛

為極愛致信為極信愛言疾猶信言致矣愛民不疾民無可使二句連貫為義孫詒讓閒詁乃誤以兩句截斷謂不疾疑當作必疾或當云不可不疾真妄說也

兼愛中篇亦何用生哉乿案用當訓由注家訓由為用者甚多而鮮訓用為由者然由可訓用即用可訓由矣且玉篇由字在用部故張嘯山先生舒藝室隨筆有用即由倒文之說其說縱未必果確然由用一聲之轉例以假借亦無不可亦何用生哉猶言亦何由生哉猶上篇言何自起下篇言胡自生此言用即彼言自自亦由也蘇時學刊誤此用字已云當作由但言當作竟以用為誤字矣此則猶

有辨耳

今若夫攻城野戰殺身為名鬯案名與命通命猶令也下文乃若夫少食惡衣殺身而為名同

焚舟失火鬯案此舟字當不誤孫詒讓閒詁疑當為内殊不足信下篇亦作舟又彼下文云伏水火而死者不可勝數也者今誤有王念孫雜志改不但言火而言水火足明舟字之不誤矣孫以下文言越國之寶盡在此以舟非藏寶之所致生此疑然舟雖非藏寶之所而寶何不可陳設舟中固不謂藏也孫詁又云御覽宮室部引墨子作自焚其室案御覽有居處部無宮室部其居處部宮室兩覽中皆不引

况乎兼相愛鬯案况乎二字義不協蓋涉前文而誤下篇

作今若夫三字此亦當然

北為防原泒注后之邸嘷池之竇邕案注后二字當連文注后之邸與嘷池之竇為偶文注后疊韻字嘷池古音家雖分部而通轉甚近在古實亦疊韻字以嘷池偶注后音偶也古文之整密如此此文當讀原字絕句泒當作派一字領下二句謂為防原以派別注后之邸與嘷池之竇也邸之言柢也竇之言瀆也蓋二水也畢沅本於注字斷句甚誤又疑泒即雁門泒水尤不然此从𠂢之派字非从瓜之泒字今本作泒者俗書淆耳且泒水即嘷池水之上原也於文不更犯乎今案孫詒讓閒詁以后之邸為即昭余祁說殊佳邕初校此書時未見孫書今

墨子一　十七

既據孫書多所增刪改易此條聊復存之

洒為底柱鬯案洒字疑讀為析析洒一聲之轉此雙聲假借例也下文云鑿為龍門析與鑿同義若洒則無義矣畢沅注以洒為灑字之假借引說文云灑汛也然汛為底柱義仍迂晦漢書溝洫志云禹之治水鑿龍門闢伊闕析底柱破碣石此可以舉證

此言禹之事吾今行兼矣鬯案此矣字之為語辭如乎字之義王引之釋詞云矣猶乎也是也上文言古者聖王行之因述禹之事明聖王在昔已行此兼愛非吾自今創行此兼愛也故曰吾今行兼矣猶云吾今行兼乎此反語也

若作正語則不可通古書矣字如乎字義者自王釋所徵之外如左僖二十八年傳云豈在久矣戰國秦策云秦過趙已安邑矣（謂秦過趙豈止安邑乎鮑彪註非）晏子春秋諫篇云盇去寃聚之獄使反田矣散百官之財施之民矣振孤寡而敬老人矣矣皆乎也下文並同

連獨無兄弟者念孫案連蓋讀為憐憐連一聲之轉

下篇是故以聰耳明目相為視聽乎念孫案此乎當讀為也古也乎二字通用然近之學者頗知也之有讀為乎者而卻鮮知乎亦有讀為也者此承上以兼為正而言則所謂聰耳明目相為視聽者實決辭非疑辭若作疑辭解文理

十八

謂意

即若另一篇不與前行揔連

不可通矣故此乎字必當讀為也字也說文兮部云乎語之餘也是乎本無決辭疑辭之辨竊謂論其原乎實即兮之轉音兮部云兮語所稽也是也而也則實兮乎二字之借音說文乀部云也女陰也則語辭非其本義也下句同」

即若其利也鑿窾若猶言若是也史記禮書張守節正義云若如此也如此即若是也若是而單言若與上文唯毋可作反比例唯毋者唯也蘇時學刊誤云毋語詞王念孫雜志於尚賢篇具說之毋有字而無義者也若者若是也是又無字而有義者也亦極語辭之變化矣王引之釋詞於若訓如此一釋引書大誥爾知甯王若勤哉孟子梁惠王篇以若所為求若所欲

荀子禮論篇若者必死若者必害以證若為如此之義而卻遺墨子此文非樂篇云惟勿撞擊勿亦語辭惟勿撞擊者惟撞擊也然則惟勿猶唯毋矣此王氏所未推及

又有君大夫之遠使卷緊此君字誤無論君無遠使之道且下段又別言君則此必不宜及君或者當云卿大夫然即敢問不識將惡也家室奉承親戚提挈妻子而寄託之卷緊也字蓋本作它它也二字音雖有別而書傳每多通用此它又實覗字之假借也說文見部云覗司人也是覗為司義覗家室猶言司家室與奉承親戚提挈妻子列作三排語承上死生未可識往來及否未可識言故問司

家室奉承親戚提挈妻子將何而寄託之惡之言何也然即猶然則也然即以下二十三字作一句讀俞蔭甫太史平議據下文不識將擇之二君者將何從也讀此也字句於也上亦增一從字恐必不然彼文實當與此下云不識於兼之有是乎於別之有是乎作對故下文皆接以我以為當其於此也句今本我字一誤作哉不與此文為對也

非攻上篇是以知天下之君子也鬯案君子也猶言君子者者也二字墨子書中多通用如大取篇云取小也謂取小者又云語經也謂語經者彼畢沅皆發注而此文注略畢注一云也當為者一云也同者然謂當為則是以也為誤字矣云同則又以也者為同字借語皆可删

中篇和合其祝藥也案祝益讀爲毒毒祝疊韻例得假借祝藥毒藥也惟和合毒藥故下文云于天下之有病者而藥之（于上今本有之字益衍）萬人食此若醫四五人得利焉猶謂之非行藥也故孝子不以食其親忠臣不以食其君然則非毒藥而何也行藥與祝藥相照惟行藥之義亦不可通行益當爲仁涉上文行道之行而誤（上文行字作仁亦通然則亦或誤字并未可知）（又案經說云論行行行疑本作論仁行仁）仁與毒義正相反雖以毒治毒而得利猶謂之非仁藥者正以其究爲毒藥也畢沅注乃云祝謂祝由是分祝與藥爲兩項但祝由在古亦列一道初非邪術（祝由見內經素問移精變氣論）而弟曰藥亦不可遽目爲毒藥則

於下文之義何以通乎畢又引或云祝藥猶言疰藥則本周禮瘍醫職鄭注為說彼職云掌腫瘍潰瘍金瘍折瘍之祝藥劀殺之齊鄭注云祝當為注讀如注病之注聲之誤也注謂附著藥注即疰字以其義施於此亦不協畢氏固斷其非也釋名釋疾病云注病一人死一人復得氣相灌注也義尤遠詒讓謂彼祝藥適可解為祝由彼文祝藥劀殺四者平列則祝必別一項以祝藥為附著藥轉與劀殺失類且以符咒移瘍於樹木號曰祝由治瘍者其術至今有之宜為瘍醫所掌則畢以解墨子之祝藥不如解周禮之祝藥也抑即以彼祝讀為毒亦自無不可彼下文言凡療瘍既云以五毒攻之又云

以五藥療之則毒與藥明別爲二以祝藥爲毒藥未始不與劀殺爲類而與此文之毒藥則同而異矣彼毒藥爲並義此毒藥爲貫義也醫師職云聚毒藥以共醫事注云毒藥藥之辛苦者藥之物恆多毒此注似不然後世本草分毒藥類而其實不必毒者正誤於此鄭以毒爲辛苦也藥固恆多辛苦則宜其恆多毒矣賈釋以巴豆狼牙之類當之實失鄭意而其義轉勝要彼毒藥者亦謂毒與藥也疾醫之毒藥與瘍醫之祝藥異而同而與墨子之祝藥當讀爲毒藥者仍同而異也

東而攻越迻案東當作南越在吳南不在吳東且南與上

文北正相對又上文言闔閭戰於柏舉是西攻楚也西攻楚北攻齊南攻越獨闕其東一面者吳自居東也下文言越王句踐收其衆以復其讎入北郭越攻吳而入北郭是北攻也則吳攻越爲南攻益顯矣

下篇必反大國之說鬯案大國因攻伐得地以成其大則其說必以攻伐爲是故必反之反大國之說即非攻之說也

則是國家失卒而百姓易務也鬯案卒蓋讀爲率莊子人閒世篇陸釋云率本或作卒是率卒二字古通用率之言達也說文辵部云達先導也蓋百姓之務惟國家有以達

之國家失其所達則百姓易其所務矣故曰則是國家失率而百姓易務也率字借作卒依卒義則不可通畢沅注引一本作足亦無義下文同

天不序其德祭案下文序利及經篇無序備城門篇有序三序字王念孫雜志皆謂序當為厚隸書形相似而誤然則此序字蓋亦當厚字之誤天不厚其德謂紂之薄德天實為之義甚明曉而王於此序乃順訓言天不順紂之德於義轉迂下文云予既沈漬殷紂于酒德矣曰沈漬殷紂于酒德則紂之荒於酒亦天實為之也上文序疏孫詒讓閒詁亦謂當為厚餘今案此條俞讀亨下文序利同孫從之似可刪

二十二

兼夜中十日鬯案中疑屮字之誤屮之言出也夜言兼夜猶句言兼句不但一夜之謂也若曰連夜耳連夜有十日故曰兼夜出十日即上文所謂日妖宵出也此五字自合讀一句畢沅注於中字下云句然十日雖可屬下文讀而兼夜中實不成義

九鼎遷止鬯案止葢讀為徙徙諧止聲故得假借九鼎遷止者九鼎遷徙也

成帝之來鬯案來當讀為釐釐來疊韻古多通用儀禮少牢禮鄭注云來讀曰釐詩思文篇貽我來牟漢書劉向傳作飴我釐麰顏注云釐又讀與來同說文里部云釐家福

也文選甘泉賦李注引服虔曰釐福也成帝之釐者謂成帝之福也畢沅注謂來當為賚似未是

節用上篇子生可以二三年矣竊案二蓋當作十上文云昔者聖王為法曰丈夫年二十毋敢不處家又云聖王既没于民次也其欲蚤處家者有所二十年處家其欲晚處家者有所四十年處家王念孫雜志云所猶時也言有時二十年有時四十年也以其蚤與其晚相踐後聖王之法十年謂以二十與四十蚤晚相踐則通三十年處家也故視聖王之法二十年處家者後十年矣又云若純三年而字謂三十年處家者若純三年而生子則其子生之時在二十年處家而逾年即生子

墨子

者其子已十三年矣故曰子生可以十三年矣十誤為二則義不可解或者墨子之文本作子生可以一十三年矣十字脫中一筆誤作一一并成二字也

中篇彼其愛民謹忠利民謹厚鬯案利民謹厚疑本作厚民謹信愛民謹忠厚民謹信故下文承之曰忠信相連又示之以利若此文不言信則下文信字無著矣利字出於下文明此文不合先言利民也又下文云逮至其愛厚以愛愛厚並稱仍本此愛民厚民而言否則不當云愛利乎亦可以證

冬服紺緅之衣輕且暖鬯案說紺緅者率以色言但觀墨

子之意冬服紺緅之衣輕且暖與下句夏服絺綌之衣輕且凊為對文絺綌凊而紺緅暖則紺緅必不指其色矣色則何暖之有故絺綌為宜夏服紺緅必宜冬服者也說文糸部云紺帛深青揚赤色固明著帛字說文無緅字而大徐新附云緅帛青赤色亦明著帛字然則此紺緅實謂帛也非指其深青揚赤色青赤色也（深青揚赤色今俗謂天青是青赤色今俗謂青蓮是兩色近似而異）蓋雖深青揚赤色青赤色而非帛則不謂之紺緅紺緅之名是帛之專名而非色之專名也故曰冬服紺緅之衣輕且暖謂冬服帛則輕且暖也猶之夏服絺綌之衣輕且凊謂夏服葛則輕且凊也辭過篇云冬則練帛之

中足以為輕且暖彼言練帛即此言紺緅即紺緅指帛之明證矣

節葬下篇人民寡則從事乎衆之卷累此言孝子之為親度則民字可疑下文言仁者為天下度則可言民此不應言民民字即涉下文而衍也且上句言親貧則從事乎富之下句言衆亂則從事乎治之親貧衆亂並止兩字則此亦合兩字故曰人寡則從事乎衆之若人民寡獨出三字非例也下文則上言天下貧則從事乎富之下言衆而亂則從事乎治之天下貧衆而亂並有三字則中一句亦合三字故曰人民寡則從事乎衆之若亦言人寡又獨出兩

字非例也觀其一言衆亂一言衆而亂一不著而字一特著而字義豈有異誠斤斤於字數之齊一也此氏字之行為尤可見矣

且故興天下之利𠷎案故葢欲字之誤

妻與後子死者五皆喪之三年𠷎案妻服亦在三年之列儒家之失禮也凡墨子所譏之儒皆取儒家流弊言之觀非儒篇諸云云可見雖然妻服夫三年者降父之服以服夫也夫服妻期者以服母之服報之也喪服父在為母亦止齊衰杖期父卒然後為母齊衰三年以母服服妻已必猶在則猶之服母而父在其為期固宜自唐制不論父在

墨子

父卒為母繄齊衰三年明制又甚之以斬衰三年則以母服服妻正宜其為三年之服矣要之古人制禮權衡悉當不容以意輕重之輕重之則重宜皆重輕宜皆輕故論服於古墨子之言儒之失禮也論服於今妻死而喪之三年者其轉為得正乎非儒篇亦云妻後子三年上著其禮曰三字則妻死服三年七十子後學者當必有其說也

壟足以期其所則止矣鬯案此期字蓋是記字之借己聲其、聲古音同部故詩頍弁篇實維何期朱駿聲說文通訓謂期與、其、箕、己記忌居字皆同是也且如候人篇彼其之子小戴表記引作彼記之子期之為記猶其之為記矣又如說文心部引周書來就惎惎即今書秦誓未就予忌之異文期之為記又猶惎之為忌矣壟足以期其所者謂壟足以記其所也廣雅釋詁云記識也所者葬之處所也足以記識葬之處所而不求崇高故曰壟足以期其所則止矣畢沅注言期會壟足以期會其所不知究為何義是未察期之為借字矣小戴檀弓記云孔子既得合葬於防曰古也墓而不墳今丘也東西南北之人也不可以弗識也於是封之崇四尺彼識字正此期字崇四尺之封至卑也壟足以期其所者亦如四尺之壟與則孔墨之道合矣

天志上篇多詐者不欺愚皆案多詐即謂多智此詐字不

必為惡辭故能不欺愚上文云強者不劫弱貴者不傲賤強與弱對貴與賤對則此詐與愚對詐非智義而何不然則下文多詐欺愚可解而此不欺愚不可解既詐矣何得不欺乎且多詐矣欺不愈甚乎古人用字有未可拘以習義者如佞惡辭也而或以為才毒惡辭也而或以為治此類甚多詐亦其一矣

中篇偏明知之審察知猶見也明知者明見也謂明見天子之貴諸侯諸侯之貴大夫也下文兩言然吾未知兩言吾所以知知皆猶見也見知二字義本相通詳管子霸言篇校

若豪之末非天之所謂也畢案十字當作一句讀末非二字連文末非者猶言莫非無非也蘇時學刊誤謂非上當有莫字俞蔭甫太史平議謂非上脫無字並誤以若豪之末斷句耳然下文亦云若豪之末非天之所為則何得兩處皆脫乎謂即當讀從為吳寬本此謂字正作為與下文同

驩若愛其子畢案驩若二字當連讀驩若者猶言驩然也即形容其愛子之狀也下文云其子長而無報子求父蘇時學刊誤云當云其子長而無報乎父則是眞言愛其子也非以愛其子作譬語也故不可讀成若愛其子讀成若愛其子即與下文不

合矣孟子盡心篇云霸者之民驩虞如也驩虞如亦猶言驩虞然單言驩累言驩虞其義一也若也如也然也亦一也

管子

下篇名之曰失王卷案此失字當非誤字失王者蓋古有是稱故管子任法篇云聖君身佚而天下治失君則不然又云聖君令往而民從之而失君則不然失王猶失君也上文言堯舜禹湯文武名之曰聖人此言桀紂幽厲名之曰失王失王與聖人為反對亦猶彼失君與聖君為反對也又彼立政篇云德薄而位尊者謂之失正其義矣或謂桀紂失國幽厲雖不失國而失其身故謂之失王亦備一

解而要非誤字也蘇時學刊誤云失字誤上篇言暴王則豈欲改此失字為暴字乎然暴失二形不相近且下句云以此知其罰暴之證與上文名之曰聖人以此知其賞善之證為對賞善而不曰善人曰聖人則罰暴必不曰暴王矣或謂失當讀為佚亦似不必

担格人之子女者乎詮案担格二字疊韻蓋古語也担格即格也單言曰格累言曰担格故下文兩見一亦云担格一則但曰格明担格即格矣俞蔭甫太史平議據後漢書鍾離意傳注曰格拘執也云是其義也合從之而以担字為衍非也畢沅注於下文但曰格又以為脫担字亦非也

或謂史記留侯世家云良與客狙擊秦始皇帝司馬索隱引應劭云狙伺也一曰狙伏伺也與上文言踰於人之牆垣意似可合儻狙格即狙擊之謂與然擊格在古音不同部聊備一義亦可

明鬼下篇逮至昔三代聖王既沒天下失義卷案明鬼上中兩篇既闕下篇亦已不完故發首言逮至昔三代聖王既沒天下失義云云逮至之上必先有言不失義一段文字而今闕之矣節葬下篇亦云今逮至昔者三代聖王既沒天下失義云云而其前先有仁者之為天下度一段文字可以取例

今若使天下之人借若信鬼神之能賞賢而暴罰也畢案借若即若使既言若使又言借若惟墨子書中有此複疊文法而王念孫雜志以下若字爲衍又以借爲偕字之誤此在他書已不免臆改猶之可也而以校墨子雖若文字從順乃正所以失墨子文法矣兼愛篇云不識將擇之二君者將何從也兩將字複疊節葬篇云以厚葬久喪以爲仁也義也兩以字複疊大取篇云是一人之指乃是一人也兩是字複疊小取篇且連文言若若凡兩見此就複疊之同字者言之他若非攻節葬並言譬之無以異乎無以異乎猶譬之也又並言多皆皆猶多也非攻又言與及及

猶與也節葬又言今逮至逮至猶今也是亦複疊也其全
書中幾於觸目皆是益好為文法如此王氏豈不見乎而
顧疑此借若也

晏子

賊誅孩子鬯案孩子即書微子篇之刻子彼云我舊云刻
子王子弗出我乃顛隮王充論衡本性論刻子正作孩子
據焦循尚書補疏云易箕子之明夷劉向荀爽讀箕為荄
淮南時則訓爨萁高注云萁讀荄備之荄古荄其聲近刻
从亥與孩荄同箕即萁字此言箕子王子兩人皆當出也
其解書義似較他家調直則此孩子者儻亦指箕子與因
上文言播棄黎老故特用孩子字以工對偶不必竟作孩

子本義解也紂不聞有賊誅孩子事亦未可誣乎至誅字之義本不必定誅殺古雖小罪亦稱誅如小戴曲禮記以足蹙路馬芻有誅齒路馬有誅之類箕子為之奴亦未被紂殺也則一本誅字作殺字不必從今案孫詒讓閒詁亦徵及書微子及論衡而直作紂誅殺小兒解本通此條姑存

當齊之社稷迻案社稷何國無之豈惟齊有而曰齊之社稷殊屬可疑竊謂稷當作神神稷二字蓋亦以形略相近而譌而社神文尚倒轉當作神社下文云盟齊之神社即齊有神社之明證且上句燕之有祖據法苑珠林君臣篇祖下有澤字王念孫雜志已校補神社與祖澤正相比類

故曰燕之有祖澤當齊之神社也神社誤為稷社因乙為社稷則不可通又一說此不必破稷字但文倒耳稷社者即稷下也下社疊韻字得通借史記田敬仲世家云是以齊稷下學士復盛是齊有稷下即此稷社也且彼裴駰集解引劉向別錄曰談說之士期會於稷下云期會即不以下社通借為說因得有社義矣謂之稷社不亦宜乎兩說未知孰勝姑兩存以俟來者決擇

萬年梓株𢀿紫此當是紂二宮名上文云武王逐奔入宮下文云折紂而繫之赤環是武王先入萬年宮繼入梓株宮而得紂所在也史記周紀云紂登于鹿臺之上蒙衣其

珠玉自燔于火而死武王至商國遂入至紂死所則是鹿臺者當梓株宮中之臺也或曰萬年梓株乃一宮四字名非二宮名亦可

指寡殺人毖案寡葢讀為顧小戴緇衣記鄭注云寡當為顧聲之誤也書顧命篇無壞我高祖寡命寡命即顧命說已見前彼校然則指寡殺人者指顧殺人也上文言指畫殺人此言指顧殺人其義則類其文自別畢沅注謂寡畫字假音非也寡畫字音不相假御覽引作畫者即據上文而改正由不知寡之當讀顧耳

然而天下之陳物毖案陳物猶言常事耳上文云今有子

先其父死弟先其兄死者矣然是事之變也非常也若以常事論則先生者必先死故下文云曰先生者先死若是則先死者非父則母非先而似也因上文執無鬼者謂不忠親之利而害為孝子蘇時學刊誤云忠當作中故其說云然

非樂上篇然則當用樂器譬案此文當從王念孫雜志所訂下接上文譬之若聖人之為舟車也即我弗敢非也二句則此當字宜讀為儻儻字或作倘然皆說文所無故用當字與下文兩言然即當為之撞巨鐘同然即猶然則彼當字亦讀為儻已見王引之釋而未及此文當字故補說之與尚同篇有黨上以若人為善條校參非命篇云故當執有命者之言不可不明

辨當亦讀儻

鏞然奏而獨聽之黔案鏞然蓋猶肅然

非命上篇先王之書所出黔案先王之書所出者猶謂出於先王之書者耳所下必不當有以字而畢沅本據下文於此所下增以字孫詒讓閒詁從之於下文國家斷句殊不然也下文言國家布施百姓者憲也又云所以聽獄制罪者刑也又云所以整設師旅進退師徒者誓也義皆顯明首句著國家字不著所以字下二句承省國家字而著所以字於法何害且試問所以出國家出字果何義乎國家如何可出也不解畢孫之用心乃不察至於如此

墨子

上帝山川鬼神必有幹主萬民被其大利墨案有當讀為右右有并同字見說文校即佑字也上帝山川鬼神必佑截句與上句天下必治句法同例幹主二字當屬萬民被其大利為句幹主與萬民並稱則必不指天下之主蓋幹主者諸侯之謂也何以見之下文云是以天鬼富之即此上帝山川鬼神必佑也又云諸侯與之百姓親之賢士歸之百姓賢士萬民也則幹主非諸侯而何也舊以必有幹主連讀殊失之下文同

不忍其耳目之淫墨案此忍字當訓矯荀子儒效篇云志忍私然後能公行忍性情然後能脩即此忍字彼楊注云

忍謂矯其性然則不忍其耳目之淫者正不能矯其性也故下篇作不而矯其耳目之欲彼畢沅注云而讀如能不而矯即不能矯也此不忍二字中閒亦着一能字則義豁不然若孟子所謂不忍者去此遠矣

心涂之辟癸案涂益當讀為捈說文手部云捈臥引也廣雅釋詁云捈引也然則心捈者心引耳揚子法言問神篇云捈中心之所欲即其義矣彼宋咸注亦云捈引也此畢沅注云涂猶術恐未然王雜志引之案謂涂本作志尤難信彼徒以中篇作心志耳然下篇又作心意則可見三篇之字不必同矣而王并欲以下篇心意亦為心志之譌則

何其強與

中篇今故先生對之鬯案故蓋當作胡胡故並諧古聲於假借例亦可通先生稱墨子也惟對字之義難解對蓋讀為懟懟諧對聲例亦通借廣雅釋詁云懟恨也今故先生對之者猶言今胡先生恨之也此執有命者之言承上文自昔三代有若言以傳流而言故曰今胡先生恨之墨子非命惟恨之故非之也抑對有仇耦之義則即有仇恨之義至今謂人相恨曰作對要對从心為懟懟字之義亦即本此而出也然則今胡先生對之者即是今胡先生仇之也俞蔭甫太史平議以此句為墨子之言似非是今案孫詒讓閒

詁已云疑當作今胡先生非之則其意得矣但非之與對於形不肖而於義亦遠

初之列士桀大夫並舉則列士桀大夫毖案初猶古也列士與桀大夫並舉則列當讀為烈詩大叔于田篇火烈具舉毛傳云烈列是二字本可通用文選東京賦正作火列具舉李注引毛詩亦作列列士者義烈之士也桀大夫者俊桀之大夫也耕柱篇稱桀相同此列士與他書作參列義者不同下文放此

有於三代不國有之曰毖案有當讀為又代字蓋衍文也下文云女毋崇天之有命也命三不國是止稱三不國無代字則此三下亦不當有代字可證三不國者書篇名也其書以命三不國故即以三不國題篇又下文命三不國

四字斷句或連下句亦言命之無也讀亦非亦言命之無也乃墨子申釋之語

於召公之執令於然鬯案下於字即涉上於字而誤於當作亦孫詒讓閒詁已正惟孫謂此有挩誤疑當作於名公之非執命亦然名公亦周書佚篇之文令與命字通於亦字誤則竊取其於亦字誤之說而餘不謂然此蓋當以執令為周書佚篇不當以名公為周書佚篇也上文云亦言命之無也此承之曰於名公之執令亦然知亦言命之無矣其義已足何必言名公之非執命亦然乎故知執令為書篇名執令為名公所作故謂之名公之執令安得以名

公為篇名名公之執令即猶之非樂篇言湯之官刑下篇言禹之總德官刑總德篇名也若以名公為篇名豈彼以湯為篇名禹為篇名邪

下篇太誓之言也於去發曰惡乎君子竊寮去發亦書篇名也太誓為大名去發為小名俞蔭甫太史平議謂去發疑太子發之誤古人作書或合二字為一此文太子字或合書作𡥉其下闕壞則似去字因誤為去古太誓三篇其上篇以太子發上祭於畢發端故稱為太子發此說精矣惟竊疑去字實𠫓字之誤𠫓者倒子也古文正倒不別觀育字从𠫓可見𠫓即子也𠫓發即子發也後人不察𠫓即

三十五

子字之倒遂誤為去字太子發者稱子發固無害也此儻可於俞議附備一說下文同悉乎即嗚呼、

非儒下篇下則妻子毚累上文言顛覆上下悖逆父母下文言妻子上侵是本指儒家不孝子而言則下則妻子者竟是以妻子為法則而法則之知有妻子而不知有父母也畢沅注言為妻子法則與上下文皆不貫墨子非儒舉此類非之豈能折儒者哉甚知下文云富人有喪乃大說喜曰此衣食之端也曾儒者而有此有之不惟墨子非之儒亦非儒矣

夫憂妻子以大負絫毚緊憂當讀為優尚書孔義云夏侯等書心腹腎腸曰憂腎陽據洪邁隸釋所載漢石經作優

賢揚說文夂部引詩布政憂憂今詩長發篇作敷政優優明優憂二字通用且據說文憂愁之憂在心部作㥑夂部訓憂為和之行與人部優訓饒義轉相近故或疑憂優為古今字墨子書多古字故以憂為優也優妻子者即上文謂喪妻子三年為優待其妻子也優待其妻子以至已實大負其絫絫者亦即上文謂其宗兄守其先宗廟數十年死喪之其畢沅注云同期兄弟之妻奉其先之祭祀弗散畢注云盧云當為服以妻子相形之為其道大有絫也不明憂之即優若誤以憂愁解之則句義不可通矣下文云有曰所以重親也有又也是又一說也正以奉祭祀守宗廟之說大負絫故

又為重親之說而墨子至斥為大姦則非徒大負緊矣今案
孫詒讓閒詁亦以憂為優而以以與己同與此稍殊故不刪
有強執有命以說議曰壽夭貧富安危治亂固有天命不
可損益窮達賞罰幸否有極人之知力不能為焉羣吏信
之則怠於分職庶人信之則怠於從事不治則亂農事緩
則貧貧且亂政之本卷案此凡七十四字依王念孫雜志
不治上補一吏字則凡七十五字蓋必非命篇之脫文衍
入於此下文云而儒者以為道教是賊天下之人者也今本
賊誤賤即承上豈非大姦也哉句而言也
而紙羊視卷案紙羊視當即望羊視也史記孔子世家云

眼知望羊裘解司馬索隱並引王肅曰望羊望羊視也羝羊即牂羊牂望疊韻

君子笑之怒曰散人焉知良儒詒案君子者墨子之所謂君子即為墨道者也笑之者墨笑儒也怒者儒見笑而怒也散人焉知良儒斥墨之不知儒也散有放義公羊莊十二年傳何詁云散放也小戴樂記鄭注亦云散猶放也荀子勸學篇云故隆禮雖未明法士也不隆禮雖察辨散儒也明儒家貴法而不貴散彼楊注云散謂不自檢束不自檢束即放義也儒者自檢束故斥墨家為散人猶其言放肆之人耳故曰散人焉知良儒畢沅注謂散人猶冗人必

非旦注文斷在散人下雖畢書注例不盡以句斷然以散人爲冗人據說文冗椒也从儿在屋下無田事則一似以散人墨斥儒非儒斥墨果爾文義益戾而句讀亦殆失矣今案孫詒讓閒詁已讀正

弇函弗射畢案揜吳寬本作掩二字通用掩有止義方言爰喛篇云掩止也函當謂甲考工函人記云函人爲甲釋名釋兵云甲亦曰函廣雅釋器云⿰金函鎧也⿰金函即函鎧亦甲也然則掩函者止甲也甲何以止謂戰敗而棄甲於地也孟子梁惠王篇所謂棄甲曳兵而走是也故曰掩函弗射謂敵既棄甲而走我弗射之也孫詒讓閒詁顧云函疑亟

之形誤又云又疑甬當為㒳之誤何其謬與

強則助之胥車㓾槖強疑讀為僵畺聲強聲古音同部例

得假借字俗作殭死人之謂也此作強下文兩作施施疑

讀為屍尸聲也聲雖不同部而通轉亦近例亦得假借字

通作尸亦死人之謂也曰強曰施總謂敵人之戰死者上

文既言勝則敵敗可知勝必死者少敗必死者多多則載

死之車且不足則勝者助之以車故曰強則助之胥車謂

僵則助之胥車下文兩言施則助之胥車猶謂屍則助之

胥車謂敵人之戰死者我則助之胥車耳上言強下言施

文異而義同畢沅本據下文改此強亦為施則歸一律然

而苟不明乎强施之假借即施義仍無可說也明乎强施之假借即存强文無害脣車必是戴死人之車名足之言猳也儻取其猳通使可出尸氣若後世風涼車之制爾

勝將因用傳術邕案將字葢涉上文行傳作儒王念孫雜志已訂

是為羣殘父母邕案羣字讀當逗殘父母三字連讀言為羣衆之殘暴父母也

伏尸以言術數邕案言字據孫詒讓閒詁謂當作意即億之省然則術字恐是兆字之誤隸書兆字與篆文行字相類兆誤為行又因與數字連文行數無義而誤行為術耳

十萬曰億十億曰兆伏尸以億兆數甚言其多也

墨子一

三十九

香草續校書 墨子二

050463

香草續校書

南匯于鬯

墨子二

經上篇直參也　鬯案此直謂日直日食之語至今猶為恆語見室中日光之直則謂之日直也何以言此直為日直也下文云此書旁行故讀者當閒隔讀之此句實承上文日中缶南也而言（缶即正字）彼日為頌字若云日中正南也日直參也則直為日直明矣何以言日中正南而日直參也言日中則自日言之中國既居赤道之北則日中正南無可易也言日直則自日之光言之日之光射入於室而見其

直室向正南則亦正南矣室或斜偏於東或斜偏於西則參差而不能正故曰直參也

令不為所作也鬯案此不字疑當作必書中必字多譌為不如經說云不若金聲玉服必若金聲玉服也不利弱子亥必利弱子亥也亥即孩字說文口部以孩為咳之古文然亥部云亥从乚象裹子咳咳之形則亥字中已有孩子之義不以其言之當也必以其言之當也功不待時若衣裘功必待時若衣裘也不夾於端與區內必夾於端與區內也此類不勝枚舉此言令必為所作也故經說云所令非身弗行即詩節南山篇所云弗躬弗親庶民弗信之義論語子路篇子路問政孔子告以先之亦此意也

益身先則不令而行不先則雖令不從故令必先自爲之然後行也是必爲所作也非不爲所作也必誤爲不則如畢沅注云言使人爲之不自作不與經說義反乎

平知無欲惡也𢘫案平者謂平旦之氣也此書傍行此句實承上文臥知無知也夢臥而以爲然也二句而言故經說云臥夢平惔然平與臥夢并釋則平之爲平可知益即孟子告子篇所謂其日夜之所息平旦之氣也故曰知無欲惡也亦即彼言其好惡與人相近也者幾希矣下文利害諸云云又豈非其旦晝之所爲乎

辯爭彼也辯勝當也𢘫案上也字當作而辯一字逗爭彼

而辨勝當也乆字連讀此書旁行辨爭彼而辨勝當也與下文窮知而縣於欲也爲對文則上也字之作而明矣辨爭彼而辨勝當者與下篇言謂辨無勝必不當説在辨意可參

治求得也肯綮治如治天下之治治之者正爲求有所得畢沅注云言事既治所求得是讀作天下治之治有虛實之辨蓋因經説云吾事治矣人有治南北故以爲既治而所求得不知云吾事治矣而又云人又治南北正見治之無盡而所欲求得者尚多也彼文有當讀爲又

知閒説親名實合爲肯綮閒字畢沅本改作聞是也此當

以知字讀逗聞說親名實合為文字為句言知有此文義也而畢注云知句聞說親句名句實合為句孫詒讓閒詁亦云知句聞說親言知有此三義名句實合為言名有此三義竟皆以一項分作兩項然畢新考定旁行本卻以兩項并作一條而孫重校正本遂作兩條俱在下截致上截因此闕一條殊所不解經說云知傳受之聞也方不㢓說也身觀焉親也所以謂名也所謂實也名實耦合也志行為也則明以文義平列釋一知字也而兩家於彼文亦分兩項更不可解

君臣萌通約也遂案萌蓋讀為盟故曰通約也君臣二字

三

頗疑行文然經說亦出君字特義不了要即連讀謂君與臣盟耳畢沅注疑同名（說云君以若名者也彼名字正恐誤文）或同氓殆並非是

服執說巧轉則求其故大益隆案此蓋當讀巧字句則當讀為側莊子列禦寇篇陸釋云側或作則是其例矣轉則者轉側也轉側者猶言反復也服執說巧苟非上智之質豈能一服說而即通其故故必反復求之其為益亦大矣故曰轉側求其故大益若云反復求其故大益也經說云取此擇彼問故觀宜即反復求其故之謂矣此條在畢沅旁行本本止作一條惟畢讀於轉字為句則非也孫詒讓

重校本乃分作三條讀說字句以服執說為一條巧轉則
求其故為一條大益為一條亦既破碎而無理又欲移大
益一條在巧轉之上其諸太多事乎
動或從也止因以別道讀此書旁行缶無非卷案動或從
也止因以別蓋為一條動與止對從與別對一條中自為
對如上文欲缶權利惡缶權害之比惡上舊有且字孫詒讓閒詁云疑衍今依
刪惟此句法稍差耳缶無非三字當在道字下缶即正字
正無非者解道字之義也道正無非四字亦為一條讀此
書旁行五字是後人注語總指通篇旁行下不得復出缶
無非三字畢沅注云即正讀亦無背於文義也其諸強解

墨子二　四

甚乎
下篇所存與者於存與孰存鬯案存與蓋即存也與特語辭耳王引之釋詞與有語助也一釋云與字語助無意義此兩與字亦其類矣故經說云室堂所存也其子存者也單言存不言存與明與字語辭無意義故者卻也其子謂居室之人此問所存者於存者孰存猶問室堂於居室之人孰存耳故曰所存與者於存與孰存孫詒讓閒詁乃於者上增一存字以合說所存存者之語則於存與孰存句將何以解之由未察存與之即存與字無意義也

二與鬭鬯案二上當脫說在二字下文云說在見與俱可

例此說在二字貫至下文夫與屨句而止猶彼說在二字貫至下文廣與循句而止文法一律

說在病𢍰案病葢讀爲炳炳病並諧丙聲故得假借說文火部云炳明也說在炳者謂說在明耳上文云取物之所以然與所以知之與所以使人知之不必同然則謂但能明其故而不在說之同也譬如今之爲算學者同一問題或用九章此術或用彼術或用天元或用代數而皆能得其數明其理然其說不同也

狗犬也而殺狗非殺犬也可𢍰案既云狗犬也則犬即狗矣殺犬即殺狗矣何以殺狗非而殺犬可𢍰聞之先師鍾

朝美先生曰古祇有殺字無弑字而上殺下及敵者相殺讀殺短言之下殺上讀殺長言之其字則皆从殳杀聲之字弑者後出之字从殺省式聲凡六藝羣書在公羊前者皆有殺無弑也其參差淆亂并公羊中字亦不盡一者皆寫本刊本之失也其說今見穀梁補注隱三年經撰異竊謂以先生此說讀此文方始有義蓋殺狗之殺讀殺長言之殺犬之殺讀殺短言之殺狗殺犬狗犬特互文耳非有意義意義不在狗犬而在兩殺字也試問殺犬殺狗有可謂之弑犬弑狗乎故曰殺狗非殺犬也可若云弑狗非殺犬可耳蓋謂之弑則非謂之殺則可也不在狗犬也經說

云謂之殺犬可是固在說謂之之例也

無久與宇堅白說在因鬯案無久與宇益當屬上文說在

之下此篇亦本旁行故當闕剕之大其沈淺也說在具一

條讀之則無久與宇與上文說在正連文且上文云不堅

白說在說在之下明有脫文說在無久與宇與上文說在

見與俱同一句法也堅白與不堅白正反對不堅白說在

無久與宇堅白說在因文法亦至顯矣以旁行之讀豎行

讀之即不差誤已處處閒隔不接況其有錯若依豎行之

文以無久與宇四字乙在剕之大之上亦合矣

不可牛馬之非牛與可之同鬯案此不可與可相照則不

可二字明連牛字讀畢沅本孫詒讓本倶以不可二字屬上文殆不然也此文不可牛句馬之句非牛句意謂牛不可以牛之則馬之馬之則非牛矣可之謂可牛之也

以言為盡誖誖說其在言鬯案其在當作在其孫詒讓閒詁已據道藏本吳鈔本乙正以言之言人言也其言已言也以人言為盡誖誖則已必明其所以誖誖之故且必申已不誖之言故曰說在其言

是是與是同說在不州鬯案是是者是人之是也是者其人自是也州疑分字之誤考工匠人記云九分其國以為九分彼下分字當作州即彼量人職謂以分國為九州也

說見前校量人職此州之當為分猶彼分之當為州矣是人之是與其人自是同則何分之有故曰說在不分畢沅讀上是字屬上句非顧廣圻校上文云澤字句注疑不州作不同亦未是經說云故文與是不文同說也亦止言同不言不同經說上篇體也若有端大故有之必無然若見之成見也卷案上若字疑者字之誤體也者與下文知也者慮也者同例皆標經字也大故有之必無然與上文小故有之必不然同例則乂字必上文脫句而錯衍在此此文蓋當讀體也者有端若見之成見也下文云體二之一尺之端也又出體字者複舉經字如下文既言故言也者又出言字既

言必謂壹執者也又出必字不必疑

知也者以其知過物而能貌之若見𢀖彔過字孫詒讓閒詁疑當為遇葢是能貌之者葢此知字如呂氏春秋報更覽齊王知顔色自知論文侯不說知於顔色之知謂其遇物而能發見於貌也故曰知也者以其知遇物而能貌之

若見畢沅連下讀非孫詒已正　若見者正謂此知字之義如見字之義也自知論高注云知猶見也報更覽注云知猶發也發即發見也

佴與人遇人衆循𢀖彔循字書無葢是遁字此讀與人遇為句人衆遁為句經云佴自作也與人遇而人衆遁則惟

有自作矣

為是之台彼也畢案台字顧廣圻校謂讀當為詒孫詒讓閒詁云顧說是也說文言部云詒相欺詒也即今用紿字畢謂如此則為當讀為僞僞為二字古多通用小戴月令記鄭注引今月令作為為詐僞左成九年傳定十二年傳陸釋並云為本作僞蓋惟其僞是非真是也故曰詒彼為是上舊本複行為是二字孫詁已訂

民若畫俿也畢案此句與上下文不類疑當在上文誹必其行也其言之忻下脫於彼而行於此也彼上文云譽之必其行也其言之忻使人督之是其言之忻下有使人督

之一句則誹必其行也其言之忻下必脱一句可知以此句上掇文例正合虒即虎字虎惡獸也畫虎之義與經言誹明惡之義亦可合

若斯貌常卷𢄊常本裳字說文巾部云裳下裠也重文作裳是也此釋㢓上文庫當作㢓盧文弨校故以裳比裳㢓蔽之具也釋名釋衣服云裳障也所以自障蔽也是也障即㢓字惟斯貌二字無義竊謂斯貌蓋古語此當以音求之不當以義求之斯貌者細密之謂也細與斯密與貌並一聲之轉故細密音轉為斯貌也斯貌裳者或古謂裳有此名目實言細密之裳也謂以細密之帛為裳而即名其裳為細密也

葢試以粗疏之帛為之則其內衣仍當隱見猶不足以障蔽惟其細密然後能障蔽其內故不第曰若裳而曰若斯貌常

户樞免瑟卺緊句上疑脫若字上下文通例

無久之不止當牛非馬卺緊當牛非馬似應作當馬非牛葢馬行疾故為無久之不止無久之不止者疾行之謂也若牛行緩則為有久之不止矣有久之不止者緩行之謂也此言無久之不止明應作當馬非牛不應作當牛非馬下文云有久之不止當馬非馬當馬非馬正合作當牛非馬當馬非牛者以馬為當牛為非也當牛非馬者以牛為

墨子

當馬為非也

若弟兄一然者一不然者毖案若弟兄釋上文必字之義一然者一不然者別泛指人不承弟兄言弟兄則同然者猶下文所謂兄弟俱適故可必也如一然者一不然者則不可必矣故下文云必不必也是非必也孫詒讓閒詁云有必有不必是非所謂必也

圜規寫攴也方矩見攴也毖案見字孫詒讓閒詁謂亦當為寫是也以兩攴字為交字之誤則未敢信竊謂上下文文字多為之字之誤此兩攴字亦之字之誤也益之誤為文文又誤為攴耳且攴字隸書作攵正與草書文字作攵同體其與文同為之之誤益可知圜規寫之也方矩寫之

也寫之猶言圖之也則句自可明
厚惟無所大幾案無語辭墨子書中多用惟無或作唯無
唯毋雖無雖毋見於尚賢尚同非攻節用節葬天志非樂
各篇者不一而足無字若毋字皆為語辭著於王念孫尚
賢篇雜志然則厚惟無所大者亦言厚惟所大也故以釋
經文厚有所大也若無為有無之無則經言有所大而說
言無所大不適相反乎畢沅注云言唯其大無所加是所
謂大與凡他處作毋者畢輒改作毋同為臆説
堅白之攖相盡體攖不相盡端幾案堅白之攖攖字蓋涉
上下文而衍也此援堅白之相盡以明攖之不相盡讀當

墨子二　　十

於體字句端字句若云堅白之相盡者體也攖之不相盡者端也堅白之下必不當有攖字其為衍文無疑孫詒讓閒詁讀堅白之攖相盡為句體攖不相盡為句遂無以處一端字而以為上文尺與或盡或不盡句中脫字誤錯於此豈其然乎邕并謂上文攖尺與尺俱不盡端無端但盡亦讀至盡端句言尺與尺俱不盡者端也但無端盡矣蓋尺與尺量帛則遞起其端故不盡至於無端則及尾矣安得不盡其尺與或盡或不盡句中信有脫字竊恐尺與下即脫堅白二字非脫端字故承之曰堅白之相盡體攖不相盡端

意規員三也𢇍案規即員員即規規員止是一而已則意與規員止是二而已不可謂三規員二字必有一誤或作意規矩或作意方員蓋意者不規不矩不方不員之謂也故與二者共為三

彼凡牛樞非牛𢇍案樞蓋讀為區區者區别之義言凡牛之别於非牛也

為欲雝其指𢇍案雝字字書無據下文云而猶欲雝之則離之是猶食脯也以離之承雝之則彼之雝字明離字之誤則此之雝字并下文諸雝字皆離字之誤矣畢沅注以為雖字異文未敢信備蛾傅篇云令有力四人下上之勿雖彼雖當作離備穴篇云令一人下

墨子二　十

上之勿離可證俞蔭甫太史平議　又下文云離脯而非恕
已校是墨子中亦有誤離為難者
也離指而非愚也恕字亦字書無與愚字對明即智字畢
以為悊字異文亦未敢信墨子書中多以智為知故以恕為智今案孫詒讓閒詁恕字
已訂正其以離為斲之誤則下文而猶欲斲之則離之仍
不接或者改彼則離之亦為則斲之要離之義亦如斲義
耳

早臺存也鬯案早即皁字古無皁字止作早皁臺賤役也
常伺候主人呼則聞故以為存之義

鼃買化也鬯案買蓋黽字形誤

中央旁也鬯案中央與旁義正相反以旁釋中央似可疑竊
謂中字从丨从口丨者中央也口者四旁也是中字内原

賅中央四旁之義此蓋以央旁釋中非以旁釋中央央旁者即謂中央與四旁也然則讀當以中一字句不當以中央二字為句說文冂部云央旁同意央旁二字連文益出於此

下篇包肝肺子㤅橐包蓋讀為炰依說文作炮火部云炮毛炙肉也炮炰特字體上下與左右之異

若為夫勇不為夫㤅橐勇上當有以字上下文句可例孫詒讓閒詁亦云然惟勇字殊不可解為夫不為夫何與於勇不勇孫謂上夫為勇夫之夫下夫為夫婦之夫則上句為非以人是不為非下句為屨以買不為屨不舊誤衣依孫說改兩

墨子二

十三

非字兩屨字又何異乎是知兩夫字亦必不異也竊疑勇
乃寡字之誤寡與勇字形略類故誤寡為勇兩夫字皆為
夫婦之夫寡則夫亡矣故曰不為夫
偏去未凳槩未當為夫字形誤夫者語辭之夫也上文云
二與一亡不與一在譬謂一物劈破為兩半則終成二矣
不得復并為一也然使去其一半則一轉不亡而在也言
欲求一惟有偏去之耳即經謂一偏棄之也故曰偏去夫
是承作轉語故用夫字為語辭夫誤為未則不可通或屬
下讀更無義
不若數與美凳槩此數字蓋猶今人所謂數衍耳與當訓

為王引之釋詞有與猶為也一釋引韓非外儲說及戰國西周策秦策以證此敷與美亦謂敷為美也上文云有文實也而後謂之無文實也則無謂也各四字句畢沅讀兩文字句非孫詒讓閒詁已正文實者猶今人所謂意義耳無意義則無謂無謂則下文所謂報也孫詁云報疑當作執是不可以無謂也既無意義而又不可以無謂則惟有敷衍之而已故曰不若敷衍為美也下文云謂是則是固美也謂他舊作也依孫詁改則是非美言謂此為美則此固美也謂他為美則此即非美益既無意義所在隨所謂而謂之所謂敷衍也經云謂而固是也說在因彼因字益當讀為茵席之茵

茵引伸有敷義書顧命席皆言敷故說以敷衍說之

舉不重不與箴鬯案不與箴畢沅注疑當云不舉箴是也上不字蓋即涉下不字而衍舉重不舉箴謂舉重不舉輕耳

猶氏霍也鬯案氏當讀為是小戴曲禮記鄭注云是或為氏漢書地理志顏注云古字氏是同然則猶氏即言猶是語辭也

在堯善治自今在諸古也自古在之今則堯不能治也鬯案此二十一字蓋當在下文所義之實處於古之下合彼上文云云皆釋經堯之義也生於今而處於古而異時說

在所義之說錯簡在此今下文所義之實處於古之下有若殆於城門與於臧也九字殊不可解孫詒讓閒詁謂當在上文無讓者　未讓始也不可讓也之下甚確是彼有衍入之字即知有脫去之文

若在盡古息巻累古亦息也古之言苦也爾雅釋詁云苦息也古之言䖏也廣雅釋詁云䖏息也苦仍是借字䖏當為尃字而其字不說見文竄謂求本字當即居字耳說詳詩日月篇逝不古處校古息猶古處也古處者居處也古息者居息也上文云景光至景亡當依俞蔭甫太史平議讀景一字句光至景亡句云所以有景由無光也光之所至

　十四

則景亡矣若在盡古息又與上句反復相明言景若在則光盡古息也其說至明惟解盡古為終古則不然此當以古息連文不當以盡古連文益俞猶未省古字之亦息義也

鑒中之內鑒者近中則所鑒大景亦大遠中則鑒所小景亦小而必正起於中緣正而長其直也鬯案內當讀為納鑒中之納鑒者為句謂如以兩鑒縣於東西兩壁則皆鑒室中之物而東壁之鑒又納西壁之鑒所鑒之物西壁之鑒亦又納東壁之鑒所鑒之物東壁之鑒又納西壁之鑒所鑒東壁之鑒所鑒之物西壁之鑒亦然層層納入長至

於無窮其第一層所鑒室中之物最近最大鑒中之景亦大第二層所納彼鑒中之物較小鑒中之景亦較小第三層所納彼鑒中所鑒此鑒中之物自更小鑒中之景亦更小長至於無窮愈遠則愈小故曰近中則所鑒大景亦大遠中則所鑒小景亦小中者即謂人立室中之位也此指鑒對直之物納入於鑒者而言故曰而必正起於中緣正而長其直也下文云中之外鑒者近中則所鑒大景亦大遠中則所鑒小景亦小是指中之外鑒者謂鑒旁之物斜納入鑒者故曰而必易合而長其直也合下於字當衍否則於下或脫一鑒字王雜志引之說於下脫中字未是兩條不過分鑒正納之物景與斜納之

墨子

物景而言皆鑒中納鑒之說實一理而已蓋因經言景作舊量依王引之說改一小而易一大而缶說在中之外內故特別外內而兩言之而畢沅注及孫詒讓閒詁皆斷鑒中之內為句則以下多不可解矣孫詁以突鏡解之殊附會且內即中也鑒中之內句法亦太無理乎至下文又云鑒鑒者近則所鑒大景亦大亦遠所鑒小王引之云亦遠當作亓遠亓古其字鬯謂亦遠依文例當作遠則然作亦遠辭尚無害王改此作亓不逮其改公孟篇諸亦字之當景亦小而必正景過正此條當是說中之說而雜入於說中者鑒鑒者即鑒中之納鑒也正景即正起於中也過正即易合也蓋正因兩條不過正納斜納之別而文繁若此故并一條言之古人注書有正

文多而說之轉簡約者不似後人之注注必詳於正文也嘗昔聞之先師鍾朝美先生云小戴中庸記雖有其位一節凡二十九字鄭康成說之云言作禮樂者必聖人在天子之位以十三字說二十九字其義大了朱子無以易之益得此古法與注文而雜入於正文亦古書所恆見就如備城門篇既云夫四分之三在上夫舊誤失孫詁云皆為夫趺之借字又云耤車夫長三丈丈舊誤尺孫詁云當作丈四之三在上之舊誤二孫詁云當作之又既云凡輕重以挈為人數為薪蕉挈壯者有挈弱者有挈皆稱亓任又云凡挈輕重所為使人各得亓任使舊誤吏蘇時學刊誤云當為使孫詁謂耤車二句凡挈二句皆注錯入正文凡挈二句亦注

墨子

（文簡於正文）是在墨子書中已有近例校者所當知矣正納斜納要皆鑒之所及若鑒之所不及則鑒中不能有景遑論大小此則而必二字之意義也

車梯也重其前弦案其前二字蓋涉下文而衍車梯也重謂車梯重也下文云弦其前載弦其前載弦其軲而縣重於其前是梯挈（梯舊誤⿰土弟依畢沅改）弦即下文繩之引軲之繩也載與再通既弦其前再弦其前再弦其軲則并有三繩引之挈字當斷句舊屬下讀非也（畢挈下無注而於梯下有注然畢書例注語或即出其字下故不盡句斷殆未始不讀至挈字句未可知）蓋因車梯重不能挈故詳言挈之之法云是梯挈不云梯前挈則知挈者梯也非僅挈梯之

前也即知重者梯也非獨重梯之前也其前二字之不當有明矣　又案上文云兩輪高兩輪為輲是四輪兩高兩低必低在前高在後玩縣重於其前一句可悟然則正重在後非在前也孫詒讓閒詁乃云凡車兩輪而平此四輪兩前高後低說殆顛矣蓋由未察此其前二字之衍以為重其前必高其前然恐無其制也

⿰身出倚焉則不正　案⿰身出蓋本作𣦻二字形近而誤說文出部云𣦻槷𣦻不安也⿰身出倚謂不安於倚故曰不正

說以少連是誰愛也　案說者即承上句無欲惡傷生損壽之說也以即似字說已屢著易詩校中今不復贅說似

少連者少連人名殆即論語微子篇逸民之少連也彼少連為逸民則其為無欲惡傷生損壽之說亦宜故曰無欲惡傷生損壽說似少連也其說但知愛身而不知愛人則人孰愛之故曰說似少連是誰愛也自來此少連皆不以為人名故說論語者亦輒引小戴雜記少連大連以證從未有徵及此者由不知此以即似字則少連作人名解為無義耳

若無焉則有之而后無卷案焉與下文天陷為對則必有所指焉本鳥名也說文烏部云焉鳥黃色出於江淮若無焉者謂無焉鳥也無焉鳥必先既有焉鳥而焉鳥飛去之

後乃謂之無故曰則有之而后無書傳中焉字多假借作語辭用此則獨存本義

十二焉叅案二蓋本作一上文云五有一焉一有五焉俞蔭甫太史平議云數至於十則復爲一五有一者一二三四之一也一有五者一十一百之一也然則正因一有五之一爲一十一百之一故特伸之云十一焉若云十亦是一也後人不察徒見五有一一有五則成十二之數因改一爲二誤甚

前則中無爲半猶端也叅案此蓋當讀爲字句上文云非斱半進前取也蓋中者半也既進前取則無所爲中矣故

云前則中無爲也半猶端也止借端以譬半非果指前之端而言故下文云前後取則端中也前後取即斱半矣斱半則中矣端字承此而言云端中明意在中而不在端也孫詒讓閒詁讀半字句訓端爲前云終必前極其端失之

又案此條釋經之非半弗斱則不動説在端然則説之所以必欲及端者正以經言説在端耳其實若止云非斱半進前取也前則中無爲前後取則中也義亦自明不必及端由是觀之説之義其諸亦有不能緊得經之義者與即此强借一端字以譬半足見也

智少而不學必寡[illegible]案少字當是功字之壞文功壞爲力

因誤為少耳惟功字尚當移在必寡之上經云唱和同患説在功故曰智而不學功必寡且下文云智而不教功適息與此句對文則此句之錯誤可知而畢沅注轉謂下文智下當有少字夫智者知也（下文諸智字皆知義）知而不教故曰功適息若本知少其何以教乎彼文不可有少字則此文亦必無少字矣適之為辭猶言直也功適息者謂功直息耳則其患更甚於功必寡也惟先言功必寡故承言功直息必寡上無功字微特此句義不曉而下文適字之為辭亦欠密切矣故知少字必為功字而在必寡上也（今案孫詒讓閒詁必寡上已補功字而不删少字轉欲於下文智下增多字亦恐未然）。

十九

大取而斷指與斷腕利於天下相若無擇也澄案此腕益當作脛上文斷指以存睽彼睽自掔之誤掔即腕正字而意林引彼文作斷指以存脛非也竊恐正因此文作脛而誤涉彼耳彼自應作斷指以存腕故即承之曰利之中取大害之中取小也益腕大而指小也是斷指與斷腕明有大小之別而何得云利於天下相若無擇乎云利於天下相若無擇則必謂斷指與斷脛非與斷腕矣益手足之用手勝於足足行而已手則百事需之故手指不得與足指為相若必與脛為相若是知意林所引之脛字必在此句上文自作腕此文自作脛不可亂也

死生利若一無擇也卷案無擇也孫詒讓閒詁謂當作非無擇也卷謂當作非若一無擇也非字在若一上不在無擇上

非殺一人以利天下也卷案也讀為邪

聖人不為其室臧之故在於臧卷案之字益衍室臧猶言家藏也家藏者家財也聖人不為其室臧者言聖人不治其家財也然聖人豈無家財特人為之治而已故曰故在於臧臧者為聖人治室臧之人也即臧獲之臧也原臧獲之所以名為臧者固因其為主人治室臧者而名之楚辭王逸章句云臧守藏者也是也臧與藏今分兩字古止一

墨子

也

有有於秦馬有有於馬也㐌案上當脫一秦字讀秦有句

有於秦句馬有句有於馬也句

聖人有愛而無利倪日之言也㐌案倪日者墨子書篇之

名今亡矣聖人有愛而無利一語見於倪日篇中故曰聖

人有愛而無利倪日之言也倪日之言也與尚賢篇距年

之言也非命篇太誓之言也句法一律則其為書篇名無

疑距年見彼校特彼為古書此即墨子之書蓋倪日篇中載墨

子與客問答之語此聖人有愛而無利一語乃是客之語

非墨子之語故下文云乃客之言也天下無人子墨子之

言也今本墨下脫子吳寬寫本有

諸聖人所先為人欲名實名實不必名案諸語辭也詩柏舟篇孔義引左傳服注云諸辭小戴郊特牲記義亦云諸是語辭諸聖人者猶儀禮稱諸公耳諸公者公也猶左傳九年傳稱諸孤耳諸孤者孤也說見儀禮飲禮校則諸聖人者止謂聖人耳不必謂諸凡聖人也下文諸以居運命者諸以形貌命者諸其實亦是語辭古人諸字率作語辭而後人率作諸凡解雖得兩通然語辭之說實勝好古者自能辨也又此當以諸聖人所先為句為人欲名為句實名為句實不必名為句謂聖人之所先者為人之欲名也人即

墨子

聖人也非謂他人也此人字不對已言之人乃對物言之人蓋謂物不欲名人則欲名也名必由實故曰實名然有實者不必有名也故曰實不必名孫詒讓閒詁斷為人欲名實為句以名實不必名之上名字為衍殆不然

人右以其請得焉墨案右字恐誤以下文人不必以其請得焉例之則當作必人必以其請得焉人不必以其請得焉兩請字並當讀為情今案孫詒讓閒詁請字已讀正

其類在蛇文墨案文蓋交字形近之誤儀禮鄉射記言楅其中蛇交疑蛇交二字為古人恒言也

小取篇假者今不然也墨案今蓋當作令以令不然釋假

猶語辭假令之謂也凡語辭謂假令必其本事不然如本事為白馬必曰假令非白馬故曰假者令不然也令誤為今則無義矣畢沅注云假設是尚未行則宜云令未然不可云今不然殆非乎

有命非命也非執有命非命也巻案下二非字疑並衍文有命非命也執有命命也與上文一例

耕柱篇一南一北一西一東巻案一西一東據藝文類聚鼎類太平御覽金覽路史疏仡紀諸引皆作一東一西王雜志引之說以作一東一西者是西字與上文雲字為韻是也其以北字與下文國字為韻亦是也而謂一東一西

墨子

當在一南一北之則上非也古人自有間隔叶韻之例一南一北一東一西西字無不可上叶北字無不可下叶何必倒轉王據詩文王有聲篇自西自東自南自北為例彼東字自與上廱字叶北字自與下服字叶而墨子之文不必摹擬文王有聲篇而作也且云諸書所引一南一北句皆在上則足以明此不倒矣

有狂疾歟案三字語不完上文人不見而邪邪字殊無義竊疑彼邪字本在此句末而錯在彼有狂疾邪則語始完下文云然則是子亦貴有狂疾也也即當讀為邪上下語辭正相準照上文邪字王雜志引之案以為服之壞字邪

字既無義則服字之說姑當從之王云而汝也人不見而服未見人之服汝也但謂邪之壞字則必不然服邪形異服何緣壞成邪蓋彼人不見而下自脫一字而邪字則在此而錯入彼者即謂彼文是服字而服初不由邪壞也蘇時學刊誤以為取字孫詒讓閒詁以為助字似更難信

人所以智告之毖案以字當在人字之上以人所智告之即上文所謂葉公子高豈不知善為政者云云葉公既知之而孔子以其所知告之故曰以人所智告之與上句不以人之所不智告義正相明智即知也以字倒在人所下則不可通畢沅本據一本作人以所智告之孫詒讓閒詁

墨子

遂斷人字屬上句亦非也

人之其不君子者古之善者不誅今也善者不作遂緊其為甚之誤誅為誅之誤（下同）也為之之誤誅與上文之術下文之遂皆當讀述近各校家並已及之惟此兩言善者下文三言善者者字實語辭無義之字非指人也益者與諸通諸可為無義語辭故者亦可為無義語辭古之善者古之善也今之善者今之善也故曰人之甚不君子者古之善者不述今之善者不作謂人之甚不君子者古之善不述今之善不作也下文云其次不君子者古之善者不述亦謂其次不君子者古之善不述也又云吾以為古之善

者則述之今之善者則作之欲善之益多也謂墨子之意以為古之善則述之今之善則作之欲其善之益多也諸文各去者字讀之其義自明故知者為無義語辭而不指人也夫古之善原謂古人所已行之善今之善謂古人所未行之善然使以古之善者今之善者為古之善人今之善人胥不可解矣

我何故疾者之不拂而不疾者之拂卺案拂謂還擊也人擊我而我還擊之謂之拂故曰我何疾者之不拂而不疾者之拂

故有我有殺彼以我卺案下有字當在下我字之上殺彼

則彼亡而我存是彼無而我有矣故曰有我

墨子

則還然竊之鬯案還有便捷之義詩還篇毛傳云還便捷之貌是也此乃形容竊者便捷之貌故曰還然竊之或謂其本字當為趯為儇說文走部云趯疾也心部云懁急也疾急皆便捷之義或謂言部譞人部儇皆訓慧義亦相近要之諧睘聲之字多有此義則作還何必是假也

不知日月安不足乎鬯案月疑用字之誤詩天保篇云日用飲食恐此正本詩語為說故曰不知日用不足乎猶言不知飲食不足乎安語辭也

苟使我和鬯案苟當作茍說文茍部云茍自急敕也茍即

經傳通用之亟字苟使我和者亟使我和也非儒篇云曩與女為苟生今與女為苟義王念孫雜志亦以兩苟字為苟然則墨子書中固用苟字矣然竊謂彼文即作苟字亦有義而此文則若苟作必有下文語今無下文語則苟字必不可通其為苟字尤屬顯見者矣儀禮諸言苟敬亦苟敬也苟敬亟敬也彼亟又當讀為極亟敬者極敬也戴震翁方綱陳壽祺洪頤煊諸家皆從苟敬說王引之述聞又卻不從小戴大學記言苟日新亦苟日新也下文苟使我皆視同

貴義篇見楚獻惠王㠯寮獻惠王即惠王然如畢沅注謂楚無獻惠王藝文類聚引作惠王是則其說尚可議以惠

墨子

王為是必以獻惠王為非矣故謂楚無默安見惠王不本諡獻惠乎古人諡法率不止一字如周武王實本諡甯武說見前書大誥校衛武公諡叡聖武見國語楚語齊靈公諡桓武靈見叔弓鎛孫詒讓古籀拾遺說戰國時周諸王見於漢書古今人表者無不兩字諡豈非諡皆不止一字而後人省稱止以一字傳偶有舉全諡者轉為可怪與楚何以必無獻惠也楚惠之本諡獻惠正賴墨子矣

故雖賤人也畢案雖上蓋脫一翟字墨子自稱名也故翟雖賤人也句義顯無翟字則不顯下文云翟上無君上之事下無耕農之苦又云翟聞之同歸之物信有誤者他篇

著翟字者猶不一而足皆墨子自稱名之證也墨子名翟本無疑義獨伊世珍瑯環記引賈子說林言墨子姓翟名烏并載母夢誕說周亮工因樹屋書影遂謂墨子以墨為道今以姓為名以墨為姓是老子當姓老此妄逞辯耳如其說豈孟子當以軻為姓荀子當以況為姓乎

上比之農下比之藥曾不若一草之本乎巻案此舉半見全文法也上文以藥草農稅並譬則此承之其上比之農下當亦有一句若云上比之農曾不若一稅之入乎下比之藥曾不若一草之本乎而下文引湯之說乃止及藥而不及農故於此接縫中省卻一句文法之善也是謂舉半見

全法在古書原有此例顧炎武日知錄說孟子以紂為兄之子且以為君而有微子啟王子比干云以紂為弟且以為君而有微子啟以紂為兄之子且以為君而有王子比干並言之則於文有所不便故舉此以該彼此古人文章之善且如郊社之禮所以事上帝也不言后土地道无成而代有終也不言臣妾先王居檮杌於四裔不言渾敦窮奇饕餮俞蔭甫太史古書疑義舉例有舉此以見彼例即此法也俞亦已徵及顧錄

何有也毖案即猶言何以也以有疊韻今甯波人言有猶作以音

同歸之物信有誤者卺案信有誤者句無義誤字必謂下文云然而民聽不鈞若如孫詒讓閒詁謂理雖同歸而言不能無誤則下句然而字如何可接竊謂以上文求之此誤字實當作揣上文云揣曲直而已故此云同歸之物信有揣者蓋物既同歸則其曲直之理信有可以揣測者然而民聽不鈞然而字方可接然而民聽不鈞者正以雖有可揣測言不能無誤耳言不能無誤之義在然而民聽不鈞句内不可先出之然而上也

公孟篇國為戾虛者卺案戾虛即虛戾王念孫雜志必謂戾虛當為虛戾拙矣即其引莊子人閒世篇陸釋李云居

宅無人曰虛死而無後為厲厲與戾通則虛戾倒作戾虛何害

墨子

知有賢於人則可謂知乎巹案知有賢於人謂凡見解勝於他人此本文義至明不煩解釋乃孫詒讓閒詁採下文之意而說之云謂偶有一事賢於他人則誤矣下文云子墨子曰愚之知亦有賢於人亦有從吳寬本舊作有以然亦有義長正所謂偶有一事賢於他人者是墨子答意也非公孟子問意也偶有一事賢於他人此其不足為智可知公孟子斷不發問矣下知字當讀為智下文知矣哉之知同

迷之反巹案迷之語辭歎聲也猶言末之蔑之末蔑迷並

一聲之轉說詳前左文五年傳校此因程子無辭而出故墨子呼而反之曰迷之反發數聲而呼之也畢沅注云言惑於此說者請反云云失之孫詒讓閒詁以迷為還之誤尤非

夫應孰辭稱議而為之敏也鬯案孰字畢沅注謂當作執蓋是也議恐讓字形誤夫應執辭讀略逗謂應執辭讓之禮也故稱讓而為之是敏也讓誤為議則非其義矣

應孰辭而稱議是猶荷轅而擊蛾也鬯案孰當作執議當作讓同上文見上條惟上文云夫應執辭稱讓而為之敏也此則云是猶荷轅而擊蛾也其不敏甚矣何以同一執辭

墨子

稱讓而義直相反則辭字殆又當誤也辭益當作吾其作辭者即涉上文而誤吾者即承上文兩吾字而言也上文云厚攻則厚吾薄攻則薄吾王雜志引之說吾讀為利禦寇之禦禦古通作吾引趙策守吾之具以證其說甚確應執吾而稱讓者應執禦而稱讓也應執禦寇之道而乃亦稱讓不亦不敏之甚乎故曰是猶荷轅而擊蛾也擊蛾何須荷轅荷轅而擊蛾信乎其不敏矣畢沅於上文執字謂當作執而不云下同又不知議之當作讓則安知辭之當作吾其意似以執辭稱議為敏以執辭稱議為不敏則試問其義云何哉　又案上文論儒則此厚攻則厚禦薄攻

則薄禦亦指儒而言觀於此知當時儒之攻墨益亦甚矣
故墨子以為於儒應執禦而不應執讓也
欲使隨而學毖案欲使者其意將然之謂也隨當讀為惰
管子弟子職篇云有隨執燭今本隨作墮此依宋本謂有惰執燭也
又形勢解云臣下隨而不忠彼宋本隨作墮謂臣下惰而不忠也
惰字並借隨為之此其例矣學上益脫不字謂此人將惰
而不學也故下文子墨子曰姑學乎必其惰而不學故語
之姑學又云吾將仕子勸於善言而學善言者即吾將仕
子之言也猶下文云當為子沽酒勸於善言而葬善言者
即當為子沽酒之言也夫至勸於善言而學則其惰而不

二十九

墨子

學更可見矣且下文又云子不學則人將笑子故勸子於學明出不學字與此不學正相照此文之脫不字益明矣昧於不字之脫則焉知隨字之讀云欲使隨而學一若欲隨子墨子學者下文皆不可通矣上文云有游於子墨子之門者則固從子墨子學者也故曰欲使謂其將然云或疑使字為行

魯問篇讎怨行暴失案讎怨二字不平列讎怨者謂怨上而讎之也即如桀殺關龍逢紂殺王子比干之等讎怨行暴與上文說忠行義為對文說忠者忠我而我說之讎怨者怨我而我讎之夫聖王之所謂忠即暴王之所謂怨也

故不必如俞蔭甫太史平議改怨為忠且上言義而此不言義而言暴若上言忠而此亦言忠轉非文例矣

毆國而以事齊兆案事齊者從事於齊謂與齊戰非謂服事齊故曰毆國

過必反於國兆案過讀為禍

孰將受其不祥兆案不祥謂不義也祥字本有二義說文示部云祥福也一云善訓福之祥則災祥之祥訓善之祥即義之謂矣詩文王篇陸釋云義善也是也上文云刀則利矣則此言孰將受其不祥者若為訓福之祥必被殺者受其不祥而下文云試者受其不祥則謂殺人者受其不

墨子

祥不謂被殺者之不祥是不祥即不義之謂也非謂不福也下文子墨子與曹公子語云今子處高爵祿而不以讓賢一不祥也多財而不以分貧二不祥也兩不祥亦並不義也

天加誅焉使三年不全鬯案全者病愈之稱周禮醫師職云十全為上鄭注云全猶愈也字或作痊莊子徐無鬼篇云今予病少痊是也玉篇疒部云痊病瘳也病瘳即病愈此蓋當時鄭君病三年不愈故曰天加誅焉使三年不全下文同

苟不用仁義何以非夷人食其子也鬯案夷人即指啖人

之國言已不用仁義未可以非彼食子也啖人之國在楚之南謂之夷者夷通稱也蠻亦夷也

或所為賞與為是也畢沅本改與是也賞蓋讀為儻古無儻字故墨子書中或假黨為之或假當為之或假尚為之說見尚同篇校而此假賞為之實皆同聲通字也與字依俗作平聲讀儻與二字為句語辭也猶曰儻或然與此句極難措辭蓋二子之一為好學一為好分人財信其出於真則尚有所疑謂其出於偽則未有所決故用儻與為辭以示不定之意或所為者即指二子之所為也言其一為好學一為好分人財儻意正在爭為太子也故

曰儻與為是也此為字依俗作去聲讀是字即指為太子也下文云吾願主君之合其志功而觀焉合志功而觀斯真偽見矣畢既改與為與即於與下斷句並是惟不發賞字之説則必以賞與作賜予義是止可以承上分人之財不足以承好學且語太質實不類當時辭氣孫詒讓閒詁八字作一句讀讀與為譽當更不然

其不御三軍巻案御之言禦也其不御三軍謂其不能禦三軍也以上文例之或不下脱能字亦未可知

不能以封為哉巻案不畢沅注引一本作奚孫詒讓本從之改正是也能字猶恐衍文奚以封為哉義自明不必贅

能字或當在上文聽我言之上而錯在此則未可知

子墨子曰出曹公子而於宋𢌿案曰字而字王念孫雜志並以為衍然曰字信衍矣而字恐是曹公子之名故下文云今而以夫子之教家厚於始也而正曹公子自稱其名也說文而部云而頰毛也取人身上字命名者如樊皮狐毛荀首皇耳公子牙公子黑肱之類亦不少則何疑乎以而為名然則而不可謂衍

吾未知夫子之道之可用也𢌿案可讀為何

然而反王𢌿案然而即而也墨子之書用字好複疊已略見於明鬼篇校下文云越人因此若埶楚人因此若埶此

墨子

若即此也埶舊誤作執王念孫雜志訂又云猶若相制也猶若相害也猶若即若也不單曰而而曰然而猶不單曰此而曰此若不單曰若而曰猶若矣畢沅注以然而為然後俞蔭甫太史平議以然字屬上句皆未察墨子文法也

公輸篇以牒為械鬯案此承上句解帶為城而言則牒蓋韘字之借詩芄蘭篇云童子佩韘韘言佩必佩於帶也毛傳云韘玦也能射御則佩韘蓋韘用則著於指不用則佩於帶因解帶而以韘為械宜矣畢沅本依御覽改牒為褋解為禪衣則當云解褋為械與解帶為城作對文不當用以字為承上之辭王念孫雜志依史記孟荀傳索隱以札

牒本義説之尤遠俞蔭甫太史平議據文選孔璋書言墨子之守縈帶爲垣折著爲械以牒爲楪字之借楪即著抑知彼文言折著正與縈帶作對文此言以牒未當援據矣又所謂解帶爲城以牒爲械者不過借帶牒以爲城械指點其守圉之法耳非帶果可爲城牒果可爲械也墨子豈有神術與下文云公輸盤九設攻城之機變一設字足玩盖盤亦必借他物以指點其雲梯之攻所謂設也

備城門篇爲縣沈機長二丈巻案縣沈機盖其器之名也可沈入塹中故其下鑿塹下文云塹中深丈五是也機長二丈而塹中深丈五則沈之猶上出者五尺矣又云塹之

墨子

末為之縣明又可以縣也故曰縣沈機畢沅據太平御覽於縣下增一門字則不以縣沈機為名而名縣門矣縣門二字雖兩見左傳（莊二十八年襄十年）然其同物與否姑勿論要彼自名縣門此自名縣沈機御覽自衍一門字耳備穴篇有轉射機亦以機名器可旁證也

塹長以力為度丞案此力字當不誤俞蔭甫太史平議謂力字無義疑方字之誤竊謂不然下文云塹之末為之縣塹有末則必不方方則無所謂末也蓋鑿塹必自城門起由城門而鑿進內至盡頭處則謂之末其處為之所可容一人故又云可容一人所此一人者司縣沈機者也欲縣

即此人縣之欲沈即此人沈之惟沈不須力縣則必用力縣力與一人之力相準乃可以縣若塹太長則人力且不勝縣力不得縣矣故塹長必以力為度力字之義如此非誤字也或疑此為守城門之具其力必重大諒非一人之力能勝則不悟其為機矣謂之曰機又何疑乎

夏蓋亣上罣案夏當讀為廈淮南說林訓高注云廈屋也說文無廈字故古書廈屋字作夏以說文求之广部有庌字云廡也蓋廈之本字矣夏蓋亣上者屋蓋其上也

喪以弟罣案喪字之義畢沅注訓藏孫詒讓閒詁釋為掩覆未知孰是畢讀連下文氐字句孫以下文氐為兌之誤

卷十二　三十四

讀弟字句似孫優於畢而孫以弟字為茅字之誤則亦恐不然弟蓋讀為鐵古弟與夷通易渙卦匪夷所思陸釋云夷荀本作弟又如明夷卦釋引子夏本作睇又作眱亦其例也書堯典嵎夷史記堯紀索隱云今文尚書及帝命驗並作禺鐵然則弟之為鐵猶夷之為鐵矣喪以弟者喪以鐵也故下文云兌亣端兌者銳也銳其端正謂鐵（銳此）之端耳狗屍之制蓋以木三尺牢縛於弋故上文云狗屍長三尺下文云堅約弋堅約即牢縛也而猶以木為不足以傷敵故又包之以鐵而銳其端也或疑喪字為褱字之誤即書堯典懷山襄陵之襄正包義也依說文作䈥竹部云䈥裛也裛之言包也不必

訓藏與掩覆然仍不敢執今案下文言狗走蚤長四寸此喪字疑當作蚤字形雖不相近義或較優

之厠者不得操蹇案操蓋讀為躁論語季氏篇言未及之而言謂之躁何晏集解引鄭注云躁不安靜也言之厠者宜安靜故曰不得躁此借作操而畢沅注遂謂不得有挾持孫詒讓閒詁并謂下有挩文並非也

匕尺一居屬蹇案居蓋讀為倨句之倨大戴曾子立事記云與其倨也甯句蓋凡物之侈者謂之倨斂者謂之句屬謂斸也斸有句有倨考工車人記鄭注引爾雅曰句欘謂之定欘即亦斸今釋器作斪斸此斸之句者也此言居屬斸之倨

墨子

者也有句斷則宜有倨斷矣亦於其形侈斂分之耳云一倨斷明倨斷一物也若管子小匡篇云惡金以鑄斤斧鉏夷鋸欘彼鋸欘與斤斧鉏夷並稱則謂鋸與欘兩物乖於一字之義且下文所舉亦多主一物言故知此居字當讀為倨不當讀為鋸也畢沅注云疑鋸欘未然

除城場外去池百步鬯案此當讀場字句外去池百步即謂所除之城場也孫詒讓閒詁本於外字斷句非

則民亦不宜上矣鬯案宜與義通義之言議也故宜亦可通議詩文王篇宜鑒于殷小戴大學記引作儀監于殷宜之通議猶宜之通儀矣民亦不宜上者民亦不議上也即

有道則庶人不議之意也俞蔭甫太史平議以不為亣字之誤又移亣字在宜字下似太更張

備高臨篇敢問適人積土為高𠳋槖高亦可為名目益積土為之其名曰高故曰積土為高若止作崇高義則為字不辭矣說文高部雖訓高為崇而云與倉舍同意與倉舍同意則高字本實義矣備穴篇云十步擁穴左右横行高彼高當亦名目即積土為之者雜守篇放此

足以勞本𠳋槖本當為士古士字有作夲者中筆下出即成本字故誤士為本然足以勞本義不可解士者士卒也謂羊黔之法足以勞士卒而不足以攻城故下文云不足

以害城也王念孫雜志於備城門篇穴師選本謂選本當為選士甚確而此校附備城門篇城下樓本卒一步一人下云本當為卒竊疑未是彼本卒葢亦正士卒之誤也左右出巨各二十尺巷案各當讀為閣下文云行、城三十尺行城與巨閣對皆名目也上文云守為臺城閣即臺也然、則巨閣行城即臺城而分言之備梯篇言守為行城雜樓行城雜樓亦即臺城也故彼下文亦分言行城巨各彼各亦當讀閣巨閣即彼雜樓也且彼文云左右出巨各二十尺高廣、如行城之法不、知各之為閣則高廣、句如何可俞蔭甫太史平議謂上文皆言行城而此即云高廣如解行城之法義不可通致疑高廣、上脫雜樓二字而豈知

巨各即雜樓斷不容再加雜樓二字也

杖大方一方一尺鉴案杖字據俞蔭甫太史平議謂當作材是也下文出材大字可證方一方一尺者益當作廣一丈一尺廣方疊韻倒可假借一方為一丈之誤文如此句始有義且下文云長稱城之薄厚下既别言長則上不得言方方則廣長悉在内矣故知方為廣字之借也其長稱城之薄厚城之薄厚即極薄必逾丈而其廣乃僅一尺又必無之理故不可以方一複文為衍而知一方為一丈之誤也

兩軸三輪鉴案兩軸而有三輪必是前一軸居中一輪後

墨子

一軸左右兩輪是三輪矣三輪之制亦所當有俞蔭甫太史平議謂三當作四似不必破字也

以弦鉤弦至於大弦畢案云至於大弦則以弦鉤弦者小弦矣弦有大小猶下文矢亦有大小也此著大弦而不著小弦著大弦而以弦鉤弦之為小弦可知猶下文著小矢而不著大矢著小矢而矢高弩臂三尺之矢為大矢亦可知古人文法之精也惟其以弦鉤弦故曰至於大弦弦字似無誤孫詒讓閒詁疑上弦字作距未必然矣

引弦鹿長奴畢案長字衍文吳寬本無長字是也鹿奴者鹿盧也盧奴疊韻字故鹿盧可稱鹿奴即下文之磨鹿也磨鹿

舊誤為磨鹿王雜志
引之云當為磨鹿引弦鹿盧者謂以鹿盧引弦也孫詒
讓閒詁云此疑當作鹿盧收下云以磨鹿卷收是以長為
盧之誤収為收之誤則不然同一鹿盧之用彼言收此言
引文選典引李注云引者伸也引為引伸則與收義正相
反既言引伸弦又曰鹿盧收豈可通乎淮南子説林訓言
引弓高注云引張弓也引弦猶引弓矣
備梯篇及管酒塊脯巻案及乃之誤畢沅孫詒讓本俱改
正管酒者謂酒一管也塊脯者謂脯一塊也惟酒以管稱
似無義豈竟以竹管盛酒邪墨子好儉要亦未可知者否
則脯何以塊稱乎抑古酒器名與樂器名多同名者説見

周禮鬯人職校則安見管之名樂器有之酒器獨不當名邪又或者讀管為盌夗聲官聲古音同部故如捾搯之捾字或作剜是其證矣管酒者盌酒也謂酒一盌也孫詒以管為豋字形近之誤恐不然豋即省作登與管形實不相近至塊字義本甚明至今肉猶稱塊而畢以為搏不免多事矣

爭土吾城鬯察土城者土城門也戰國齊策云衛八門土而二門潰矣鮑彪註云以土塞門而守土門與土城一也鮑言守則非此言攻不言守土之言杜也周禮大司馬職言犯令陵政則杜之是古攻城有杜之之法然則策言衛

門亦未必不謂趙攻衛非謂衛自守鮑自誤解作守耳爭土吾城者謂彼武士爭杜吾城門也上文云煙資吾池煙資者堙塞也（王念孫雜志俞蔭甫太史平議並有說）彼言池謂城池也此言城謂城門也煙資吾池即杜吾城池也爭土吾城即堙塞吾城門也其義互觀自得此土必非誤字畢沅本據御覽改為上大非矣備穴篇以柴木土梢杜之畢云此及杜門字皆為𢼄之假是畢亦明知杜之說矣徒以此作土妄依御覽改上夫亦於假借之例未盡貫澈與土借字杜仍是借字其本字信如畢云作𢼄是也說文攴部云𢼄閉也閉塞之義也又案穀梁成二年傳云使耕者盡東其畝則是

終土齊也彼以盡東其畡為杜其義與土城門有閒或謂彼土齊當讀為隨齊要於此土字即讀為墮亦可備一說非攻篇云墮其城郭以湮其溝池

備水篇鑿城內水耳𡿧累內當讀為納謂鑿城以納城外之水入於耳也耳上或脫一於字耳即上文今耳其內之耳孫詒讓閒詁以為巨字之誤而讀巨為渠𡿧則疑其為井字之誤未知是否

備穴篇城壞或中人𡿧累或即域字說文戈部云或邪也从口从戈以守一一地也又出或體从土作域是許以或域為同字此或中人正謂域中人故承城壞而言域中人

即城中人也城壞故不曰城中人而曰域中人據王念孫雜志此下當接備城門篇為之柰何云云孫詒讓本已據移則意義正協或中人即屬為之柰何々字連讀問城壞則城中人為之柰何也書傳別或於域或字多作語辭然此或字作語辭不可通矣

令亓廣必夷客隊毖案夷蓋有及義古雖無訓夷為及然有訓夷為儕小戴曲禮記鄭注云夷猶儕也儕與及義相成矣及之故儕之也竊謂如詩蟊賊蟊疾靡有夷届罪罟不收靡有夷瘳謂靡有及届靡有及瘳也孟子盡心篇云其志嘐嘐然曰古之人古之人夷考其行而不掩焉者也

墨子二　四十

謂及考其行而不掩也是夷有及義令其廣必夷客隊者令其廣必及客隊也上文云穴隊若衝隊必審知攻隊之廣狹（知原誤如孫詒讓閒詁已正）而令雅穿穴（畢沅本雅改邪邪雅並牙聲二字可通不須改）攻隊即客隊也是既知客隊之廣狹矣故令其所穿之穴必及客隊之廣也不然則夷字不可通

倚殺如城報鬯案報字無義疑亦當作殺古城有殺法考工匠人記云囷窌倉城逆牆六分即言殺法也彼文遥承彼上文為防其閷參分去一而言城六分者謂六分其崇而去其一也說已詳彼校然則倚殺如城殺者亦謂六分其崇而去其一矣

亣木也廣五尺毊案木也二字疑一杝字誤分之小戴曲禮記鄭注云椸可以枷衣者椸即杝字枷衣者謂之杝故枷藉莫者莫畢沅注云幕同案讀為幕非同字亦謂之杝藉莫廣七尺而杝廣五尺則左右外餘者一尺也

中藉苴為之橋索亣端毊案苴即莫字之誤讀為幕孫詒讓閒詁已著橋猶下文以橋鼓之之橋也彼畢沅注云橋桔皋也則此橋亦當是桔皋蓋為桔皋於藉莫之中而以繩索繫於其端也畢注於下而不注於上當失檢耳

十步一柄長八尺什大容二什以上到三十毊案什十據俞蔭甫太史平議謂並斗字之誤孫詒讓閒詁謂上斗字

即料之假字皆是也惟料當在十步一之下謂十步一料其柄長八尺其大容二斗以上至三斗也料字既誤爲什而又錯在大字之上則柄爲何柄乎

用擶若松爲穴戶巻案擶疑楲字之誤集韻侯韻有楲字云木曲枝曰楲一曰木名此與松並言當從木名一訓而木曲枝之義亦可參蓋惟楲木枝曲松亦枝曲故爲穴戶必取此二木也蘇時學刊誤以擶爲桐字之譌似未是孫詒讓閒詁以爲梓字之異文尤杜撰矣

即以伯鑿而求通之巻案此伯字吳寬本作百百疑巨字之形誤蓋巨誤爲百百又誤爲伯也巨者鉅之借字鉅者

謂鉤鉅也下文云客即穴亦穴而應之爲鉤鉅長四尺者財自足則鉤鉅者正鑿穴之器也孫詒讓閒詁疑當作倚必非此言以伯鑿玩一以字則伯必是器名不可以邪倚之義解之

備蛾傅篇敢問適人强弱遝寨此强弱二字不平列謂彼以强凌我弱也故曰敵人强弱適敵通

以爲勇士前行遝寨爲字無義爲或讀爲僞謂真勇士在後而以僞勇士前行欺敵

連殳長五尺大十尺遝寨長五尺則其大不得有十尺十字或衍否則當云大十寸十寸即一尺也猶下文諸言十

四十三

尺十尺即一丈也不言尺而言十寸與不言丈而言十尺同一措辭法也下文云挺畢沅改从扌為从木作梃長二尺大六寸是大必無過於長者即近證

荅為格令風上下迻彔格如今窗格故云令風上下

迎敵祠篇從外宅諸名大祠迻彔從字孫詒讓閒詁謂當作從是也但云城外居宅及大祠寇至則徙其人及神主入內分外宅與諸名大祠為兩項疑未然城外居民豈能盡容城內此止當謂城外所宅之諸名大祠徙其神主入內耳故下文云靈巫或禱焉給禱牲即承諸名大祠言不及居民也

旗幟篇女子為梯末之旗鬯案梯當讀為姊娣梯並諧弟聲末當讀為妹妹字依說文諧未聲不諧末聲然白虎通三綱六紀通云妹者末也又紂妃妹喜或作末喜則安知妹不本作妹諧末聲與說文女部娣妹皆訓女弟也則是娣即妹也妹即娣也如或別之則以嫁者為娣未嫁者為妹然古人自有複語總為女子年少之稱耳女子為娣妹之旗猶上文云五尺男子為童旗童亦年少之稱也或云梯當姊之誤姊妹則不複矣此亦一說蘇時學刊誤疑當作枯楊生梯之梯必非

號令篇必選擇之有功勞之臣鬯案上之字當讀為諸詩

伐檀篇寘之河之側兮彼上之字漢書地理志作諸孟子萬章篇封之有庳後漢書袁紹傳李注作封諸有鼻諸之一聲之轉例可通用虛實之義古人弗泥此之有功勞之臣者謂諸有功勞之臣也

里缶與皆守參案皆蓋者字形誤者之言諸也諸守者謂諸凡有職守之人也畢沅注謂與皆守當為與守皆殆未是孫詒讓閒詁謂當作與有守者下文常見然此不必與下文同意則然矣

缶與開門內吏與行文老之守參案缶與之與當行與行之上蓋即涉上脫一吏字缶開門內吏者里正開門納吏

也吏與行父老之守者吏與里正行父老之守也
絶巷救火者斬巽案絶巷者蓋守巷門禁人之入巷也今
西國救火必絶巷其意蓋防匪人因火劫物耳然巷中人
既出亦不得復入坐視其家物焚盡而不能取攜實虐政也
故墨子處以斬下文云以火為亂事者如法則因火劫物
者自不赦其視西人之法為近情矣
若視舉手相探巽案視字蓋涉上文衍
及非令也巽案非令謂非議在上者之令也此自上文若
舉手相探舉上視字衍見上條至下文而視敵動移者斬當讀作一
長句則也字或衍

諸門下朝夕立若坐各令以年少長相次𨒪案朝夕疑涉下文旦夕而行下文云旦夕就位先右有功有能右字本作佑畢沅本改為佑云此右字俗加人今從之旦夕即朝夕也既旦夕就位先右有功有能則是不以年少長次矣然則各令以年少長相次者明在一日之閒隨立隨坐非旦夕就位之時故不必著朝夕字也其為衍文可知矣

能捕得謀反賣城踰城敵者𨒪案敵字蓋當在踰字之上敵踰城者謂敵人潛踰我城而入者也既城內人有謀反賣城者則豈無敵人潛來者故曰敵踰城者作踰城敵者則義不可通矣畢沅注云當作歸敵脫歸字無論專臆補

字既言謀反賣城則其潛踰城而出已在其中若既歸敵矣其又何以捕得乎　又案下文云一人以令為除死罪二人城旦四人反城事父母去者孫詒讓閒詁云事疑當作弃去者之父母妻子王念孫雜志云此下有脫文不可考竊謂脫文當在此句之下一人至城旦四人十四字當與反城至父母妻子十四字乙轉謂去者之父母妻子或止有父止有母止有妻止有子是一人也除當如考工玉人記以除慝之除鄭注云除慝誅惡逆也然則除猶誅也以令為除為止一人故或以死罪除之或以城旦除之不定當聽令而行若父母妻子有多人則定罪死者二人城旦者四人也

四五

是彼文實無脫下文云守身尊寵明白貴之令其怨結於敵不知是此句之下脫文否

主者門里莞閉竊案者門諸門也孫詒讓閒詁云者諸通是也里字蓋衍蘇時學刊誤謂門里當作里門非也此諸門承上文而言上文云葆宮之牆必三重則門者指牆門非里門牆有三重則有三門故曰諸門也不合著里字

其受構賞者竊案構賞當是謂賞其父祖說文木部云構蓋也从木冓會意木冓則有層累之義既賞其本人又賞其父祖是層累賞之故曰構賞此後世勅誥封典之濫觴矣下文云以與其親親即指其父祖也則構賞之義甚曉而校家未有表出者下文諸言構賞同

候來若復就閒巹案來者來至守宮也復者反至異宮也就閒者承上文信吏而言閒如孟子離婁篇王使人瞯夫子之瞯依說文目部瞯訓戴目門部云閒隙也今大徐本隙誤𨻶則恐閒是正字瞯轉借字从門从月者門中窺月之意也門中窺月引伸之即凡窺伺之義矣戴目之義於窺伺之義轉遠此謂候之一來一復信吏必就窺伺之故曰就閒也所以然者候者欲得其敵情也而又慮其泄我情也故就閒必使信吏上文云勿令知我守衛之備者為異宮亦此意也孫詒讓閒詁止引小爾雅廣詁云閒隙也則其義何以曉乎無乃太簡

士候無過十里鬯案士當為土字之誤候以土為之故曰土候此候蘇時學刊誤謂斥候是也故下文云居高便所樹表表三人守之比至城者三表比原誤北王念孫雜志云北當為比比及也比至城者即謂自十里之土候比至於城也其閒則立三表耳而王雜志王引之說以士為出字之誤據下文候者日暮出之為證然彼文自出字此文自土字兩文候字不同此候自斥候彼則明言候者乃孫詒讓閒詁又援說文人部云候伺望也云斥與候不同不知候為伺望故伺望之所即曰候大凡字之動靜皆一義之引伸淮南子兵略訓高注云斥堠也堠即候之借字明斥候一也且古書以

斥候連舉者甚多斥與候何以別乎雜守篇云候出置田表斥坐郭內外立旗幟候斥分言之是對文有異惟彼言候與斥謂候者斥者即下文所謂遮也今案彼文孫詁亦引兵略訓高注兩云此斥為遮與候異是孫於此亦誤仞斥為遮耳非不知斥候之一也

北至城者三表巹案此北字王念孫雜志改比當是又引之案三表當為五表恐不然彼據下文云望見寇王引之據雜守篇補見寇二字今從之舉一垂入竟舉二垂狎郭舉三垂入王入下補郭字巹案蒙上句有亦可舉四垂狎城舉五垂以彼垂字皆表字之誤五垂即五表俞蔭甫太史平議云垂者郵之壞字郵即表也較王說優謂即此所謂比至城者五表也巹竊謂小王於兩文尚未細會此文與彼文其實不同此上文言土候無過十里土字校見上則此言比至

四十七

城者三表謂自十里之土候比至於城中閒列立三表蓋約二里半一表耳上文云高便所樹表則不必準二里半要大率不離此彼上文已言城上以麾指之則五垂之舉實皆城上舉之即觀於其言狎郭言入言狎城亦足見城郭之閒其相去幾何而顧列有三表邪又豈有寇已入郭而猶舉郭外之表邪然則彼言望見寇者謂城上人望見也言入竟者入軍竟而非謂入國竟也要寇已入三表之內故此三表之舉必尚在彼舉一垂之前此三表自三表彼五垂自五垂不可牽合也焉可以此三字為五字之誤乎

木盡伐之鬯案此蒙上宅室而言王雜志引之曰外空窒當作外宅室謂城外人

家之室也則木謂人家庭中之木與上文樹木不複出其所治則從淫之法鬯案此當讀至則字句孫詒讓閒詁乃於治字斷句非也治則者治之則例也出其所治則者謂縣示所治之則例使人知之也又案從當讀爲縱漢書中縱字多作從不勝舉證顏注每云從讀曰縱從淫者縱淫也之蓋不字之誤

雜守篇救死之時日二升者二十日日三升者三十日日四升者四十日如是而民免於九十日之約矣鬯案救死之時謂城被圍而兵糧甚乏之時也備城門篇言守城之法云薪食足以支三月以上支依畢改舊誤交是食至少必有三

月之糧三月者九十日也今救死之時必不足三月而仍必以三月計之故為九十日之約約者與民約也與民約守此九十日也則必合計其人數與食數矣設每人尚有食二石九斗則以九十日均計之每人合日食三升强然如此則慮民之久守而漸懈也故先給以少而後給以多二十日每人止二升二十日之後至五十日則日三升五十日之後至九十日則日四升故曰二升者二十日三升者三十日四升者四十日（備城門篇云城中無食則為大殺大殺之法當即此法）如此則民勉矣故曰如是而民免於九十日之約矣免當讀為勉孫詒讓閒詁不省免之當讀勉云約謂為危約謬甚

矣
城四面外各積其内諸木大者皆以為闞鼻塞（?）内讀為
納大字疑盇字之壞文說文血部云盇从血大朱駿聲通
訓云盇从皿从大大者象覆蓋形从一一者皿中物也今
隸作盍从去从皿深得六書之意疑篆本从去皿不从大
血也俗字作盒竊謂朱說卻勝許舊說此盇字正是俗之
盒字木盒者以木為之也蓋各積指小物言故納諸木盒
然後便攜取納諸木盒猶慮其易啟也故又為闞鼻畢沅
注闞鼻云言為之紐令事急可曳其說然矣但不察大字
為盇字之壞文則所謂木大者何器乎

守大門者二人夾門而立令行者趣其外各四戟夾門立而其人坐其下鬯案趣讀為趨趨趣二字聲義俱近古書通用不煩舉證孫詒讓閒詁云趣疾行也以疾行詁趣然趣亦疾行之義固無害也惟孫斷句在其外下故又云所以防窺伺者是則專令門外之人疾行過門而豈竟無一人出入門者乎且令門外之人疾行過門而云令行者趣其外句義實不調直也鬯以為此當讀令行者趨為句其外二字下屬各四戟夾門立為句各者謂門左右也各四戟則八戟矣是謂門外夾門而立八戟也而其人即坐戟下其人者亦守門之人而非即二人也以其外二字上屬

將毋以其人即二人顧止二人則安用八戟有八戟則坐其下者亦必八人不言者既云各四戟其數可知也且二人明言夾門而立立者何得忽坐曰立曰坐分别甚明則其異人甚明蓋二人之守門守門内也八人之守門守門外也然則門外之人窺伺正宜八人者防之而二人者之令行者趨實專司出入門之人無與於門外窺伺之人也號令篇云侍大門中者曹無過二人彼亦言大門與此同則彼二人即此二人云大門中中即内也二人之守門内有明證

墨子二　五十

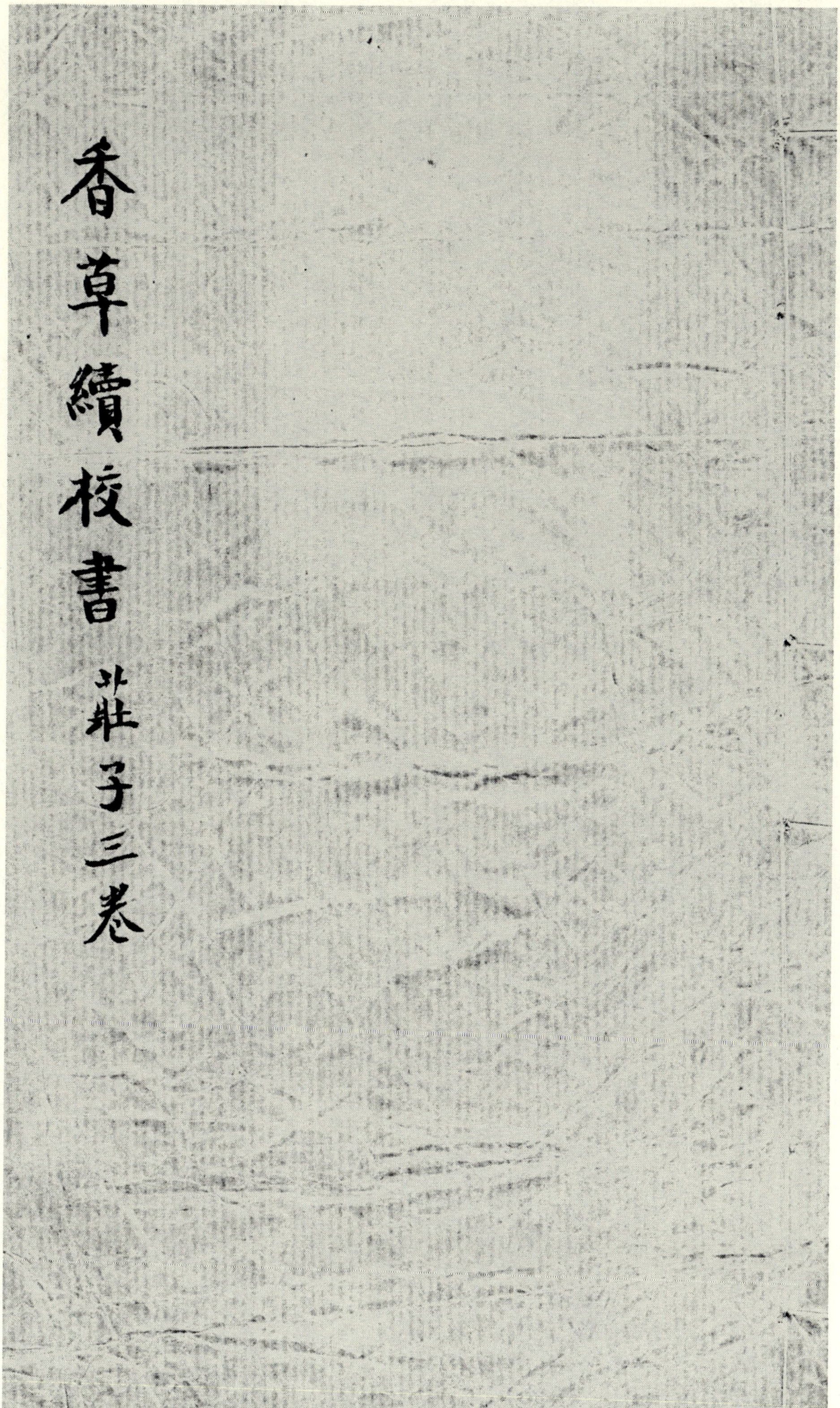

香草續校書 莊子三卷

050464

香草續校書

南匯于鬯

莊子一

内篇逍遙遊篇鬯案天道篇云逍遙無爲也此莊子自注又達生篇云逍遙乎無事之業讓王篇云逍遙乎天地之閒又案逍遙可作須臾解楚辭離騷聊逍遙以相羊蕭統文選逍遙作須臾須臾逍遙並疊韻字須逍臾遙並一聲之轉例得通用故漢書禮樂志須臾作須摇顔師古集注云須摇須臾也然則逍遙遊者須臾遊也知北遊篇云有壽夭相去幾何須臾之說也即逍遙遊之義也故曰若

莊子

夫乘天地之正而御六氣之辯以遊無窮者彼且惡乎待哉無窮二字為一篇主腦蓋不須臾惟有無窮耳苟有窮雖如鵬去以六月息在鵬亦須臾耳冥靈以五百歲為春五百歲為秋大椿以八千歲為春八千歲為秋在冥靈大椿亦須臾耳俞蔭甫太史諸子平議以冥靈大椿為人名卷謂楚之南有冥靈楚人好巫冥靈當是巫者大椿蓋如大撓之類之二蟲又何知小知不如大知小年不如大年卷案二蟲承蜩與學鳩而言此十八字當一氣讀言此二蟲之不知小不及大也故下文云奚以知其然也朝菌不知晦朔王念孫讀書雜志餘編云朝菌蟲名非謂芝菌案此條引之說惠蛄不知春秋明蜩鳩之不

知小知不及大知兩知字依陸德明釋文音智小年不及大年矣郭象注以二蟲為鵬蜩既失之又於何知截斷則小知二句意便黏滯而下文亦隔閡不通此與應帝王篇而曾二蟲之無知意義自異彼於知字斷此必不可於知字斷也十八字作一氣讀則小知不如大知小年不如大年指斥二蟲之無知而已非果莊子有小不及大之旨也於何知截斷則小知二句為莊子之言宜乎談莊學者皆以莊周為貴大而賤小矣則何以云堯讓天下於許由許由曰鷦鷯巢於深林不過一枝偃鼠飲河不過滿腹明蜩鳩斥鴳者許由當之矣然則鵬必堯當之莊果賤由而貴堯者乎莊不賤

莊子

由而貴堯則亦不貴鵬而賤蜩鳩斥鴳矣曷見其貴大而賤小也且齊物論云天下莫大於秋豪之末而大山為小則亦何不可謂莫大於蜩鳩斥鴳而鵬為小乎秋水篇云河伯曰然則吾大天地而小豪末可乎北海若曰否則有問莊子以吾大鵬而小蜩鳩斥鴳者亦必曰否矣又云知天地之為稊米也知豪末之為丘山也則又何不可謂知鵬之為蜩鳩斥鴳也知蜩鳩斥鴳之為鵬也故我謂逍遙遊之主指在無窮而不在大也，

何不慮以為大樽而浮之江湖巹察慮蓋語辭也古語辭有用慮字者初無意義如論語顏淵篇云察言而觀色慮

以下人言察言觀色以下人也漢書賈誼傳云慮無不帝制而天子自為者言無不帝制而天子自為也然則言何不慮以為大樽而浮之江湖者何不以為大樽而浮之江湖也陸釋引司馬云樽如酒器縛之於身浮於江湖可以自渡慮猶結綴也以慮為結綴義然慮字從無結綴之訓且結綴以為大樽以為二字亦不可通要言以為大樽而浮之江湖則自必縛之於身以浮不必於慮字生結綴之義也慮字自語辭不煩生義而其言縛之於身陸氏所謂腰舟者說浮字固不為謬也後人或讀慮為鑢以為鑢瓠而容身瓠內以浮於以為二字卻可通特恐更非莊子之

意莊說皆取自然若必鑢之始浮造作不已甚乎腰舟之說則瓠固仍全其瓠而不鑢壞也

齊物論山林之畏佳鬯案畏佳蓋即崔嵬之謂崔嵬畏佳皆疊韻字特略別於侈斂之閒使畏佳倒言佳畏侈言之即崔嵬之音矣使崔嵬倒言嵬崔斂言之即畏佳之音矣要疊韻顛倒一也侈斂亦一也惟崔嵬二字从山則當是專字畏佳為假借字耳陸釋引李頤云畏佳山阜貌於義固無失而未得其字也

厲風濟則眾竅為虛鬯案此言厲風之作非言厲風之止而郭注云濟止也烈風作則眾竅實及其止則眾竅虛是

殆泥一虛字遂訓濟為止然既不先言其作而遽言其止無此文法竊謂濟當訓渡爾雅釋言云濟渡也謂厲風濟渡之際非謂厲風濟止之後也虛蓋讀為噓謂衆竅為之吹噓非謂衆竅成為空虛也且上文云泠風則小和飄風則大和亦言泠風飄風之作非言泠風飄風之止厲風則其勢更甚於泠風飄風必不僅於小和大和矣故曰厲風濟則衆竅為噓衆竅為噓者即上文言萬竅怒呺也故彼下文云而獨不聞之翏翏乎此下文亦云而獨不見之調調之刁刁乎文同一律若謂厲風止而衆竅空虛亦與上二句意義不倫與下文更不接矣淮南子天文訓云大風

濟亦謂大風渡也即彼下文言涼風至可證涼風言至則
大風必不言止矣而彼高誘注亦誤訓止郭之誤儻即承
彼與今案字有可以上下文雙聲得其義者涼風言至而
大風言濟濟與至雙聲也則濟即至也猶詩何彼禯
矣篇云何彼禯矣唐棣之華邕不肅雝王姬之車既言何
彼又言曷不不與彼雙聲也則不即彼也說亦見詩校濟
可訓至猶不可訓彼濟渡之義猶
為望文　濟之訓止亦是聲訓
六藏　案六藏疑并胃在内陸釋云心肺肝脾腎謂之五
藏今此云六藏未見所出竊謂心肺肝脾腎胃則六藏矣
内經玉機真藏論云胃者五藏之本也然則并胃數之者
并其本數之耳故彼刺瘧篇言肺瘧心瘧肝瘧脾瘧腎瘧
胃瘧六瘧並數明胃得為一藏也

奚必知代而心自取者有之愚者與有焉毕案奚必知代而心自取者有之十一字為句代者更易也許叔重說文人部云代更也漢書食貨志顏集注云代易也知代而心自取者謂知更易其成心者也上文云夫隨其成心而師之誰獨且無師乎益惟知更易其成心者其心方有師若隨其成心而師之雖愚者亦有師矣奚必知代而心自取者始有哉故曰奚必知代而心自取者有之愚者與有焉郭注云夫以成代不成非知也心自得耳云云是讀奚必知代四字絕句則誤讀而誤解矣抑此知字陸釋無音讀如字自通然音智亦正可智代者謂以智更易其成心也

莊子

智與愚相對

大廉不嗛鬯案嗛即讀為廉廉嗛並諧兼聲例得通借大廉不嗛猶言大廉不廉與上句大仁不仁一律郭注以為嗛盈義不可通矣大仁不仁大廉不廉者即老子三十八章上德不德之謂也

道昭而不道言辯而不及仁常而不成廉清而不信勇忮而不成鬯案此五而字當如則字之義古則而二字通用則聲而聲本疊韻也故如管子七法篇云故事無備兵無主則不蚤知野不辟地無吏則無蓄積官無常下怨上而器械不功朝無政則賞罰不明賞罰不明則民幸生凡用

四則字中閒獨出一而字明而即則也彼朱東光本而亦作則乃後人改從一畫又法法篇云上妄予則功臣怨功臣怨而愚民操事於妄作愚民操事於妄作則大亂之本也上下用兩則字中閒亦獨出一而字明而即則也就莊子中亦有可證者如人閒世篇云雜則多多則擾擾則憂憂而不救連用三則字末獨出一而字明而即則也王引之經傳釋詞有而猶則也一釋明乎此五而字之如則字之義然後其文之錯誤亦可案道昭而不道當作道道而不昭謂道道則不昭也上道字道也下道字猶言也即上文大道不稱之稱也下文不道之道亦謂不言之道也老子首章云道可道非常道俞蔭甫太史老子平議云

常與尚古通尚者上也言道可道不足為上道道道即所謂道可道也故其道不昭也此明昭道二字之互誤矣言辯而不及當作辯言而不及謂辯言則不及也上文云大辯不言不曰大言不辯則此當主承辯字不當主承言字上下文皆可比例又下云不言之辯不云不辯之言此明言辯二字之互誤矣仁常而不成成當讀為誠誠與信比信亦誠也仁常則不誠廉清則不信皆謂其仁其廉之不實也且讀此成為誠與勇忮而不成亦不犯複

我欲伐宗膾胥敖崇案此三國據陸釋引崔云宗一也膾二也胥敖三也而陸標宗膾又標胥云華胥國又標敖則

是陸以宗膾爲一國胥爲一國敖爲一國與崔氏異雖引其說實不從之也兩說未見孰勝其以胥爲華胥似較崔略有據竊謂膾諧會聲即可音胡外反不必如陸引徐音古外反華音胡瓜反胡瓜胡外爲雙聲膾胥儻即是華胥之音轉與呂氏春秋召類覽言禹攻曹魏屈驁敖儻即是驁與今案孫詒讓札迻亦徵及召類覽又以宗爲崇山伐驩兜則是宗一國也膾胥一國也敖一國也此又别一說與崔陸兩說亦可兼備者矣人間世篇云堯攻叢枝胥敖叢即宗膾胥又作枝胥抑此雖國名而實指人名言也故下文言三子其爲人名可見矣解家必專以爲國名者殆因一伐字耳然伐之義不必定伐國草木亦言伐他如

伐蛟伐鼓之類不一而足則人獨不可曰伐乎且下文云夫三子者猶存乎蓬艾之閒正從伐字生義是因以伐草木解之矣故以蓬艾之閒取譬蓬艾乃必伐之物而伐之甚易者也存乎蓬艾之閒亦見其可伐而伐之甚易也故又曰若不釋然何哉蓋既可伐而伐之甚易應無不釋然矣而堯乃自以爲不釋然何哉以起下文德之說也三子者必與堯抗者也故堯欲伐之雖然則殊不必伐矣故又曰昔者十日並出萬物皆照十日可以並出堯與三子無不可並立於世也而況德更進夫日乎此節文意至淺顯而說者竟不能明憭故因校宗膾胥敖而遂連及之國名

而亦人名即如堯所伐之驩兜戰國秦策高誘注云驩兜國名而高於淮南子脩務訓注云讙兜堯佞臣也是人名矣是其例也

三者孰知正變崔案三當作二

不緣道崔案緣當訓飾小戴玉藻記鄭注云緣飾邊也故緣有飾義緣道者飾道也何謂飾道道家所謂道空無所有之道儒家之詩書仁義威儀品節制度一切皆道家所謂緣飾之具也故曰不緣道謂不飾道也郭注云獨至者也未得其義

夫子以爲孟浪之言崔案孟浪之說陸釋所引惟向氏謂

莊子

孟浪音漫瀾無所取舍之謂以聲求之似較其引李崔二家說勝李云猶較略也崔云不精要之貌後人支解更何足數竊謂孟浪合音為夢短言曰夢長言曰孟浪孟浪之言猶云夢之言也故下文言夢且云固哉丘也與汝皆夢也非即因此夫子以為夢之言而云邪此亦以聲求於向說之外又當備一解

養生主篇人之貌有與也卷案之當訓則王引之釋詞引左僖九年傳東略之不知及國語晉語實之不知證之有則義益則之一聲之轉亦在可通之例人則貌有與見無與而獨者是天而非人也

澤雉十步一啄百步一飲不蘄畜乎樊中神雖王不善也
巻案此二十二字當别一節與上文義不合郭注本不涉
及上文後人觧者率多牽合非也又神雖王不善也若云
雖神王不善也謂雖奉之為神尊之為王而雉不以為善
也雖字著在神王二字之閒義屬上下此文之變例郭謂
雖心神長王亦非

人閒世篇且若亦知夫德之所蕩而知之所為出乎哉巻
案蕩有亡義論語陽貨篇皇侃義疏云蕩無所據也無所
據非亡象乎又泰伯篇疏云蕩蕩無形無名之稱也無形
無名非亡象乎蕩與出對出猶生也明此蕩當訓亡言德

之所以亡與知之所以生也所為即所以也德之亡亡於名知之生生於爭故下文云德蕩乎名知出乎爭郭注以流蕩釋此蕩字未協要亡之義即由流蕩引伸之義也

順始無窮卷案此始字為語辭即未始之始也蓋知反言之則云順未始有窮今正言之故曰順始無窮上文自目將熒之下所言皆順也此承上而言若云順之則無已時矣郭注不釋始字甚是後人多誤為始終之始殆文不成義

夫以陽為充孔揚采色不定常人之所不違卷案此蓋當讀夫以陽為充為句孔揚采色為句不定常為句舊讀揚

字句定字句非也其義則當借孟子之說反證之盡心篇云充實之謂美充實而有光輝之謂大大而化之之謂聖聖不可知之謂神以陽為充非充實也孔揚采色非光輝也不定常非化也而亦不可知也不定常人之所不違又可以論語證之子路篇所謂唯其言而莫予違也抑此常當讀為尚賈誼新書宗首篇常憚以危為安宋建甯府刊本如此漢書賈誼傳常作尚明二字可通不定尚者謂不定其所尚也

因案人之所感巻案因當讀為恩儀禮喪服傳因母猶恩毋校見彼案語辭猶則也王引之釋詞云荀子臣道篇曰

莊子

是案曰是非案曰非言是則曰是非則曰非也正論篇曰今子宋子案不然言今子宋子則不然也然則因案人之所感者猶云恩則人之所感也上文云不定常人之所不違是畏之也此言恩則人之所感是私之也畏之私之者皆欲求悅君心故下文云以求容與其心史記司馬相如傳司馬貞索隱引郭璞曰容與言自得也文選洞簫賦李善注云容與寬裕之貌皆悅意也

成而上比[illegible]案成蓋讀為誠與齊物論仁常而不成之成同見上校詩我行其野篇成不以富論語顏淵篇作誠不以富明誠成通用孟子公孫丑篇趙岐章句云誠實也則

誠而上比者謂實而上比也故下文云成而上比者與古為徒其言雖教謫之實也實字正解成字又云古之有也非吾有也解上比也分解成而上比明白如此明成即誠矣且使執成字言之其義何在其言雖教謫之實也當讀至之字句實也二字句郭注讀教字句非也

知天子之與己皆天之所子卷案下子字疑予字之誤言天子與己無論貴賤上下皆受生於天故曰皆天之所予若作子則與天子之子既犯複而上文云與天為徒既曰徒又何曰子乎

無門無毒卷案毒字無義疑讀為堂堂毒一聲之轉此雙

莊子

聲假借字也無門無堂猶知北遊篇云無門無房房堂同
也郭注訓毒為治必非

事若不成則必有人道之患鬯案人道猶人言也事若不
成則必有人言讒譖之患故曰必有人道之患郭於上文
寡不道以懽成注云少有不言以成為懽者是明以言訓
道而此注云夫以成為懽者不成則怨矣此楚王之所不
能免也卻遺釋人道二字或以上下兩道字為異義非矣
此言以人言為患故下文有言必或傳之夫傳兩善兩怒
之言云云皆論人言正因此人道發也其曰凡溢之類妄
妄則其信之也莫莫則傳言者殃所以明人言實不足為

我患直彼自為患耳下文同

三圍四圍求高名之麗者斬之邑案此名字可疑恐各字之誤各之言閣也墨子備高臨篇備梯篇並言左右出巨各巨各即巨閣也校見彼然則高各即高閣也高閣猶巨閣也彼言禦敵則軍事有建閣之法又如戰國齊策言棧道不閣則凡險絕之處亦建閣以通道史記高祖紀司馬索隱引崔浩謂險絕之處傍鑿山巖而施版梁為閣是也古之所謂閣有止扉之閣有度食之閣此閣已自戰國始有之宜見於莊周之書若夫河閣則其制更在後矣故陸釋引司馬云麗小船也又屋橾也小船之解於此無施不知

高名之誤故屋檍之說則是非分半其言檍是也其言屋非也
惟河閣始有屋莊子所稱閣必未有屋也故但當謂麗爲
檍而不當謂屋檍秋水篇云梁麗可以衝城亦即此麗字
彼陸釋引崔云屋棟也則視屋檍之義更遠蓋梁者屋脊
之橫木也棟者承梁之木也檍者惟重屋有之今人所謂
閣柵是也檍之言隱也閣柵隱在閣版之下故謂之檍以
檍訓此麗固甚確高各之麗者正謂高閣之檍也三圍四
圍用適合宜故求者斬之閣以各爲之後人不通假借以
高各爲無義因改各爲名而不知高名斯無義矣而麗字
亦遂莫得其真解矣

迷陽迷陽無傷吾行毖案此句法如詩碩鼠篇碩鼠碩鼠無食我黍之類然則迷陽當是物名郭注謂猶亡陽陸釋引司馬謂伏陽疑並未是呂氏春秋本味覽云迷蕩之掔今本迷字誤作述徐堅初學記引彼不誤高誘解以迷蕩為獸名陽之言蕩也迷陽蓋即迷蕩也

德充符篇魯有兀者毖案此兀者別本必有作介者故陸釋云兀五忽反又音界兀何得有界音必係別本作介之音而陸即以音此兀字猶養生主篇惡乎介也釋云介音戒一音兀介亦何得有兀音則即以作兀之本音彼介字耳陸書自有此例故彼又云崔本作兀又作𧿹庚桑楚篇介者拸畫 十三

陸釋亦云介音界又古黠反崔本作兀明彼介也有作兀也者則此兀者亦必有作介者矣而陸於此不云某本作介不免疏略顧云篆書兀介相似尤爲可議篆書兀介二文正絶異謂隸書相似或猶可何云篆書相似乎竊謂此與下文諸兀者及見於他篇用字當本一律作介則諸處皆合作介作兀則諸處皆合作兀今或作介或作兀實雜兩本爲一本也且如下文云中徒嘉兀者也又云而未嘗知我介者也此非雜出之明驗乎似未當以上下異文同義之例說之矣

勇士一人雄入於九軍將卷案此當讀各五字句將者將軍之將也言勇士初特其一人自雄耳而入於九軍之中

為將軍則九軍從之故曰勇士一人雄入於九軍將郭於此無注其讀不著而自來皆讀勇士一人為句雄入於九軍為句將字作語辭連下句讀殆非也

今子與我遊於形骸之內而子索我於形骸之外巻案內外二字互誤

彼何賓賓以學子為巻案學子猶學人也子者男子之美稱故稱學人為學子猶才人稱才子耳以學子為若云以為學子倒字法也謂彼何賓賓然自以為學子也郭注謂學於老聃以子指老聃殆非是孔子生平本以學人自任故論語開首言學又曰學而不厭然則無趾雖與孔子趣

向異亦為能識孔子者矣

資刖者之屨鬯案資字舊讀屬上句非前人已有訂之者此之字蓋猶云以資刖者之屨者謂資刖者以屨也資訓給戰國秦策高注云資給也又齊策注云資與與亦給也資刖者以屨者給刖者以屨也刖者無足給刖者以屨無所用之故下文云無為愛之

為天子之諸御不爪翦不穿耳鬯案為天子之諸御郭下文注云采擇嬪御是也采擇嬪御則其中采不中采尚未有定故不爪翦不穿耳蓋必古時之處女不爪翦不穿耳及其嫁也則為之爪翦穿耳以別之於處女也莊子之言

不盡為典制要據當時風俗如此乃今為天子采擇嬪御脫不中采則必仍還歸别嫁與人若先為爪翦穿耳幾幾類非處女乎故不爪翦不穿耳也下文云形全猶足以為爾彼兼承下條取妻者而言於此句義亦謂形全猶足别嫁與人耳郭此注云全其形也合下文注觀之其意固若是特語太簡略而後人伸郭亦未有為之發明者

取妻者止於外不得復使菴案此必是當時道家之例如是凡得入使者皆未取妻者既取妻則不復入使而止於外故曰取妻者止於外不得復使陸釋引崔本使下有入字其義一也此蓋猶今西教之取不嫁女為使神父至諸

女入值卧房既嫁者亦不得與諸女有犯淫者斥之卷前聞友人言其僦屋與神父卧房鄰於壁穴中竊視得見其使諸女術意其為秘樂也古道家之使未取妻者而外取妻者雖使男不使女蓋必有以矣刻意篇云吹呴呼吸吐故納新熊經鳥申為壽而已矣此道引之士養形之人彭祖壽考者之所存也則道家之有使術也固宜

莊三

大宗師篇亡身不真卷寀真當讀為慎

人之有所不得與卷寀此與字承上文而言上文云其一與天為徒其不一與人為徒明真人無所不得與也故死生命也不知說生不知惡死與人為徒矣其有夜旦之常

天也在夜得夜在旦得旦與天為徒矣此言人之有所不得與正謂不得與天為徒與人為徒則皆因情累之故下文云皆物之情也蓋一有情即天人俱失故上篇惠子謂莊子曰人故無情乎莊子曰然郭注云人之有所不得而憂娛在懷則沒去與字矣其於與字之說蓋未得也

昧者不知也樾案昧當讀為寐承上文夜半而言謂人於夜半負已所藏而走上文山字俞蔭甫太史平議讀汕引爾雅釋器罩謂之汕藏舟藏汕皆以漁者言樾案俞議是也下文云藏小大有宜即承上藏舟藏山言舟大汕小而已尚寐而未覺也

是恆物之大情也樾案此與上文皆物之情也句相照物

之情者暫物也小情也此則恆物之大情矣

特犯人之形鬯案犯當讀為範易繫傳陸釋引馬王張本範圍作犯違是範犯二字通用依說文字作笵書傳則多用範字或通作范荀子彊國篇楊倞注云刑范鑄劍規模之器也犯人之形者蓋正以鑄劍為喻故下文云今大冶鑄金金踴躍曰我且必為鏌鋣大冶必以為不祥之金今一犯人之形而曰人耳人耳夫造化者必以為不祥之人今一以天地為大鑪以造化為大冶惡乎往而不可哉此言特犯人之形即彼言今一犯人之形彼正以鑄劍喻犯人則犯字之義可得矣

可傳而不可受崔案可傳者得其人即可傳之也苟非其人雖欲強受我道而不可也楚辭遠遊篇云道可受兮不可傳可受者其人可受即受之矣苟非其人我雖欲強傳之不可也莊屈兩文用字相反而意實同一下文云南伯子葵曰道可得學邪曰惡惡可子非其人也即所謂可傳而不可受也亦即可受而不可傳也王應麟困學紀聞諸子卷辨此猶未明

偉哉夫造物者將以予為此拘拘也曲僂發背上有五管頤隱於齊肩高於頂句贅指天陰陽之氣有沴其心閒而無事跰𨇤而鑑于井曰嗟乎夫造物者又將以予為此拘

拘也陛業自曲僂發背至跰𨇤而鑑于井一段乃著書者之辭莊周之言也首云偉哉夫造物者又將以予為此拘拘也末云嗟乎夫造物者又將以予為此拘拘也並子輿之辭複舉子輿歎辭而中閒夾入敘事一段文法之變也若論常法必先合敘子輿之病狀然後及其歎辭然雖變法讀之亦使人自了獨怪崔譔之注竟以中閒一段敘事為敘語則誤之甚矣據陸釋出偉哉二字云崔云自此至鑑于井皆子祀自說病狀也又出曰嗟乎三字云崔云此予輿辭夫同一造物將以予為此拘拘一語而分為兩人之辭則一予為子祀自予一予為子輿自予有此文例乎

且果誰病乎又孰有自說之辭而曰其心閒而無事雀讀其心
二字屬上然閒而無事仍非自說之辭且苟自說閒而無事則其不能忘情於事多矣而曰跰躃而
鑑于井乎果自說乎抑著書者敘事乎且曰子祀自說病
狀尤不可解上文明云子輿有病子祀往問之是子祀為
問病之人病者為子輿非子祀子輿病而子祀自說病狀
又有是理乎如謂雀本上文子輿子祀誤倒作子祀有病
子輿往問之則與下文子祀曰女惡之乎曰亡予何惡云
云皆不合如謂下文子祀雀本亦作子輿則何以曰嗟乎
一句卻謂是子輿辭也益正因下文出子祀曰則子祀曰
之上必為子輿之辭故以曰嗟乎一句為子輿之辭而曰

莊子一

嗟乎以上又必為子祀之辭故以偉哉至鑑于井為子祀之辭直不顧上文之病為子輿非子祀亦鹵莽太甚矣其故要不過誤認中間一段敘事為敘語耳明乎中間一段為敘事非敘語則前後並子輿之辭固不煩言而解也淮南子精神訓云子求行年五十有四而病傴僂脊管高于頂腸下迫頤兩脾在上燭營指天匍匐自闚於井曰偉哉造化者其以我為此拘拘邪彼則行文常法先敘病狀然後及其歎辭雖以子輿為子求實本於莊子此文則此文自曲僂至鑑于井為著書者敘事之言益以明矣俞蔭甫太史平議以上文子輿有病為當作子來有病下文子來有病當作子輿有病引精神訓子求又崔引淮南作子永抱朴子

博喻篇亦稱子永永求與來相似與與不相似故知上下
文傳寫互易鬯謂因下文言予來有病故淮南即誤此予
與為予求其為來為求為永孰是不可知
古書稱引每多此類似不必改莊子之文
彼近吾死而我不聽鬯案近蓋迎字之誤迎與近草書相
似

或編曲鬯案此曲為歌曲之曲下文云或鼓琴相和而歌
則其義甚明而陸釋引李乃云曲蠶薄據曲字本義說之
當因一編字不可屬歌曲耳然今人作村歌正曰編或稱
村歌曰里編殆即本此編曲知俗語亦有自來矣

夫無莊之失其美鬯案無莊蓋即閭娵閭無疊韻娵莊雙
聲荀子賦篇云閭娵子奢莫知媒也楊注云閭娵古之美

女引漢書音義韋昭曰梁王魏嬰之美女案戰國魏策梁王魏嬰觴諸侯於范臺魯君擇言有主君左白台而右閭須語閭須即閭娵此韋氏所本須又與娵為疊韻字於莊聲則遠矣戰國楚策作閭姝姝莊亦正雙聲姝娵則雙聲又兼疊韻矣楚辭怨世諫云親讒諛而疏賢聖兮　謂閭娵為醜惡亦正以閭娵為美人親讒疏賢則謂美人為醜惡耳非謂閭娵醜惡也即此言無莊之失其美正見無莊之為美也即閭娵其人矣陸釋引司馬以無莊為人名固無害而引李云無莊無莊飾也望文生義孰甚於此

應帝王篇而未始出於非人瓮案非人與人義相反則非

人者直謂禽獸耳故下文言泰氏一以己為馬一以己為牛非眞禽獸乎其意不過謂有虞氏雖人而猶不免於禽獸泰氏雖禽獸而實乃人故言有虞氏曰未始出於非人言泰氏曰未始入於非人非人為禽獸出於非人即人矣未始出於非人仍禽獸也入於非人真禽獸矣未始入於非人仍人也自來說此文者似皆太深由是言之上文所謂四問而四不知者必是問人所以異於禽獸之說陸釋引向秀以為即齊物論中語當必不然且彼三問而此四問也

香草續校書

南匯于鬯

莊子二

外篇駢拇篇二者或有餘於數或不足於數其於憂一也

鬯案此文今承上文且夫駢於拇者抉之則泣枝於手者齕之則啼而言然二者皆有餘於數無不足於數以此文承之義實不合疑此當在上文是故鳧脛雖短續之則憂鶴脛雖長斷之則悲之下故曰二者或有餘於數指鶴脛之長也或不足於數指鳧脛之短也續之則憂斷之則悲悲亦憂也故曰其於憂一也因此上文四句與彼四句文

莊子

法相類故誤錯於此
臧與穀𢀚案穀即穫也穫穀古音雖不同部而蒦聲㱿聲
通轉甚近臧與穀即臧與穫也要之穀穫並假借字特臧
穫為後人習用而臧穀少見耳其專字當如陸釋引崔本
作㝅云孺子曰㝅是也故論音理借穀為㝅實較借作穫
者轉為切近陸引方言及張揖臧穫之說而別出崔注是
不以㝅為即穫則未通乎聲類矣荀子禮論篇云臧㝅猶
且羞之亦用㝅字正字也
馬蹄篇齕草飲水翹足而陸𢀚案陸下蓋闕一字陸釋引
司馬云跳也字書作踛踛馬健也是司馬氏讀陸為踛然

下文云夫馬陸居則食草飲水彼陸字似不可讀為駐則此陸下實當脫一居字耳陸為水陸恆義並不必讀駐齕草飲水翹足而陸居即猶言陸居則食草飲水也

織而衣耕而食嘗察莊子猶不能廢織而衣耕而食則豈能廢陶匠哉其織也無機乎果有機乎則匠人需矣其食也無盛乎果有盛乎則陶者需矣其衣也無紉乎果有紉乎其耕也無鐵乎果有鐵乎則所需且不止於陶匠矣且其織也取理絲而去棼絲乎其耕也留嘉禾而鋤草莱乎則與陶者之中規矩匠人之中鉤繩何以異哉凡莊子書中可議處類如是讀莊盍不在指摘之例聊拈於此

莊子二

莊子

胠篋篇不乃為大盜積者也邕案此也讀為乎其語自通俞蔭甫太史平議以不為衍文似不然也且下文云則是不乃竊齊國并與其聖知之法以守其盜賊之身乎彼下接言嘗試論之云云與此句下亦接言故嘗試論之云云文法正同則此句可以彼文例矣彼亦有不字明此不字非衍彼句尾用乎字明此也字讀乎也

十二世有齊國邕案十二世自謂田成子以後有齊國者十二世此在史記田敬仲世家司馬索隱早已有說兹據世家田成子襄子莊子太公桓公威王宣王湣王襄王子建止十世尚闕二世故索隱引紀年莊子之後有悼子一

世太公之後有侯剡一世云莊周及鬼谷子亦云田成子殺齊君十二代而有齊國今據系家自成子至王建之滅唯祇十代若如紀年則悼子及侯剡即有十二代乃與莊子鬼谷說同明紀年非妄邕謂小司馬此說當為定論惟莊周生當威宣之際湣襄非其所見子建尤不能及矣若鬼谷則更在莊周前何以能知齊之終末知此文必經後人附入非莊子原書也鬼谷更無論矣但因此如陸釋觧十二世以為敬仲至莊子九世知齊政自太公至威王三世為齊侯故云十二世不數其後而追數其前意以莊周為威王時人故自威王溯至敬仲得十二世要於文義必

不通也上文專言田成子初不及敬仲則必從田成子順數斷無從威王逆數之理一望可知其非且僅據史記耳使據紀年則其所數卻有十四世與十二世亦不合也俞蔭甫太史平議已非之而俞以十二世為本作世世重字作二應作世二傳寫倒為二世而從田成子追數至敬仲適得十二世（此句誤成子當作威王若自成子追數至敬仲僅七世矣）遂臆加十字於其上則於文義雖通夫亦太鑿矣要之此文之解必以索隱為定論也

漸毒　鬯案漸蓋有銳意今人謂人英銳曰尖亦曰尖毒或曰尖刻蓋即此漸字尖俗字也說者以說文金部鑯字為

俗尖之本字固無不可然金部云鑯鑯器也一曰鑴也鑴之訓當近尖而在一曰之下但曰鑯器則安見必尖銳之鑯器乎則不若以彼部鏨字當之云鏨小鑿也小鑿則明有尖銳義矣鏨漸並諧斬聲則以漸爲鏨之假借字於例尤近也史記宋微子世家司馬索隱云漸漸麥芒之狀文選雉賦云麥漸漸以擢芒芒義引伸亦銳義則漸漸疊字形容亦有尖銳之意然正恐漸漸亦實鏨鏨之假字耳漸毒二字平列上下文可例陸釋引李云漸漬之毒崔云漸毒猶深害並貫義説之非

在宥篇有治天下者哉崔本此句據陸釋引崔本作有治

莊子二　四

天下者材失其實與此本不異而云强治之是材之失也則殆誤矣材諧才聲哉諧𢦏聲𢦏亦諧才聲故二字可通用論語公冶長篇云無所取材皇疏及何晏集解並云古字材哉同是也有治天下者材即是有治天下者哉材字當句與無所取材句法正同類失字則疑夫字之誤屬下句昔堯之治天下也讀

說禮邪是相於技也說樂邪是相於淫也說聖邪是相於藝也說知邪是相於疵也[illegible]案四相字無義郭注訓助亦不可通輒疑相為桓字之誤桓實沒字之借桓相形近故桓誤為相桓諧亘聲沒諧𠬛聲𠬛當即諧亘聲說文又部

以叚所以回為回字殆非也説文水部云没沈也然則以
禮為沈没於技樂為沈没於淫聖為沈没於藝知為沈没
於疵故曰相於技相於淫相於藝相於疵也沈没之義方
與上文淫義亂義相比相誤為相作相助義與上文用字
已不類而四於字不在可刪之例乎
今夫百昌皆生於土而反於土樾案昌蓋讀為菖百菖猶
言百草耳呂氏春秋任地論云菖者百草之先生者也是
菖生百草之先故即謂百草為百菖説文無菖字故古止
借昌為之陸釋引司馬云百昌猶百物也然昌無物訓且
云皆生於土謂百草則可也若夫物則動物亦兼矣雖亦

反於土而不必生於土也

天地篇顯則明塋案此承上句不以王天下為己處顯而言似當云不顯則明脫不字而云顯則明意義不協矣下文云冥冥之中獨見曉焉非不顯則明之說邪

夫何足以配天乎塋案何足以配天猶言何足以天配上文云與之配天乎彼且乘人而無天明罋缺將以人乘天是雖人而更高於天矣故曰何足以天配且上文連用方且字下文以雖然作轉其義自顯或本作天配涉上文而倒為配天亦未可知郭於此句無注而後之解者謂罋缺不足與語配天則失其旨矣下文諳芒說神人云上神乘光與形滅亡則更高矣罋缺信未

逮也故下有雖然以下抑辭

治亂之率也北面之禍也南面之賊也卷案治一字句率之言達也說文辵部云達先導也經傳亦以帥為之治亂之率也者猶云治者亂之帥也謂治實亂之先導也故云北面之禍也南面之賊也並專承亂言而不及治明此治亂二字不平列郭注言非但治主乃為亂率則以治亂二字連讀失其義矣郭意止當云治之率也今云治亂之率也故云然孟子公孫丑篇云夫志氣之帥也與此治亂之率也句法正可例又北面南面者不過謂君臣耳天道篇云明此以南鄉堯之為君也明此以北面舜之為臣也明北面指臣南面指君若

云治實亂之先導人臣之禍也人君之賊也郭以桀紂田恆為説亦多事

鳥行而無彰鬯案鳥讀為窅説文穴部云窅窅深也徐鍇通釋云深邃貌也故曰無彰

凡有首有趾無心無耳者眾有形者與無形無狀而皆存者盡無鬯案此讀凡有首有趾無心無耳者句眾有形者句與無形無狀而皆存者句盡無二字承三句而總言之郭注於眾字斷句非

且若是則其自為處危其觀臺多物將往投迹者眾鬯案此當讀危字句觀臺多物連文將往投迹連文其觀臺多

物將往投迹者衆作一句讀危字衆字皆一字論斷文法郭注於臺字往字斷句誤且其注危其觀臺云高顯若臺觀之可觀然則當云危若觀臺其字必無義矣

於于以蓋衆晉案於于蓋當時譏儒語若今人笑讀書者曰之乎之類也於于實即嗚呼但不可作歎辭解

夫子無意于横目之民乎晉案横目之民謂衆字也凡从目之字多作直目衆字从横目下从㐺三人也故横目之民必衆字之說也此殆古小學家言而莊子用之

天道篇此之謂天樂天樂者晉案此之謂天樂與上文複上文言與人和者謂之人樂與天和者謂之天樂故姚鼐

莊子二　七

諳舅氏謂此天樂當作人樂天樂者之天當作夫本云此之謂人樂夫樂者云云未知然否舅氏諱有彬舉人官丹徒縣學教諭

知雖落天地壆案落當讀為籠絡之絡蓋以竹裹物曰籠故字从竹以繩裹物曰絡故字从糸其實同義也落天地者猶云籠絡天地耳文選遊天台山賦云落五界而迅征彼落亦當讀為絡絡天地絡五界同一用字法秋水篇云落馬首亦絡字也是莊書借落為絡亦可例

鼠壤有餘蔬而棄妹不仁也壆案此當據事而言非可臆造蓋老子實有棄妹之事故曰鼠壤有餘蔬而棄妹是其待妹直不如其待鼠矣不仁孰甚也郭注云無近恩故曰

棄意以為非真棄也特無近恩耳陸釋引釋名云妹末也謂末學之徒則并不謂是妹並以老子不應有棄妹之事故必曲為之解豈知彼其視一身猶可棄而况於妹乎天運篇云至仁無親殊不必作斡旋之說也下文云昔者吾有刺於子刺者如刺詩之刺固舉實事而刺之焉有不棄妹而漫謂其棄妹者哉况老子曰昔者子呼我牛也而謂之牛呼我馬也而謂之馬苟非大不近人情之事何至以牛馬自居又曰苟有其實人與之名而弗受再受其殃是老子且明明自仞為實矣

生熟不盡於前而積斂無崖鬯案生熟蓋指祭品物而言

莊子

前其前人也謂祭其前人品物不足耳祭品不足而積斂有餘故曰生熟不盡於前而積斂無崖不盡者不足也無崖者有餘之謂也此亦屬實事故又爲刺之一端郭注亦非

今吾心正卻矣卷槩此正字蓋當作止形近而誤士成綺自謂心能止卻故下文老子謂其似繫馬而止似繫馬而止蓋非真能止卻矣彼止字與此止字正相應且止卻有義正卻則無義也此章問荅上文有老子漠然不應句故下文老子所荅夫巧知神聖云云乃荅上文之問又下文所荅而容崖然云云乃荅此止卻之問而下文所問脩身

若何竟置不荅所荅與所問遞閒又一文法或解下句何故也云仍問前所問頗為得之

苟有其實人與之名而弗受再受其殃毛案此承上牛馬言謂有牛馬之實行人與之以牛馬之名而受之尚一受其殃耳苟弗受則其牛馬之實行一殃也弗受又一殃也是再受其殃矣故曰苟有其實人與之名而弗受再受其殃郭注非

吾服也恆服吾非以服有服毛案服蓋指喪服言吾之喪服無喪而常服非有當服之人而服之故曰吾服也恆服非以服有服且此承上殃字而言其指喪服顯見郭注以

服作容行解非

天運篇故西施病心而矉其里鬯案矉本訓恨張目說文目部云矉恨張目也恨張目與蹙頞之義有別曾見蹙頞而張目者乎西施因病心而遷恨其里人亦情事之所有故曰故西施病心而矉其里後人率以蹙頞解矉字豈謂西施止宜蹙頞而不許其恨張目乎然其里二字必不可通矣致俞蔭甫太史平議以此與下文亦捧心而矉其里兩其里為並涉下而衍豈可說哉下文捧心而矉其里亦正是恨其里人故其里人或至於閉門而或至於去走也若謂醜人效西施之蹙頞又何至是乎縱為寓言亦須顧情

實也至樂篇云髑髏深矉蹙頞既曰深矉又曰蹙頞明分兩事則矉之非蹙頞益可證矣

覯而多責鬯案覯當讀為冓覯諧冓聲故得通借說文冓部云冓交積材也交積之義正與上文不多取不久處相反故曰冓而多責而如則字之義已見齊物論校不多取名不久處仁義何責之有多取而久處焉則其責多矣郭注云見則偽生偽生而責多以見訓覯是誤以覯字本義解之不得不添出偽生一層非旨也

子生五月而能言鬯案此言字當訓笑古謂笑為言左莊十四年傳載息嬀未言謂未笑也說詳彼校子生五月而

莊子二　十

補二

能笑古今所同若言字作言語解非恆事也豈舜之民獨有異乎下文云不至乎孩而始誰方謂其能言語惟誰字不可解竊恐即語字之誤後人不知語與言別因誤語為誰成為不解之文或者讀誰為唯唯應聲也未知然否

蟲雄鳴於上風雌應於下風而化鬯案蟲指螣蛇而言淮南子泰族訓云螣蛇雄鳴於上風雌鳴於下風而化成形此其明據陸釋引司馬云雄者龜類雌者鼈類未是

刻意篇無所於逆粹之至也鬯案逆有亂意廣雅釋詁云逆亂也無所於逆即謂無所雜亂耳故曰粹之至也郭注云若雜乎濁欲則有所不順說轉迂

繕性篇夫德和也道理也德無不容仁也道無不理義也義明而物親忠也中純實而反乎情樂也信行容體而順乎文禮也禮樂徧行則天下亂矣　愚案莊子此文與全書宗旨出入他篇多崇道德而薄仁義禮樂此獨由道德而推及於仁義又由義而推及於忠又推及於禮樂殊無薄仁義禮樂之意承之曰禮樂徧行則天下亂矣然則徧必當依陸釋音遍不當如郭注以偏義説之郭云以一體之所履一志之所樂行之天下則一方得而萬方失也是郭本作偏字而亂實當訓治也亂本義爲治説文乙部云亂治也从𤔔受部𤔔亦訓治从乙乙治之也特書傳多假亂爲𢿢遂爲敗亂之義所奪此則正用其本義也故

莊子

曰禮樂徧行則天下亂矣猶云禮樂徧行則天下治矣與上文言古之治道者前後應照上文用治字此文用亂字異文同義例也　一說此文當讀至義明而物親忠也止中純實而反乎情樂也為別起之語句法一類相連而實不平列莊子書中有此文法逍遥篇云南溟者天池也齊諧者志怪者也庚桑楚篇云公族也昭景也著戴也甲氏也著封也並其例矣且樂也禮也之下獨承禮樂而不及忠以上明於忠也斷頓如此則仍是薄禮樂之宗旨故曰反乎情順乎文情文者道家之所斥也而亂字乃得為敗亂之義矣然徧字仍當從陸釋音遍蓋既薄禮樂必以

為禮樂愈行而天下愈亂何為言禮樂偏行言禮樂偏行則天下亂將使禮樂徧行則天下治乎失其薄禮樂之意矣故此偏字必無偏義偏徧二字義則相反而音本可通竊謂郭本作偏實亦當讀偏為徧郭從偏義説之故誤陸依郭作音然其所據標本不必專守一家其全書類然不但莊子然則若崔向司馬孟王兩李諸本必有作徧者矣而今之郭本亦依陸改偏為徧故俞蔭甫太史平議謂其非是也

時命大謬也 案此句兼下文當與不當兩義則謬字不可作謬誤解大謬者蓋猶言大異耳下文云當時命而大

行乎天下不當時命而大窮乎天下當而大行不當而大窮不亦大相異乎故曰時命大謬也猶云時命大異也而下即分承以明其大異之說郭注非

秋水篇井鼃不可以語於海者拘於虛也㞫案虛當讀爲處處虛並諧虍聲故得通借謂井鼃不可以語於海者拘於其處所耳下文云夏蟲不可以語於冰者篤於時也此篤字用本義說文馬部云篤馬行頓遲爾雅釋詁云固也後漢書光武紀李賢注云困也處以地言時以天言時與處正相比偶陸釋引崔云拘於井中之空也則望文生義其引一本作墟王念孫志餘從之亦似不逮讀處爲得荀子大略篇云非其里而虛之非禮也彼虛必

不可讀爲墟而亦當讀爲處楊注云虛讀爲居讀居與讀處一也墟爲故所居雖廣雅亦單訓凥要與處義別人處一馬人卒九州穀食之所生舟車之所通人處一馬毖案卒當讀爲萃易序卦傳云萃者聚也小戴王制記三十國以爲卒鄭注云卒猶聚也是亦讀卒爲萃矣人萃九州者謂人羣聚於九州也陸釋引司馬訓卒爲衆崔訓盡竝不可通俞蔭甫太史平議引至樂篇人卒聞之盜跖篇人卒未有不興名就利者云施之於此不可通毖案三人卒義皆別此人卒當謂萃至樂篇之人卒當讀猝盜跖篇之人卒當訓終兩人處一馬其義有別上人處一馬承上文號物之數謂之萬而言是即謂九州所羣聚之人處萬物之一也故即承之曰人萃九

州下人處一馬承人萃九州穀食之所生舟車之所通而言則人者我一人也謂一人處人萃九州穀食所生舟車所通之内之一也故下文云此其比萬物也不似豪末之在於馬體乎此者此一人而言之也

其生之時不若未生之時鬯案未當作末形近而誤末生者無生也末生以前既死之後皆為無生之時若作未但指未生以前為不賅矣

予動吾脊脅而行則有似也鬯案似字本訓象說文人部云似象也象兼動静二義易繫傳云見乃謂之象静義也又云象也者像此者也動義也像字亦見說文然二字通

用無別則似亦兼動静二義矣此静義也有似者謂有象也下文云似無有者象無有也書傳似字多動義此獨静義

然而指我則勝我邈察然字當一字句屬上文云然予蓬蓬然起於北海而入於南海也然首尾用兩然字中間又有蓬蓬然一然字凡三然字亦文法也而汝也以然而二字連讀非

未得國能邈察能當讀為態詩氏勞篇陸釋引書鄭注云能姿也楚辭大招篇王逸章句云態姿也能態二字同訓姿明能即態矣內經素問有病能論即病態論也其書中

莊子

諸言病能皆當讀為病態詳胡澍素問校義即王冰於彼風論注亦云能謂內外之形則亦明以能為態荀子天道篇云耳目鼻口形能形能即形態詳王念孫雜志此言國能者謂國態也上文言學行於邯鄲則態指行態稱國者美之之辭耳美態而曰國態猶美色而曰國色也古謂美曰國故謂惡曰野猶之謂美曰都而謂惡曰鄙矣

楚王使大夫二人往先焉案先當讀為詵說文言部云詵致言也

至樂篇與人居長子老身死案人子二字疑當互易讀各四字句與子居長者莊子也長猶久也人老身死謂今

其人老而身死也知今本則義不可解

支離叔與滑介叔鬯案滑介即滑稽稽介一聲之轉

俄而柳生其左肘鬯案柳讀為瘤

達生篇五六月累丸二而不墜鬯案五六月者當謂習累丸之時候或五越月或六越月也蓋習至五六月後而累丸二始能不墜也陸釋引司馬云五六月黏蟬時也非

若乃夫沒人鬯案沒人指舟覆也上文云善游者數能論其常也此沒人論其變也故用若乃夫三字作轉語玩若乃夫三字亦足知沒人之為非常事矣下文云則未嘗見舟而便操之也謂若不見舟之覆而即操之蓋置身患難

之外自不至驚惶無措而仍行所無事仲尼曰善游者數能忘水也蓋論其常則忘水論其變則弁舟而忘之故又云若乃夫没人之未嘗見舟而便操之也彼視淵若陵陵疑本作陸視舟之覆猶其車卻也是没人之義固顯可見郭注謂没人謂能鶩没於水底説雖本向注見列子黄帝篇注殆非也

吾聞祝腎學生吾子與祝腎遊云云案此當讀至生吾句生吾者人名也子子田開之也蓋祝腎爲生吾之弟子田開之爲祝腎之弟子故曰祝腎學生吾子與祝腎遊郭於生字斷句注云學生者務中適非矣陸釋云司馬本以吾子

屬上句更云子與祝腎遊是司馬本多一子字讀法甚當生吾子其為人名益白矣而陸於學生下引司馬注乃亦云學養生之道也殊大可異且既讀吾子上屬而仍以學生為學養生之道則祝腎學生吾子者謂祝腎學養生之道於田開之矣是祝腎為田開之之弟子矣則下文開之言聞之夫子夫子將何指豈指其弟子為夫子與在司馬氏似不應漫說至是竊意司馬氏既讀吾子上屬自必以生吾子為人名其云學養生之道者第推明祝腎之所学於生吾子者養生之道也而非以釋学生二字也陸依郭標句截司馬注於学生之下遂致司馬之義不曉云讀莊者

莊子二　十六

以爲然否

東北方之下者倍阿鮭蠪躍之西北方之下者則洪陽處之坐案此承上戶內而言則東北方西北方蓋指室中之東北方西北方也故曰東北方之下西北方之下復並著之下二字其意亦可見矣坐嘗謂室中奧屋漏宧窔之名實皆神名說見前小戴郊特牲記校觀於此而益信王扞鄭太史爾雅校勘記以上文沈有履陸釋引司馬本作沈有漏以說屋漏實不確沈有履與竈有髻爲對文則彼履字不誤益以此文當之然則所謂倍阿鮭蠪者其即宧神乎所謂洪陽者其即屋漏神乎

公密而不應邕案猶言默而不應默密一聲之轉

工倕旋而蓋規矩邕案規字衍陸釋可證

有孫休者踵門而詫子扁慶子邕案詫當讀為託陸釋引

李本正作託然詫即諮託聲二字假借自通不必改詫為

託特不可如司馬注以詫為告義耳說文冖部云詫奠爵酒也則訓告亦非本義下文云賓於鄉里賓讀擯棄之擯逐於州部是孫休幾無所託

矣故欲託於子扁慶子也亦願留受業之意云

山木篇此木以不材得終其天年夫子出於山邕案子字

陸釋據本所無陸標夫出云如字夫者夫子謂莊子也本

或即作夫子其稱本即此本也此本有子字則夫子自應

莊子二 十八

指莊子若無子字則夫字殊不必指莊子不如屬上讀云此木以不材得終其天年夫夫為句末助辭語甚平易上文既出莊子行於山中則此出於山者其為莊子不言可知復著夫子本贅辭也

猶且胥疏於江湖之上鬯案胥疏疊韻字此必當以聲求之而不可以義求之者竊疑胥疏即胥胥胥胥疊字即疊（疊字）韻也此例見前詩車舝篇校鬯前校穀梁定四年傳正是日疑胥胥之誤據劉向善說苑劉熙釋飲食名皆有胥胥字則胥胥在古當恆言傳言美裘胥胥此承上文豐狐文豹言則胥胥亦正言其毛之美狀矣故曰胥胥於江湖之上陸釋引

司馬云胥須也疏菜也李云胥相也謂相望疏草也以兩字分解必非且須菜當即謂求食與下文求食義更複

大公任壱案大公益是氏如大師大伯之類見林寶元和姓纂抑公之言翁也大公者大翁也老者之稱而陸釋引李云大公大夫稱則未聞

顏回端拱還目而窺之壱案還有竊義墨子耕柱篇云見人之作餅則還然竊之見宋鄭之閒邑則還然竊之以還然形容竊狀則還字之義可見彼亦有校還目者竊目也猶今人謂偷眼耳益既端拱則手掩目外必竊目然後可以見故曰端指還目而窺之其狀如繪矣

田子方篇彼直以循斯須也晉案循讀爲遁遁循並諧盾聲且从辵从彳之字多無別若延之作征退之作徂往之作迋後之作𢓜具見說文辵彳二部然則雖謂遁循同字可也淮南子繆稱訓脩務訓高注並云遁欺也上文云夫文王盡之也而又何論刺焉則文王宜無欺然究之欲舉臧丈人而恐大臣父兄弗安託於夢以出之是明欺大臣父兄矣謂之無欺不得也而以爲斯須之欺在文王若可諒者故曰彼直以遁斯須也謂其縱以欺特斯須耳郭注謂斯須者百姓之情當悟未悟之頃故文王循而發之以合其大情也語殊支而無當

適矢復沓方矢復寓邕案此二句義頗艱奧適矢方矢之稱亦他書未有見姑以意說之適矢者蓋猶今人謂沖天射也適有中義呂氏春秋侈樂記高誘注云適中適也沖天射則矢居中故謂適矢方矢者四方射也射四方必設的若沖天射則無的可設故曰復沓復沓者一矢既發復發一矢直與前矢如沓復寓者一矢既寓的復發一矢又寓其處總謂上射旁射前後矢無少偏斜兩者一義特上射無的故曰復沓旁射有的故曰復寓也其射法之精如此且上文云措杯水其肘上則雖上射旁射杯水在肘能不使傾覆精之尤精矣郭注於適矢復沓云矢去也似當云適

去也　箭適去復歃沓也似求之尚淺於方矢復寓云箭方去未至的已復寄杯於肘上則尤當不然既措杯肘上則射時固未嘗去杯何云復寄杯於肘上乎小戴內則記言射人以桑弧蓬矢六射天地四方彼言國君世子生之禮然足見古射亦有沖天射之法并有射地之法特射地差似無謂故疑適矢方矢者謂射天與四方也

知北遊篇聖人之所保也　鼍案保讀為寶

直且為人　鼍案且為人三字連文且為人者姑且為人也姑且為人將不為人矣故下文云將及於宗

自本觀之生者喑醷物也　鼍案喑蓋本作渣渣諳泣聲喑

諧音聲兩字不同聲此當屬形近寫誤然泣聲音聲在古音亦正同部則雖謂借喑為湇亦無不可也儀禮虞禮少牢禮鄭注並云湇肉汁也小戴內則記鄭注云醷梅漿也湇醷為二物故曰湇醷物而以喻生益以湇為肉汁而已非肉醷為梅漿而已非梅是非其本矣故曰自本觀之生者湇醷物也言生之於本亦若是也郭注云直聚氣也陸釋引李亦同郭以喑醷為聚氣不詳其旨且於物字作何解

人倫雖難所以相齒阤業雖字所以字於語意殊未協竊疑此所字實為無義語辭也八字作一句讀人倫雖難所

以相齒者謂人倫雖難以相齒也故下文云聖人遭之而不違過之而不守惟其難以相齒故遭特不違過即不守而不從事於人倫郭注云人倫有知慧之變故難也然其知慧自相齒耳實止當云人倫有知慧之變故難相齒以然其作轉義解所以字必無當矣王引之釋詞所字下原列語助也一釋而其采諸證似不甚憑轉不若以莊子此語當之

已矣夫子無所發予之狂言而死矣夫[illegible]寀已矣夫子四字當句近讀以已矣二字屬上句誤甚予字當為子字形近之誤子即夫子也即老龍吉也神農言老龍吉因己僻

陋慢訑致無所啟發其狂言而死故下弇堈言老龍吉雖未得道猶知藏其狂言而死若作予則謂老龍吉無所發神農之狂言矣則神農未死何言猶知藏其狂言而死乎弇堈者必是老龍吉之師也故其言如彼

於是泰清中而歎曰邈案中字誤當從陸釋引崔本作卬卬即仰字也古書仰字多作卬卬而歎仰而歎也或解謂聞言未竟而歎望中字生義非

香草續校書

南匯于鬯

莊子三

雜篇庚桑楚篇老聃之役有庚桑楚者　鬯案既稱役即無不可解作厮役之役公羊宣十二年傳所謂厮役扈養何詁云汲水漿者曰役是也陸釋云司馬云役學徒弟子也廣雅云役使也似兩義備存使之一義蓋即厮役之義然不若直言厮役爲曉矣夫霍氏有計事之奴鄭家有知詩之婢老聃之役能偏得老聃之道亦何足異、我家舊婢中有名越琴者侍先妣馮孺人者也一日代司茶持風箱諷文不已先祖学博公在書齋聞之親至茶室則越琴也何必定為学徒弟子乎漁父篇言先生不羞而比之服役而身教之又子路曰由得為役久矣是学徒弟子原有自謙於役者要自謙可耳目学徒弟子為役究未安也

以北居畏壘之山鬯案以讀為已已者猶言已而也言庚桑楚初為老聃之役已而北居畏壘之山則不為老聃之役矣書洪範序以箕子歸江聲亾注解之云已而箕子來歸彼以字與此以字可例觀

夫春與秋豈無得而然哉鬯案此無字疑誤庚桑子之意正欲言春與秋無得而然故下文云天道已行矣則安得云豈無得而然乎無字直當作有云夫春與秋豈有得而

然哉見尸而祝社而稷在我為有得而非道也於脈理方
貫
我其杓之人邪愚案杓者杯杓之杓取物之具也故杓有
取義靜字而動用之我其杓之人者我其取之人也蓋若
謂釣名沽譽者然郭注云不欲為物標杓則讀杓為的義
未見確陸釋引向云馬氏作魡據刻意篇釋云魡本亦作
釣說文無魡字則魡即釣字釣則亦取義矣而又云音的
似仍當解如郭義也殆非與淮南子兵略訓云為人杓者
死彼高注云杓所擊也竊謂彼杓字亦可訓取與此杓足
例云

莊子三　二

莊子

夫凾車之獸鬯案凾與呑義相類以下文呑舟之魚例之則凾車之獸亦謂呑車之獸耳陸釋引李云獸大如車一云大容車並未是

南榮趎鬯案此人據陸釋引李注以爲庚桑弟子竊謂必非下文云若趎之年者已長矣則其年實長於庚桑楚且庚桑楚曰今吾才小不足以化子子胡不南見老子其非弟子益明矣老子曰子自楚之所來乎亦不謂子學於楚蓋即畏壘之民之一也

不知乎人謂我朱愚鬯案朱愚猶言顓愚顓朱一聲之轉此雙聲假借例也

人舍之天助之謹案舍當是廢舍之義依說文本字是捨字非居舍義也人舍之天助之人天兩義相反故下文云人之所舍謂之天民人之所廢舍故其人不謂之人民而謂之天民郭注以居舍解似非是下文業入而不舍彼舍字亦可作廢舍義

無親者盡人謹案盡有空義說文皿部云盡器中空也是引伸之凡空皆可曰盡爾雅釋詁云空盡也然則無親者盡人猶言無親者空人謂無親者無人耳郭注云盡是他人似未得其義

有所出而無竅者有實謹案別本作有所出而無本者有

長有所入而無窮者有實爲偶文中多九字似較善此本脱

昭景也著戴也甲氏也著封也非一也鬯案昭景也著戴也甲氏也著封也四句當分兩項郭注云四者非也陸釋引一說云昭景甲三者皆楚同宗也著戴者謂著冠世世處楚朝爲衆人所戴仰也著封者謂世世處封邑而光著久也昭景甲三姓雖異論本則同也此正分兩項是矣但所說尚當分別觀之楚有昭氏景氏而從不聞有甲氏不得謂昭景甲者皆楚同宗楚辭離騷王逸序云三閭之職掌王族三姓曰昭屈景則昭氏景氏爲楚公族甚顯戰國時

人如昭奚恤昭陽昭睢昭魚景翠景陽景鯉景瑳之倫不一而足春秋時則尚未見疑昭氏或出自昭王景氏亦必本其祖之謚若字為氏故曰昭景也著戴也謂表著其所戴之祖也而豈著冠為衆人所戴仰之謂乎甲必申字之誤也申甲隸書止爭半筆故誤申為甲申氏則遠見於春秋如申舟申犀申驪申無宇申亥申包胥皆是又有申公叔侯申叔時申叔展申叔跪申叔豫與姜姓四嶽之後氏申者自別據此則亦為楚之公族楚文王滅申國而縣之故楚有申邑則公族之封此固宜申氏必以封邑為氏故曰申氏也著封也謂表著其封邑也其謂世世處封邑而光著久此語是也然則

昭景中三氏雖同爲公族而細論之著戴與著封不同故曰非一也其謂三姓雖異論本則同語雖無害亦不合云然也

因以乘是非𠎝槃此乘字當如算法乘除之乘十十乘百十百乘千愈乘愈多見是非之不可窮究也故曰乘是非然則乘是非者有是非也而郭注云乘是非者無是非也誤矣下文云移是今之人也是此段皆指斥今之人之語郭似誤所指故上下文所説都非

使人以爲己節因以死償節𠎝槃節本訓竹約説文竹部云節竹約也竹約之義謂以竹爲約非謂竹之約已見前説文卩

部校狀許書節字次箬字之下則卻以竹約為竹之約凡許書訓釋皆有所本非許臆造所以可貴節訓竹約而乃次箬下蓋實得其蓋古無紙券推用竹約竹約謂之節故說而失其義者也

節字从竹此實以債約喻也以己喻債以人喻債之約徇人之事至於死是以死償約矣故曰使人以為己節因以死償節蓋指墨氏之徒也郭不顧下文今之人句既失所指而於此兩節字似以為節義之節故語更不憭且云人皆謂己是則合云使人以己為節何得云使人以為己節邪

徐無鬼篇因女商見魏武侯毖案晉舊有女氏春秋時女齊女寬等並見左傳此女商當其後裔也陸釋云女商人

名不曰人姓名但曰人名蓋昧於女為氏矣

故乃肯見於寡人鬯案一本故作顧

武侯超然不對鬯案超然有遠避之意老子二十六章云燕處超然河上公注云超然遠避而不處也然則此言武侯超然不對亦謂其有遠避之意與孟子梁惠王篇言王顧左右而言他一種情狀相似陸釋引司馬云猶悵然也未得其義

子不聞夫越之流人乎鬯案越自當指越國陸釋云越遠也殆因徐無鬼為魏人（觀上下文武侯所云是本國人）不應遠引越人耳然此不足疑孟子告子篇言越人關弓而射之戰國西周

策司寇布言越人請買之千金要為寓言隨便言之且安
知非寓言而為實事則越人之事自不可不謂越人也訓
越為遠則云遠之流人必無義矣
良位其空逕案良位二字無義以聲音假借求之良蓋讀
為詤何則詤諧巟聲巟諧亡聲而良亦諧亡聲二字之通
實恆例也說文言部云詤夢言也夢言之義引伸為詤忽
再引伸為驚詤故字或變从心作㤺又或作慌位字則諧
立聲即當讀為立二字之通尤為習見周禮小宗伯職鄭
注所謂古者立位同字古文春秋經公即位為公即立是
也良位者詤立也上文云夫逃虛空者藜藋柱乎鼪鼬之

逕則獨立於其空際能無訴乎故曰訴立其空下文云聞
人足音跫然而喜矣喜義與訴義正相照陸釋引司馬云
良良人巡虛者也司馬本上文逃字作巡位其空謂處虛空之閒也
釋位為處與讀位為立義固不別而以良為良人必非矣
又謂良或作踉亦不敢謂然
招世之士興朝卷案招蓋讀為超超招並諧召聲例得通
借超世之士猶謂不世出之士故能興朝
其命閣也不以完卷案此完字當讀為院說文院有二文
一為宀部寏之重文解云周垣也一見𨸏部云堅也此當
為宀部之院義為周垣院完或本同字亦未可知說見前

書說文攴部校上文云齊人蹢子於宋者是所以命闇者恐此子逃而命之守也命之守而不以周垣可得守乎故曰其命闇也不以完郭注云投之異國使門者守之出便與子不保其全以全字解完字且其作句艱滯幾不成義必非莊子意矣下文云其求鈃鍾也以束縛子能逃而今不以周垣鈃鍾非能逃者而轉加束縛並甚言其無理兩句義正相反偶也

其求唐子也而未始出域有遺類矣夫[illegible]案夫字舊屬下句讀俞蔭甫太史平議讀上屬當從之惟唐子之義俞依郭注訓唐爲失唐子爲亡失其子竊疑不然以遺類之義

莊子三　七

莊子

玩之則唐子或是獸名域即獸牢也既云求唐子則唐子必逸出域外乃不出域而求唐子豈唐子尚有遺類在域內與故曰其求唐子也而未始出域有遺類矣夫抑類字从犬唐子其犬類與以聲音求之如獒說文犬部云獒彊犬也是獒為犬名獒與唐疊韻字又如獚犬部云犬獚獚不可附也說文之例輒有實義而虛解之者以獚獚釋獚正謂此犬之所以名獚也凡此類解釋實義之最古者則特出之後人亦多附會耳獚亦為犬名獚與唐亦疊韻字獚犬與獒犬或者正是一犬而呼之則音隨人變字亦因之異耳然則唐子者犬名也特非常犬故養之必以域而有時則逸出域外也周書

王會篇有獸名在子則唐子以子名亦有可例
狙執死丞案執蓋有墜下之義故从執之字如𡪠說文宀
部云𡪠屋傾下也又如墊土部云墊下也墊之訓下亦為
墜下之義故書益稷篇孔義引鄭注云墊陷也陷猶墜也
然則狙執死者謂此狙墜下而死耳或謂執从㚔說文㚔
部云㚔所以驚人也是執當有驚義故从執之字如慹說
文心部云慹怖也怖即驚也要之驚與墜下義正相成並
可釋此執字而陸釋引司馬云執死見執而死也雖不明
詁執字云見執必以為執持之執則非矣上文云王命相
者趨射之陸釋云趨音促是此狙死於射非死於執

丘願有喙三尺邑案人而有喙三尺豈尚能言乎是正謂不言故下文云彼之謂不道之道此之謂不言之辨郭注云彼謂二子市南宜僚孫叔敖此謂仲尼然則不道之道指上文弄丸與甘寢秉羽不言之辨指此有喙三尺有喙三尺之為不言明矣而郭於此乃云苟所言非己則雖終身言為未嘗言則以有喙三尺為能多言故又轉以多言為不言求合下文不言之辨之義殆不然與

若勿怪何邪邑案怪字與上文祥字為對上文云而梱祥邪言是怪也非祥也此云若勿怪何邪言若不以為怪而反以為祥何也下文云凡有怪徵者必有怪行子綦之所

謂怪徵即九方歅之所謂祥徵也祥怪二字相對文實甚顯而郭注於此第云所以怪出於不意故則於二字相對之處似尚未察怪行者即刖是也郭謂今無怪行而有怪徵亦非義

則陽篇入之者十九[illegible]案入當讀為亼或字本作亼而壞畫為入亦未可知說文亼部云亼三合也从入一象三合之形讀若集書傳通用此字是亼者亼合也承上雖使丘陵草木之緡而言故曰亼之者十九俞蔭甫太史平議云入者謂入於丘陵草木所掩之中也入之者十九則其出於外而可望見者止十之一耳以入為出入之入則說之太費力

矣要第當云亼合之者十九則見者止十之一耳其所說大意固不易也陸釋見十識九之說不足信俞已駁正可不贅

冉相氏得其環中以隨成[illegible]案此稱冉相氏之故事但隨成二字頗難解妄疑隨讀爲墮墮隨並諧隋聲故得通用說見前校書益稷篇依說文𨸏部字作隓彼下又出篆文作𡐦今作墮從篆文移土旁在下耳俗字又作或隳云敗城阜曰隓是其義也然則成即當讀爲城城諧成聲故得通用說見前校詩文王有聲篇隨成者墮城也城者有形之物也惟有城然後有環中冉相氏得其環中而遺城是

得其無形之環中矣得環中〻無形與下文言與物無終無
始無幾無時同一意也若如郭注云居空以隨物〻自成
殆曲義乎下文云得其隨成為之司其名亦謂得其所墮
之城故曰司其名蓋無其實矣
之名羸法蹇案之猶此也名猶謂也羸法名目也之名羸
法猶云此謂羸法耳郭注陸釋並以名法二字作對偶非
是
忌也出走蹇案忌田忌也戰國齊策云田忌為齊將
季子聞而恥之蹇案季子即季梁也戰國魏策云魏王欲
攻邯鄲季梁聞之中道而反衣焦不申頭塵不去往見王

曰今王動欲成霸王舉欲信於天下恃王國之大兵之精銳而攻邯鄲以廣地尊名王之動愈數而離王愈遠矣是季梁在當時不主戰者嘗止攻邯鄲則其止此攻齊固宜且下文云築十仞之城城者既十仞矣俞蔭甫太史平議云下十字疑乂字之誤則又壞之云云與止攻邯鄲語意亦大同則季子之為季梁無疑且策亦出季子云公孫衍為魏將與其相田繻不善季子為衍謂梁王云云彼季子當亦即季梁此陸釋但云季子魏臣固未詳考矣今案荀子成相篇云慎墨季惠楊注云或曰季即莊子曰季真之莫為者也又曰季子聞而笑之韓侍郎云或曰季梁也列子曰季梁楊朱之友據此以季子即季梁已有言及者所引列子見力命篇又仲尼篇云季梁之死楊朱望其門而歌

華子聞而醜之歟案華子即子華子也讓王篇云子華子見昭僖侯陸釋引司馬云子華子魏人也昭僖侯韓侯韓昭僖侯正與魏惠王同時則此華子之即子華子明矣今子華子偽書以為即孔子所遇之程子名本字子華書中有辭趙簡子使幣與晏子問答等事則以為春秋之人殊不足信陸此釋云亦魏臣也亦未詳考　或問子華子既非程本則何名歟曰名戚何以知之讓王篇子華子曰君固愁身傷生以憂戚不得也彼以憂戚連讀者非當讀戚字絕句故呂氏春秋審為論作君固愁身傷生以憂之臧不得也憂下有之字明讀法矣戚者子華子自稱其名也

審為論作臧然彼高解云臧近也臧無近義必戚字之誤畢沅校本已改正但是子華子之名亦不合訓近耳

禍福湻湻至云云案此當讀至字句絕舊以至字屬下文讀非

或使莫為在物一曲夫胡為於大方云云案此謂或使莫為三家不能為大方也故曰在物一曲所謂一曲之士天下篇云不該、不偏一曲之士也是也大方者所謂大方之家秋水篇云吾長見笑於大方之家是也大方之家與一曲之士相去縣絕一曲之士必不能為大方之家故曰或使莫為在物一曲夫胡為於大方不言不能為大方而言夫胡為於大方者語之譎也葢順一曲之士自安於小之意見若以大方為必不然者正知逍遙遊篇蜩與学鳩之笑鵬曰奚以之九萬里而南為於夫字上著一曰字則其義便曉然不著曰字意亦可會也若正言之即荀子解蔽篇所謂凡人之患蔽於一曲而闇於大理也大理猶大方也郭注云举一隅便可知則竟以大方為不必然其殆失義矣

外物篇水中有火乃焚大槐云云案水葢木字形近而誤木中有火水中不能有火也且惟木中有火故曰乃焚大槐若水中有火則乃焚大槐句其何以協古樹自焚世間所

有故知木中有火也巷家西園牆西百外步有大銀杏一株其大數圍相傳北宋時物一旦竟自焚至今燼餘猶存郭注云所謂錯行猶小戴中庸記言譬如四時之錯行如日月之代明下如字當訓與彼錯行與代明為偶則錯行者非雜亂而行之謂也安得以水中有火為錯行之義乎上文木與木相摩則然俞蔭甫太史平議疑當作木與火云兩木相摩未見其然案兩木相摩發熱則焦焦則然此屬恆事況有淮南子原道訓明言兩木相摩而然足證而俞竟疑之則疑非當疑矣竊謂與其改彼木為火不如改此水為木不誤者自不誤而誤者自誤也

鮒魚來子何為者邪崈案此來為語助辭與大宗師篇嗟來桑戶乎一例王引之釋詞謂彼嗟來猶嗟乎然則此猶云鮒魚乎子何為者邪

鼻徹為顫崈案顫葢讀為膻說文肉部云膻氣海也膻為氣海之名故引伸凡氣皆為膻鼻徹為膻者猶言鼻徹為氣也一云讀為羶說文羴部云羴羊臭也或體為羶

胞有重閬崈案胞當讀為庖小戴祭統記云胞者肉吏之賤者也胞者即庖人是也就莊子中此二字之通亦可證養生主篇庖丁陸釋云庖本作胞庚桑楚篇胞人釋云胞本作庖然則胞有重閬者謂庖有重閬也說文广部云庖廚

也庖廚之義蓋本指藏飲食之具因而製飲食之室謂之庖今俗稱廚房或稱竈間是也竈間宜空虛不宜窒塞則於食物為宜人亦不至於擁擠（俗語云閣房閬竈）故為重閬閬之言廓也重閬者重廓也古無廓字（見說文新附）故借閬或但作郎周書作雒篇重郎孔晁解云累屋也蓋即今屋重簷之制也屋有重簷室自多空虛處故下文云室無空虛則婦姑勃谿心無天遊則六鑿相攘心無天遊明承下句心有天遊而言則室無空虛必承此胞有重閬而言則胞有重閬之義愈明矣庖室正婦姑所宜有事者勃谿或即是擁擠之意亦未必如郭注謂爭處也陸釋云胞腹中胎腹中

胎何以云重閬乎

勞者之務也非佚者之所未嘗過而問焉鬯案非字衍郭注云若是猶有勞故佚者超然不顧明郭本無非字

寓言篇與己同則應不與己同則反鬯案此二句承上文非吾罪也人之罪也而言下文同於己者為是之異於己為非之又承此二句而言六句相承而自來讀者於上文非吾罪也人之罪也截斷屬上則無義

可謂無所縣其罪乎鬯案罪字不可通郭注云無係縻之罪也第係縻何罪之有陸釋云雖係縻而無係於罪也語更迂回妄疑此本云可謂無所縣其网非乎蓋凡富貴利

祿莫非网也係祿如在网矣非乎者疑辭也网非二字并合則成罪字此即俞蔭甫太史古書疑義举例所謂二字誤為一字例也未知然否俞引石鼓文小魚作⿱小魚散氏銅盤銘小子作⿱小子則古人有此書法并不可云誤

而生陽也鬯案陽之言佯也小戴檀弓記孔義云陽或作佯者字相假借義亦通也說文未見佯字古多作陽漢書田儋傳顏注云陽即僞耳然則此謂生僞也故下文云無自也

讓王篇恐聽者謬而遺使者罪鬯案者字有止作語辭而無義者聽者謬即聽謬也與使者之者實不同俞蔭甫太

史平議據呂氏春秋貴生紀作聽謬而遺使者罪以上者字為衍殆未必然即如下文顏回曰所学夫子之道者足以自樂也盜跖篇云若告我以人事者不過此矣彼者字亦並止語辭予書中者字為語辭而無義者不勝举墨子耕柱篇亦曾校及

子綦為我延之以三旌之位鬯案綦別本作其是也三旌之位蓋即三柱國或旌字即柱字之误亦未可知楚官有三柱國雖惟見於余之古渚宮故事然戰國齊策言官為上柱國又楚策言上柱國子良既有上柱國何必無中柱國下柱國乎蓋凡單言柱國者必中若下也是三柱國當

莊子三　十五

可信此言三旌之位必即三柱國矣陸釋云三旌三公位也考據嫌略又引司馬本作三珪云謂諸侯之三卿皆執珪者案執珪是楚爵非楚官以此旌為珪字不知以為柱字

而甕牖二室鬯案二室即東房西室之制正士寢制也禮經鄭注每言人君左右房大夫士東房西室其實大夫亦有左右房東房西室惟士之制說詳俞蔭甫太史儀禮平議原憲為士合有東房西室特以甕牖形其陋耳故曰甕牖二室二室即房室其不曰房室而曰二室者猶漢書鼂錯傳言二內彼顏注引張晏曰二內二房也蓋散文房室

通稱房室並内也二内也二房也二室也一也陸釋引司馬云二室夫妻各一室未探古制

盜跖篇穴室樞戶卷案樞者樞機之樞實字而虛用之則所以樞之亦謂之樞蓋戶閉則内有闔鍵外人不得啟之惟盜竊能於戶外用樞以啟人家之戶即今挖门賊之伎倆也故曰樞戶樞戶與穴室偶文穴室者穴其室壁樞戶者樞其戶闔穴字樞字並實字虛用之也陸釋云破人戶樞而取物以樞為戶樞豈穴為室穴乎且必加破字成義而豈知樞之即破之矣

大國守城小國入保卷案國即指邑承上句所過之邑而

言猶云大邑守城小邑入保蓋大邑有城故守城小邑無城而有保故入保以避之

舜不孝𢍏案此如孟子萬章篇云舜南面而立瞽瞍亦北面而朝之韓非子忠孝篇云瞽瞍為舜父而舜放之又云舜入則臣其父妾其母皆舜不孝之事戰國時此類語不足怪

疾走料虎頭編虎須幾不免虎口哉𢍏案料本訓量說文斗部云料量也料虎頭者謂料量虎頭之輕重大小也又此文有兩解一疾走者孔子自述見盜跖後疾走也料虎頭編虎須幾不免虎口哉意謂若不疾走幾死於跖矣是

皆為孔子語於柳下季之言一上文云正所謂無疾而自灸也孔子語止此一句疾走者敘事之辭謂孔子語柳下季後不再多語而疾走也料虎頭編虎須幾不免虎口哉著書者斷結之語兩說並通

鮑子立乾卷案立乾無義當必有誤據陸釋引司馬云鮑子名焦周末人汙時君不仕採蔬而食子貢見之謂曰何為不仕食祿荅曰無可仕者云云則此乾字蓋朝字之誤朝乾左旁同體故誤朝為乾立字上尚當脫不字不立朝即不仕也鮑子不立朝與下句勝子不自理文相為偶誤朝為乾又脫不字不特義不可解與下句文法亦參差失

整矣

說劒篇王三環之卷案環之言還也承上文宰人上食而言當是王三還顧宰人耳已足狀其不安之象陸釋謂繞饌三周則何至如此乎且上文云王乃牽而上殿然則此時尚牽莊子繞饌三周則必且與莊子同繞矣尤當無其事

漁父篇其分於道也卷案分蓋讀爲紛其分於道者其紛於道也謂孔子之道爲紛紜繁多也故下文云今子擅飾禮樂選人倫以化齊民不泰多事乎又云子審仁義之間察同異之際觀動靜之變適受與之度理好惡之情和喜

怒之節而幾於不免矣亦紛之說也陸釋引司馬注訓分為離殆必不然本作介者更誤字矣

列禦寇篇若是則汝何為驚已巻案已字益與下文曰字形略相涉而衍

使人輕乎貴老而𩐁其所患巻案此當讀貴字句老而𩐁其所患者猶終必釀成患之意郭於老字斷句非

觀乎汝處已巻案五字一句言我觀汝處已之道也郭無注而後人多以觀乎屬上善哉讀當非

齊人之井飲者相捽也巻案齊當讀為擠說文手部云擠排也人方井飲已往擠排而奪飲故至於相捽也

彼宜女與予頤與誤而可矣鬯案十一字當是一句女與予頤與誤為偶文猶之上文受乎心宰乎神也予字誤字則韻叶也若女字兩與字亦合予誤為韻彼字宜字可字亦為韻頤字而字矣字亦為韻當不定為叶韻然雖不定為叶韻而古人行文音節不可不察也郭於兩與字各斷句疑非誤蓋讀為娛

非所以視民也鬯案視當讀為示視民謂示民也詩鹿鳴篇視民不恌鄭箋云視古示字也孔義云古之字以目視物以物示人同作視字後世目視物為示旁見為（原作與阮元校勘記云與當作為因別體俗字與作与而致譌也）示人物作單示字由是經傳之中

視與示字多相雜亂此云視民不恌謂以先王之德音示
下民當作示字而作視字故鄭辨之視古示字也言古作
示字正作此視辨古字之異於今也又引禮記士昏禮諸
文以證據此則示民之示作視字亦視之本義然説文見
部云視瞻也則主目視物之義後世分别當主説文要兩
字自在通借之例也此視民之為示民與鹿鳴篇之視民
正可例觀視示之通在莊子書中亦有可證者應帝王篇
云以予示之陸釋云示本亦作視崔云視示之也
非天布也瓷案布疑當作市市布二字隸書形類故誤市
為布市與上文治字下文啇字並叶韻且言天市故下文

莊子三　十九

云商賈不齒若天布與商賈義亦不貫也

中德為首鬯案中蓋讀為衷故下文云何謂中德中德也者有以自好也而叱其所不為者也則其義為衷明矣如為中正之中非其義

皆以其有為不可加矣鬯案此當有字讀逗皆以其有為不可加者即下文所謂天下多得一察焉以自好也郭注有為連讀非天下至自好十字作一句讀郭於一字斷句亦非

又好學而博不異鬯案以墨子為好學似乖其宗旨疑又字為不字之誤且承上其道不怒讀下作不好學文較從順

上说下教鬯案此谓逢在上之人則说之逢在下之人則教之故曰上说下教也義至顯易陸釋於说字作兩音云音悦又如字悦上之教下也一云説猶教也上教教下也其前一说迂謬特甚讀说如字訓教固未誤而云上教教下語究何解疑其本云上教下教也則可通矣蓋宋鈃尹文之徒祇知以言教人而不問人之聽與否故下文云雖天下不取强聒而不舍者也

先生恐不得飽弟子雖飢不忘天下鬯案此承上五升之飯而言不承上文曰字而言也先生自谓其師弟子自谓其徒言其師徒皆不求自飽而不忘天下耳郭注云宋鈃

尹文稱天下為先生自稱為弟子則誤以為承上曰字言然決無此等稱謂也

趣物而不兩𢀖案趣當讀為取齊物論云趣舍不同趣舍即取舍也兩當讀為緉周禮大宰職云以九兩繫邦國之民彼兩亦當讀緉故曰繫已見前書校說文糸部云緉一曰絞也絞即繫也此言其取物而不繫於物故曰趣物而不兩郭注云物得所趣故一殆非其義

若磨石之隧全而無非動靜無過𢀖案全字當句讀釋云隧回也徐絕句一讀至全字絕句一讀是也隧全二字雙聲當屬古語隧字既詁回則隧全亦回轉之義而已全字

與上文還字旋字韻叶若於篆字絕句則失其韻矣而全

而無非句亦不成義陸釋雖能强说之殊不足據陸云全而無非全無見非責時言其無心也唐石所剷麤細全在人言德而無非動靜無過當之字句

無非猶莫不也

丁子有尾𢍰案丁子當谓人猶言人丁耳陸釋引李注以丁子字形说之與上下文不倫矣近人说丁子謂蝦蟇則亦通

指不至至不絕𢍰案不絕上當有闕字至至必是五五之誤

孤駒未嘗有母𢍰案孤駒有母而無母謂之未嘗有母者

三十三

二十一

今既無母則向雖有母亦等於無矣陸釋引李注未明

香草續校書 韓非子二卷

香草續校書

南匯于鬯

韓非子一

初見秦篇　此篇為韓非作種種可疑說見鬯戰國秦策注顧廣圻韓非子識誤云首少有劉向序而今佚之則足知此書首有殘闕初見秦篇葢當别有文後人漫以此文補之

其頓首戴羽　鬯案頓字盧文弨羣書拾補據國策補注引改作頡云說文頡直項也頓字無理惟今國策吳師道校注所引實亦作頓故顧識誤謂頓字有譌未詳所當作孫詒讓札迻因援下文頓足徒裼不以頓字為誤轉疑此首字為足字之誤則恐不然下文與徒裼連文則頓足義可協此與戴羽連文則

頓足似不可協也要仍當依盧為近盧所據國策注或別有本亦未可知（先師鍾朝美先生言國策吳注元時刻本之外有曲阜孔氏本今不可得惟戴）烜戴羽之說自來未見解釋汪遠孫國語發正於晉語被羽先升引此則意謂戴羽即被羽然彼韋昭解云羽繫於背若今將軍負眊而後漢書賈復傳被羽先登李賢注又謂析羽為旌旗將軍所執汪則是韋非李而洪頤烜讀書叢錄又是李非韋邑竊謂被羽兩說姑存弗論此言戴羽不言被羽是似不必牽涉戴羽者蓋鶡冠之制也續漢書與輿服志云武冠俗謂之大冠環纓無蕤以青系為緄加雙鶡尾豎左右為鶡冠云鶡者勇雉也其鬬對一

武

死乃止故趙武靈王以表武士劉昭注引荀綽晉百官表注曰冠插兩鶡鷙鳥之暴疏者也又引傅元賦注曰羽騎騎者戴鶡則此正所謂戴羽矣後代軍冠猶存此制俗稱曰山雞毛冠今惟優人貌戴武官用之至於 國朝則有藍翎花翎之賞典而其制異矣要亦是戴羽之遺意也

此皆秦有也以邕案以當讀為已上文三言此固以失霸王之道亦用以為已字其近證也此已字語辭當絕句舊讀也字絕句以字連下文代上黨不戰而畢為秦矣讀無義張嘯山先生舒藝室隨筆因戰國秦策無以字遂謂此以為衍字亦非秦策作皆秦之有也少一以字多一之字

兩文固不必盡同趙策云此百代之一時也以正可取例
彼姚宏本作以鮑彪本正作已又楚策黃雀因是以姚本作呂
黃鵠因是以蔡聖侯之事因是以李治敬齋黈讀法如此
近儒亦多主此讀然㠯於彼卻猶有所疑詳在楚策注而
此與趙策之兩以字並當絕句讀為已則無疑者也
存韓篇秦特出銳師取韓地而隨之㠯案隨當讀為隓猶
書隨山刊木隨山即隓山也已詳彼益稷篇校依說文字
作隓篆文作墮即隓字𨸏部云敗城𨸏曰隓然則取韓地
而隨之者謂取韓地而隓之也此隨字自來無說儻依本
字解可通乎春秋定十二年經云叔孫州仇帥師墮郈國

語魯語云墮會種戰國秦策云攻城墮邑齊策云衛八門土而二門墮矣呂氏順說覽云墮人之城郭此類不勝枚舉皆即此隨字之義也

從韓而伐趙邑案此從為從横之從非隨從之從與戰國趙策言知伯從韓魏兵以攻趙同秦策高誘注云從合也則此從韓而伐趙亦謂合韓伐趙耳戰國從横之稱本不可泥於關東關西之說史記樂毅傳言皆爭合從與燕伐齊其時伐齊者秦亦在内而言合從秦策云秦卒有他事而從齊則齊秦之合亦稱從又何疑於此從韓乎俞蔭甫太史諸子平議讀此從為隨從之從致謂韓未聞其將伐

趙秦何得從韓以伐趙秦之伐趙亦何必從韓疑韓字衍文誤矣至下文則轉可以移書定也趙用賢本轉作韓俞議從之卻是俞正因彼依作韓之本故衍此韓字使不復犯而不知從韓與定韓異也從韓者合韓也韓固猶國也定韓者舉韓國而有之韓不國矣其時韓本服秦故上文云韓入貢職與郡縣無異也與郡縣無異明韓究未成為郡縣定韓即使郡縣之亦可矣義有淺深之別初不為病或依作韓本則下句二國疑亦本作三國涉上二國而誤

韓秦強弱㓵案韓疑當作趙顧識誤謂當作轉恐非

韓反與諸侯先為鴈行㓵案鴈當讀為顏顏諧彥聲彥諧

厂聲鴈亦諧厂聲是顔鴈同聲故得通借管子輕重甲篇云士争前戰為顔行漢書嚴助傳以逆執事之顔行顔師古注引文穎曰顔行猶鴈行在前行故曰顔也蓋顔訓額訓額引伸有前義故知顔行為正字鴈行為借字鴈無前義也云先為鴈行玩此先字則鴈行之即顔行明矣外儲左説云是則將令人主耕以為上服戰鴈行也又戰國韓策云必不為鴈行以來燕策云今使弱燕為鴈行並借鴈為顔與此同　或云然則小戴王制記所謂父之齒隨行兄之次鴈行者與此鴈行異解乎曰異解之固亦可然安知彼鴈行非亦顔行之借而當訓為前行乎何以言之曲

禮記云年長以倍則父事之十年以長則兄事之五年以長則肩隨之父事之者即父之齒隨行也隨行者行在後也兄事之者即兄之齒鴈行也鴈行者導在前也若以鴈行為即肩隨之義則又謂五年以長則肩隨之者何說彼鄭康成注云肩隨者與之並行差退並行差退非即如鴻鴈之行乎孔穎達正義於兄事之謂差退而鴈行於並行差退謂齊於鴈行究亦無甚可別則曷若以鴈行為前行父事之者行在後兄事之者行在前肩隨之者行差退後三者截然可了乎

難言篇辭不悖逆鬯案悖逆即是悖還而顧識誤乃謂逆

當作選作逆者形近之誤且引說難篇拂悟鄭檀弓注弗寤列女傳不拂不寤此比例已知拂弗悖之通悟寤選之通豈竟不知選逆之通何也逆諧屰聲選諧咢聲咢即諧屰聲作篆咢選逆同聲安得不通故詩雨無正篇陸德明釋文云選本亦作逆而必以作選為是作逆為誤其殆昧矣蓋千里號知古音實於古音不曾通澈識誤中拘泥處不止於此

田明辜射巷案田戰國時齊姓也田明疑即齊明以姓稱之則曰田明以國稱之則曰齊明齊明屢見戰國策

愛臣篇萬物莫如身之至貴也位之至尊也主威之重主

韓非子一

五

勢之隆也此四美者鬯案此文甚顯白而顧識誤出萬物莫如身之至貴也此四美者云藏本同今本也下衍十四字顧所稱今本趙用賢本也其以十四字為衍即位之至尊也主威之重主勢之隆也十四字其云藏本同則乾道本亦無此十四字矣今鬯所據浙江書局重刻吳鼒影宋乾道本亦有此十四字此十四字實不當衍去蓋所謂此四美者即指身也位也威也若勢也去此十四字止存身之至貴一項何云此四美者若并合上文諸侯羣臣將相數之文義必不可通故無論乾道本亦有此十四字即此十四字真為趙本獨有猶當存之而何當衍邪且如外儲

左上說見說趙本作兒說可證諸呂氏君守覽淮南子人間訓此在趙本為獨得亦可見其本不盡由臆改矣即顧氏校此書亦有不能不依趙處而漫曰衍曰誤正復繁多此好古之病也俞蔭甫太史平議云趙本固多臆改然亦當以文義求之未必趙本皆非古本皆是此為善能校古書者　顧氏所據亦乾道本故吳氏刻乾道本附顧氏識誤於後而識誤所標出往往與吳刻本不同此條之外如八姦篇顧出羣臣知不聽云藏本今本重羣臣誤而吳刻亦重羣臣解老篇顧出莫見其端云藏本今本端下有末字而吳刻亦有末字外儲左上說顧出王曰吾觀欲觀見

之云藏本同今本無王曰二字而吳刻亦無王曰二字外儲右說顧出公儀休相魯云藏本同今本儀休作孫儀而吳刻亦作孫儀難三篇顧出故疾功利於業云藏本同今本疾作習誤而吳刻亦作習八說篇顧出不為能活餓者也云藏本同今本為能作能為誤而吳刻亦作能為八經篇顧出不害功罪賞罰必知之云藏本同今本功作公而吳刻亦作公卷案此條上文云禁誅於私家疑當讀禁誅於私為句家不害公為句罪賞罰必為句罪賞字有誤義當謂賞信罰必耳五蠹篇顧出而仁義者一人云藏本同今本而下有為字誤而吳刻亦有為字據吳序自言是本卻有以他本改易處然則與顧所據為未改易本與第顧既

既據乾道本作識誤宜其全書所出皆乾道本原文乃如十過篇出而後為由余請期云乾道本藏本期作其則此條轉似出今本矣又解老篇出人君無道云藏本君下有者字乾道本重道字譌則此條亦似出今本矣又問田篇出知明而不見民萌之資夫利身者云乾道本利作科譌則此條似亦出今本與藏本矣顧氏校書有義例今本為顧所薄而有此不甚解

主道篇收其餘卷案餘韻叶下文輔虎乃顧識誤云餘當作與下文輔虎其韻也以與韻輔虎將必謂餘於輔虎不韻矣是何說也豈讀古書談古韻而猶可繩以四聲平仄

乎且上文云散其黨黨即與也是散之矣收其餘者正謂收捕其非黨與而為魁首者也古人言其餘多承上為義如論語為政篇多聞闕疑慎言其餘其餘者即謂不疑者也多見闕殆慎行其餘其餘者即謂不殆者也泰伯篇如有周公之才之美使驕且吝其餘不足觀也已其餘者即謂周公之才也則此云散其黨收其餘其餘正謂非黨與也改餘為與與即黨也既曰散何云收是不但韻同不必改并改使不成義矣

補十條有度篇攻盡陶魏之地邑棄魏當作衛顧識誤是也不但飾邪篇魏數年東鄉攻盡陶衛可證呂氏春秋應

言覽云魏舉陶削衞地方六百亦即此事又戰國齊策云富比陶衞魏策云又長驅梁北東至陶衞之列但陶衞二字連文亦足旁證

若是則羣臣廢法而行私重輕公法矣鬯案重輕二字似宜連讀舊注云（无何犿本稱舊有李瓚注盧拾補因謂此書注乃犿删舊李瓚注而爲之者）私重謂朋黨私相重也故顧識誤引王渭說於重字句絕從舊讀也然竊謂廢法而行私句法自完多一重字轉成贅文重輕公法乃即伸其廢法行私之義上文云則主不可欺以天下之輕重此重輕即彼輕重彼輕重亦謂輕重公法也此言羣臣廢法而行私重輕公法即主可欺以天下

之輕重矣義與上反對

數至能人之門㽦案能人之義自可解而顧識誤云能當作態態人即荀子之態臣㽦竊謂荀子臣道篇之態臣卻當讀為能臣而不可讀此能人為態人態人究何義乎荀子楊倞注云變態佞媚之臣夫變態佞媚之臣乃不曰變臣佞媚臣而曰態臣於義安乎彼云故齊之蘇秦楚之州侯秦之張儀可謂態臣者也則正所謂能臣者矣州侯疑即昭奚恤見荀子校且此本作能人何煩破讀要所謂能人之門者猶揚搉篇云大臣之門唯恐多人今案三字篇六反篇皆言能人

法所以淩過遊外私也㽦案遊字疑當在法字之上上文

賦

云不遊意於法之外遊法者即遊意於法之中也遊法所以淩過外私也與下句嚴刑所以遂令懲下也文正相偶舊注云其或淩過遊外即皆私也當非

揚權篇 文選蜀都賦劉淵林注引權作摧 因而任之邑案任葢當作仕形近傳誤仕與下文事字韻

虛以靜後邑案句似無義舊注云常當虛靜以後人則當本作虛靜以後然後人而但曰後尚覺可酌主道篇云故虛靜以待令令名自命也令事自定也竊疑此後字實待字之誤且疑彼文待令之令字實涉下而衍待者待臣下之自命自定非待令也則彼文原當作虛靜以待此文正

與彼同又待字與上下文并韻叶
主上不知虎將為狗主不蚤止狗益無已卷案兩狗字當
是假字上文云主失其神虎隨其後下文云虎成其羣以
弑其母是但以虎比臣下不必涉狗且虎將為狗則大變
為小矣於義反背狗益無已狗字且至不通舊注云匿威
藏用外若狗然殆必曲義下文法刑狗信虎化為人盡拾
補出苟字云誤作狗甚是惟苟狗通用左襄十五年傳堵
苟陸德明釋文云苟本作狗然則當讀狗為苟不當云誤
作狗耳竊謂此兩狗字亦並當讀為苟苟者苟且也顏師
古匡謬正俗云苟者媮合之稱所以行無廉隅不存德義

謂之苟且虎將為狗者言虎將為苟且之行即是將為偷合之事也苟益無已者言媮合更無已時也惟其媮合故虎成其羣與下句義正密合然則此兩狗字為假字明矣而馬可因虎是動物遂目狗為犬耶抑媮合之義安知非狗字引伸之義則苟且之苟安知不本當作狗特苟字為習用耳安知此文之作狗不轉為正字而語為妙語乎語其所指是實物而其義為虛周易中亦往往有此妙語未可為拘文牽義者言說文艸部云苟艸也苟本為艸名則於苟且之義反遠此當備參

上下一日百戰愚案上戰下下戰上即下文所謂下匿其私用試其上上操度量以割其下文義甚明乃舊注云居

下者常有羡欲之心欲争則不能欲取則不得二者交戰一日有百是偏言下戰上非也

八姦篇凡此八者人臣之所以道成姦㙊案俞平議以篇首道字訓由甚確以此道字為衍似似未確此蓋衍以字所道成姦即應篇首語後人不省道字訓由遂援下句例補以字

其於觀樂玩好也必令之有所出㙊案出當謂出資財也觀樂玩好皆當出資財以購之必令之有所出者猶今言必責令具報銷冊而不許其報效也故下文云不使擅進下文不使擅退羣臣虞其意顧識誤引舊注解出字謂知王渭曰擅退二字當衍七字為一句

其所從來似未切下文云利於民者必出於君與此出字同

十過篇有梏高至于文巻案有當作其歐陽詢藝文類聚箭類引此作其梏高十風尺可據顧識誤以有梏二字為衍未是

二君以約遣張孟談因朝知伯巻案以已通此二君已約遣張孟談為句因朝知伯為二君朝知伯與戰國趙策張孟談因朝知伯異顧識誤乃云策脫去二君已約遣五字遂誤屬張孟談於下句當依此訂則非也彼下文言知過入見知伯曰臣遇張孟談於轅門之外又云張孟談入見

襄子曰臣遇知過於轅門之外苟非張孟談朝知伯知過
何以見孟談孟談何以見知過乎顧氏似未讀彼下文而
漫言之千里校書所以猶多䜩訾議要當各存其說故聊
記於此

削鋸修之迹毖案修字蓋當在削字之上削鋸連文見淮
南子本經訓云公輸王爾無所錯其剞劂削鋸則言削鋸
修之迹不辭甚矣蓋削之鋸之工之粗者也故有迹必修
之而其迹滅故曰修削鋸之迹舊注云磨其斧迹義固不
謬但斧迹當專指削則尚遺鋸鋸別一物亦有迹也磨即
修之義謂刮磨之使滑易也是舊注時或修字尚未倒未

可知劉向說苑反質苑云修其刃亦謂修其刃之迹而後為由余請其喦案此言請其下文言請期猶戰國中山策云與不期衆少其於當戹一用期一用其古書率多此文異義同之例甚則如喻老篇一用徐馮一用塗馮雖其人氏亦可異文期其之通用尤不勝舉顧識謂乾道本藏本期作其譌非譌也

孤憤篇以歲數而又不得見喦案數本訓計說文攴部云數計也以歲數者猶言以歲計也以歲計者甚言其遠葢若近當以日計如云三日不得見是以日計也差遠以月計如云三月不得見是以月計也今則且以歲計而猶不

得見故曰以歲數而又不得見舊注云所經時歲已至於
數說數字之義未明其云猶不得見君以又字作猶解是
也顧識云又當作猶
而相室剖符邑案相室本多家臣之稱故舊注云相室家
臣也然竊謂相室有二解在韓非惟說林上篇其相室曰
何變之數也此為家臣若亡徵篇云相室輕而典謁重內
儲下說云國君好內則太子危好外則相室危外儲左上
說云相室諫曰中大夫晉重列也八經篇云相室約其廷
臣凡言相室實即相國外儲相室呂氏春秋知度覽正作
相國是一明證此言相室剖符亦謂相國剖符方與上下

文言大臣重臣協舊注家臣實止可以誤注說林而不可
釋他處相室也　或云相室即倚相國之勢而行事舊注
云相室家臣也剖符言得專授人官與之剖符也說未當
為誤此猶戰國秦策云穰侯使者操王之重邕案疑王本主字王決
裂諸侯剖符於天下亦不言穰侯而言穰侯使者使者即
此謂相室矣剖符之義廣依此注為授官若如彼則鮑彪
注謂剖軍符吳師道校注謂擅封[illegible]爵邕謂此因秦策適
有剖符字與此合而作此解然義究曲聊附備參
主變勢而得固寵者十無二三邕案主變勢謂朝廷之勢
變也朝廷之勢變則舊臣之罪見矣故得固寵者十無二

三也上文注云今謂秦也則試即以秦論之孝公寵商鞅孝公卒而惠王立是主變勢也而商鞅誅惠王寵張儀惠王卒而武王立又主變勢也而張儀走武王寵甘茂武王卒而昭王立又主變勢也而甘茂亡昭王之初太后用事寵穰侯逐范雎說昭王廢太后亦主變勢也而穰侯逐則信乎少固寵者矣舊此注云變謂行譎誑以移主意十中但有二三故曰十無二三也義必不然且亦費解

說難篇又非吾敢横失而能盡之難也鬯案失當讀為軼史記韓非傳司馬索隱引失作佚亦當讀佚為軼　又案此上三句若依後人文法必皆當反言之其云非吾知之

有以說之之難也必云非吾知之無以說之之難也其云又非吾辯之能明吾意之難也必云又非吾辯之不能明吾意之難也其云又非吾敢横軼而能盡之難也必云又非吾不敢横軼而能盡之難也古文郤正言之而意亦可曉

未必其身泄之也鬯案身當訓親與下及字反及者特及之耳非親也

與之論大人則以為間已矣鬯案大人即大臣也此書臣人通用不一間者離間之間大臣必君所親信者也故與人主論大臣則必以為離間舊注非

則以為多而交之㔾案交讀為駮駮與駁通舊注非

厚者為戮薄者見疑㔾案此厚薄二字但從為戮見疑上

分別生説猶之言輕重耳若云重者為戮輕者見疑則曉

然矣無與於關其思鄰人之父之其所厚其所薄也舊注

非

姦劫弑臣篇故姦莫不得而被刑者衆民疾怨而衆過日

聞㔾案故姦莫不得而被刑者當句謂作姦者必被刑也

衆民疾怨而衆過日聞義甚明曉顧識誤以上衆字屬上

讀則不得不以下衆字為衍殆非也

無規矩之法繩墨之端雖王爾不能以成方圓㔾案王爾

葢即上文所云離婁王爾者離婁之姓名也離婁其號也離婁本空明之意説文女部云婁空也从毋中女空之意也朱駿聲通訓云中女者離中虛之象又云人曰離婁窗牖曰麗廔皆空明之意俞蔭甫太史論語平議亦云凡物空者無不明故以人言則曰離婁孟子離婁之明是也以屋言則曰麗廔説文囧部曰窗牖麗廔闓明是也爾亦有空明之意説文㸚部云爾麗爾猶靡麗也从冂从㸚其孔㸚戴侗六書故引作㸚其孔也尒聲此與爽同意爽明也从㸚从大竊謂麗爾即離爾也離爾猶離婁也云其孔㸚孔之言空也爽與爾同从㸚而訓明則爾有空明之義可知矣其云靡

麗者空明之引伸義也麗廔為窗明釋名釋宮室云窗聰也於內窺外為聰明也人聰明則多精巧精巧之至入於靡麗然則靡麗為空明之義轉及之者然則離婁之名爾不亦宜乎無規矩之法繩墨之端雖離婁不能以成方圓即孟子離婁篇云離婁之明公輸子之巧不以規矩不能成方圓也用人篇云廢尺寸而差短長王爾不能半中使同此

亡徵篇而好以名問邑案問讀為聞

知有謂可斷邑案謂詁說詁言恆詁也知有為謂可斷猶言知有說可斷耳顧識語（誤）讀可字句韱疑非

公壻公孫與民同門邑案門里門也非家門

飾邪篇趙代鬼兄（先）得意於燕邑案代為趙屬封故趙代連

言顧識誤引王渭謂當衍代字似不必衍

夫上稱賢明之〔下〕稱暴亂鬯案此上下以人言非以位言上文言稱伊尹管仲比干子胥若云同一稱伊尹管仲比干子胥也上智稱之則為賢明下愚稱之即為暴亂故下文云不可以取類

下懷上子事父宜鬯案下懷上子事父二項并以一宜字承之亦文法所有不必與上下同一項著一宜字定例盧拾補顧識誤並以下懷上下當添宜字轉成多事

解老篇不以侮罷羞貪鬯案罷讀為疲

使失路者而肯聽習問知鬯案此言聽習下文言聽能猶

上文上言內下言中上言正下言端此類本無足疑乃顧
識誤引王渭說習當作能顧又謂下文二能字或本皆作
習拘泥過矣

根者書之所謂柢也鬯案段玉裁說文木部注引此根
上有直字俞蔭甫太史平議云根上當有直字然並無有
直字之本不知段所據何本抑意加之與

而民不以馬遠淫通物鬯案遠淫通物無義顧識誤云藏
本同今本淫通作通淫誤鬯謂此必當作遠通淫物上文
云凡馬之所以大用者外供甲兵而內給淫奢也馬何以
內給淫奢正以其能馳騁運載能致遠物耳有道之君內

17

禁淫奢故民不以馬遠通淫物作遠通淫物可解作遠淫通物不可解而顧乃直斥誤者徒以其出今本耳今本趙用賢本也

不衣則不犯寒〇案犯訓勝爾雅釋詁云犯勝也

故顧利甚於憂〇案於當作則欲利甚則憂即上文云欲利之心不除其身之憂也

道理之者也〇案顧識誤云句有誤〇聞諸從舅氏姚藝譜廣文云者即著之誤道一字逗〇謂著即諧者聲說文無著字古或止用者字則者字卻不可云誤但當讀者為著耳惟以道為瑁之著似不然竊恐道理二字尚當乙轉

韓非子一 十七

作理道理一字逗言理道之著也上文云理者成物之文也道者萬物之所以成也故此伸明之著字即從文字來此語蓋亦老子文而今佚然則宋人說理實始於老不然即始此韓非陸行不遇兕虎入山罣案入山二字蓋本校語即陸行二字之異文蓋韓非所據老子本作入山不遇兕虎與入軍不備甲兵入山入軍語正一例後人依今本老子改韓非入山為陸行而校家何〔仍〕據韓非未改之本著入山二字於句下以表文異乃誤入正文讀者以入山二字屬下文實不可通顧識誤謂山當作世亦未必然

喻老篇則以城與地為罪罣案則字蓋本在上句以名號

為罪之上道藏本上句原有則字而此句亦有則字為複衍此乾道本無上則字有此則字為錯亂則字著在上句可通在此句不可通顧識誤謂則讀為即然即字施於此句仍不可通故知此處彼脫當移此補彼

紂為肉圃設炮格登糟丘臨酒池㑹案從舅氏姚廣文云炮烙即炮格見荀子議兵篇㑹案今荀子亦作格此段玉裁說見盧文弨鍾山札記所采蓋段氏有荀子校本今失傳畢沅校呂氏春秋順民紀亦主炮格說然格烙並諧各聲讀烙為格自無不可俞氏平議以為古書說炮格有二義非也蓋肉曰圃糟曰丘酒曰池其大可知而炮格之列乎其中者其大亦可知當則炮肉怒則炮人非有二地二具也炮人非有二地二具

也

說林上篇王猶使之於公也思案之字疑作行上文僕與行事俞平議云事字衍僕與行為官名其說是也蓋行者行人之官雖為僕而猶使行行人之職以甘茂之所長上文云公所長者使也是也

將復立於天子思案於字蓋衍呂祖謙大事記周慎靚王二年解題引此無於字可證戰國韓策作且復天子脫立字亦非

紹績眛醉寐而亡其裘思案眛醉蓋謂衣醉耳或疑涉寐字而衍未知然否

反其土也𨚲案反當作及此刊誤

令人臣之處官者𨚲案令當作今亦刊誤

下篇相與之簡子廄觀馬𨚲案句無義之字當在簡子下或竟作簡子與相之廄觀馬則立文尤當此相為簡子之相與上下文相字為相馬義者不同之往也謂簡子與其相往廄中觀馬耳

宋之富貴𨚲案貴當作賈刊誤

而瑁理其毀瑕𨚲案瑕當作璞刊誤

白圭謂宋令尹曰𨚲案宋亦有令尹豈效楚稱之與戰國宋策作大尹

我愛之信巴案信即上文所謂真我愛之信者我愛是真也之猶是也是即鼎也變真言信者以下文答曰臣亦愛臣之信此文法也俞平議以信為衍非

缴不能絓也巴案戰國齊策姚宏校引此絓作絆當備異文

荆王之弟在秦巴案說苑權謀苑云楚公子午使於秦秦囚囚之其弟獻三百金於叔向叔向謂平公曰何不城壺丘云云即此事也然則此言荆王之弟弟即公子午也而彼所言其弟者豈即此下文中射之士與

安危篇使傴以天性剖背巴案天性者謂生而然也傴者

背曲背曲繫生而然者故謂之天性
字（守）道篇於伯夷不妄取而不免於田成盜跖之耳可也邕
素耳卽取字之壞文言於伯夷其人者不妄取而不免於
田成盜跖其人之取猶可也蓋使伯夷多而田成盜跖少
則不妄取者多而取者少卽使伯夷與田成盜跖參半則
不妄取者與取者亦參半故曰可也以起下文今天下無
一伯夷而姦人不絶世之意顧識出而不免句云不字衍
耳當作身殊無義又云與上句對財（則）連上文則危讀尤必
不然難二篇云亦有君不能士耳呂氏春秋貴直論作亦
有君不能取此取耳二字相亂之證

香草續書校

南匯于鬯

韓非子二

內儲說上七術篇而江乞之說荊俗也鬯案江乞即江乙顧識誤云藏本乞作乙是鬯謂不過作江乙者多見耳何見乙必為是乞必為非戰國楚策或作江一要乞乙一皆疊韻通用字

一聽則愚智不分鬯案不字恐因下句而衍下言責下則人臣不參以與此句對文故亦加不字而不知一言分一言不參古文未始不對也人臣不參者責下之效也愚智

不分曾何足取故舊注以一聽為不善以責下為善然上文云主之所用也七術四曰一聽責下一聽與責下連文安得以一為不善一為善且言主之所用不言主之所戒則必所善非所不善明矣下文鄭王聽鄭公子而魏王止索鄭湣王一一聽吹竽而處士逃是一聽者謂聽於一也亦即一一聽也蓋惟一一聽然後能聽於一所患則在臣下先探己意為言故曰其患在申子之以趙紹韓沓為嘗試也公子汜應侯為騎檣之說以待決於君是亦申子之流實推廣之說也舊注都非是正所以分別愚智也故曰一聽則愚智分八經篇云聽不一則後悖於前後悖於前則愚智不分彼言聽不一則愚智不分則此言一聽則愚智分尤足顯不之為

衍字矣
臣之蔓賤矣㐫案賤當讀為踐即左僖十五年傳亦晉之
夭蔓是踐之踐字難四篇作淺淺賤賤並諧戔聲通用
猶之㐫案之者是人也是人謂季孫
夫不使賤議貴下必坐上㐫案此必字似可省恐涉下文
必字又八說篇言下必坐上而衍也八說篇云明君之道
賤德義貴下必坐上彼德當讀為得義當讀為議以彼例
則此賤下當補得字然竊謂彼言明君之道是正言之此
責衛之不使則意主於不議不坐似不在得字之有無而
在必字之不須存也故疑此必字為衍彼賤得議貴下必

坐上偶對為文此賤議貴下坐上亦偶對為文而承夫不使言九字實當讀成一句不使下坐上者如左昭二十三年傳云叔孫婼如晉晉人執之使與邾大夫坐叔孫曰列國之卿當小國之君固周制也邾又夷也寡君之命介子服回在請使當之不敢廢周制故也杜預集解云坐訟曲直也是也然則周制不使下坐上衛當當行周制故韓非之意所然非之意所謂明君之道賤得議貴下必坐上者也舊注時此必字已衍然即使有必字亦當以十字讀成一句乃因一必字遂讀夫不使賤議貴斷句下必坐上別為句云下得罪必坐於與上議也其不然乎

嗣君之壅乃始邑案始讀為殆
使人行之所易邑案之字當衍下文亦云行所易
故今有於此邑案有下當脫人字
此火之所以無救也哀公曰善邑案此但言火之所以無
救之故未言救之之法則善字似非義疑本作哀公曰然
涉下文哀公曰善而誤善然論古音同部則亦可讀善為
然特與下文義别
趙令人因申子於韓請兵將以攻魏邑案戰國韓策以為
魏圍邯鄲之役則是請兵救趙以卻魏也
外則有得趙之功邑案得讀為德舊注兩恩字即解德字

也

陽山君相謂邕彖謂蓋讀為魏委聲胃聲古音同部亦在假借之例顧識誤云謂當作韓陽山當作山陽戰國韓策有或謂山陽君曰秦封君以山陽云云可為證果如顧說陽山即山陽則山陽君見策者不止韓亦見楚策趙策在楚策言梁山陽君是明梁也梁即魏也趙用賢本作衛以下篇使齊韓約而攻魏趙本作攻衛又宋后魏將也趙本作衛將準之則趙本作衛者在此本作魏（衛）亦其例矣且有度篇攻盡陶魏之地飾邪篇作攻盡陶衛魏古書本多相亂衛不諧韋聲如韋聲與委聲亦同部矣此以聲音求通讀謂為魏不必破

字作韓要顧說亦不可非兼存此可也

因詐逐所愛者令走王知之邑案知之二字當涉上文而衍否則有脫文或知字誤皆未可定此當讀令走王為句謂令走之王所也走之王所必有言於王既所為愛者必知密謀今被逐而言其無亂謀王必信之

下六微篇費無忌教郄宛而令尹誅邑案令尹誅郄宛則不當但云令尹誅此誅字當在上文司馬喜殺爰騫而季辛下被脫誅字而衍在此此未知所脫何字以下文考之云令尹大怒舉兵而誅郄宛遂殺之則當怒字未知是否

今案玩既言誅而又言遂殺之則誅不作殺解備疑

敵之所務在淫察而就靡邑寀在訓察爾雅釋詁云在察也朱駿聲通訓頤部謂假借在為司甚確乃伺察之意言敵敵人所務伺察異國之所淫而就其所靡也淫下察字當涉下文衍淫察無義

衛人有夫妻禱者邑寀夫衍字也下文云其夫曰何少也對曰益是子將以買妾明妻獨禱夫不與禱前文云其說在衛人之妻夫禱祝也夫字在妻下贅文尤明或云彼文妻下當脫為字云衛人之妻為夫禱祝也則此文當云衛人有妻為夫禱者亦通

魯三桓公偪邑寀公偪蓋是偪公文倒當乙謂魯三桓之

勢偪昭公也趙用賢本無公字則但曰魯三桓偪其義不顯顧識誤每斥趙本而此卻謂公字不當有竟不省其誤倒何與又顧以此句之上當有一曰二字亦恐非上文云魯孟孫叔孫季孫相戮力劫昭公遂奪其國而擅其制乃先言其略此句以下明其事實猶前條言燕人其妻有私通於士云云而被上文亦先言略其云燕人無惑故浴狗矣文法一例也

魏王以為犀首也乃誅之邑案犀首未嘗誅即前文云陳需殺張壽而犀首走亦不言誅也然古音朱聲走聲同部此當讀誅為走

楚王謂干象曰邕棨史記甘茂傳干象作范蜎司馬索隱
引戰國策蜎作蝝則此象字或象之誤存參
外儲說左上篇且虞慶詘匠也而屋壞邕棨也字涉上文
多用也字而衍
取庸作者進美羡邕棨取當讀為趣
其謳不勝如癸美何也邕棨如於通
持白馬非馬也服齊稷下之辯者乘白馬而過關則顧白
馬之賦邕棨此文字當有誤而其意固可知下文云故籍
之虛辭則能勝一國即持白馬非馬也服齊稷下之辯者
也考實按形不能勝於一人即乘白而馬過關則顧白馬

之賦也戰國趙策云夫刑名之家皆曰白馬非馬也已如
白馬實馬乃使有白馬之為也意亦如此
屋太尊邑案此當謂欲屋之崇高異乎尋常之屋故曰屋
太尊道藏本太作大意更可見下文云匠人詘為之而屋
壞則此時猶未為屋也故下文載一日云虞慶將為屋觀
將字尤顯盧拾云屋太尊嫌其太崇也其說非
虞慶曰不然夫濡塗重而生椽橈邑案虞慶曰不然五字
當依趙用賢本在下文更日久之上而盧拾顧識並以趙
本為誤非也即觀下一日之文彼虞慶曰三字準此可也
又呂氏春秋別類論云高陽應將為室家匠對曰未可也

木尚生加塗其上必將撓云云即此夫濡塗重而生椽橈云云也則明匠人之說也又云高陽應曰緣子之言則室不敗也木益枯則勁塗益乾則輕云云即此虞慶曰不然更日久則塗乾而椽燥云云也明虞慶不然之說接更日久也乾道道藏兩本虞慶曰不然五字皆錯在此實大無理而盧顧反從之不免為古所惑

而以知術之人為工匠也鬯案為當訓使國語晉語韋解云為使也

俄又復得一問人曰鬯案問人二字刋倒

鄭縣人乙子妻之市買鼈鬯案此條不見於前文而上條

鄭縣人乙使其妻為袴依前文當在此則刪去此條以上條實之便是矣然竊謂儲說者本非所著定書特儲備以待臨時用耳猶後人之為類書之比所謂前文者猶之簡明目錄以便檢覽而已耳則必有隨時隨手補入之條而目錄亦隨增改或遺未增然則豈能無脫無錯即觀內外說前文率多不通處亦以此也而說中顛倒并有重複且苟細玩其意更多取事事不類亦以此矣則此正恐韓非原文而未可以後世校書之見為之更正也

傳說王曰邑案前文傳作傅當是傅者師傅齊桓公將立管仲為仲父亦即此傅字傅之言父也作傳係刊誤

信名信名則羣臣守職㫖案信名與下文信事信義為叱
不當疊當衍二字
今返而御㫖案而汝也
子欺之是教子欺也㫖案上子稱其妻上文令字趙本作
今讀連此謬甚
左篇與先王之患臞馬也㫖案先王依說當作宣子
審而是㫖案而讀為如
博貴梟勝者必殺梟㫖案古博法甚多此所言如今俗小
馬趕大馬亦逼使大馬無路為勝是殺之也
遂不受㫖案此不受當謂西門豹不肯受璽治鄴與上文

文侯不受異而舊注云不受豹所納之璽以爲不受爲同義似不然

夷吾不知弦商㠯桼弦商即弦章而盧拾補以呂氏春秋勿躬覽作弦章爲誤殆因說苑弦章爲景公時人不當桓公時有弦章耳而不知章商疊韻若章爲誤商亦誤矣竊恐新序雜事序作弦甯實誤而盧反不以爲誤何也管子小匡篇此作賓須無

子無二馬二車何也㠯桼二之言貳也說文貝部云貳副益也然則二馬輿者謂副馬副輿也下文云晉國之法上大夫二輿二乘上二讀爲貳下數目字中大夫二輿一乘下大夫

專乘獻伯拜上卿當上大夫副車二乘乃下儕於下大夫
尊專乘故叔向問之顧識誤謂上二字當作秣因下文獻伯
荅不秣馬不二輿兩項然上文已著馬不食禾則此問不
及秣馬一項義亦可曉且下文苗賁皇語亦止論不二輿
一項獻伯
獻伯之儉也可與卷棊可當讀爲何何詒可聲故古通借
石鼓文且魚佳可即其魚唯何其例也與爲許與如論語
我與點也之與固自可通抑當讀與爲譽譽即詒與聲古
亦通借書舜典伯與古今人表作柏譽其例也獻伯之儉
也何譽言獻伯之儉不足譽故下文云又何賀此用可下

文用何文異義同亦多此例舊注云言亂制當誅之故可與也語當有誤

非子之讎也龜案也讀為邪

右上篇夫馬似鹿者而題之千金龜案題蓋為讀提提題並諧是聲例得通用提有擲義戰國燕策云以其所奉藥囊提軻又云乃引其匕首提秦王皆是也此謂馬之似鹿者人且擲之以千金耳　又案下文云然而有百金之馬而無一金之鹿據此戰國時鹿竟不值錢殆尚未識其可入藥亦為人用也

左右有樂子者曰陽胡潘龜案陽胡潘潘樂名也當斷胡也

字
夫馰鳥斷其下頷馬斷其下頷㓁案此鳥字本當作馬前文云說在畜馬可證馰馬斷其下頷者謂馰馬之法必使斷其下頷也馬斷其下頷即承上而言惟顧於前文識誤云說馬作鳥則此文合當作馰鳥斷其下頷鳥斷其下頷前後馬鳥不應非改此兩鳥字為馬則改前文馬為鳥今此本傳寫上作鳥下作馬幾可不讀矣
甘茂相秦惠王㓁案甘茂當相秦武王非惠王
五始經之而不可更也㓁案五讀為吾
右篇效駕圃中㓁案效駕見小戴曲禮記而解者惟俞平

議得其說云廣雅釋言曰效考也效駕者考驗其駕也〓謂今俗凡物將用而試爲之猶曰效讀效音如告伏溝中〓案伏上道藏本趙本並有彘字當依補惟彘非水族何能伏溝中此溝字蓋當讀爲構淮南氾論訓高注云構架也蓋彘本有以架之而伏於其中下文云彘突出於溝中自必架壞而彘突出也下載一曰云彘逸出於竇中不言溝而言竇竊謂溝與竇雖兩物而類皆苟且之爲故古人以同類或并連言之即論語憲問篇所謂溝瀆是也曰自經於溝瀆經者縊也溝瀆何以可縊則彼溝瀆之當讀爲構竇明矣左莊九年傳生竇史齊世家作笙瀆淮

南子覽冥鑿竇即說林篇之毀瀆是竇瀆之通業有可證

溝之瀆為構猶瀆之讀為竇也今案荀子正論篇云今人或入其央瀆竊其豬彘彼瀆亦當讀為竇互見彼校

寡人亦且改法而心與之相循者邑案者字當衍據上文夫非令而擅禱盧拾補出彼句禱下有者字云脫張本有然則此者字脫於彼而羨於此也

郎中閭遏公孫衍邑案此稱郎中當非公孫衍疑衍為術字之誤即上文云孫述也述術同

父子推車邑案子當作下

前者止後者趨邑案此言輦也據說文車部云輦輓車也

从車从扶在車前引之夫部云扶並行也从二夫輦字从此然則古輦制二人並行在前即觀字形亦甚顯而此有前者後者之稱則戰國時之輦已變制如今之肩輿矣趨讀為趣

難一篇臣聞之繁禮㥯案繁禮疑書名

左右請除之㥯案此除字盧拾顧識並謂當作涂以淮南子齊俗訓載此云晉平公出言而不當師曠舉琴而撞之跌衽宮壁左右欲塗之平公曰舍之以此為寡人失是彼言塗之謂塗壁高注云欲塗師曠所敗壁也塗即涂也但援以改此文除之為涂之則之字指壁言似承上文稍隔且上文言琴

壞於壁是壞者琴也非壁也即作涂亦當謂涂琴不可謂涂壁竊謂此除字但作除去解亦可通廣雅釋詁云除去也考工玉人記除慝鄭注云誅惡逆也除之者之字即指師曠謂去師曠也即誅師曠也下文云以為寡人戒視淮南無此字則語氣亦異而淮南引韓子曰羣臣失禮而弗誅是縱過也與此下文或論語異卻正言平公之不誅師曠

二篇伊尹自以為宰于湯百里奚自以為虜于穆公邑案兩于字當作干此本刊誤俞平議以兩以字為衍非也特因難一篇言道為宰于湯顧識誤云于當作干下句同道為虜于穆公

乾道本脱為字兩無以字耳然俞釋此文云自由也言由為宰以干湯由為虜以干穆公則句內仍出兩以字竊謂兩以字在上在下義實無別伊尹自以為宰干湯即是自為宰以干湯也百里奚自以為虜干穆公即是自為虜以干穆公也不必拘泥於上篇而漫衍此文

無道賢而已矣邕案道疑當作遁顧識誤云藏本今本道作逆誤然作道實無義逆與道字形不近故疑此本道為遁之誤

非為天下計也邕案天上疑脫行字

三篇二難也愛尊不使危正適邕案二難也三字蓋當在

正適之下愛孽不使危正適與上文貴妾不使二后并為一條較類

無術使智口之後鬯案顧識誤云今本使智口之後作以享厚樂誤當云無術以知富之後知作智者同字也鬯謂今本誤否不可知然於義為明姑舍勿論顧以使為以智為知可依之惟以空格為富字未免意補竊謂以下文證之空格乃地字也

其勢可害也則不肖如耳魏齊及韓魏猶能害之鬯案不肖者即不如也說文肉部云不似其先故曰不肖也小爾雅廣訓云不肖不似也不似亦即不如也此言其勢可害

則雖不如如耳魏齊及韓魏者猶能害之因避如耳之如字故以肖字代如字不曰不如如耳而曰不肖如耳亦作文之法盧拾補依凌本重如字則以不肖作賢不肖解實不可道如耳魏齊縱不及孟嘗芒卯何至不肖然固人也不肖之尚無害而韓魏何以亦為不肖乎

四篇孫子君於衛而後不臣於魯臣之君也㫖案後字疑在孫子下

難勢篇桀紂得乘四行者㫖案四字趙本作肆與下文一字義似未協故顧識謂誤但依四字義上文盡民力一也傷民性二也實尚脫二項顧分上文高臺深池為二而似

疑炮烙下有脫必非

王良御之而曰取千里鬯案從舅氏姚廣文云取為趣之省釋名釋言語云取趣也

兩未之議也鬯案未字盧拾補依張凌本作末是也兩末者對上文中字而言上文云吾所以為言勢者中也中者上不及堯舜而下亦不為桀紂然則舍中是為兩末之議矣

問辨篇堅白無厚之詞章鬯案無厚鄧析子篇名也其言云天不能屏勃厲之氣全夭折之人使為善之民必壽此於民無厚也凡民有穿窬為盗者有詐為相逮者此皆生

於不足起於貧窮而君必執法誅之此於民無厚也堯舜位為天子而丹朱商均為布衣此於子無厚也周公誅管蔡此於弟無厚也此言無厚之詞指此而顧識云無厚見莊子天下篇天下篇云無厚不可積也其大千里其義與鄧析所謂無厚異必非此所指困學紀聞諸子卷云堅白公孫龍之言也無厚鄧析之言也是也顧氏縱或不見鄧析子豈并困學紀聞亦忘檢乎呂氏春秋君守覽云堅白之察無厚之辯外矣是戰國人於堅白無厚兩家恆並言無厚亦指鄧析也彼而顧亦失徵

問田篇令陽成義渠明將也而措於毛伯邑案令當作今

此古必有事實但不經見而顧讖云毛當作屯外儲說右云屯二甲義同案外儲說右云訾其里正與伍老屯二甲又云今乃訾其里正與伍老屯二甲舊注云屯亦罰也與此毛伯之毛涉何顧乃援以破此毛為屯殊屬不解

定法篇而秦不益尺土之地鬯案尺土之地語不可通以字形言之土必是寸字之誤而御覽敘封建覽引此作秦不益一尺之地合當從之又下文乃城其陶邑之封御覽引乃城作反成亦似較勝

是不謂過也鬯案不字疑本在上文雖知下脫於彼而衍於此趙本無此不字而上文有弗字

說疑篇非謂其賞罰當也邑案也讀為邪下文非能生功
止過者也也字同
荆芋尹申亥邑案據下文言十二人此芋尹申亥似當分
二人楚本有申無宇申亥父子為芋尹則以芋尹為芋尹
無宇方合上下諸人足十二人之数惟芋尹無宇當靈王
為令尹時僭王旌以田有斷旌事及靈王為章華宫納亡
人有執閽人於王宫事且其於靈王多所匡諫不類下文
所謂愚小利而忘法義云云者則以芋尹申亥為專指無
宇之子一人理似較近抑韓非於此篇所分類各人本不
甚同類而此條尤甚即申亥雖不能如其父之臣節矯矯

當靈王失國念王不殺其父求王迎歸王縊以其二女殉葬其事亦未可厚斥且如吳之王孫頟亦列此類果與陳之公孫甯儀行父齊之豎刁易牙類乎若是則又何異乎無字非殆漫筆書之實未細檢其人品也要之準下文十二人之數則當分此芋尹申亥為二人以芋尹申亥為一人則下文十二人當作十一人顧識據十二人而謂上有脫文所未敢信也

姦臣聞此邑案此姦臣即上文姦人非上文姦臣上文云夫姦人之爵祿重而黨與彌衆又有姦邪之意則姦臣愈反而說之曰云文是姦臣與姦人別姦臣者乃姦人之黨

與也則此朋姦人非姦臣因臣人通用遂至於溷則當讀此姦臣為姦人得矣不必改字也今案或上文人臣互易然敬侯享國數十年也案史記趙敬侯十二年而卒此言數十年當備參

詭使篇難禁謂之齊也案齊即詩小宛篇齊聖之齊有嚴整之義廣雅釋言云齊整也左昭十三年傳公云齊嚴也與難禁意可合

而士卒之逃事狀匿也案姚廣文云狀當是伏也謂不如讀狀為藏甚支廣文蓋因是破字今案俞平議讀為藏而語

而女妹有色也案文妹謂女與妹也此謂其父其兄也謂

因其女其妹有色得寵賞田宅於其父兄故下文云擇宅而受擇田而食

六反篇赴險殉誠死節之民鬯案姚廣文云誠疑即城字蓋城亡與亡意死節之民以下文推之民下當有也字

整穀之民也鬯案姚廣文云穀當作慤淮南子主術篇其民樸重端慤注慤誠也此言整慤猶彼言端慤鬯謂慤穀並諧㱿聲通借字周書謚法篇行見中外曰慤史記高祖功臣表祁侯司馬索隱引謚法作行見中外曰穀鬯前校小戴檀弓記齊穀王姬條亦嘗徵及韓非此文而索隱引謚法於彼尤切證尚遺今借補於此又呂氏春秋當務紀

將穀其頭矣高解云穀音殼殼不體昔賢謂乃殼之誤
為政猶沐也鬯案下文云雖有棄髮必為之愛棄髮之費
而忘長髮之利不知權者也則所謂沐者是櫛髮之稱非
以潘沐古人言沐本有不指沐浴者如云一飯三吐哺一
沐三握髮一沐與一飯對必日日所有事則亦櫛之之云
而已
令之行於民也萬父母積愛而令窮鬯案父字當句道藏
及趙本父母下復有父母字顧識謂其誤是矣而標積愛
而令窮五字不連母字則以萬父母上屬讀法未得
授之以鼎俎則罷健效矣鬯案此因鼎而連言俎古書多

此例蓋鼎重惟健者能舉之罷之言疲也疲者不能舉也若俎不足以比力故知為因物連言之例顧讖謂俎字當衍恐不然

八說篇鮑焦華角鬯案華角疑即華喬喬角字形略相似特角誤為喬喬誤為角未當執言華喬見外儲右上說云齊東海上有居士曰狂喬華士昆弟二人者既曰昆弟則狂喬亦華氏其稱華喬宜也

死傷者軍之乘鬯案姚廣文云乘疑錘字外儲左上篇國之錘與邑之半對文疑錘亦半也舊注訓乘為半無徵疑作注時未誤為乘舅氏此條意本俞平議校外儲國之錘

云鍾疑古本止作垂莊子逍遥遊篇其翼若垂天之雲崔譔曰垂猶邊也其大如天一面雲也然則國之垂猶云國之一面與上文邑之半文義一律國之垂猶邑之半垂亦半也據俞議以校此乘字為垂之誤甚確惟義或不明故備采俞說

出其小害邕案姚廣文云出即黜之借字黜去也賀者去其折挫死傷之小害計其拔都敗衆之大利也則非出入字可知

非仁義也邕案依下文則此義字當作暴否則下文諸暴字悉當作義顧識誤於下文暴者心毅而易誅者也暴字

獨謂當作義則下文暴人仁暴不應矣要暴則皆暴義則皆義心毅而易誅是暴也非義也故不如破此義為暴使彼承之

不能具美食而勸餓人飯豈案美字恐誤或當作養或養字誤分為美養二字具養者即謂且養食動字而靜用之耳勸餓人食何必美養此謂不具食也故知美字誤

八經篇則君神則下盡下盡下臣上不因君豈案君神下當依趙本疊君神二字君神則下盡下當作君神則下盡上盡下則臣上不因君當作下盡上則臣不因君如此方可讀或疑因為困字之誤然豈謂因君者如內儲上說載

申子令趙紹韓沓嘗試君之動貌而後言外儲右上說載薛公為十玉珥美其一視美珥所在勸王以為夫人之類皆所謂因君也因字不必改為困

主毋不放㔾放案放肆也舊注謂廢亂非

臣有二因㔾案臣上當有亂字涉上句亂字而脫下文云此亂臣之所因也可證

外國之置諸吏者結誅親暱重帑則外不籍矣㔾案結讀為詰孫詒讓札迻已校正惟孫言詰誅謂詰其罪而誅之則尚失其讀此當以外國之置諸吏者詰為句置諸二字困可解然又疑當作請置請誤為諸因倒在置下未審然否誅親暱重帑為句帑讀為孥顧

識誤已校正親暱重孥者外國君之親暱重孥也外國君之親暱重孥而置為吾國之吏則可疑故誅之如此則亂臣失外因矣故曰外不籍矣籍讀盧拾顧識並已校正籍即因也此言外不籍下言內不因承上二因而言因之言自茵也籍之言席也席亦茵也故籍亦因也變因言籍古人文異義同之例不足為疑

父兄賢良播出曰遊禍邑案播者棄之播國語吳語今王播棄黎老韋解云播放也此謂放出有罪之父兄賢良耳故為遊禍也又播與逋一聲之轉古亦有雙聲假借之例則讀播為逋亦可

卑適以觀直諂㒳案適謂適子也適子尊於庶子而故卑之其諂者必順其直者必將抗言適子之不可卑矣故曰以觀其直諂一云適讀為敵謂敵國也敵國強而我故卑之亦可以觀直諂

十八云疑百必然乎㒳案然乎者不然也言苟為十人所疑則百人皆以為可疑矣申上多信不然之説顧識謂句有誤非

飧之食上也㒳案食讀為飾下文云以類飾其私此用食下用飾文異義同之例

臣不得兩諫㒳案兩諫即上文所謂使君自取一以避罪

者也如内儲上說載公子汜對講亦悔不講亦悔之類是兩諫也王曰寡人決講矣即君自取一也

非誅俱行鬯案姚廣文云非即誹之省文案上文用誹此用非亦文異義同之例

五蠹篇人民少而財有餘鬯案財讀為材

非疏骨肉愛過也鬯案疑當作非疏愛過骨肉也

先王勝其法不聽其泣鬯案不字蓋當在勝字上

鑠金百溢盜跖不掇鬯案畏其埶也故下文云必害手[illegible]注似未明

為有政如此鬯案為有蓋當作有為

顯學篇區冶不能以必劒邑棨必本以分別為義說文八部云必分極也从八八別也象分別相背之形然則必劒者謂別劒耳下文必馬必士同必為分別義僅見於此三必字而說文家鮮徵及韓非

忠孝篇堯為人君而君其臣舜為人臣而臣其君邑棨君其臣以其臣為君也臣其君以其君為臣也所謂舜南面而立堯師諸侯北面而朝之

人主篇當使虎豹失其爪牙邑棨當使猶言向使倘使語辭之字無正借也說文無倘字趙本當作而而恐即向字之誤或尚字之誤當亦倘也制分篇云禁尚有連於己者

尚有備有也

飭令篇三寸之管無當鬯案商君書靳令篇三字作四古三四皆積畫而誤也當者如瓦當之當謂底也舊注云雖受不多然當無則不可滿也無當似不應倒言當無誤解否

廷雖有辟言鬯案辟當依商君書辯

心度篇法時轉則治與世世宜則有功鬯案與世下蓋脫宜字讀當以法與時轉為句則治與世宜為句世宜則有功為句顧識出與世世宜四字云藏本今本與世作宜治與則讀則治為句然與下文則治相犯矣

制分篇不令得忘卷案忘乃志字之誤

不用譽則毋適卷案盧拾引張本毋適作無過蓋是

近現代學人著述叢刊

香草續校書

（清）于鬯 撰

3

國家圖書館出版社

第三册目録

香草續校書 吕氏春秋二卷

香草續校書

南匯于鬯

呂氏春秋一

孟春紀還乃賞公卿諸侯大夫以朝鬯案公字為行文高誘訓解可證畢阮校本已删去公字蓋此與小戴月令記有公字兩文不同則自合分別說之矣但如高注云三公至尊坐而論道不嫌不賞故但言卿諸侯大夫則以為三公亦受賞特不嫌不賞故略而不言意似未愿竊謂既不及公則三公實不受賞三公所以不受賞者正以待天子行賞也天子行賞必當有待故與上文言迎春下文言躬

後中縫字止此

呂氏春秋一

耕言執爵皆及三公者其禮異彼不須侍也周書明堂篇云天子之位負斧扆南面立羣公卿士侍于左右彼下文云三公之位中階之前三公當作上公說見彼校又王會篇云天子南面立唐叔荀叔周公在左大公望在右旁天子而立於堂上彼言朝諸侯故卿士亦侍行賞之禮禮經不備當惟三公侍耳三公既侍賞自不得受賞此所以止言賞卿諸侯大夫而不及公乎仲春紀云后妃率九嬪御高解云王者一后三夫人九嬪二十七世婦但后夫人率九嬪祀高禖耳以彼例此后妃準天子三夫人準三公彼三夫人侍后而別之於九嬪以下故曰率則此文之不及公意亦可會矣乃畢本既刪

此公字而俞蔭甫太史平議又謂呂氏原文實有公字與月令同則如季冬紀天子乃與卿大夫飭國典月令卿上亦有公字而呂氏無之足明戴呂之不必强同苟各求其可通為之説安見不道得古人事實一二乎

無用紕繆案此當依月令記鄭注云為傷妊生之類高解謂尚蠲潔未是

本生紀招無不中繆案此謂萬人中必有招者故曰無不中非謂萬人皆中招也高解似未明

此三者有道者之所慎也繆案慎當讀為順尊師紀慎駕御舊校云慎一作順是其例矣古書順慎互用不勝枚舉

此三者正上文所謂吾生之為我有者明有道者之所順非有道者之所慎高解云道尚無為不尚此三者非句義也下文云有慎之而反害之者不達乎性命之情也不達乎性命之情慎之何益方及三者之不可徒順尤當達乎性命之情否則雖順此三者無益亦不謂不尚此三者也彼兩慎字及下文慎字皆當讀為順故云是師者之愛子也不免乎枕之以糠是聾者之養嬰兒也方雷而窺之於堂有殊弗知慎者夫子欲食而與之食是順子也而不知以糠也嬰兒欲遊而與之遊是順嬰兒也而不知方雷也孫詒讓札迻云謂方雷時兒驚怖而聾者不聞抱兒窺堂使之益怖也高注說謬是正所謂順之

而反害之雖順無益也故曰有殊弗知順者即不達夫情之謂也下文又多出順字即此慎字前用借字後用本字古籍字異義同之例往往如此

不免乎枕之以糠𢎘案枕疑當讀為肒說文肉部云肒肉汁滓也盖即醓醢之醓字醓本作䀋說文肒在肉部䀋見血部其實䀋當即肒之重文醓亦醢類並肉醬之稱設以糠為之醬者固不能辨故曰肒之以糠靜字而動用之若以為薦首之枕則枕亦靜字動用但糠不可為枕也

情欲紀意氣易動𢎘案依高解意作志

奚故𢎘案二字句

三

萬物之酌大貴之生者衆矣鬯案十一字作一句讀大貴之生者即上文所謂生本也萬物酌之者衆故大貴之生常速盡即猶上言尊酌者衆則速盡也高解未明

當染紀舜染於許由伯陽鬯案許由或說即唐虞之岳官故左隱十一年傳云許大岳之允也他書所載堯讓天下於許由許由不受即堯典咨四岳巽朕位之事特道家說許由辭多傅會耳即高解云堯聘之不至其說已不可信堯聘之不至舜聘之而至誠何義哉不然又何以為舜染乎伯陽蓋即書之伯夷已著墨子所染篇校高云蓋老子也本者疑辭所染篇畢沅校云云舜染則非聃也蓋老聃

亦字伯陽而此伯陽不可為老聃猶孤竹子亦曰伯夷而
此伯夷非彼伯夷也
功名紀雖工不能也案工訓巧廣雅釋詁云工巧也雖工
不能言雖巧不能耳又此句下當以下文以去之之道致
之也八字移入與下文以致之之道去之也為對文其文
云缶醯黃蜹聚之有酸言蜹聚之者有酸也俞平議謂有酸二字本在蜹聚之上非既曰醯則酸可知不必言有酸徒水則必不可以貍致鼠以冰致蠅雖工不
能以去之之道致之也以茹魚去蠅蠅愈至不可禁以致
之之道去之也桀紂罰雖重刑雖嚴何益如此方合於文
法

讀未書

見利之聚無之去鬯案兩之字當訓則言見利則聚無則去也古之字有作則字用者莊子養生主篇人之貌云有與也謂人則貌有與也餘見王引之經傳釋詞

雖信今民猶無走鬯案信讀為伸今當作令言雖伸法令民猶無走也

盡數紀精氣之集也必有入也鬯案集入二字疑當互易故下文承言集於文法為合集入疊韻字論假借原可互讀

反修于招鬯案此于字當是尋常語辭而高解云于招墻藝也（舊墻誤摶）故梁履繩校謂于招蓋連文鬯謂如連文則于

盖千字之誤說文千部云千从反入从一又云倒入一為干是干字正象矢射的形或古射的本有干名也

論人紀豪士時之愚案之本訓出說文之部云之出也此正用之字本義言豪士時出也又出部云出進也解作豪士時進亦可

不可量也愚案量字失韻上文收字畢校云疑當作牧盖當是而畢於此但云量字亦疑誤則未得其字愚疑為畐字之誤畐即逼字也

圜道紀主也者使非有者也愚案有字即承上文而言上文云號令不感則不得而使矣有之、而不使不若無有是

五

所以使者不在有而在感然感無形非如有之有形故謂感為非有者使非有者即謂使感者高解湯使桀臣武王使紂臣皆非其有也謬甚

孟夏紀命太尉贊桀朱子儀禮集傳注云呂尉作封是南宋本呂氏此文作命太封不作命太尉與小戴月令記淮南子時則訓不同太封之名甚古管子五行篇云黃帝得大封而辨西方又云大封辨於西方故使為司馬此文太字當亦本作大特大太字通故朱子不及耳大封者本黃帝六相之一云使為司馬轉是管子之言黃帝時未必已有司馬之稱要大封即以人名為官號耳古官曰大封三

代之官曰司馬秦官曰太尉其職一也此可以釋月令記鄭注周公作月令之疑愚固向謂月令之書自有天地四時日月以來即已有之特歷世又多改易增益耳本不可謂是周公作觀於此大封之文若為周公作固必曰司馬而不得援太尉之文謂是秦書也今案臧庸拜經日記亦有說

命司徒循行縣鄙愚案月令記宋本循作巡

聚蓄百藥愚案柳宗元時令論言仲夏聚百藥豈其所見本此文在仲夏與又季夏納材葦柳論在孟秋

勸學紀凡說者兑之也非說之也愚案有言為說無言為兑必有以兑之然後可以說之兑之者即下文務在於勝

理在於行義是也

尊師紀順耳目不逆志鬯案此句當仍指弟子之於師言
承順師之耳目不拂逆師之志也下文云退思慮求所謂
著一退字方是退出則可見上所云皆在師前之事高解
謂不自干逆力學之志疑非

誣徒紀固無恒心若晏陰鬯案晏陰二字亦見仲夏紀及
小戴月令記淮南子時則訓皆云以定晏陰之所成月令
記鄭注云晏安也陰稱安仲夏紀高解云晏安陰微陰而
時則訓注則云晏陰微陰也彼晏下或脱去一安字此解
又云晏陰喻殘害也竊以為皆非義也月令記孔穎達正

義引王肅及蔡氏皆云晏為以安定陰陽之所成義似差近而云晏為以安定語不明葢仍以晏為安義則陽字為添設矣㓂謂晏陰即陰陽也小爾雅廣言云晏明陽也是晏有陽義晏與明並訓陽則晏亦有明義陰則有闇義廣雅釋言云陰闇也然則晏陰又即明闇也明闇亦即陰陽也總為倏陰倏陽倏明倏闇謂之晏陰故此以喻無恆而彼言定可知晏陰者不定也即彼上文所謂陰陽争也此上文云取舍數變下文云喜怒無處高解斷此則似若晏陰連下讀然亦非言談日易是亦不曰定之甚矣晏陰之義即此可明　又案仲夏言以定晏陰之所成而仲冬言以待陰陽之所定並

七

在陰陽爭之月晏陰之即陰陽此尤明顯又韓非子外儲說亦出晏陰字云雨霽日出視之晏陰之閒而棘刺之母猴乃可見也雨霽日出又非即明闇之際乎並當補證今案王引之經義述聞述月令晏陰亦謂猶陰陽又列子湯問篇晏陰之閒張注云晏晚暮也孫詒讓札迻謂半陰半晴之閒非謂晚暮

於師慍怨案當作慍於師觀高解云慍怒也怒當作怨不能別是非故怨於師則字倒易見慍於師與下文懷於俗羈神於世句法一律

用衆紀辯議不可不為怨案下不字衍高解云不可為者不可施也則正文作不可為明甚此言辯議不可為故下

云辯議而苟可為是教也教大議也謂教則可為以其大議也辯議小議也故不可為也今行作不可不為則義不貫矣下文又云辯議而不可為是被褐而出衣錦而入彼不字亦衍

仲夏紀乃命百縣雩祭鬯案小戴月令記無祭字故畢校以為衍然雩祭連文亦可解淮南子時則訓高注云雩旱祭也此祭字當存之為是

侈樂紀搖蕩生鬯案搖字讀逗蕩生二字連讀高解云生性然則蕩生者蕩性也即適音紀所謂太鉅則志蕩志猶性也性蕩故謂之蕩性矣彼又云以蕩聽鉅即謂以蕩性

聽鉅音也又云則耳不容不容則横塞横塞則振動振動即此搖字之義矣搖蕩生與上駭心氣動耳目讀法一例以搖蕩二字連讀者非

適音紀大不出鈞㲋案高解云三十斤為鈞其解非也下文云重不過石小大輕重之衷也若鈞為三十斤則亦輕重而無小大矣且高云百二十斤為石既不出三十斤何以又不過百二十斤更抵牾莫解大不出鈞重不過石二語本出國語周語彼韋昭解云鈞所以鈞音之法也以木長七尺有弦繫之以為鈞法其說雖嘗為朱子所辨朱子之意以為京房始作律準不合古有其器然韋說實本之

緯書文選思元賦李善注引樂緯汁圖徵曰立五均均者
六律調五聲之均也宋衷曰均長八尺施弦以調六律五
聲均即鈞也且周語又云律所以立均出度也是古誠有
均之一物所以分音之小大者也要章說縱不必盡得古
制必不離是矣而高以三十斤解鈞則必非也又史記鄒
陽傳陶鈞司馬貞索隱引張宴云鈞範也作器下所轉者
名鈞或云旋宮以七聲為均均者韻也兩說並備參
古樂紀吹日舍少陘案吹疑命字之誤日字作曰畢校已
改正
瞽瞍乃拌五弦之瑟作以為十五弦之瑟陘案拌當讀為

伴說文人部云伴大也高解訓拌為分然分則弦數當減少何以轉加多此云瞽瞍乃拌五弦之瑟作以為十五弦之瑟下文云乃拌瞽瞍之所為瑟益之八弦以為二十三弦之瑟若曰分五弦之瑟為十五弦之瑟分十五弦之瑟為二十三弦之瑟豈可通乎然則非分之也大之也故曰伴也伴又有侶義楚辭惜誦章王逸章句云伴侶也伴字此義卻至今存而大義轉隱則謂以十弦侶五弦為十五弦之瑟以八弦侶十五弦為二十三弦之瑟故曰伴不從本義訓大義亦通

季夏紀腐草為螢蚈鬯案小戴月令記作腐草為螢淮南

時則訓作腐草化為蚈此文乃螢蚈二字並出觀高解云
蚈馬蚿也一曰螢火也不云螢螢火也（月令記鄭注云螢飛蟲螢火也）而
云一曰則以螢火仍釋蚈故畢校以螢為衍字删之惟螢
蚈自是兩物高引一曰以螢火釋蚈其說實溷蚈者即說
文虫部所引明堂月令腐草為蠲是也螢能飛者蚈不能
飛者（玉燭寶典作腐草為蛙當屬異說）
是月甘雨三至三旬二日[illegible]案此言明甘雨三至若如高
解云二日者陰晦朔日也月十日一雨又二十日一雨一
月中得二日耳故曰三旬二日如此是甘雨二至非三至
矣蓋甘雨三至自謂一月中甘雨三至耳固不必拘定十

十

日二十日至晦日遇小盡而不得有三其言三句二日當別爲義不承甘雨説乃正指月小盡也蓋日者謂十干也孟春紀高解云日從甲至癸是也大戴易本命記云日數十然則不足於十即不足於日號爲三旬而實周二十是實周二日也故曰三旬二日小盡之謂也季春孟夏孟秋仲秋皆言三旬不言二日則大盡月也且承甘雨以説三旬二日則如季冬不承甘雨亦言三旬二日柰何高彼解云十日一旬也二十日爲二旬後一旬在新月故曰三旬二日則其意蓋亦指小盡而言要古歷法疏月之小盡大盡當有一定呂紀所載已是脱落殘賸之文故不能十

1

二紀全著也今案以孟秋紀四旬六日作四十六日解則此三旬二日作三十二日解蓋古歷不置閏之法故有三十二日之月當亦可說姑兩存

音律紀申之此令遹案猶月紀中諸言行之是令高每云行是之令也然則申之此令申此之令也

音初紀周公乃侯之于西翟遹案此周公當是周公之後世為周公者與上文周公異人

明理紀有若山之楫遹案高解云楫林木也楫有林木之義他無經見從舅氏姚蓺諳廣文云楫當作林解本作林木也自林誤為楫後人遂於解林木也上妄加楫字上文云有若水之波者言其氣之流溢也此云有若山之林者

言其氣之充塞也此說未知是否

孟秋紀則立秋鬯案上文長日至四旬六日七字疑當在此句之上故彼高解云夏至後日尚長至四十六日立秋晝夜等故曰長日至四旬六日玩解讀長日句至字屬下讀則脫則立秋三字語不完矣解文尾末亦當有則立秋三字此正文解文畢本已全削去然竊謂此類寧過而存之但當著說而已孟夏紀獨出其性禮其事視六字俞平議謂可藉以考見呂氏之舊未可以為衍亦此意也惟高讀長日為句因有日尚長晝夜等之說疑不然長日至者即承仲夏長日至而言也畢校依月令記改作日長至亦似不可言自仲夏

長日至後四十六日則立秋也

禁塞紀以說則承從多羣日夜思之鬯案舊讀多字句則義當為以說則承從其說者多矣然下文云道畢說單而不行則意不相應且羣日夜思之五字亦似失句法蓋羣字當上屬讀承從多羣止謂其徒之衆耳一人智慮必有未盡故徒衆以謀其所以為說也且舊校云從一作徒義尤可見而乃斷在多字下何也

行說語衆以明其道鬯案行蓋衍字之壞

不可為萬數鬯案為猶以也說詳王引之釋詞數訓計猶韓非子孤憤篇以歲數謂以歲計也校見彼此不可為萬數

十二

言不可以萬計也

仲秋紀天子乃儺禦佐疾以通秋氣鬯案禦佐疾三字小戴月令記無高解云禦止也佐疾謂療也以療訓佐疾義似未懕療者治疾也治疾而禦之可通乎竊謂佐本即左字左即陽氣左行之左月令記云天子乃難難即儺字鄭注云此難難陽氣也陽暑至此不衰害亦將及人所以及人者陽氣左行此月宿直昴畢昴畢亦得大陵積尸之氣然則左疾者陽疾也陽疾者即暑疾也故禦之以通秋氣通秋氣即以畢暑氣也

雷乃始收聲鬯案小戴月令記無乃字故畢校謂乃始二

字當衍其一然淮南子時則訓作雷乃始收亦乃始並著
而卻無聲字且記文雷始收聲引見考工韗人記賈公彥
釋及徐堅初學記秋記亦並作雷乃始收王引之禮記述
聞從之然則以乃始為衍其一不如以聲字為衍較合於
古
蟄蟲俯户巻案俯當本作坿說文土部云坿益也故月令
記作坏户鄭注云坏益也蟄蟲益户謂稍小之也淮南子
時則訓作培户培亦有益義小戴中庸記栽者培之鄭注
云培益也孟秋紀坿牆垣高解云坿猶培也孟冬紀坿城
郭高亦云坿益也彼兩坿字月令記並作坏則在記文作

賣本書 十三

坏者在呂氏作坿可例觀矣似未當援季秋蟄蟲咸俯在穴為說也古無俯字故季秋在時則訓作俛實諧免聲則不容謂俯即坿之假借而疑其字誤然依俗俯字即為假借亦無不通

論威紀過勝之鬯案之下脫道字

先勝之於此則必勝之於彼矣鬯案承上文而言此謂令也彼謂敵也高解云此近謂廟堂彼遠謂原野意亦如此而語轉隱

決勝紀此以智得也鬯案智當作勇

幸也者鬯案此句似有誤論義當云非幸也

1

愛士紀此兵之精者也卷案至忠紀云乃自伐之精者也
勿躬覽云夫自為人官自蔽之精者也高兩解並訓精為
甚而此文獨遺解然訓甚猶未見愿不如應同覽解云精
微妙也
季秋紀共養之不宜者卷案小戴月令記鄭注云供養之
不宜欲所貪者熊蹯之屬非常食孔正義云供養不宜謂
非常之膳求不可得者也似較此高列兩解為近理高謂
若屈到嗜芰曾晳嗜羊棗非禮之養然芰與羊棗亦人所
食特以之祭為非禮耳不可謂非禮之養又謂言所養無
勳於國其先人無賢所宜養畢校宜上補不字則已可賅入上文

十四

東來賢

收禄秩之不當者句義中也故此解似合從鄭孔非常食之説此外又有一説不宜亦即不當也當賞論高解云宜猶當也共養不僅指飲食言凡宫室車旗冠服鼎俎籩豆一切自上及下莫不各有等級茍有侵越即為不當其説似亦可備今案淮南子時則訓高注云不宜謂不孝也似比擬芰羊棗為説為直

順民紀色禁二卷案此謂一夫人而已無妾御也故上文云目不視靡曼高解謂二青黄也何義

服劒臂刃卷案服劒者謂藏劒於衣服中也臂刃者謂藏刃於臂袖中也故下文云變容貌易姓名執箕帚而臣事之以與吴王争一旦之死是越王欲為刺客以刺吴王則

焉有顯出劍刃之理高解云服帶臂手失義矣又服伏古
音同部廣雅釋詁云伏藏也則讀服為伏亦可特與忠廉
紀所謂伏劍而死者其義不同耳
殘吴二年而霸此先順民心也逸案云殘吴二年而霸則
霸在殘吴二年之後先順民心者順民心在殘吴之前其
義甚明而高解乃云越王先順民心二年故能滅吴立霸
也以二年屬順民心言在滅吴之前則豈謂滅吴即立霸
乎史記越世家言已平吴乃以兵北渡淮與齊晋諸侯會
於徐州致貢於周周元王使人賜句踐胙命為伯句踐已
去渡淮南以淮上地與楚歸吴所侵宋地於宋與魯泗東

方百里當是時越兵横行於江淮東諸侯畢賀號稱霸王此豈可謂與平吴同年事乎故二年而霸猶為速矣而今已死矣鬯案此謂越王已死亦明甚而高解云言越王衰老不能復致力戰也故曰而今已死矣則謂越王實未死其亦不然乎

審已紀齊侯弗信而反之為非鬯案贅為非二字不成句法高解云以為非岑鼎故還也是即涉解文為非二字而衍解文實發正文弗信之義也

且柳下季可謂此能說矣鬯案此猶之

精通紀而身固公家之財也鬯案財當身字之誤

節喪紀以軍制立之卷案立蓋讀為翊翊諧立聲故得假借翊者謂翊猓也文選吴都賦趁譚𤜶猓李注云相隨驅逐衆多貌𤜶即翊字

安死紀不肯官人事卷案官之言管管為管理義自古有之高解非

異寶記必無受利地楚越之間有寢之丘者此其地不利、而名甚惡卷案利地者猶言福地也此其地不利者謂有其地將得禍也故俗以惡名名之曰寢說文㝱部云寢臥病也是惡名也下文云荊人畏鬼越人信禨則其地固荊越之人所不欲有者矣高解利地云人所貪利之地解不利云人不利之語頗含渾又云惡謂丘名也此地名丘畏惡之名則竟以名丘為惡不以名寢為惡當以丘為丘虛之義豈未知寢為臥病之義與史記優孟傳張守節正義引此作其為地不利而前有妬谷後有戾丘其名惡似亦不知寢字之義復以妬谷戾丘點綴之丘名固無美然名丘者多矣必非孫叔敖語意也

異用紀子之公不有恙乎鬯案下出父母則公者大父也其人大父尚存故先問之御覽杖覽引此公作父刪下文父字似不得其解而漫改

忠廉紀無敢辭違殺身出生以徇之鬯案違當訓避國語晉語韋解云違避也殺身出生依俞平議作出身殺生下文

殺身出生以徇其君當同俞
引誠廉篇出身棄生為證　此二句倒文若云出身殺生
以徇之無敢辭避

拔劒以刺王子慶忌憌棄此劒當如戰國燕策所謂徐夫人匕首以試人血濡縷人無不死者不然如下文所云則王子慶忌不死也

當務紀一父而載取名焉憌棄載猶再也如載歌載拜之類皆是再義詩小戎篇載寢載興文選應詔詩李注引作再寢再興後漢書楊震傳李賢注云載重也重亦再也再取名者即上文信且孝也

長見紀武侯使人名之吳起至於岸門憌棄是時魏都安

十七

邑吳起自西河應名至魏都不須至岸門蓋吳起不應武
侯之名即去魏入楚也故下文云吳起果去魏入楚去魏
入楚當經韓故至岸門岸門韓地也
介立紀其士卒衆庶皆多壯矣𢎥案壯即壯健之壯廣雅
釋詁云壯健也仲夏紀壯狡高解云多力之士此義本甚
明而畢校引盧云壯傷也殆非
誠廉紀不為苟在𢎥案在存也俞平議疑仕字誤非
不侵紀公孫宏敬諾𢎥案此公孫宏下齊策有曰字然俞
平議謂此本有曰字傳寫奪之非也上文亦出公孫宏敬
諾句彼在策亦無曰字

1

有始覽大汾冥阨卷案高解云大汾處未聞冥阨在楚畢校云大汾淮南作太汾注云在晉此何以云未聞冥阨淮南作澠阨彼注云今宏農澠池是也皆與此不同卷案淮南注非也故高於此易之下文荊阮方城在楚故冥阨亦在楚葢即戰國韓策所謂澠隘之塞也彼策云觀鞅謂春申君曰人皆以楚為強而君用之弱其於鞅也不然先君者二十餘年未嘗見攻秦欲踰兵於澠隘之塞不使假道兩周倍韓以攻之不可據此澠隘明在楚則冥阨之在楚亦明甚由是大汾亦可知葢即楚策所謂汾陘之塞也彼云蘇秦說楚威王曰楚地北有汾陘之塞是汾陘亦楚塞

讀交書

十八

則大汾亦楚塞矣楚固有汾左襄十八年傳子庚帥師治兵於汾是也高謂未詳著書之愼否則疏矣餘詳卷所注

國策

名類覽卷案名乃召字之誤畢校已著而畢本改召類為應同故又云與卷二十篇目複舊校云一名應同今即以應同題篇則卷以為不必然也有始七覽末皆有解在某云云蓋如管子之有解篇墨子經篇之有經說韓非子內外儲說之先經後說之例聽言覽說其義云此四士者之議多故矣不可不獨論然則以多故故不并著於本篇而別為篇以解之則何為其篇名之必異而不可同邪此篇

云解在乎史墨來而輟襲衛其說正在名類然則此題名類者正篇也彼亦題名類者解篇也何害其複哉且如去尤覽云解在乎齊人之欲得金也及秦墨者之相妒也彼說在去宥宥尤並諧又聲去宥即去尤也亦實同名一一正一解也斯可以例矣

去尤覽且組則不然迮案且即組借字此當衍其一

謹聽覽故殷周以亡比干以死迮案此周字當讀為受淮南子兵略訓高注云周內也周訓內明讀周為受矣殷周者殷受也即紂也受紂周古音皆同部則即讀周為紂亦無不可此言殷紂以亡故云比干以死若兼言周則不當

十九

專言比干矣後文云今周室既滅而天子已絶於此文無涉

斷之於耳而已矣鋆案耳當作爾爾耳古音不同部而至今習用語辭率不甚別或曰今音同音在古或雙聲雙聲假借亦一例也爾者猶此也即上文若此之此此以法以量以數也

務本覽上用我則國必無患用已者未必是也鋆案高解云有人於此言用我者則國無患而使用之未必然也竊謂高於用已者尚未得其義此言上用我則國必無患是其人固未得用國也然雖未得用國而一人必有所當得

之職事故下文云未得治國治官可也治官即已所當得之職事矣又云若夫內事親外交友必可得也言必可得之職事也是即用已者也又云苟事親未孝交友未篤是即所謂用已者未必是也蓋用已者之用非指用國高仍指用國言故其義失

諭大覽空中之無澤陂也巹案空中穴中也

本味覽身因化為空桑巹案為與於古通用戰國東周策姚宏本夫之為無道也鮑彪本為作於韓策云王與諸臣不事為尊秦以定韓者謂不事於尊秦以定韓也亦詳王引之釋詞身因化為空桑者身因化於空桑也身字本象

叢殘書

懷孕之形篆作㐆乁人也巳懷孕象也ㄥ聲即申字也ㄥ當是古文申字本義為欠伸欠伸則上下其兩手ㄥ即象其形後加兩手作𦥔其象益顯小篆作𦥔則象形晦說文申部解為自申束从臼自持適與本義相戾矣化本主化育義化之言匕也篆文作匕从倒人然則匕正象產子之形子產倒出也身因化於空桑者謂所孕因產於空桑也高解乃云伊尹母化作空桑世豈有此事乎其不然明矣列子天瑞篇云伊尹生乎空桑此為確證惟伊尹母既產伊尹於空桑乃為有侁氏女子采桑而得者蓋母已死矣楚辭天問王逸章句言伊尹母因溺死是也母死而兒活故為其所得至後人欲以空桑為地名然苟不知為字之通於謂伊尹母化作地

仍不可通要空桑自是桑木之空心者故天問云水濱之木得彼小子空桑之義不必易也

故黄帝立四面畢案管子五行篇云黄帝得奢龍而辯於東方得祝融而辯於南方得大封而辯於西方得后土而辯於北方奢龍辯乎東方故使為土師(房亢齡注云土師即司空也畢謂土疑作工司空即司工)祝融辯乎南方故使為司徒大封辯於西方故使為司馬后土辯乎北方故使為李此當即謂黄帝立四面也

臭惡猶美皆有所以畢案朱駿聲説文通訓謂尤字當即猶之古文則猶與尤為同字矣然尤猶音不同部而實雙

聲雙聲亦可假借即讀猶為尤自無不可不必定謂其同字尤者美之甚也此文臭惡為一類尤美為一類故曰皆有所以高解以猶作語辭字似非也

鹹而不減鬯案減即今俗所謂碱古無碱字故借減為之其本字當作鹼見說文鹽部或作鹻僉聲兼聲與咸聲通轉甚近亦可假借減其味鹹而若是鹹之甚故曰鹹而不減

旄象之約鬯案約蓋讀為灼說文火部云灼炙也然則旄象之約猶上文言貛貛之炙高解兩說都非

有珠百碧鬯案梁履繩校云百碧疑當從下文作若碧鬯

謂當是白碧謂其珠色兼白碧也白百例可假借不必改
字

首時覽巹案首當即胥字之譌舊校云一作胥時是也胥
待也胥時待時也

王季歷困而死巹案竹書紀年文丁十一年王殺季歷云
執諸塞庫季歷困而死故曰文丁殺季歷據彼則言殺者
非眞以刀斧殺之也執諸塞庫困而死是即殺之矣與此
言困而死正相印證此可見今本竹書不全僞矣且文丁
殺季歷晉書束晳傳及劉知幾史通疑古篇雜說篇皆據
竹書有其文丁或誤王謬高誘時竹書未出故所解顚頇也

太公望東夷之士也鬯案高解云太公望河内人也畢校云史記太公望東海上人也此云河内不知所本案水經清水酈道元注引大公廟前碑亦云河内汲人也

義賞覽故善教者不以賞罰而教成鬯案不字恐衍

長攻覽請以其弟姊妻之鬯案弟姊之稱奇然如今俗言妹曰姊妹冠蓋中平爵自稱弟曰兄弟則弟姊之稱儻亦當時習語乎畢校據史記趙世家單稱姊以弟字爲衍似未必然下文亦出弟姊何以俱衍古有姑姊姑妹之稱今亦無之則未可以今無而疑古有矣　又案弟姊之稱當謂姊中之最少者也故戰國燕策史記張儀傳及趙世家

俱單稱姊此一說也然據六國表趙簡子有六十年明年為襄子元年則簡子之卒老矣襄子嗣立必甚壯矣其姊必非嫁之年矣何以簡子死後襄子猶有弟姊妻代王竊謂姊妹之年史固不能甚悉安知非妻代王者是襄子之妹非襄子之姊邪女弟而尊之故謂之弟姊亦一說也

先具大金斗 畢案高解云金斗酒斗也然以戰國燕策及史記趙世家張儀傳證之是羹斗非酒斗

慎人覽堀地財取水利 畢案堀之言掘也財之言材也掘地材蓋即陶也取水利蓋即釣也

為寒暑風雨之序矣 畢案為猶如也與長見紀為不能聽

之為同彼已引見王引之釋詞
遇合覽年得至七十九十猶尚幸賢聖之後鬯案九十兩
字當即涉七十而衍此當指楚靈王滅陳時其時陳矦為
哀公已立三十五年矣若為楚惠王滅陳時則陳侯為湣
公立亦二十三年矣其壽至七十皆容有之數故曰年得
至七十必據實而言非可臆指也安得七十下復添九十
字讀即以七十斷句猶尚幸賢聖之後為句呂氏之意以
為陳矦之年得至七十者尚賴賢聖之後耳若非賢聖之
後且不得至七十也高解於猶尚幸斷句殊失文義至尚
亦猶也猶尚連文古人語辭固不避其複

香草續校書

南匯于鬯

呂氏春秋二

慎大覽桀迷惑於末嬉好彼琬琰鬯案高注云琬當作婉婉順阿意之人或作琬琰美玉也畢校云觀注意則高所見本或有脱琰字者鬯謂高所據本無琰字是也琰字本不當有非脱也末嬉即琰也何以言之國語晉語云妹喜有寵於是乎與伊尹比而亡夏而管子輕重甲篇云女華者桀之所愛也湯事之千金則女華非即妹喜乎竹書紀年云珉山女于桀二人（據歐陽詢藝文類聚引作珉山今本誤作山民）曰琬曰琰

後頁中縫字樣

呂氏春秋二

后愛二人斵其名于苕華之玉苕是琬華是琰則琰非即女華乎此明末嬉即琰矣且末嬉為桀伐蒙山而得琬琰為桀伐岷山而得岷蒙一聲之轉蒙山即岷山也晋語則言有施氏琬琰者姊妹也曰琬曰琰是琬姊而琰妹也故琰為末嬉也末嬉即妹喜也蓋桀以其妹為后以其姊為妃故此云桀迷惑於末嬉好彼琬好彼琬者若云好彼姊也琰字不當有顯甚高所據本是而所解則有可商此說鬯童時在塾中得經先生稱許

祖伊尹世世享商鬯案祖蓋謂廟祀也伊尹配祀殷廟故詩長發序云大禘也而詩云實維阿衡實左右商王毛傳

云阿衡伊尹也伊尹阿衡一聲之轉大禘而頌及伊尹明伊尹配祀廟中矣故曰祖伊尹世世享商高解訓祖為用當未得其義

權勳覽故太上先勝洤案先疑當作无形近而誤勝者私欲也故太上无勝高解云先猶上也似未協

下賢覽故南勝荆於連隄東勝齊於長城洤案梁玉繩校云國策史記皆不見文侯勝荆齊之事洤考勝荆之事未見惟水經丹水酈注引竹書紀年晉烈公三年楚人伐我南鄙至于上洛此合魏文侯之世今本竹書在周威烈王九年然實應在十七年朱右曾汲冢紀年存眞可據是楚代晉非晉伐楚但云南勝荆固不必

定我伐彼即楚來伐而我勝之亦未始不可說云南鄙云上洛不言連隄豈連隄即上洛與究在可疑若勝齊長城則明見於竹書水經汶水注引云晉烈公十二年王命韓景子趙烈子及我師伐齊入長城正此所指今本長城作長垣周威烈王十八年實當在安王二年梁氏但檢策史而未檢竹書故言皆不見太疏　又案下文云虜齊侯獻諸天子長城之役據竹書實趙韓魏三家奉王命伐齊其奉王命容當有之至於虜齊侯以獻天子實三家之助田氏於齊也則其所謂王命亦安知其不邀而得之與三家好助田氏於齊助田氏於齊即所以自便於晉也

報更覽逢澤之會案此即戰國秦策所謂魏伐邯鄲因退為逢澤之遇者彼又云朝為天子為當訓於鮑本朝上補一字謬甚蓋其時魏王惠師諸侯朝於天子故下文言魏王嘗為御也天子即上文昭文君矣惟其事實在魏惠王二十九年當秦孝公二十年故史記秦紀言孝公二十年秦使公子少官率師會諸侯逢澤朝天子則與上文言張儀秦惠王俱不合當詳考

坐拜之謁案坐即跪也

順說覽夏日則暑案暑本訓熱說文暑部云暑熱也此言夏日衣甲則熱耳

三

貴因覽取不能其主有以惡告王鬯案取讀為趣旨趣之趣也能如不相能之能有讀為又

察今覽東夏之命鬯案秦在西方故稱中夏為東夏

先識覽固無休息鬯案高解云無休息夜淫不足續以晝日似未及固字之義如即以淫字釋固字則得其意未得其字固當讀為婟說文女部云婟嫪也玉篇女部云婟嫪也戀也爾雅釋鳥陸釋引聲類云婟嫪戀惜也元應過去佛分衛經音義引聲類云嫪惜也謂戀不能去也然則固無休息謂婟嫪無休息耳

周乃分為二鬯案韓非子內儲說云公子朝周太子也弟

公子根甚有寵於君君死遂以東周叛分為兩國說與史記不同益周威公之禍在寵愛少子故上文屠黍不對又曰其尚終君之身乎君下子字依畢本刪意可槩見矣

觀世覽其妻望而拊心曰𢘆案望怨也

知接覽無由接而言見詤𢘆案高解云詤讀誣妄之誣段玉裁校云詤當作詤說文詤夢言也荒幠通用故可讀誣𢘆謂荒幠通用而讀詤為誣說太迂曲果如段改作詤則解應云讀誣妄之妄

何以為之莽莽也𢘆案之此也下文孰之為之同

智必不接𢘆案不當作由涉下文而誤

四

智無以接䍐案此亦當作智必由接畢校引李本作由接
則由字未誤作以而必字亦誤作無
樂成覽中山之不取也䍐案樂羊攻中山三年而後取此
言其三年之中欲取之而不得故曰中山之不取也承上
文當此時而言上文云當此時也論士殆之日幾矣謂三
年之中論議之士危樂羊者且日即於近矣中山不能遂
取若非賢主則樂羊亡矣故下文云奚宜二篋哉一寸而
亡矣高解中山之不取謂樂羊不敢取以為己功非也
而猶若此䍐案此者此二篋也
察微覽孔子見之以細觀化遠也䍐案讀細字句自可通

此高解本不誤而俞平議漫謂為曲說據淮南子齊俗訓訂此作以細觀大以近觀遠通於化也則孔子見之四字何解彼作孔子之明自可通此作孔子見之不可通也

吳楚以此大隆兆案隆疑讀為閧共聲降聲同部通借之字高解謂隆當作格則以為誤字恐不然

其得至乾侯而卒猶遠兆案高解云不覲國内乃至乾侯故以為遠也是遠專指地言然句卻不甚明了竊謂遠不但指地又兼含時言葢昭公在外八年而卒於乾侯若曰不然則即死於國中矣如此方曉

去宥覽有中謝佐制者兆案佐制疑是人姓名佐即左也

賣文書

高解云佐王制法制也葢非此有所宥也鬯案高解云宥利也又云為也畢校云注頗難通疑宥與囿同鬯謂皆非也宥讀為尤此篇題去宥即前之去尤說見前名類條

正名覽故君子之說也足以言賢者之實不肖者之充而已矣鬯案充者充賢也不肖者非賢也非賢而亦充為賢君子能辨之耳故曰故君子之說也足以言賢者之實不肖者之充而已矣高解云充亦實也未得其義下文云是刑名異充亦此充字（彼承所謂賢徒不肖也三句言則充義甚明今本徒誤從王念孫志餘校正）又審分覽云譽以高賢而充以卑下亦同

審分覽不可以卒邕案卒讀為率
無肯為使邕案肯訓可爾雅釋言云肯可也無可使者謂
若一無所能故下文云清靜為公高解云若此人者王公
不能屈何肯為人之使令者乎失其義矣且此承上文人
主而言即王公也若高義則指人臣更不可通
君守覽知乃無知邕案此當作無知乃知上文云得道者
必靜靜者無知故此云無知乃知疊字生發文例當爾勿
躬覽云聖王之所不知也所以知之也彼高解引老子曰
不知乃知之即此句之證且此後文云不出者所以出之也不為者所以為之也然則無知者所以知之也又云君也者以無當為當以無得為得然則君也者以無知為知也故下曰可以言君道也今

作知乃不知不但與上句失文例而下句可以言君道直當云不可以言君道矣

天之用密㫼案密疑當作甯字形上半相近而誤下文云既靜而又甯若此作密則彼甯字無著矣

此之謂以陽名陽以陰名陰㫼案似當作以陽名陰以陰名陽

任數覽目之見也藉於昭㫼案昭本訓日明說文日部云昭日明也蓋若黑夜則目無所見故曰藉於昭高解云非明目無所見以昭屬目言失藉字之義矣

故知非難也孔子之所以知人難也㫼案孔子之三字似

嘗乙在故知非下

勿躬覽人主知能不能之可以君民也畢案能不能者以
不能為能也

愼勢覽失之乎數求之乎信疑畢案疑之言礙也

水用舟陸用車塗用輴沙用鳩山用樏畢案車鳩一聲之
轉鳩即車也此文蓋本禹乘四載之說故見於他書者皆
四項而此獨五項且如史記夏紀云陸行乘車水行乘船
夏紀兩見一作舟泥行乘橇山行乘檋河渠書云陸行載車水行
載舟泥行蹈毳山行即橋漢書溝洫志云陸行載車水行
乘舟泥行乘毳山行乘梮說文木部云水行乘舟陸行乘

七

車山行乘欙澤行乘𨊴書益稷篇傳云水乘舟陸乘車泥乘輴山乘樏皆言陸而不言沙文子自然篇云水用舟沙用鼾泥用輴山用樏淮南子脩務訓云水之用舟沙之用鳩泥之用輴山之用蔂河渠書裴駰集解引尸子云山行乘樏又曰行塗以輴行險以撮行沙以軌皆言沙而不言陸益沙行即陸行而車鳩又一聲之轉豈古述四載之說沙用鳩乃即陸用車之異文而呂氏并數之乎惟淮南齊俗訓云譬若舟車楯鼾窮廬既言車又言鼾彼自取六字成文耳　又案以裴解引尸子行沙以軌證之則此鳩當讀為軌軌鳩並諧九聲例在通借淮南覽冥訓高注以兩

輪之間為軌則亦車而已

以宋攻楚畢案高解云宋無德楚亦無德故曰以宋攻楚也據此解則正文實作以宋攻宋解文亦當云故曰以宋攻宋也以宋攻宋猶孟子言以燕伐燕齊猶之燕也故曰以燕伐燕楚猶之宋也故曰以宋攻宋後人誤以為宋無自攻之理改為以宋攻楚而并改解文不可通矣

審應覽取其實以責其名畢案此似當作取其名以責其實實名二字互易且上句云以其言為之名此句在文例應先承名字後出實字不應兩名字皆在句末知度覽云責其實以驗其辭益實當言責名不可責也彼下文云則

無用之言不入於朝矣亦即此下文云則說者不敢妄言矣

魏昭王問田詘曰鮑案高解云昭王襄王之子也畢校據史記改襄為哀大謬高自據世本有襄王無哀王必不可改在竹書亦可證惟高時未出耳

今藺離石入秦鮑案高解云二縣叛趙自入於秦也然考戰國趙策云秦攻趙藺離石祁拔則非叛趙自入秦此則恐高氏望入秦之文生義然亦不礙並存

其在於民而君弗知其不如在上也鮑案下其字指君言聚粟在於民而君弗知故君不如聚在上也下文云其在

於上而民弗知其不知在民也下其字指民言聚在於上而民弗知故民不如聚在民也義本顯然高解未是

離謂覽聽言而意不可知其與橋言無擇舋案橋言者即史記扁鵲傳所謂舌撟然而不下舌撟然而不下則不知其所以言故曰聽言而意不知其與橋言無擇橋之言撟也俗本亦有徑改作撟者

淫辭覽明日孔穿朝舋案大夫亦有二朝故見平原君亦稱朝如論語冉子退朝之朝也

人有任臣不亡者臣亡莊伯決之任者無罪舋案任猶今人言保也保此臣於人曰不亡而此臣竟亡則是保者之

罪矣而莊伯以為罪在亡臣不在保者故曰任者無罪

前乎輿謣咢案乎讀為呼

此其於舉大木者善矣咢案善似當作行

不屈覽惠王謂惠子曰咢案此六字當是古注語蓋謂惠王與惠子語止此下文乃著書者之辭恐人連讀故加分別古人辭質但注惠王謂惠子曰而溷入正文

或者操大築乎城上咢案大或木字之誤蓋築具也

此非不便之家氏也咢案不便猶不賢

應言覽市丘之鼎咢案戰國韓策有市丘君彼因五國攻秦兵罷留成皋魏順謂市丘君云云成皋韓地魏與韓鄰

故高解以此市丘為魏邑而吴師道策校注亦謂韓地又水經渭水酈注云首水西流逕秦步高宮東世名市丘城則又為秦地於策文似不可通而此文市丘當備參考至策鮑本改市丘為沛丘必非

則莫宜之此鼎矣遹案之即此也二字當衍其一

令起賈為孟卬求司徒於魏王遹案畢校云起賈疑即須賈非也須賈魏臣也此令者秦王令之則起賈為秦臣秦自有起賈戰國趙策云齊欲攻宋秦令起賈禁之是也

尚有何責魏雖彊猶不能責無責又況於弱魏王令之乎

遹案上文孟卬言令臣責謂魏王令卬責秦也高解誤俞平議已訂

十

讀本書

故此云尚有何責魏雖彊猶不能責無責又況於弱魏王之令乎是著書者駁其令臣責之語但考戰國魏策言地入數月而秦兵不下魏王謂芒卯曰地已入數月而秦兵不下何也芒卯曰臣有死罪雖然臣死則契折於秦王無以責秦王因赦其罪臣為王責約於秦乃之秦謂秦王云云秦兵下芒卯并將秦魏之兵以東擊齊啟地二十二縣彼上文所叙與此上文雖微有參差然其為一事甚顯芒卯即孟卬也孟芒聲轉卬卯形近則孟卬言令臣責者即責秦兵下以東擊齊也其責明有契約不可謂責無責秦因責果下兵擊齊則魏竟能責秦矣又不可薄其弱也著此者似未

考及其事實漫加呵刺苟揚子見之又當肇其全者矣
兩周全其北存魏舉陶削衛毖案其當作燕此文讀兩周
全為句燕北存為句舉陶削衛屬魏言即韓非子有度篇
言魏安釐王攻盡陶衛之地今本衛作魏顧廣圻識誤云當作衛又飾邪篇
云魏數年東鄉攻盡陶衛

有之勢是毖案高解云有之勢是有是之勢然有是之勢
而云有之勢是語究不倫季春諸紀輒言行之是令高云
行之是令行是之令也以彼例此恐本作有之是勢

具備覽故誠有誠乃合於情精有精乃通於天毖案兩有
字並當讀為又誠有誠者誠而又誠也精有精者精而又

精也貴信覽云信而又信重襲於身乃通於天可證上文書惡而有甚怒彼有亦當讀又

離俗覽微獨舜湯鬯案高解云舜有卑父之謗湯有放弑之事語本舉難覽（淮南子氾論訓亦云）然此文義見下文似不必援彼釋此

高義覽正法枉必死鬯案此正字當即上文王使為政之政

上德覽愛惡不臧鬯案臧之言藏也愛惡無所藏匿言皆正直也古無藏字止作臧高解云臧匱也匱疑匿之誤下文云其臧武通於周矣亦謂藏武也

麗姬易之巻案說文易部云易蜥易蝘蜓守宮也象形故
高解云易猶毒也然則此易字獨用本義引伸而說文家
鮮徵及此

用民覽句踐試其民於寢宮巻案宮當讀為館

古昔多由布衣定一世者矣巻案此世為世界之世明甚
適威覽云舜布衣而有天下一世猶天下也而高解云終
一人之身為世意當因古昔布衣有天下者惟舜未見其
多有然似不必泥

適威覽猶求其馬巻案求蓋讀為絿說文糸部云絿急也
是謂急其馬

十二

為欲覽務耕疾庸⿰木異鬯案高解云⿰木異古耕字然既出耕字又出⿰木異字必非義竊謂此文本作務⿰木異疾庸故解云⿰木異古耕字今依解改⿰木異為耕又因解衍入⿰木異字遂不可通庸讀為傭

舉難覽擇者欲其博也鬯案博字無義疑慱字之誤慱字雖不見說文已見詩素冠篇及爾雅釋訓則古有其字慱之言專也然依說文專亦非本字其本字作嫥女部云嫥壹也則謂嫥誤為博亦無不可然竊謂从女从心之字古多同字說見鬯說文女部戚字校慱實即嫥之重文心旁十旁隸書形相涉較似

長利覽協而耰㕣案協當讀為拹說文手部云拹摺也廣雅釋詁云擠折也擠即拹字此著其耰狀耰必身折也下文云遂不顧協與不顧義相切高解謂協和悅也非義

道其不濟也㕣案道即戎夷欲定一世之道高解云死之道其不濟也蓋死之二字讀頓不連道字讀要當云死則其道不濟也

知分覽荊有次非者㕣案次非當衹是人名林頤山以他書引此文多作佽飛以為官名據漢書百官表武帝更名左弋為佽飛謂此次非即秦左弋楚改秦左弋為次非殆屬附會武帝更名豈必放古

子嘗見兩蛟繞船能兩活者乎鬯案兩活當謂人與蛟兩活也於義固可解而俞平議以為兩活無義疑兩為而字之誤又在能字之上鬯案淮南子道應訓作嘗有如此而得活者乎俞議即本於彼而此處未徵

名類覽邊境四益鬯案高解云四境不侵削則為益不侵削而便為益殆不可說此當謂四境荒地多墾闢耳

達鬱覽寡人與仲父為樂將幾之鬯案將幾之者言將能有幾回如此樂也承上文年老為感逝之言畢校疑幾之為幾何未是俞平議訓幾為既更失義

行論覽得帝之道者為三公鬯案帝當作地下句可見

於是殛之於羽山副之以吳刀鬯案副即疈字高解言先殛後死後人泥其意遂不能得副字之義其實常義耳呂氏固謂鮌殛即死也

莊王方削袂鬯案削袂當是卷袂耳袂卷則有削弱之意今俗謂卷袂作秋宵反音揫即削字之音轉或謂其本字當作揫說文手部云揫人臂皃袂卷則臂見其說亦可備揫手有所事則卷其袂所以便事論語鄉黨篇何晏集解引孔曰短右袂便作事俞平議解彼亦謂卷之使短莊王方削袂者謂莊王方卷袂即猶言莊王方有所事也故下文云投袂而起左宣十四年傳投袂而起杜預集解云投

振也蓋正使卷上之袂拂下也孔廣森經學卮言乃訓削為裁轉譏杜訓投字之誤殆未諦審裁袂自有工人莊王何故親自裁袂乎

驕恣覽箴諫不可不熟卷案重已紀云此論不可不熟高解云熟猶知也慎行論云行不可不熟解云熟猶思也施之於此似並未切或謂此熟蓋猶記也然則三文句法相同而三熟字各異義乎竊謂熟不過反復之義知思記三義當皆賅之蓋熟者反復知之思之記之之謂也觀表覽云凡論人心觀事傳不可不熟同此

開春論共伯和修其行好賢仁而海內皆以來為稽矣周

厲之難天子曠絕而天下皆來謂矣㲋案但云周厲之難
天子曠絕即云而天下皆來謂矣義殊不接竊疑而海内
皆以來為稽矣九字衍文共伯和修其行好賢仁周厲之
難天子曠絕而天下皆來謂矣本一事也高解以共伯和
為夏時諸侯畢校云竹書紀年厲王十二年奔彘十三年
共伯和攝行天子事至二十六年宣王立共伯和遂歸國
誘時竹書未出故說此多訛然則而海内皆以來為稽矣
九字竹書未出時衍入在誘之前否則或別有語此九字
為誤文要不當以矣字絕句分作兩項
審為論審所以為而輕重得矣㲋案審所下似奪為所二

十五

字審所為所以為承上文言也

心居乎魏闕之下鬯案高解云魏闕心下巨闕也一說魏闕象魏也懸教象之法浹日而收之魏魏高大故曰魏闕高列兩說又伸言魏闕為魏魏高大魏魏之言巍巍也淮南子俶眞訓高注正作巍巍則不啻三說矣竊謂公子牟既是魏公子高云子牟魏公子也魏伐得中山公以邑子牟案當作魏伐得中山以邑公子牟則魏闕之魏即是魏國之魏似不必別生他解

愛類論其當世之急鬯案無義論高解云當應也國語晉語韋解云當猶任也

公取之代乎其不與鬯案不之言否也與語辭也高解云

39

言公取石以代子頭乎其不與邪誤讀不字增設邪字矣
然竊疑注文與字或衍高正讀不為否以邪字代與字亦
未可知益如誤讀不字直當云其不取矣作不與仍不可
通
貴卒論羣臣亂王鬯案此衹謂羣臣作亂射王耳高解云
羣臣謂王為亂而射王尸非
無義論人莫與同朝子孫不可以交友鬯案人既莫與續
經同朝故續經子孫欲求交友而人亦莫肯交友之言其
不但賤己并恥及子孫高解未誤而語嫌略
公孫竭與陰君之事而反告之樗里相國鬯案陰君益即

十六

季君史記穰侯傳云昭王即位誅季君之亂六國表又作桑君傳裴解引表亦作季君正樗里子為相時疑似篇褒姒之所用死喪案據此褒姒亦以身殉國難自來論褒姒者皆斥其亡國之罪莫知其死國之節此與墨子親士篇言西施之沈其美同一軼事然後人能據墨子表西施之死而未有據呂氏表褒似之死者夫不責幽王而責褒姒與不責夫差而責西施豈非皆過論矣夫壹行篇威利無敵而以行不知者亡喪案此亡字取與上句王字為韻非亡滅也下文小弱云則無以存真亡滅矣義有深淺故下文云王者行之廢强大行之危小弱行之

40

滅王者行之廢反對上文行可知者王言益行不可知則廢矣小弱行之滅即指下小弱無以存言然則强大行之危指此句言是亡者謂危也非亡滅也又俞平議謂此不知亦當作不可知以此篇多言可知不可知可知者謂信義也不可知者謂不信不義也

陵上巨木人以為期易知故也遹案此謂行路之人欲往某處望陵上巨木而行則可其期所至故曰人以為期易知故也高解云期會其下蔭休之也故曰易知故也與上文行者見大樹必寢其下意複當非其義文子符言篇淮南子詮言訓並云若邱山嵬然不動行者以為期也亦謂

十七

期其所至

求人論夫子為天子而天下已定矣鬯案此已字似衍莊子逍遥遊篇云夫子立而天下治

人事不謀鬯案謀蓋讀為㥼說文心部云㥼讀若侮凡說文讀若之字皆通用之字然則人事不㥼者人事不侮也要即讀謀為侮亦無不可

貴直論有人自南方來鮒入而鯢居鬯案此隱指淖齒也淖齒從楚來故曰有人自南方來高解云鮒小魚鯢大魚魚之賊也啖食小魚其言鮒小鯢大是也莊子外物篇守鯢鮒則鯢鮒皆小魚然如左宣十二年傳鯨鯢鯢與鯨並則為大魚之稱矣言啖食小魚非句義此喻

淖齒入齊時其官小今居齊為相其官大也故曰鮒入而鯢居湣王以淖齒為相卒見弒於淖齒狐援固先知之者矣

知化論不苦其己也凶案意謂不藥病自己耳

子胥兩袪高蹶而出於廷凶案蹶行則股膝向上兩袪自高不須手舉高解云兩手舉衣而行非也蓋蹶者猶今俗稱擲腳人憤怒則擲腳小戴曲禮記云足毋蹶是蹶失足容也

過理論刑鬼侯之女而取其環凶案環蓋讀為懷懷者當為懷孕也鬼侯之女已懷孕此妲己所以尤忌而譖之高

解云聽妲己之譖殺鬼侯之女以為脯而取其所服之環也以環代褱則解壞字當非紂何惜乎一環而取之且下文云截涉者之脛而視其髓殺梅伯而遺文王其醢並殘忍之事取一環何足以比之然則下文所謂剖孕婦而觀其化者即此鬼侯之女矣而帝王世紀謂紂剖比干妻以視其胎其說不知何本要殘暴之主羅凥者何必止一孕婦乎故不必定下文剖孕婦為與此一事亦不必不剖比干之妻特因借懷為褱而畢本且依解改作環則大失其義

帶益三副矣毖案帶有鉤則必有圈當以扣鉤所謂副者

疑即指圈當也帶必稱人之腰圍圈當所置有定位若腰圍大則益一圈當於外更大則更益帶益三副者謂益三圈當也高解云副或作倍帶益三倍苟活者肥令腹大耳恐雖肥決無肥至三倍者非情實也

原亂論訓亂三迻案訓當制字之誤三者即下文所以遠之所以兒之（王志餘云兒當為完完全也）所以守之三項皆制亂之法也高解固非畢校疑討字之訛指殺里克呂郤為三亦非也

贊能論賢者善人以人迻案高解云賢者以人以人之德也則善人二字當衍

博志論冬與夏不能兩刑𢍰案刑蓋當讀為耕耕諧井聲依說文分刑㓝為異字則此字當作本㓝㓝亦諧井聲故可通借然即作刑刑諧并省聲并聲井聲古音亦同部則讀刑為耕自無不可要刑㓝義亦相類實不容細別說文一入井部一入刀部安見非王筠釋例所謂異部重文例乎夏耕而冬不耕故曰冬與夏不能兩耕且下文云草與稼不能兩成即承耕字而言又云新穀熟而陳穀虧又承稼字而言三句義一串也

果實繁者木必庳𢍰案周禮大司徒職鄭注云庳猶短也似移訓此庳字視高解訓小為切畢校引戰國秦策木實

繁者披其枝飛[非]此義

似順論尹鐸為晉陽下卷案下當作令

別類論高陽應卷案韓非子外儲說作虞慶顧廣圻識誤

謂即虞卿然恐非也聊備於此

有度論客有問季子曰卷案高解云季子戶季子堯時諸

侯也卷疑此季子為戰國諸子家荀子成相篇所謂愼墨

季惠之季子也莊子亦出季子向疑其即季梁說見彼則

陽篇校

分職論先王用非其有如己有之通乎君道者也卷案有

即下文智能為等統謂人臣之所有用人臣所有以為己

有是通乎君道者義本至顯高解以有為有天下引桀紂湯武為說蓋由誤會下文世皆曰取天下者武王也故武王取非其有如已有之通乎君道也不知彼言取非其有即用非其有仍是以五人之有為已有高解武王之佐五人云周公旦名公奭太公望畢公高蘇公忿生也案數十亂者不及蘇忿生五人中轉及蘇忿生不知高氏有本否非謂有天下又云先王固用非其有而已有之湯武一日而盡有夏商之民盡有夏商之地盡有夏商之財此推言用非其有之效又何得誤會

處方論故異所以安同也同所以危異也案此明以安危對言則其義相反異所以安是異而同也如五味異而

和五聲異而調是也同所以危是同而異也如同貪財則必爭同事權則必忌是也高解言同異更相成非是此意主於異不主於同

章子令人視水可絕者迄案廣雅釋詁云絕渡也

各避舍迄案各者謂其僕與其右皆避舍也罪其僕者為其不盡職也罪其右者為其越職也

士容論南面稱寡而不以侈大迄案侈大即侈泰

唐尚敵年為吏迄案敵訓當爾雅釋詁云敵當也此蓋猶後世以年論資格唐尚以年論資格當為吏故曰唐尚當年為吏

二十一

上農論農不出御鬯案出御當是為贅壻於他野人家野禁有五鬯案此句疑文錯在此當本在上文然後制野禁之下然後制野禁野禁有五文法正密接蓋上文茍非同姓農不出御女不外嫁以安農也即是五禁之一下文云地未辟易不操麻不出糞是五禁之二齒年未長不敢為園囿是五禁之三量力不足不敢渠地而耕是五禁之四農不敢行賈行賈連讀高以賈字屬下句非說見俞平議不敢為異事為害於時也是五禁之五其數合當此句必不應在此

任地論地可使肥又可使棘鬯案高解云地耕熟則肥肥即得穀多不則瘠瘠則得穀少故曰可使也此殆失旨如

其說止欲使肥耳則但當云地可使肥不必云又可使棘上文云棘者欲肥肥者欲棘是棘亦在所欲下文云樹肥無使扶疏肥而扶疏則多粃是肥轉在所禁蓋肥棘須得其平肥亦有限制棘則當使之肥而過肥又當使之棘也故曰地可使肥又可使棘也

不知其稼之疏而不適也學案適謂適秝也說文秝部云秝稀疏適也段玉裁注本錢坫斠詮本並於適下補秝字王筠句讀本補歷字適歷即適秝也要单言適即猶累言適秝以此文證說文在彼不補亦可朱駿聲通訓云適秝者疊韻連語均勻之皃然則疏而不適謂稀疏而不均勻

賣文書

二十二

耳高解云不中適也意雖無背而未通古言古義

審時論斬木不時不折必穗稼就而不穫鬯案高解云折猶堅也折訓堅惟見於此考折聲之字惟悊為敬謹之意或於堅義尚相近然則高豈讀折為悊與竊疑折必二字本一悊字而誤析為二又誤心為必高訓猶堅正釋悊字非釋折字且下文云必遇天菑則此文必字實不當有若非悊字誤為折必則必字亦定涉下而衍

秙米而不香鬯案秙米當乙作米秙下文小米鉗而不香句法可例惟秙字古字書所無見字彙補亦僅據此文竊謂其字諧台聲即下文不喂而香如此者不飴之飴字此

言先時之米飴而不香彼言得時之黍香而不飴文可意會畢校以彼高解噮字讀如餲厭之餲當在不飴下蓋謂高讀飴為餲非讀噮為餲於古音雖皆非同部然義當近之

正五穀而已矣鬯案上文言得時之禾得時之黍得時之稻得時之麻得時之菽得時之麥然禾為通名故廣雅釋草云粢黍稻其采謂之禾然則五穀者黍稻麻菽麥也此上三篇皆當承后稷言而此語又出黃帝縱不必深究要言五穀此為古義也

二十三

香草續校書列子一卷

香草續校書

南匯于鬯

列子

天瑞篇將嫁於衛鬯案嫁之言家也將嫁於衛者將家於衛也故下文弟子曰先生往無反期惟其家於衛不但容於衛故往無反期也張湛注云自家而出謂之嫁語本方言黨曉篇未得此嫁字之義黃帝篇云列子之齊中道而反若但謂自家而出卽何不云列子嫁齊乎要彼自不可云嫁也

不生者疑獨鬯案疑當讀爲凝黃帝篇乃疑於神一本作

凝莊子達生篇亦作凝疑獨者專一之謂也下文云不化者往復疑獨與往復爲偶則疑獨二字必平列張注云疑其冥一而無始終也盧重元注云疑者不敢決言並以疑獨爲疑其獨殆不其然下文同

故曰渾淪鬯案渾淪即混沌張注以淪爲語之助非要當云累言渾淪即猶單言渾如此可通

只使墜鬯案只使猶即使即只一聲之轉

是天地之委形也鬯案委當主委棄之義廣雅釋詁云委棄也此答上文吾身非吾有孰有之哉義乃不曰是天地有之也而曰是天地之棄形也明天地亦棄而不有故下

文云天地强陽氣也又胡可得而有邪不云汝胡可得而有而云又胡可得而有正兼言天地亦不有之之義張注云是一氣之偏積者也以積代委字本莊子知北遊篇司馬彪注今見彼陸德明釋文所引下文則從郭象注委結之說結積一也似不若委棄之義勝下委和委順委蛻亦謂棄和棄順棄蛻也

故行不知所往處不知所持食不知所以邑案所往者所以往也所持者所以持也而云食不知所以義殊不完莊子知北遊篇作故行不知所往處不知所持食不知所味以字作味若改同彼則此以亦當作味所味者所以味也

然竊疑列子原有三以字作故行不知所以往處不知所以持食不知所以味義實明顯莊子去三以字古人語辭省例讀者意固可知後人以莊校列去三以字而末句誤點味字存以字亦鹵莽甚矣乃轉得因此可推見列子之原本也

未及時以贓獲罪邑衆未及時猶未幾時

黃帝篇舍官寢邑衆官之言館也此言官寢與下文言居大庭之館其實字異而義同特館寢與大庭之館又正相反耳故一舍而一居館寢即宮寢也特不必改為宮字如盧文弨羣書拾補之疑呂氏春秋用民覽云句踐試其民

於寢官寢官亦即寢館也

遊於華胥氏之國㐫案華胥蓋是古語其音轉則為夥頤史記陳涉世家云夥頤涉之為王夥頤者偉大之辭故司馬貞索隱云驚而偉之故稱夥頤也然則華胥亦偉大之辭華胥氏之國極形容其國之偉大耳故張注云不必便有此國也

列子師老商氏友伯高子進二子之道乘風而歸㐫案列子師老商氏友向伯高子句其讀顯甚而張注云莊子云列子御風而行泠然善旬五日而後反蓋神人禦寇稱之也此注未伸一語甚無謂所引莊子見逍遥遊篇豈張氏以

列子 三

莊子所言御風而行為列子所稱神人然邪則豈誤讀此文友伯高子進為句邪然列子書中以盡為進見於劉向書錄張氏固明知之上篇注云進當為盡卽下文內外進矣注亦以盡代進又似不應獨於此進字不悟而以伯高子進為人名於進字斷也則何必云蓋神人禦寇稱之乎莊子明言列子御風而行是御風而行者卽是列子不指列子所稱之二子此文言列子盡二子之道乘風而歸則乘風而歸者亦明卽列子非指二子雖列子之乘風而歸得道於二子而文不可誤解也誤解則下文云云且皆隔閡矣下文注云若人謂伯高省一子字原無害然豈以伯

高子進為累文不便故省言邪若是則信乎其誤讀矣莊子言旬有五日而反而此下文言學九年所謂寓言不必致譏汝之片體將氣所不受汝之一節將地所不載疊累此當云汝之片體將氣所何不受汝之一節將地何所不載故下文云履虛乘風其可幾乎省兩何字反語若正語亦古文法或云兩將字當訓欲廣雅釋詁云將欲也言即片體一節欲氣不受地不載尚不可得況履虛乘風其可幾乎說似較迂亦可附備張注盧注並以不作不能解非焉得為正焉疊累莊子達生篇作物焉得而止焉據下文物奚自入焉故物莫之能傷也則此句上亦當有物字為

而皆可通正亦依彼作止為是物焉得為止焉以上一段答上文潛行不窒之問也窒原作空從殷釋所引一本物奚自入焉以上一段答上文蹈火不熱之問也故物莫之能傷也以上一段答上文行乎萬物之上而不慄之問也

列禦寇為伯昏瞀人射蹙案伯昏瞀人已見上篇亦見後文及仲尼篇諸無異獨此處四見盧重元本瞀字皆作无當備考又疑伯昏瞀人即上文伯高子上文老商氏即壺丘子林壺商二字古文相類未知是否聊著於此

鏑矢復沓蹙案此即仲尼篇所謂善射者能令後鏃中前括發發相及矢矢相屬前矢造準而無絕落後矢之括猶

衡弦視之若一焉者

方矢復寓卷案此謂矢相併也說文方部云方併船也故方有併義儀禮鄉射禮鄭注云方併也寓當讀爲偶或爲耦偶耦皆有併合之義方矢復偶與上句鏑矢復沓又別一法蓋先發一矢中的後矢矢皆中前矢之括所謂鏑矢復沓也先發一矢中的後矢矢亦皆中的而與前矢相比若併合一字者所謂方矢復偶也

足二分垂在外卷案古人之數多略不過三此言二分者當謂三分之二垂在外也則所著止三分之一矣

潛於牖北聽之卷案俞蔭甫太史平議云牖北疑當作北

牖所謂向也詩七月篇毛傳曰向北出牖也是也二子在室中商丘開於北牖下聽之正合事理鬯謂室之北牖固當有之前儒執室無北牖之說原不必辨惟此牖北二字不必乙作北牖北牖何礙單稱牖於北牖外聽之正是北牖之北故曰牖北

吾與若玩其文也久矣鬯案與當訓以以與一聲之轉古人用與字多作以字解不勝舉證王引之釋詞已略援數條可案此謂吾以若玩其文也久矣故下云而未達其實而固且道與若字而字皆即汝也是專責顏回之語非謂吾與汝也後文列子告壺丘子壺子曰吾與汝無其文未

既其實而固得道與亦是專責列子之語吾與汝者吾以汝也兩文一律

以瓦摳者巧以鉤摳者憚以黃金摳者惛卷案張注云互有所投者摳盧拾補摳上補曰字引郭象曰所要愈重則其心愈矜也似所指如今人鬬葉子竹牌之類故曰互有所投然則以瓦摳者特借瓦以為勝負之數猶今人言無輸贏者也以鉤摳者有物輸贏者也以黃金摳者輸贏之大者也故以瓦摳者巧以鉤摳者憚以黃金摳者惛下文所謂巧一也而有所矜則重外也凡重外者拙內拙今作拱殷釋云本作拙其義明矣而殷釋云摳探也以手藏物探而取之亦曰藏彄引

風土記三秦記以證藏彄之說殆非乎手藏物探而取之則何擇於瓦鉤黃金而一巧一憚一惛也抑其意亦以瓦鉤黃金爲輸贏物乎郭語見莊子達生篇注莊子作以瓦注者巧以鉤注者憚以黃金注者殙又呂氏春秋去尤覽引莊子作以瓦殶者翔以鉤殶者戰以黃金殶者殆又淮南子說林訓云以瓦鉒者全以金鉒者跋以玉鉒者發注殶鉒皆諧主聲主聲與區聲同部殶鉒二字不見於說文則注字爲古然則以摳爲注之假借當無不可注者即孤注一擲之注也而或說曰此當從殶字殶之言投也殳聲與主聲區聲亦皆同部在假借之例以瓦投鉤投黃金投

者非謂以瓦鉤黃金為輸贏物也乃竟謂以瓦以鉤以金
且或以玉以投擲也其法如今小兒以瓦片掠水上之類
蓋即宋世寒食拋堶之戲故呂氏言以瓦者翔淮南言以
瓦者全玩翔字全字之義可知矣盧重元注意亦如此說亦
姑附存

而後載言其上巻案古言載多有再義蓋必先有一物然
後以一物載之故載有再義也呂氏春秋當務紀一父而
載取名焉亦謂再取名說見彼校而後載言其上者而後
再言其上也張注云然後可載此言於身上也其說義似
迂

死之

襄子怪而留之謹案留但是留止之義謂不殺之也似不必如段釋謂宿留而視之段當因下文徐之一字生義然轉迂

嘗試與來謹案嘗亦試也故下文三言嘗又與來嘗又與來者試又與來也然則單言嘗即是試累言嘗試亦止是試而已

奚方而反謹案此方字當訓為廣雅釋詁云方為也奚方而反即問何為而反也張殷於此並無注釋莊子列御寇篇陸釋引李云方道也則失之矣廣雅為字一釋頼有列莊此文可證而王念孫疏證亦竟徵引不及豈為李訓道

所惑邪

楊朱南之沛兆案白來言楊朱者皆不言其何國人楊朱篇張注亦但言戰國時人而已兆謂是梁國人也故下文云老聃西遊於秦邀於郊至梁明楊朱是梁人云楊朱南之沛則其家在沛之北又楊朱篇載楊朱見梁王言治天下如運諸掌梁王曰先生有一妻一妾而不能治三畝之園而不能芸惟其為梁人故梁王熟知其為人也不然何以有此言

大白若辱兆案大白猶大顯

舍者迎將家兆案俞平議云者字衍文盧重元本無者字是

也舍與舍者不同下云舍者皆謂同居逆旅者此云舍則謂逆旅主人也主逆旅者即謂之舍猶典市者即謂之市主農者即謂之田㒳謂此舍者與下文舍者卻有異但據盧本以者字為衍竊疑其未必然莊子寓言篇亦有者字可明此者字之非衍且主逆旅者為舍猶小戴王制月令兩記鄭注比例然彼究曰市曰田而不言舍亦僅可為借證而已以舍為逆旅主人則下文公為〔必〕當是主人之父矣顧有父在何以定子為主人下文云公執席妻執巾櫛公既是父又何以與妻並言故㒳竊謂下文之公正是逆旅主人莊子陸釋引李注所謂主人公是也下文舍者避席

舍者與之爭席舍者固是同居逆旅之人而此文舍者則殆逆旅中之臣僕所謂舍人是也戰國齊策云楚有祠者賜其舍人卮酒楚策云張儀之楚貧舍人怒而歸史記田世家云使賓客舍人出入後宮者不禁平原君傳云賓客門下舍人稍稍引去者過半舍人之稱見於前籍不一而足蓋唯（非）周禮舍人之官皆臣僕之通稱耳故別之於賓客門下而次在其後也逆旅之舍人則亦稱館人孟子盡心篇之滕館於上宮有館人求屨弗得之事上宮亦是尋常逆旅非滕君以館孟子者故有業屨之人館人求屨正逆旅中之臣僕求屨也此（即）舍者也則此舍（者）字之必不可刪明

九

列子

矣蓋逆旅臣僕先迎楊朱進其家而主人乃親執席主人之妻親執巾櫛故曰舍者迎將家公執席妻執巾櫛也莊子家上本有其字然陸釋有兩讀一引李云家公主人公也是以家公二字連讀一讀舍者迎將其家爲句此張注斷家字下云客舍家也同彼後一讀則似當依彼家上補其字語氣較完若據此無其字益依彼李讀則舍者迎將爲句但謂舍者迎進耳將者進也詩無將大車篇鄭箋云將扶進也家公之稱固有李注不煩再說

逆旅小子對曰鬯案上文云逆旅人有妾二人然則此逆旅小子者卽逆旅人也非逆旅人之子也豈以年少而謂

之小子邪而韓非子說林篇作逆旅之父逆旅之父者亦卽逆旅人也非逆旅人之父也又豈以年老而謂之父邪要之皆指主人曰小子曰父所傳異耳若解作逆旅人之子逆旅人之父子固不得以父妾之美惡而貴賤之父亦不當以子妾之美惡而貴賤之文義皆不可通矣

有不常勝之道邕案依下文不常當作常不

此其賢於勇有力也邕案張注云處卿大夫士民之上故言四累之上也其說本呂氏春秋順說覽高誘解然高於淮南道應訓注云此上凡四事皆累于世而男女莫不歡然爲上也此解得矣上文云使人雖有勇刺之不

入雖有力擊之弗中是一累於勇力之上矣又云使人雖
有勇弗敢刺雖有力弗敢擊是二累矣又云使人本無其
志也是三累矣又云使天下丈夫女子莫不驩然皆欲愛
利之是四累矣故曰此其賢於勇有力也四累之上也義
殊淺顯今案盧重元注已如此高既得於淮南而解呂覽乃爲卿大
夫士民之說何也或疑今淮南高注實與許叔重注兩家相
雜道應訓是許注非高注儻果然與抑呂覽四累句無也
字高實以四累之上誤連下大王獨無意邪句讀故彼解
又言君處四分之上故曰四累之上喻尊高也然則列子
有也字與淮南同張乃不據淮南注而據呂覽注斯爲疏

矣

周穆王篇遂賓于西王母邑案穆天子傳亦謂天子賓于西王母曰賓則是穆王為賓而西王母為主也山海西山經郭璞注引竹書紀年云穆王五十七年西王母來見賓于昭宮（穆天子傳郭注亦引紀年作穆王十七年無五字）亦曰賓則是西王母為賓而穆王為主也西王母至今豔稱於世語多漂渺即列子此文本屬寓言要其事未必無因後之論者以為西王母是西方一諸侯國邑竊謂觀與穆王迭為賓主此非諸侯國也明稱王益亦天子也漢書律歷志云壽王言化益為天子代禹驪山女亦為天子在殷周閒雖史謂不合經術

亦豈必無因西王母者其即驪山女與驪山女為天子在殷周閒則至穆王時固不可謂即殷周閒之驪山女而驪山女之後代為天子宜自若矣俞蔭甫太史極表章驪山女所著書中輒復考據甚備後且為演作傳奇一卷然於為天子一語卒無左證以西王母當之其庶幾乎然則太史疑論語泰伯篇有婦人焉為驪山女者非也彼固不得為周有也

且恂士師之言可也鬯案恂讀為徇說文無徇字故古借恂為之

閫室毒之鬯案毒當訓為憎廣雅釋言云毒憎也後漢書

袁紹傳云令人憤毒亦謂令人憤憎湯問篇仙聖毒之同
此
此非汝所及乎嵒棐此以乎字爲也字
因告其子之證嵒棐謂病爲證見此仲尼篇亦云然先言
子所病之證
迷之郵者嵒棐郵讀爲尤甚也楊朱云於清之郵於貞之
郵
仲尼篇笑而不答嵒棐笑而不答者即黃帝篇所謂夫子
能之、而能不爲者也上文言能廢心亦即彼所謂劌心去
智

西方之人有聖者焉鬯案此當即黃帝篇所謂華胥氏之國在弇州之西者亦即周穆王篇所謂西極之國有化人者故稱西方之聖人列子之言非真孔子之語

從之處者日數而不及鬯案此當謂窮日數其人數而數不盡也極形容從者之多張注謂來者相尋雖日日料簡猶不及盡也似尚非義

以為子列子與南郭子有敵不疑有自楚來者鬯案張注云敵讎斷在不疑下盧注云宋疑有讎怨則以有敵不疑連讀鬯竊謂不然此當有敵斷句疑讀為擬說文手部云擬度也不擬者不度也不度者即今語辭通用不圖也言不圖有自

焚來者不疑二字當屬下為句
口將爽者巽案爽謂失味
庖廚之物巽案上文云長幼羣聚而為牢藉承汝之徒言
之指伯豐子之徒也則此言庖廚之物若曰此庖廚之物
也故下文云奚異犬豕之類乎句上省此字下省也字蓋
古文好簡意亦可白
無能相使者巽案能字恐涉下文無能衍上句而無相位
者不著能字可見俞平議云位當作涖古字通
臣之師有商丘子者巽案商丘子或即黃帝篇商丘開
有物不盡巽案此即今化學家所言燭燒至盡收歸其一

切所發而權之而其輕重與曩燭不異也故下文云盡物

者常有

非孤犢也卷案此也字當讀邪

湯問篇夷堅聞而志之卷案然則上所云云亦頗見於莊子蓋皆本於古夷堅志非莊列相襲也又疑夷堅或即齊諧

其名曰焦螟卷案今用西洋顯微鏡所見微蟲者即此列子寓言而豈知竟有其物

其長子生則鮮而食之卷案墨子節葬篇鮮作解而魯問篇亦作鮮張華博物異俗志亦作解論文義似解字易曉」

其古文一節不与前行連故加ㄥ記之付印時注意

其大父死負其大母而棄之逕案此大父大母即父母也不指其祖父母墨子節葬篇同

朽其肉而棄之然後埋其骨逕案殷釋云朽本作冎竊謂當作冎冎即今剮字剮實亦當作冎承書冎字形嫌下空故輒作咼論其假借要無不通論其本字說文冎部云冎剔人肉置其骨也口部云咼口戾不正也二字義絕相遠故即是咼字亦當讀咼為冎剔人肉置其骨與此義吻合豈許君即本列子義釋冎字乎若然則許所見列子正作冎字矣此當備一說今作朽亦自通說文歺部朽朽同字故墨子節葬篇作朽太平廣記引蠻夷記引博物志作剔今博物異俗志亦作朽

列子 十四

瓠巴鼓琴而鳥舞魚躍 𢾺案下云鄭師文聞之棄家從師襄遊則瓠巴即師襄也張注云瓠巴古善鼓琴人也師襄亦古之善琴人也分瓠巴師襄為二人則此出瓠巴鼓琴而鳥舞魚躍語殊無謂矣

過雍門 𢾺案戰國齊策淮南子覽冥訓高誘兩注並云雍門齊西門名也

過逆旅逆旅人辱之韓娥因曼聲哀哭 𢾺案過逆旅者韓娥過逆旅也逆旅人辱之者逆旅人辱韓娥也故韓娥因曼聲哀哭耳則此文與上文左右以其人弗去句不相接若接連讀之則一似左右過逆旅逆旅人辱左右則韓娥

之哭不可通矣依左傳文法過逆旅上當着一初字便曉
否則上文既去而餘音繞梁欐三日不絶左右以其人弗
去十九字移在下文乃厚賂發之句下亦可通三日不絶
與彼三日不食義亦相準也　又案左右以其人弗去者
謂左右以為其人未去也以以為也力命篇云自以智之深
也自以巧之微也自以為才之得也自以行無戾也自以
時之適也五句一律惟中句着為字餘四句皆但言自以
即自以為也明列子中以有作以為解者語辭有字法
不至弇山卷案不字疑衍穆天子傳云天子遂驅升于弇
山乃紀丌跡于弇山之石則曾至弇山矣

乃以又一節、不与前行連、故加「」記之、付印时注意、

弟子東門賈禽猾釐墨案上文言班輸墨翟則禽猾釐為墨翟弟子東門賈必是班輸弟子矣班輸弟子之名惟見於此力命篇有魏人東門吳亦見戰國秦策此東門賈亦豈魏人

與

以目承牽挺墨案挺益讀為筳說文竹部云筳維絲筦也

「乃以燕角之弧朔蓬之簳射之貫蝨之心而懸不絕墨案燕角之弧朔蓬之簳當形其小故可以貫蝨之心張注謂彊弓勁矢未見其然

彼其厭我哉墨案此厭勝之厭也

力命篇請謁不相及墨案及當反字之誤謂但有我請謁

於子而子反不請謁於我猶今人言不答拜也若作及則無義矣

子產執而戮之 邕案此戮字但當爲辱義廣雅釋詁云戮辱也言執而辱之故下文又言威而誅之不然複矣

名譽父子也 邕案從舅氏姚藝譜廣文云名譽與上下文不合當作毀譽

故迷生於俏俏之際 邕案八字作一句讀

貧窮自時也 邕案貧窮似當作貧富與上句死生義對蓋涉下文貧窮字而誤張注云若其非時則勤儉者必富而奢惰者必貧則其本當原作貧富矣

楊朱篇孟氏問曰人而已矣奚以名爲學案孟氏問當作問孟氏人而已矣奚以名爲正楊朱之言非孟氏之言蓋孟氏爲人必好名而貪富者觀下文義可見故楊朱以是問之倒問字在孟氏下則人而已矣奚以名爲爲孟氏問辭矣誠孟氏問辭楊子當引爲同道而下文之義胥不可通

凡爲名者必廉學案句上當有曰字楊朱語

若實名貧學案若若此也若此但言若古文省字法王引之釋詞有若如此也若猶此也兩釋亦可參

故不爲刑所及學案此與上故不爲名所勸爲對文是分

承上文乃復為刑賞之所禁勸而言不為刑所及者即不為刑所禁也不為刑所禁者正謂刑雖及我而我不以為患張注不為名所勸云為善不近名者注此云為惡不近刑者分為善為惡既非其旨不為名所勸為不近名固可說不為刑所及為不近刑義適相反矣 或曰然則從楊子之道將為盜為賊皆無不可乎曰下文不云桀乎曰熙熙然以至於死不云紂乎曰熙熙然以至於誅盜賊又何如桀紂乎雖然楊子自有本領其曰古之損一毫利天下不與也悉天下奉一身不取也又曰任智而不恃力故智之所貴存我為貴力之所賤侵物為賤又曰雖全生身不

可有其身雖不去物不可有其物有其物有其身是横私天下之身横私私天下之物又曰不逆命何羨壽不矜貴何羨名不要勢何羨位不貪富何羨貨此楊朱之本領也他凡楊朱篇所述蓋亦如仲尼篇之言仲尼仲尼篇之言仲尼得曰仲尼之真乎則楊朱篇之言楊東子足以知矣

展季非亡情矜貞之鄭以放寡宗毖業據此展季蓋終身不娶無子者故曰矜貞之鄭以放寡宗展季即柳下惠與孟子所言其人品類正相反且惠妻能誄其夫弟喜或曰其子則惠非無妻無子者此當存異聞今案孟子又言柳下惠不以三公易其介此可見柳下之和實本於介與貞字之義卻近

弗獲又一節、不与前行連、故加「」記之、付印时注意、

清貞之誤善之若此遂案下之字當如者字之義之本與諸通故之與者亦通要皆一聲之轉謂清貞之誤善如伯夷展季者若此故曰善者若此則不善者更可知矣

為欲盡一生之觀遂案盧重元本觀作歡此當讀觀為歡」

弗獲而後已遂案弗語辭弗獲獲也猶無窮窮也

伯成子高不以一毫利物舍國而隱耕遂案淮南子氾論訓云伯成子高辭為諸侯而耕天下高之高注云伯成子高蓋堯時人也

弟妹之所不親遂案妹敤手也漢書古今人表敤手舜妹是也據此則敤手亦黨象而不親舜而列女有虞二妃傳

云瞽瞍與象謀殺舜之（舜）女弟敤憐之漢書敤手顏師古注云俗書本作擊字者誤毄擊即誤合敤手二字繫當更由擊字轉誤說文支部稱敤首首手字通則作敤手二字名者不誤與二嫂諧則其說相反

但伏羲已來三十餘萬歲鬯案伏羲至戰國有此歲數惟見於此

何生之樂哉鬯案何猶何如也此猶上文若猶若此並語辭省字法

說符篇彊食靡角鬯案當謂（即）彊食弱肉耳故下文云勝者為制是禽獸也而靡角字似不可解竊疑角即肉字形近而誤靡當是靡敵之靡與弱義可合靡肉即弱肉也

其妻望之此案望怨也

予勿重言此案猶言予勿復言

孔子聞之曰趙氏其昌乎夫憂者所以為昌也此案下文

出孔子字則此孔子之語當止趙氏其昌乎一句夫憂者

以下皆著書者之辭

齊楚吳越皆嘗勝矣然卒取亡焉此案此著書者之辭若

為孔子之言則孔子之時齊楚吳越皆盛何以云亡但謂

著書者即列子列子之時吳越雖亡齊變田氏而國固仍

號為齊楚則依然故楚亦未取亡此文亦見呂氏春秋慎

大覽淮南子道應訓淮南漢人可舍不論當呂氏之時齊

楚雖弱然亦未亡也卷稱謂說符一篇非列子書觀其與前諸篇立論不類顯然可見則出後人附益無疑此文乃即本之呂氏而呂氏言齊楚亡者實指齊閔王之奔莒楚襄王之奔陳不必指其國滅古人言亡與滅固有分別者也而在列子時亦未有其事故知著此說符篇者其人必又在呂氏之後

宋有蘭子者卷案殷釋云臣瓚云無符傳出入為闌應劭曰闌妄也此所謂蘭子者以技妄游者也疑蘭與闌同如殷說所據臣瓚應劭釋汲黯傳闌出財物之闌今並見史記漢書裴解顏注所引實即漢書成帝紀闌入尚方掖門

之闌則在說文本字當作䦨門部云䦨妄入宮掖也讀若闌是也竊疑此蘭子之蘭當讀為讕說文言部云讕詆讕也類篇云詆讕誣言也漢書谷永傳顏注云滿讕謂欺罔也似不必從妄入宮掖之䦨推及蘭子之義雖音義相類較為近捷

技無庸適值寡人有歡心故賜金帛巻案適值二字疑傳寫誤倒當乙轉值者猶今言價值也技無庸值者猶云其技本不值一文耳適寡人有歡心故賜金帛於義為曉今作值寡人有歡心值即適義亦可解而技無庸適即不可解適無價值義也兩字古音異部又未可互讀故疑其倒

誤

王亟封我矣案此事亦見呂氏春秋異寶紀彼亟字作數俞平議謂張注訓亟為急非也亟者數也而尚失徵呂氏為證

楚越之閒有寢丘者此地不利而名甚惡案說文㝱部云寢臥病也故以名寢為惡呂氏春秋異寶紀高解以名丘為惡非也已詳彼校事亦見淮南子人閒訓

牛缺者上地之大儒也案呂氏春秋必已覽高注以牛缺為秦人蓋以上地為秦地也然上地實在秦魏之閒故戰國魏策云芒卯謂魏王曰王所患者上地也秦之所欲

於魏者長羊王屋洛林之地也王獻之秦則上地無憂患其時爲魏昭王時上地尚未肯并獻秦則以牛缺爲魏人似亦無不可楚策云據韓〈宜〉陽韓之上地不通又上地爲韓地亦當備參

進仁義之道而歸學案進即盡列子書中盡字例用進字進盡古音本同部相假不可謂誤字也進仁義之道即猶黃帝篇云進二子之道見前進並盡也今案楊朱篇吾二人進之矣進亦盡

不捷學案小爾雅廣詁云捷成也

非天本爲蚊蚋生人虎狼生肉者哉學案盧捨補云非疑豈改非爲豈自爲通順然恐古書不爾此猶韓非子說難

篇云非吾知之有以說之之難也又非吾辯之能明吾意之難也又非吾敢橫失而能盡之難也皆當反言而故正言之義亦可明說見彼又如黃帝篇將氣所不受將地所不載說見前亦可參觀

香草續校書　列楊一卷

添一行

列楊二字低兩格

香草續校書

列楊……

南匯于鬯香草

黃帝篇云楊朱南之沛殷敬順釋文云莊子云楊子居子居或楊朱之字鬯案今莊子寓言篇作陽子居陽楊同聲通用子居合音即朱字惟彼陸德明釋文云陽子居姓陽名戎字子居則似不謂即楊朱豈失撿列子邪老聃西遊於秦邀於郊至梁而遇老子殷釋云楊子不與老子同時此皆寓言也老子中道仰天而歎曰始以汝為可教今不可教也楊朱不答至舍進涫漱巾櫛莊子涫作盥脫履戶外莊子履作屨膝行而前曰向者夫子仰天而歎曰始以汝為可教今不可教弟子欲請夫子辭行不閒莊子作向者弟子欲請夫子夫子行不閒是以不敢今夫子閒矣請問其過莊子過作故老子曰而睢睢而

盱盱而誰與居大白若辱盛德若不足楊朱蹵然變容曰敬聞命矣其往也舍者迎將此舍者當是逆旅中僮僕與下文舍者為同居逆旅與之人異說見前所校列子其家公執席莊子家上有其字陸釋有兩讀云家公主人公也一讀舍者迎將其家為句張湛注亦於家字斷妻執巾櫛舍者避席煬者避竈其反也舍者與之爭席矣

楊朱過宋東之於逆旅逆旅人有妾二人其一人美其一人惡惡者貴而美者賤楊子問其故逆旅小子對曰韓非子說林上篇作逆旅之父答曰蓋傳聞異辭要為父為小子皆即上文逆旅人主人也非指其父其子見前校其美者自美吾不知其美也其惡者自惡吾不知其惡也楊子曰弟子記之行賢而去自賢之行韓非子行作心安往而不愛哉

韓非子作焉往而不美

仲尼篇云季梁之死楊朱望其門而歌隨梧之死楊朱撫其尸而哭隸人之生隸人之死衆人且歌衆人且哭

力命篇云楊朱之友曰季梁季梁得疾七日大漸其子環而泣之請醫季梁謂楊朱曰吾子不肖如此之甚汝奚不為我歌以曉之楊朱歌曰天其弗識人胡能覺匪祐自天弗孽由人我乎汝乎其弗知乎醫乎巫乎其知之乎其子弗曉終謁三醫一曰矯氏二曰俞氏三曰盧氏診其所疾矯氏謂季梁曰汝寒溫不節虛實失度病由飢飽色欲精慮煩散非天非鬼雖漸可攻也季梁曰衆醫也亟屏之俞

氏曰女始則胎氣不足乳湩有餘病非一朝一夕之故其所由來漸矣弗可已也季梁曰良醫也且食之盧氏曰汝疾不由天亦不由人亦不由鬼禀生受形既有制之者矣亦自有知之者矣藥石其如汝何季梁曰神醫也重貺遺（遣）之俄而季梁之疾自瘳生非貴之所能存身非愛之所能厚生亦能（非）賤之所能夭身亦能（非）輕之所能薄故遺貴之或不生賤之或不死愛之亦不厚輕之亦不薄此似反也非反也此自生自死自厚自薄或貴之而生或賤之而死或愛之而厚或輕之而薄此似順也非順也此亦自生自死自厚自薄鬻熊語文王曰自長非所增自短非所損算之

所無若何老聃語關尹曰天之所惡孰知其故言迎天意

揣利害不如其已

楊布問曰張注云楊朱弟也瞖案見說符篇有人於此年兄弟也言兄弟也俞蔭甫太史平議云言字無義當從釋文作訾管子君臣上篇吏嗇夫盡有訾程事律即此訾字之義官秩貴賤必視訾程為準訾兄弟也正與下文貴賤父子相應殷敬順不違訾字之義而以為當作貲財字則下當言貧富不當言貴賤矣瞖案以為訾即說符篇財貨無訾之訾但即言字作言解如本篇北宮子謂西門子並言也而人子庸之言字義亦平易俞謂言字無義不免於過至殷謂貲財字誠不必辨也才兄弟也貌兄弟也而壽夭父子也貴賤父子也名譽父子也或云名譽當作毀譽愛憎父子也吾惑之楊子曰古之人有言吾嘗識之將以告若不知所以然而然命也今昏昏昧昧紛紛若若隨所為

隨所不為日去日來孰能知其故皆命也夫信命者亡壽夭信理者亡是非信心者亡逆順信性者亡安危則謂之都亡所信都亡所不信真矣慤矣奚者去奚就奚哀奚樂奚為奚不為黃帝之書云至人居若死動若械亦不知所以居亦不知所以不居亦不知所以動亦不知所以不動亦不以衆人之觀易其情貌亦不謂衆人之不觀 其情貌獨往獨來獨出獨入孰能礙之

楊朱篇云楊朱游於魯 張注云楊朱戰國時人後於墨子鬯案張不知楊子為何國人故但云戰國時人然楊子為梁人甚顯故本篇載見梁王梁王有先生妻妾不能治三畝不能芸之語又黃帝篇言邀老聃至梁皆可證其為梁人此言游於魯亦以魯與梁接猶孟子鄒人而游梁皆跨國而已楊子後於墨子而自來皆

稱楊墨不稱墨楊猶莊子後於列子稱莊列不稱列莊舍於孟氏孟氏問曰當作問孟氏曰說見前校人而已矣奚以名為曰以名者為富既富矣奚不已焉曰為貴既貴矣奚不已焉曰為死既死矣奚為焉曰為子孫名奚益於子孫曰名乃苦其身燋其心乘其名者澤及宗族利兼鄉黨況子孫乎凡為名者必廉凡上當有曰字廉斯貧為名者必讓讓斯賤曰管仲之相齊也君淫亦淫君奢亦奢志合言從道行國霸死之後管氏而已田氏之相齊也君盈則己降君斂則己施民皆歸之因有齊國子孫享之至今不絕若實名貧史記禮書張守節正義云若如此也偽名富俞平議云此下當有實名賤偽名貴二句卷案俞欲與上文相應然古文法不必如是密曰實無名名無實

列楊　四

名者偽而已矣者者堯舜偽以天下讓許由善卷而不失天下享祚百年伯夷叔齊實以孤竹君讓而終亡其國餓死於首陽之山實偽之辯如此其省也

楊朱曰百年之壽大齊得百年者千無一焉設有一者孩抱以逮昏老幾居其半矣夜眠之所弭晝覺之所遺又幾居其半矣痛疾盧文弨拾補云意林作疾□病哀苦亡失憂懼又幾居其半矣量十數年之中逌然而自得亡介焉之慮者亦亡一時之中爾則人之生也奚為哉奚樂哉為美厚爾為聲色爾而美厚復不可常猒足聲色不可常翫聞乃復為刑賞之所禁勸名法之所進退遑遑爾競一時之虛譽規死

後之餘榮偊偊爾慎耳目之觀聽惜身意之是非徒失當年之至樂不能自肆於一時重囚纍梏何以異哉太古之人知生之暫來知死之暫往故從心而動不違自然所好當身之娛非所去也故不為名所勸從性而游不逆萬物所好死後之名非所取也故不為刑所及名譽先後年命多少非所量也

楊朱曰萬物所異者生也所同者死也生則有賢愚貴賤是所異也死則有臭腐消滅是所同也雖然賢愚貴賤非所能也臭腐消滅亦非所能也故生非所生死非所死賢非所賢愚非所愚貴非所貴賤非所賤然而萬物齊生齊

死齊賢齊愚齊貴齊賤十年亦死百年亦死仁聖亦死凶愚亦死生則堯舜死則腐骨生則桀紂死則腐骨腐骨一矣孰知其異且趣當生奚遑死後

楊朱曰伯夷非亡欲矜清之郵郵讀為尤以放餓死放至也展季非亡情矜貞之郵以放寡宗清貞之誤善之若此

楊朱曰原憲窶於魯子貢殖於衛原憲之窶損生子貢之殖累身然則窶亦不可殖亦不可其可焉在曰可在樂生可在逸身故善樂生者不窶善逸身者不殖

楊朱曰古語有之生相憐死相捐此語至矣相憐之道非唯情也勤能使逸飢能使飽寒能使溫窮能使達也相捐

之道非不相哀也不含珠玉不服文錦不陳犧牲不設明器也以下有晏平仲問養生諸章以不出楊子字故略

孟孫陽問楊子曰有人於此貴生愛身以蘄不死可乎曰理無不死以蘄久生可乎曰理無久生生非貴之所能存身非愛之所能厚且久生奚為五情好惡古猶今也四體安危古猶今也世事苦樂古猶今也變易治亂古猶今也既聞之矣既見之矣既更之矣百年猶厭其多況久生之苦也乎孟孫陽曰若然速亡愈於久生則踐鋒刃入湯火得所志矣楊子曰不然既生則廢而任之究其所欲以俟於死將死則廢而任之究其所之以放於盡無不廢無不

任何遽遲速於其間乎

楊朱曰伯成子高不以一毫利物舍國而隱耕大禹不以一身自利一體偏枯古之人損一毫利天下不與也悉天下奉一身不取也人人不損一毫人人不利天下天下治矣

禽子問楊朱曰去子體之一毛以濟一世汝為之乎楊子曰世固非一毛之所濟禽子曰假濟為之乎楊子弗應禽子出語孟孫陽孟孫陽曰子不達夫子之心吾請言之有侵若肌膚獲萬金者若為之乎曰為之孟孫陽曰有斷若一節得一國子為之乎禽子默然有間孟孫陽曰一毛微

於肌膚肌膚微於一節省矣然則積一毛以成肌膚積肌膚以成一節一毛固一體萬分中之一物柰何輕之乎禽子曰吾不能所以答子然則以子之言問老聃關尹則子言當矣以吾言問大禹墨翟則吾言當矣孟孫陽因顧與其徒說他事

楊朱曰天下之美歸之舜禹周孔天下之惡歸之桀紂然而舜耕於河陽陶於雷澤四體不得蹔安口腹不得美厚父母之所不愛弟妹之所不親行年三十不告而娶及受堯之禪年已長智已衰商鈞不才禪位於禹戚戚然以至於死此天人之窮毒者也鮌治水土績用不就殛諸羽山

禹纂業事讎惟荒土功子產不字過門不入身體偏枯手足胼胝及受舜禪卑宮室美紱冕戚戚然以至於死此天人之憂苦者也武王既終成王幼弱周公攝天子之政卲公不悅四國流言居東三年誅兄放弟僅免其身戚戚然以至於死此天人之危懼者也孔子明帝王之道應時君之聘伐樹於宋削迹於衞窮於商周商字可疑圍於陳蔡受屈於季氏見辱於陽虎戚戚然以至於死此天民之遑遽者也凡彼四聖者生無一日之歡死有萬世之名名者固非實之所取也雖稱之弗知雖賞之不知與株塊無以異矣桀藉累世之資居南面之尊智足以拒羣下威足以震海內

恣耳目之所娛窮意慮之所為熙熙然以至於死此天民逸蕩者也紂亦藉累世之資居南面之尊威無不行志無不從肆情於傾宮縱欲於長夜不以禮義自苦熙熙然以至於誅此天民之放縱在也彼二凶也生有從欲之歡死被愚暴之名實者固非名之所與也雖毀之不知雖稱之弗知俞平議云稱之宜云罰之此與株塊奚以異矣彼四聖雖美之所歸苦以至終同歸於死矣彼二凶雖惡之所歸樂以至終亦同歸於死矣

楊朱見梁王言治天下為運諸掌梁王曰先生有一妻一妾而不能治三畝之園而不能芸而言治天下如運諸掌

何也對曰君見其牧羊者乎百羊而羣使五尺童子荷箠而隨之欲東即東欲西而西如此則楊子苟得志用世使亦一法家不能不荷箠也堯牽一羊舜荷箠而隨之則不能前矣且臣聞之呑舟之魚不游枝流鴻鵠高飛不集汚池何則其極遠也黃鍾大呂不可從煩奏之舞何則其音疏也將治大者不治細成大功者不成小此之謂矣

楊朱曰太古之事滅矣孰誌之哉三皇之事若存若亡五帝之事若覺若夢三王之事或隱或顯億不識一當身之事或聞或見萬不識一目前之事或存或廢千不識一太古至于今日年數固不可勝紀但伏羲已來三十餘萬歲

賢愚好醜成敗是非無不消滅但遲速之閒耳矜一時之毀譽以焦苦其神形要死後數百年中餘名豈足潤枯骨何生之樂哉何猶言何如或潤下補骨字以枯骨屬下讀恐非

楊朱曰人肖天地之類懷五常之性有生之最靈者人也人者爪牙不足以供守衛肌膚不足以自捍禦趨走不足以逃利害無毛羽以禦寒暑必將資物以為養性任智而不恃力故智之所貴存我為貴力之所賤侵物為賤然身非我有也既生不得不全之物非我有也既有不得不去之俞平議云不去之當作而去之身固生之主物亦養之主雖全生身不可有其身雖不去物不可有其物有其物有其身是橫私

天下之身橫私天下之物其唯聖人乎公天下之身公天下之物其唯至人矣此之謂至至者也

楊朱曰生民之不得休息為四事故一為壽二為名三為位四為貨有此四者畏鬼畏人畏威畏刑此謂之遁人也可殺可活制命在外不逆命何羨壽不矜貴何羨名不要勢何羨位不貪富何羨貨此之謂順民也天下無對制命在內故語有之曰人不婚宦情欲失半人不衣食君臣道息（以下周諺曰一段今略）

楊朱曰豐屋美服厚味姣色有此四者何求於外有此而求外者無猒之性無猒之性陰陽之蠹也忠不足以安君

適足以危身義不足以利物適足以害生安上不由於忠而忠名滅焉利物不由於義而義名絶焉君臣皆安物我兼利古之道也鬻子曰去名者無憂老子曰名者實之賓而悠悠者趨名不已名固不可去名固不可賓邪今有名則尊榮亡名則卑辱尊榮則逸樂卑辱則憂苦憂苦犯性者也逸樂順性者也斯實之所係矣名胡可去名胡可賓但惡夫守名而累實守名而累實將恤危亡之不救豈徒逸樂憂苦之間哉

說符篇云楊朱曰利出者實及怨往者害來發於此而應於外者唯請張注云請當作情是故賢者慎所出

楊子之鄰人亡羊既率其黨又請楊子之豎追之楊子曰嘻亡一羊何追者之衆鄰人曰多歧路既反問獲羊乎曰亡之矣曰奚亡之曰歧路之中又有歧焉吾不知所之所以反也楊子戚然變容不言者移時不笑者竟日門人怪之請曰羊賤畜又非夫子之有而損言笑者何哉楊子不答門人不獲所命弟子孟孫陽出以告心都子心都子他日與孟孫陽偕入而問曰昔有昆弟三人游齊魯之閒同師而學進仁義之道而歸進當作盡列子書中盡字多作進其父曰仁義之道若何伯曰仁義使我愛身而後名仲曰仁義使我殺身以成名叔曰仁義使我身名並全彼三術相反而同出

於儒孰是孰非邪楊子曰人有濱河而居者習於水勇於泅操舟鬻渡利供百口裹糧就學者成徒而溺死者幾半本學泅不學溺而利害如此若以為孰是孰非心都子嘿然而出孟孫陽讓之曰何吾子問之迂夫子答之僻吾惑愈甚心都子曰大道以多歧亡羊學者以多方喪生學非本不同非本不一而末異若是唯歸同反一為亡得喪子長先生之門習先生之道而不達先生之況也哀哉

楊朱之弟曰布衣素衣而出天雨解素衣衣緇衣而反其狗不知迎而吠之楊布怒而扑之（韓非子說林下篇扑作擊下同）楊朱曰子無扑矣子亦猶是也嚮者使汝狗白而往黑而來豈能

無怪哉

楊朱曰行善不以為名而名從之名不與利期而利歸之利不與爭期而爭及之故君子必慎為善

莊子應帝王篇云陽子居見老聃曰陸釋云李云居名也子男子通稱卷案此引李注與寓言篇釋以子居為字又差據寓言篇陽子居即列子之楊朱則此陽子居亦楊子也有人於此嚮疾彊梁物徹疏明學道不勌如是者可比明王乎老聃曰是於聖人也胥易技係勞形怵心者也且也虎豹之文來田猨狙之便執斄之狗來藉如是者可比明王乎陽子居蹵然曰敢問明王之治老聃曰明王之治功蓋天下而似不自己化貸萬物而民弗恃有莫舉名使物自喜立

乎不測而遊於無有者也

說苑權謀篇云楊子曰事之可以之貧可以之富者其傷行者也事之可以之生可以之死者其傷勇者也僕子曰楊子知而不知命故其知多疑語曰知命者不惑晏嬰是也諸書引楊子多已見列子獨上條及此條列子所無故附錄之晏嬰墨祖是僕子蓋以墨旨闢楊

淮南子說林訓云楊子見逵路而哭之為其可以南可以北

香草續校書孫子一卷

香草續校書

南匯于鬯

孫子

計篇法者曲制官道主用也鬯案曲疑典字之誤國語周語瞽獻曲宋公序本曲作典是其例也曹操略解以曲為部曲蓋不然

用而示之不用鬯案兩用字當讀為勇勇諧甬聲甬即諧用聲故勇可借用為之執篇怯生於勇吉天保會注引杜牧注云凡諸注皆據吉引後不出欲偽為怯形以伺敵人先須至勇然後能為偽怯也即勇而示之不勇也

御

恭

作戰篇其用戰也勝久則鈍兵挫銳鬯案勝久無義疑也勝二字當倒轉其用戰勝也義與下文暴師為對暴師則不謀戰勝而徒暴也用如謀義要之兵貴速不貴久謀戰勝與暴師久則皆為害故下文云兵聞拙速未睹巧之久也夫兵久而國利者未之有也太平御覽務速覽引孫子曰久則鈍兵挫銳正不連引勝字

故兵聞拙速未睹巧之久也鬯案兵貴速不貴久貴巧不貴拙而曹解云雖拙有以速勝何延錫注且引魏思恭對徐敬業語兵貴拙速然則拙亦有取乎要魏語即誤據曹義非孫子之意也孫子之意不過欲極言久之無巧而非

敢言速之無拙益久必拙速必巧然因過速而取敗者亦有之矣是拙速也而卒無因過久而巧者兩者相較究貴速不貴久而豈有貴拙之意乎故曰兵聞拙速未睹巧之久也

貴賣則百姓財竭巻案百姓二字疑涉上文而衍貴賣則財竭者謂軍中財竭非謂百姓財竭也故下文云財竭則急於丘役葢軍中財竭始必急徵百姓之財矣此處先著不得百姓二字又案曹解云軍行已出界王晳謂將出界曹意若未出界而貴賣正百姓之利何云財竭王意若已出界則可因糧於敵何事買貴此並不知百姓二字之衍

拘泥之説也近於師者貴賣何論已出界與未出界皆勢所必然用閒篇張預注云兵貴掠敵者謂深踐敵境則當備其乏故須掠以繼食非專館穀於敵也此可以曉王氏益因糧於敵非可全恃也

謀攻篇其次伐交鬯案謂兵交而不合戰所謂使敵望風而逃者也故曹解云交將合也將合明未合矣後人或解作散其鄰交者非散其鄰交已在上文伐謀中

倍則分之鬯案分蓋讀為紛謂吾兵既倍於敵則吾可以兵紛擾之使彼應接不暇

少則能逃之鬯案逃必無之理且逃又何所謂能此逃當讀為挑挑逃並諧兆聲例在通借挑謂挑戰也挑戰非正

戰特出師少許以挑之說文手部云挑撓也蓋不能敗之但能撓之耳曹解云高壁堅壘勿與戰也無論不知逃之讀挑而即逃字之義豈有當乎

不若則能避之[illegible]案不若即少也既言少又言不若則複矣蓋此句即承上少則能挑之言不與上並列句法似乎實貫若順也不若者不順也言如挑之而不順則避之即下文所謂小敵之堅大敵之擒故既不能強則能弱避亦見其能也避與逃異故能避可說能逃不可說

形篇不可勝者守也可勝者攻也守則不足攻則有餘[illegible]案御覽攻圍覽引此作不可勝則守可勝則攻守則不足

孫子

三

攻則有餘其上二句與此不同彼引為勝竊謂此文四句上二句與下二句句法實當互易云不可勝則守可勝則攻守者不足也攻者有餘也文義甚明然則御覽所引猶半得而半失之矣其拒守覽所引上二句又與今本同然引不及下二句

埶篇三軍之衆可使必受敵卷案必讀為畢王晢注已得之但謂字誤非也畢必古音本同部古書通用甚多而卷并疑必畢同字必从弋即畢弋之弋八象二鳥形說文以為从八入八部特就形言其實非八字也然則必即畢弋之畢說已見前爾雅釋器校此畢為盡義依說文則又當

作戰戈部云戰盡也畢必實並是借字
鷙鳥之疾至於毀折者節也鬯案疾當依御覽機略覽引
作擊此涉上文疾字而誤孫星衍校已及之但所謂鷙鳥
之擊者謂鷙鳥與鷙鳥相擊小戴儒行記所謂鷙蟲攫搏
楚辭離騷言鷙鳥不羣說文鳥部言鷙擊殺鳥是也據說
文似鷙亦鳥名而自來皆止有猛鳥解如鷹鸇之屬則若
兩鷹若兩鸇相擊必至毀折其一而後已故曰鷙鳥之擊
至於毀折者節也若如杜牧注以毀折為毀折物是毀折
下須添字成義矣且鷙鳥若擊他物與上文激水之疾至
於漂石者勢也復何分別則仍言勢可矣何必言節節者

四

正謂必至於毀折而後已也諸家注說節字誤從下文短字生義至不可解

其節短　卷案短字依說文矢部云从矢豆聲則古讀短字當不作都管反音既諧豆聲即可讀短為侸或豎說文人部云侸立也臤部云豎豎立也然則其節短者謂其節立也朱駿聲說文通訓豎下作竪立也云各本作豎立也誤則其義益白謂其節豎立也諸家皆訓短為近殊無意義惟依今讀都管反之音則不得與豆聲字相通即謂短為侸形近之誤亦無不可

虛實篇退而不可追者速而不可及也卷案此二句自與

上文進而不可禦者衝其虛也對言蓋可進則進至於退明知其不可進矣謀攻篇所謂不若則能避之者也杜牧注謂既攻其虛敵必敗敗喪之後安能追我我故得以疾退以四句作一貫義非也

乖其所之也卷案所之者謂敵將攻我所必救也上文云故我欲戰敵雖高壘深溝不得不與我戰者攻其所必救也此言我不欲戰則我且高壘深溝以守矣敵亦不且攻我之所必救乎知其攻我所必救之處而先有以乖誤之使不敢往故曰乖其所之也諸家於所之二字直不曾解得

孫子

五

作之而知動靜之理鬯案作當讀為詐小戴月令記作為鄭康成注引今月令出詐偽周書皇門篇汝無作亦謂汝毋詐也說見彼校詐之而知動靜之理計篇所謂兵者詭道軍爭篇所謂兵以詐立也李筌改此作字為候以誣其望氣之說不通假借之例也

軍爭篇軍爭為利軍爭為危鬯案同一軍爭而有利有危軍爭字不當有異一本作衆爭為危鄭友賢遺說曲解之非也謀攻篇云不盡知用兵之害者則不能盡知用兵之利也兩用兵亦不異字此軍爭猶彼用兵也然則知軍爭之為危然後知軍爭之利也

故夜戰多火鼓晝戰多旌旗所以變民之耳目也鬯案夜戰多火必當然之事多鼓何為金鼓以一民耳晝夜不必有殊益此文實止當言變民之目不當言變民之耳因上文兼言金鼓旌旗者所以一民之耳目也故此文亦不可不兼言耳目既兼言耳目乃不得不於火下添一鼓字使耳義亦不脫空蓋文勢應爾所謂文然而實不然者古書中亦時有之淮南子兵略訓云晝則多旌夜則多火晦冥多鼓以多鼓屬晦冥言則較有理

九變篇君命有所不受鬯案孫星衍校云通典上有將在軍三字蜀諸葛武侯曰將在軍君命有所不受此當是意增成文杜佑沿襲其語所以致誤也鬯謂此三字當有將

在軍君命有所不受合下文故將通於九變之利者知用兵矣云云為義不與上文為列有此三字於文為顯失此三字而但曰君命有所不受則與上文塗有所不由軍有所不擊城有所不攻地有所不争句法一類而九變之目因之眯眼夫九變者即上文圮地無舍衢地合交絶地無留圍地則謀死地則戰合之塗有所不由四句其數得九彰彰可明而説九變者至有如賈林謂變之則九數之則十鄭友賢謂九而言五闕而失次又如王晳謂九者數之極則更何以例九地之九種種謬談豈不由失此將在軍三字致乎何延錫所説最析惜其亦不知原有此三字賴杜典存此三字而孫

又以杜為誤者葢正因各注家本多失此三字何由證其有也然邕竊謂曹解云變其正得其所用九也李筌注云謂上九事也於九變之文毫不致疑則安知其本不各有此三字與上文本不類雜故無煩疑乎至將在軍之義本明了不須解釋必欲於各家注中求此三字固不得也筌亦唐人則唐本固有未脫者況有杜典之足據乎諸葛武侯之語又安見不即本於孫子原文何以必見其意增成文也且此句亦見於史記孫子傳而司馬穰苴傳已先言將在軍君令有所不受則在孫子方且更有所沿襲矣又案軍爭篇所以變民之耳目也通典引變作便於義為

勝便變古音雖别部而通轉甚近小戴禮運記謂之變鄭注云變當為辯聲之誤也是鄭讀彼變為辯辯便同部二字通用尤多變可讀辯即變可讀便矣說文攴部云變更也人部說便字云人有不便更之是變便二字義本相承不遠九變者實九便也故曰圮地無舍以無舍為便也舍則不便衢地合交以合交為便也非衢地則不便絶地無留以無留為便也留則不便圍地則謀正謀其便不便也死地則戰以戰為便也塗有所不由軍有所不擊城有所不攻地有所不爭以不由不擊不攻不爭為便也九變之目未見有變化之義故讀變為便亦為勝且孫子書中自

軍爭篇變民之耳目一條外又如云以分合為變者也蓋亦謂以分合為便也無要正正之旗勿擊堂堂之陳此治變者也蓋亦謂治便也又如九地篇云九地之變屈伸之利亦謂九地之便也又如火攻篇云凡火攻必因五火之變而應之凡軍必知有五火之變以數守之亦謂五火之便也且使變作變化解九地之變地何以能變乎火雖能變然云凡火攻必因五火之變而應之因字即彼上文行火必有因之因然則火猶未行也又何以因火變而應之不讀變為便豈惟義遜抑且晦塞然則孫子書中自執篇四變字之外實皆當讀為便備著於此識者鑑之

治兵不知九變之術雖知五利不能得人之用矣愚案曹解云謂下五事也張預注云曹公言下五事為五利者謂九變之下五事也如其說則當數死地則戰塗有所不由軍有所不擊城有所不攻地有所不爭五事益死地則戰句法雖與上文比而義與上文有間故曹公截之不當去死地則戰而以君命有所不受足之也然愚竊以為未然曹公又云九變一云五變夫九變者即承上文九變而言惡有忽作五變之理殆非九變之一云五變恐是五利之一云九利也九利者即承上文九變之利也上文云將通於九變之利者知用兵矣將不通於九變之利者雖知地

形不能得地之利矣此更推進一層言九變尚有術在雖知九變之利而不知其術則人不得而用故曰治兵不知九變之術雖知九利不能得人之用矣曹解或本作五利一云九利而為後人改誤固未可知也益其所據本作五利故先解之云謂下五事也而意自未安故復是〔足〕此句以備參後人不省以為既以下五事解五利何云五利一云九利此所由改作九變一云五變而不知其大乖謬也又〔後〕即據曹說之誤改正文九變為五變賈林本及御覽將御〔帥〕覽所據是也九變之術者〔郎〕下文所謂智者之慮必雜於利害也

必死可殺也必生可虜也忿速可侮也廉潔可辱也愛民

九

可煩也凡此五者將之過也㮣案此其過過在於必忿速廉潔愛民已各成二字語配必死必生亦即可承必死必生而省言必實亦當云必忿速必廉潔必愛民益此五者皆將之善者非謂將不當爲是也必死者勇將也必生者智將也忿速者嚴將也廉潔者名將也愛民者仁將也而必之即有授敵以可殺可虜可侮可辱可煩之道故爲過諸注家說皆尚求之太淺

行軍篇視生處高㮣案此生字自來皆訓陽然據下文云凡軍貴陽而賤陰養生而處實生與陽分別言之彼王晳注云養生謂水草糧糒之屬然則此視生但當謂視有生

路耳且下文言處平陸有前死後生之語前死後生者亦謂前死路後生路耳豈可解作前陰後陽乎此視生之生即彼後生之生而解彼者亦都未悉

戰隆無登鬯案此戰字葢讀為單戰即諧單聲例可假借小戴閒傳記鄭注云單獨也單隆者獨高之山也即太公所謂處山之高為敵所棲者鄭友賢遺說所辨正可以解此文彼云或問凡軍好高而惡下太公曰凡三軍處山之高則為敵所棲豈好高之義乎曰武之高非太公之高也公所論天下之絕險也高山盤石其上亭亭無有草木四面受敵可上而不可下可死而不可久此固有棲之之害

十

也武之所論假勢便之利也鬯謂武之高非太公之高而太公之高乃即武之戰隆此必不可處軍故曰戰隆無登與上文處高下文好高之義固不相背但必讀戰為單解為獨高之山其義方明自來注家不通假借之例以戰敵解之則當以說軍爭篇高陵勿向之義不知彼言用兵之法此言處軍之道也

視生處高鬯案此處高但作處上流解

而右背高鬯案背高即軍爭篇所謂背邱彼云背邱勿逆是兵法敵背邱我不可以逆之則我背邱敵亦不敢以逆我也故處平陸之軍者取右背高

黃帝之所以勝四帝也◎案曹解云黃帝始立四方諸侯
無不稱帝此奇聞也然四帝既莫能考解作四方諸侯無
不稱帝亦無徵實黃帝所勝之帝特一炎帝耳◎終疑此
四字涉上文四軍之四字而誤四帝實當作炎帝 又案
曹解四方諸侯無不稱帝王晳注云一本無作亦然則作
四方諸侯亦不稱帝與正文反背矣孫校云御覽作亦稱
帝然則作四方諸侯無亦稱帝更無意義今檢御覽軍行
覽引作四方諸侯亦稱帝與張預注同王孫兩家意亦謂
無不二字作亦一字而一則省不標無一則不標無不則
不去無存校勘之例疏故附識於此

衆草多障者疑也　案疑者疑兵也謂設疑兵以虛示其兵之衆多

獸駭者覆也　案覆即伏也左宣十二年傳帥七覆于敖前杜預集解云覆為伏兵七處明覆兵即伏兵然則與上句鳥起者伏也實是一義特欲詳列相敵之事故因鳥起獸駭而分別言之一曰伏一曰覆文異而義同諸注惟梅堯臣為略得意云獸驚而奔旁有覆他家以為覆軍之覆非也

奔走而陳兵車者期也　案期蓋讀為欺欺期並諧聲其例得假借奔走而陳兵車視上文所謂輕車先出居其側

者陳也其象絕異彼則整暇此則紛亂是彼真欲戰此非
真欲戰也直欺我耳其殆將歸乎
兵怒而相迎久而不合又不相去必謹察之愚案曹解云
備奇伏也竊謂非也兵怒而相迎久而不合又不相去是
當有所俟於遠方之兵來合然後戰也故必謹察之
足以併力料敵取人而已愚案取人之義惟賈林說為得
取敵人也故下文云夫惟無慮而易敵者必擒於人取人
與必擒於人義正反對諸家說取人涉及廝養者皆非也
無慮而易敵亦即上文武進之義用意甚密又下文云是
謂必取亦同此取字

令素行者與衆相得也鬯案孫校據通典御覽改令素行者作令素信著者竊謂著字實涉者字而衍周禮大司馬職賈公彥釋引孫子云素信者與衆相得無著字可證然論義固一也惟如此則上文素行卻與此義有別上文云令素行以教其民則民服令不素行以教其民則民不服蓋當如論語其身正不令而行其身不正雖令不從之意故曰令素行令不素行素行不素行者謂將之處己也非謂令之素行不素行也諸家皆切於令言則是此句令素信之義非素行之義蓋令素信者是又一義非承上素行言也

地形篇有挂者邕案挂者謂懸地也戴侗六書故引唐本說文云挂縣也楚辭招䰟篇王逸章句云挂懸也此謂其地空懸無屬故下文云可以往難以返曰挂葢易為敵兵截歸路者也此義甚顯挂之訓懸亦屬恆訓而杜佑通典乃以為牽挂杜牧注且云動有挂礙梅堯臣注云網羅之地往必挂綴不太謬乎

支形者敵雖利我邕案利我者謂敵以利與我也上文云我出而不利彼出而不利曰支此云敵雖利我則敵出矣敵出即敵不利敵不利即我利矣是以利與我也故曰利我

大吏怒而不服遇敵懟而自戰將不知其能曰崩㓂案怒而不服遇敵懟而自戰此大吏實有能也將當知其能必善用之即不至於崩矣崩在將之不知也不知則將與大吏兩不相屈不崩何爲

而利合於主㓂案合讀爲亼亼之言集也利合於主猶言利集於主

九地篇敢問敵衆整而將來待之若何㓂案梅堯臣注云言敵人甚衆將又嚴整我何以待之邪似梅本將字在整字上今作將來則但當作且將來解非將軍之將

死焉不得士人盡力㓂案鄭友賢遺說云或問死焉不得

士人盡力諸家釋為兩句者何也曰三軍之士不畏死之難者安得不人人用力乎斷為二句者非武之本意也此說固是此八字本一句死字當逗即承上文死字而言焉不得士人盡力即猶言焉得士人不盡力其義至明而分作兩句讀者實以得字亦叶韻也古讀法有因韻而讀讀然而義不然者如詩正月篇彼求我則如不我得若依義讀之彼求我當為句則如不我得為句然如此則則字韻失故讀彼求我則為句如不我得為句即猶之此以死焉不得為句士人盡力為句矣所謂讀然而義不然也然諸家於此雖讀分兩句烏知此例故所注都非鄭謂非武之

十四

本意論武之意固如鄭說而不字不著於盡力上特著於得字上取四字成文古人言以四字為成文非特詩句故凡三字名者必增一之字如五子之歌康王之誥皆是則武未始不以為其讀當爾也

深入則拘迮案拘疑讀為竘說文立部云竘健也此猶上文甚陷則不懼之義惟其陷之甚故轉不懼惟其入之深故轉健也又廣雅釋詁云竘巧也窮則生巧亦備一義

不得已則鬥迮案已者猶止遏之也此與上文三句皆承兵士而言謂兵士之氣將雖欲止遏之而不得也雖欲止遏之而不得則悉力以鬥矣故曰不得已則鬥而非謂初不欲鬥至於敵逼勢不得已而後鬥也要至此所謂疾戰

則存不疾戰則亡者萬無不鬥之理特欲作兵士之氣故始令之禦後令之鬥下文謂兵之情圍則禦不得已則鬥是也注家尚未得其旨且下文云故善用兵者攜手若使一人不得已也亦謂雖欲止遏之而不得彼不得已即應此不得已以彼證此其義憭然

故善用兵譬如率然鬯案率然即常山之虵名也梅堯臣張預並以義言之非也

是故方馬埋輪未足恃也鬯案方當訓並淮南子氾論訓高誘注云方並也蓋說文方部云方併船也象兩舟總頭形故訓並之義實與方字本義最近古書方訓並處多不

勝舉方馬者並馬也埋當讀為釐釐說文諧𠩺聲入里部𠩺聲與里聲古音同部無不可借且釐亦未始不可諧里聲也故詩臣工篇鄭箋云釐理也以聲訓也釐亦有並義方言陳楚篇云陳楚之閒凡人嘼乳而雙產謂之釐孳廣雅釋詁云釐孿也皆並之義也釐輪者並輪也並馬並輪者謂齊一其車馬也齊一其車馬未足恃也惟齊一其勇為足恃故下文云齊勇若一政之道也（政或讀為征下文政舉之日益同）齊勇若一即對此方馬埋輪而言曹解以方馬為縛馬埋輪為示不動似太可哂夫既縛其馬又不動其輪自然未足恃又何必言之方馬釐輪見陳法之嚴整正足恃者故

猶以為未足恃也所以起下文也

輕地吾將使之屬鬯案以上下文例之之字似依杜典作其為是屬蓋讀為促足聲與蜀聲同部例借說文人部云促迫也輕地使其促者即上文輕地無止之義也杜謂輕地當促行已得之而又謂令相屬續以備不虞不明假借之例則言之支矣或謂屬讀為趨說文走部云趨行貌亦可備

爭地吾將趨其後鬯案趨亦讀為促或為趣此在古書通用習見之蓋急迫之之義也後本訓遲說文彳部云後遲也从夂夂者後也夂部云夂行遲曳夂夂其者指軍士也

趨其後者促其軍士之行之遲後也葢爭地者必爭之地上文所謂我得則利彼得亦利者為爭地又曰爭地則無攻葢向使彼先得之則我不可攻故貴進據之速則其行之遲後安得不急迫之乎此條諸家說甚多皆不發其後之指軍士之行遲故多未愜惟梅堯臣注似較合而趨之讀為促又若有所不知

交地吾將謹其守巻案杜典謹其守作固其結而下文衢地吾將固其結固其結作謹其市此其互誤不問可明而杜且誤說之則其自誤亦非傳寫之過也惟守字作市揆之交地之義卻為切合上文云我可以往彼可以來者為

交地我可以往彼可以來豈非市乎又曰交地則無絕無絕者又豈非無絕其往來乎無絕其往來是市也非守也諸家泥於此守字又以杜典引吳王問孫武有吾將絕敵之語故說彼無絕亦失孫子本書之意不知吳王有推問十三篇外意者不可執也如圮地則行而吳王曰行久卒勞敵在吾前云云此尤顯見推問之意市者賣也相賣者相欺也則安得不謹故曰交地吾將謹其市疑此守字為市字誤文

圮地吾將進其塗卺案進讀為盡劉向列子書錄云或字誤以盡為進然盡進古音假借未當云誤今列子書中進字多即盡字可案進其塗者盡其塗也謂必過盡此圮地

也即上文云圮地則行九變篇云圮地無舍是也此注家說義尚未謬但未知進即盡耳或謂字本作逮說文辵部云逮自進極也即盡字義因形近誤逮為進但逮盡同聲字逮進仍同部字亦不可云誤

圍地吾將塞其闕毖棄圍地者謂地之圍非謂被兵圍也被兵圍則是死地非圍地矣故上文云所由入者隘所從歸者迂彼寡可以擊吾之衆者為圍地又云背固前隘者圍地也是明指地言且彼可以寡擊我之衆若兵圍我豈能以寡圍衆乎蓋其地實亦險阻而少出路耳塞其闕者乃并其所有之出路而塞之以示久居其地如閉門守城

之狀待敵懈而後出擊之所謂圍地則謀也杜牧注引兵
法圍師必闕云云引齊神武被圍南陵山事以及諸家說
屬兵圍者皆非圍地之說也
故兵之情圍則禦卷案此圍謂兵圍也故曰兵之情非圍
地之圍杜牧云言兵在圍地因誤解上文圍地并牽以說
此非也
過則從卷案過者謂破圍而出也既破圍而出則逞此銳
氣以從敵下文所謂衆陷於害然後能為勝敗也或云從
當讀為縱杜典引太公曰縱卒亂行者欲以為變也
故為兵之事在於順詳敵之意卷案順當讀為愼眞聲與

川聲古音通轉甚近小戴禮器記陸德明釋文云順本作慎中庸記釋云慎本作順慎順二字互用古籍不勝枚舉順詳敵之意者謂謹慎詳察敵之意也自來不知順為慎字而轉以詳為佯字則當云佯順敵之意不可倒言順佯矣

敵人開闔必亟入之鬯案此開闔二字似非對義闔本門扇之稱說文門部云闔門扇也此當是已入敵境指敵軍之門蓋示以弱使敵軍自開門則亟入其軍中故下文云是故始如處女敵人開戶此敵人開闔即彼敵人開戶也入之者非攻之也蓋使人入或將自入故又云後如脫兔

敵不及拒言其能入能出於敵耳使敵無如我何也

微與之期邃案微無也言無與敵人期戰也故下文始云踐墨隨敵以決戰事無與期戰者此時猶未決欲先知其情也

火攻篇五曰火隊邃案火隊無義或作火墜然墜即隊字之後出非有二也字竊疑此隊字為欚字之假借隊諧㒸聲㒸諧豕聲欚諧蠡聲蠡諧彖聲彖亦諧豕聲是二字推本並豕聲字實同聲通假之恒例故當讀隊為欚說文木部云欚江中大船名方言戟楚篇云東南丹陽會稽之閒謂艖為欚字又作𦪇廣雅釋水云𦪇舟也又通欐越絶吳

地傳云欐溪城者闔廬所置船宫也欐蠡一聲之轉後人或并讀同音然則船之稱蠡原是吴越人語孫子説吴王宜效其言火蠡者謂火敵之船也且上文言火人火積火輜火庫若在陸則四者之外更無所火此必火其在水者矣

夫戰勝攻取而不修其功者凶命曰費留樾案修本訓飾説文彡部云修飾也此修字於本義為合飾戰勝攻取之功者如戰國中山策所謂死者厚葬傷者厚養勞者相饗飲食餔餽以靡其財者皆是費留之稱即不能靡其財者也

明主慮之謹案慮當讀為勴勴諧慮聲故得假借說文力部云勴助也助之者助大將飾功之費也

非利不動非得不用非危不戰謹案此三句當指士卒言謂非有所利則不為我動也非有所得則不為我用也非有所危則不為我戰也非利不動非得不用二句即謂申明上文修功之義亦無不可非危不戰一句又因二句而推及之自來注家皆以此三句指起兵言當因下文合於利而動句承主將而言與此非利不動句若正相合而不知義各有當也且彼文動字他書引作用則與非利不動句亦不甚肖而亦可不謂即此非得不用之用字也

用閒篇百姓之費公家之奉鬯案此戰國齊策所云士聞戰則輸私財而富軍市輸飲食而待死士令折轅而炊之殺牛而觴士中人禱祝君翳釀通都小縣置社有市之邑莫不止事而奉王即百姓之費公家之奉也

因閒者因其鄉人而閒之鬯案鄉人者謂敵將之鄉人也敵將之鄉人必與敵將親密故用以為閒可以知敵之情若泛謂敵國之鄉人則彼且不能知將之所為何足為用街談巷議誤事甚矣注者皆未得其義

內閒者因其官人而用之鬯案官當讀為倌說文人部云倌小臣也倌人者謂敵將親近小臣也故曰內閒

反間者因其敵間而用之鹵案因其來間我而我即用以間彼反間之義如此故下文云必索敵人之間來間我者因而利之導而舍之故反間可得而用也其說尤明而他書所言反間則大都為間之通稱且多作離間解不以探知敵情為義蓋實間之後作用也非五間之義也五間之間實閒字本義說文門部云从門中見月會意故爾雅釋言云閒俔也廣雅釋詁云閒覗也是其義也

死間者為誑事於外令吾間知之而傳於敵生間者反報也鹵案傳字當從李筌本作待通典御覽所引並作待尤可證作傳者轉寫之誤或為不知者所改也惟其待於敵

故謂之死間非真使此間者死也為誑事於外者服敵之服言敵之言役敵之役任敵之任其表見於外者如此故曰為誑事於外也而其内則專欲間知敵情故曰令吾間知之吾即間者自吾也此間者常待於敵而不反是為死間死間者對生間而言之也生間者即死間之人也死間既間知敵情則使生間反報其主故曰生間者反報也自來各家說五間鮮一得當

間事未發而先聞者間與所告者皆死鬯案發當即指上文生間反報之報間事未發而先聞者謂生間未以所間之事報主將而主將先有人告而聞之及間者來報與先

聞者同知間者之輕泄而告者之竊探故間者與所告者皆死若間者已報特其事猶未行而有先來告者當間者死而告者賞何為皆死皆死則任間者之外泄無有告主將者矣此非法也諸家之說似主後義儻誤以發字作行字解而不省即上文之報字義也

導而舍之故反間可得而用也邕案反間者即敵之死間也故導而舍之導而舍之者在彼即所謂待於敵也死間者以誑事為務者也誑事說見上能使其不誑於我而轉誑其主即可得而用

昔殷之興也伊摯在夏邕案曹解云伊摯伊尹也史記殷

紀司馬貞索隱云孫子兵書伊尹名摯即指此國語晉語云妹喜有寵於是乎與伊尹比而亡夏御覽桀妃覽引竹書紀年云末喜氏以與伊尹交遂以閒夏呂氏春秋愼大覽云湯欲令伊尹往視曠夏恐其不信湯由親自射伊尹伊尹奔夏三年反報于亳曰桀迷惑於末嬉好彼琬琰不恤其衆衆志不堪上下相疾民心積怨皆曰上天弗恤夏命其卒湯謂伊尹曰若告我曠夏盡如詩湯與伊尹盟以示滅夏伊尹又復往視曠夏聽於末嬉末嬉言曰今昔天子夢西方有日東方有日兩日相與鬬西方日勝東方日不勝伊尹以告湯商涸旱湯猶發師以信伊尹之盟此殷

之興伊摯在夏爲閒之證又管子輕重甲篇云女華者桀之所愛也湯事之以千金曲逆者桀之所善也湯事之以千金若無伊摯此二千金何以致之

周之興也呂牙在殷啓棠國語晉語云妲己有寵於是乎與膠鬲比而亡殷此言呂牙傳聞之異

香草續校書

商君書一卷

擊火鎗礮迎頭轟擊之。餘皆潰自固。但殲其酋敗之
僞也。賊不西走贛桂而攻梅閩廣。諸軍必注潮洋之請。宜
軍職少卻。撤長驅追之。踞皆擁戍。曰兵法趨利者蹶。此故
樹旌旗。近及王德榜貢少。春營復婁劉典梓眞以蔡營
加賊遂竄出佛子高嶺竹洋。流擴窩山郵。另股由曹塘坑
見官軍躡。擁謀於州東佛子高分水鄉曹坑設伏以待我
小諸溪及雉石溪所匯也。其地崇山峻嶺為潮州要衝。賊
元兇十一人股效宗派擬朱明亮施三河。鴻三河皆大
一面無一營。兵芬注海洋偵緝出職官軍失利。知縣汪道

香草續校書

南匯于鬯

商君書

鬯案書字後人所加本名商君漢書藝文志法家商君二十九篇可證也古書每以人名書而後人稱之或增書字故隋書經籍志以下諸著錄家題商君書矣其稱商子自新唐書藝文志始更出在後而要之商君猶之商子也特子書多以子名一若子可名書而君不可名書者惑矣越絕之題越絕書書字亦後人所加此其例也絕即爾雅釋器革中絕之絕亦即韋編三絕之絕蓋編者聯之而絕者分之三絕謂分作三編耳越絕題名甚古既稱絕又加書字實贅文也

俟檢別本
以識案于氏此書
以為有應檢別本
者故加批語于上
而仍未曾檢也
今悉照錄之將
來付印亦應一併
印於書眉也

説已見前
爾雅校
更法篇孝公平畫鬯案畫當作晝晝畫二字形近易譌猶
論語公冶長篇晝寢畫寢孟子公孫丑篇宿於晝宿於畫
為學人衆訟戰國趙策云趙武靈王平晝閒居彼下文云
云與此篇文字大同則此亦作平晝明矣平晝者猶言平
日也平晝下或亦有閒居二字而脱去則不可知
拘世以議寡人鬯案拘世無義戰國趙策云雖敺世以笑
我即此拘世以議寡人也則此拘當讀為敺區聲句聲古
音同部故得通借小戴樂記區萌即句萌其例也敺世者
謂盡敺世上之人極言之耳史記趙世家作驅世驅敺同

字
墾令篇聲服無通於百縣𢀖案服蓋訓法呂氏春秋樂成
覽高誘注云服法服也俞蔭甫太史尚書平議以盤庚篇
先王有服之服為有制義引鄭石制字子服為證制亦法
也俞議云呂氏春秋樂成篇曰田有封洫都鄙有服高注
曰服法服也然都鄙有法服義不可通疑高氏原注曰
服法也蓋服為制故亦為法淺人不知其義妄加服字耳
𢀖案高訓服為法服猶云制法制也則法則也正以為服
有法義故下又云君子小人各有制非以服為衣服字俞
似以法服解作如孝經非法服不敢服之法服故謂義不
可通聲服者猶謂聲法也聲法者儻猶所謂樂則矣小戴曲
禮記孔義引含文嘉及公羊說言九賜並有樂則之目王
制記云天子賜諸侯樂則以祝將之賜伯子男樂則以鼗

商君書　二

將之彼亦樂則當連讀見俞太史禮記平議爾雅釋詁云則法也然
則樂則與聲服意義同矣說文辵部云通達也此通之訓
達如禮家諸言自天子達於庶人之達聲服無通於百縣
謂聲服不達於百縣也縣當指縣大夫蓋自縣大夫以下
不得用聲樂耳古郡屬於縣周書作雒篇所謂方千里分
為百縣縣有四郡是也至於戰國縣屬於郡史記秦紀所
謂魏納上郡十五縣是也然則商君之法惟自郡以上有
聲服乃得用樂云呂祖謙大事記周顯王四十一年云方
孝公商鞅時并小鄉為大縣縣一令尚
未有郡及守稱及魏納上郡之後十餘年秦紀始書
漢中郡或者山東諸侯先變古制而秦效之說存參下文
賣送之禮無通於百縣義蓋亦若是

善字疑局本刊誤當檢別本

無得取庸謹案庸當讀為傭說文人部云傭均值也解者謂賣力受值曰傭隨其力均其值故曰均值是賣力受值之庸當作傭今人傭人傭夫之稱正用傭字而書傳每作庸無得取庸者禁傭也故下文云大夫家長不建繕愛子不惰食惰民不窳益凡有所建繕謂或興建或繕葺必資乎傭有傭故愛子至於惰食惰民至於窳也禁傭則凡事皆須自為之而為傭者亦無可謀食矣故云而庸民無所於食庸民即猶言傭人傭夫也

農不能喜酣奭謹案農當作民下文可證彼云民不能善酣奭則農不慢明民字不可作農

巧詖惡心之民無變也鬯案變當如詐義

則誅愚亂農農民鬯案下農字當作之古人疊字作二點而草書之字作三點傳寫者因誤仍為疊農字耳則誅愚亂農之民乂字似一句讀為順而下文云農静誅愚則草必墾矣則誅愚益讀断或讀於亂農断句必非俞蔭甫太史平議云誅通作朱莊子庚桑楚篇人謂我朱愚即此文誅愚大元童次范望注曰侏侏無所知也義與愚近作誅作朱並侏之段字

博聞辨慧游居之事鬯案居依說文重文作踞亦與倨通游居者游踞也大戴曾子立事記云巷遊而鄉居者予說見前彼校下文居游同

盜輸糧者不私卷案此盜字涉下文而行下文云盜糧者無所售乃承上文又使軍市無得私輸糧者則姦謀無所於伏也又云送糧者不私即承此輸糧者不私也明此輸上不得有盜字

過而廢者不能匿其舉卷案此文無義據嚴萬里校引秦四麟本作匿其過舉當從之下文云過舉不匿則舉上有過字明甚惟下句既有過字則上句不當有過字蓋過字脫於下即行於上耳當本作而廢者不能匿其過舉過舉即其廢之實迹也

農戰篇要靡事商賈為技藝卷案要靡蓋語辭此文下又

商君書

兩見一同一止云事商賈為技藝無要靡二字惟其為語辭故可省也

是故進則曲主鬯案曲主猶阿主下文云希主好惡使官制物以適主心即所謂曲主也

去彊篇戰事兵用曰彊鬯案事兵與下文亂兵對則事當訓治戰國秦策高誘注云事治也治事疊韻字事之訓治蓋以聲訓然則即讀事為治可矣弱民篇亦云故戰事兵用曰彊同此彼下文又出治民字治兵猶治民也戰治兵用曰彊戰亂兵息而國削商君之意不過一主於戰治兵宜戰亂兵亦宜戰用曰彊息則削矣息而削用亦彊矣兩

句一正一反其意同
國不至必貧巻案國字衍或屬上句讀非
國好生金於竟內則金粟兩死倉府兩虛國好生粟於竟
內則金粟兩生倉府兩實巻案此謂國好生金於竟內則
竟內之民皆將務采金而不務種粟是粟死矣又必以金
易粟則金亦死矣故曰金粟兩死倉府兩虛國好生粟於
竟內則竟內之民皆將不務采金而務種粟是粟生矣又
可以粟易金則金亦生矣故曰金粟兩生倉府兩實商君
之意不過欲國好生粟不好生金故其說如是若論其理
實金生必粟死粟死必金生如上文所言決無兩死兩生

商君書

兵起而勝敵按國而國富者王鬯案上國字衍兵一字爲領句起者興兵也按者按兵也並承上文而言按下不得有國字之道也此所謂强辭奪理也

說民篇國好力日以難攻國好言日以易攻鬯案兩日字別本作曰者是去彊篇亦謂國好力日以難攻國好言日以易攻俞蔭甫太史平議云兩日字乃曰字之誤引此文作曰之本以訂彼或謂此本既作日與去彊篇合則安知日字之非誤而曰字轉誤邪曰不然靳令篇云國好力此謂以難攻國好言此謂以易攻據彼兩此謂字則作兩曰不

作兩日明矣
國治斷家王巻案國治當作治國下文云治國者貴下斷
可證倒作國治無義
算地篇畝五百足以待一役此地不任也巻案此不字疑
必字之誤一役謂卒一人也一人之食計五百畝足以待
之故曰畝五百足以待一役此地必任也言地必勝其任
作不任則義背矣又案下文云方土百里出戰卒萬人者
數小也開方百里得萬里故出卒萬人然則五百畝待一
人之食亦即一里待一人之食也商君之法方里五百畝
與孟子方里九百畝異特五百畝不能成方蓋約計之數

商君書

耳如孟子滕文公篇言夏后氏五十而貢殷人七十而助五十七十皆不能成方

其上世之士蹙案上世之士謂其行誼高出世人之上者也

名利之所湊則民道之蹙案道訓由訓從並恒訓也小戴禮器記中庸記鄭注並云道猶由也禮器注又云道猶從也此道字之義甚顯即本書中道字如此義者不一而足嚴萬里校獨於此道字疑誤殊不可解

檢別本

生有不令之臣蹙案生字蓋主字之誤

亦檢

民之生度而取長稱而取重蹙案生讀為性民之生度而取長稱而取重云云猶上文民之性饑而求食勞而求佚

此審存

云云明生即性也上文非生之常也俞蔭甫太史平議亦

讀生為性

開塞篇愛私則險、蹇案險字似非義、嚴萬里連下文民衆

校引范欽本作陰陽民險衆云誤、竊謂范本誠誤、矣而一

陰字實不誤、此險正合作陰、陰險字形相近故誤陰為險

愛私則陰其義可解所謂陰私也下文別險同

而賢者以相出為道蹇案出蓋讀為詘詘諧出聲故得假

借詘者猶所謂相形見詘之詘也蓋不賢者與賢者相形

則不賢者詘矣賢者與尤賢者相形則賢者又詘矣故云

賢者以相出為道猶云賢、者以相詘為道也相詘之久而

商君書　七

此欲詘彼彼亦欲詘此則亂生矣故下文云久而相出為道則有亂又下文云賢者以道相出也出並讀詘

今日願啟之以致鬯案日疑當作臣

而廢其所惡此鬯案此當作也

思則出度鬯案出字與下文生字為對出亦生也呂氏春秋大樂紀高注云出生也又勸学紀注云生猶出是二字同義故此云思則出度下文云淫則生佚出度即生度也謂思則生法度而不至於蕩佚耳嚴萬里校疑出字誤非孫詒讓札迻云出度疑當作生度則仍以出為誤字也亦未是

壹言篇故明君知齊二者其國彊不知齊二者其國削讓案齊之言劑也謂調劑於摶力殺力二者則其國彊不知調劑二者則其國削也說文刀部云劑齊也是齊劑義本相通古調劑之劑盖止作齊劑从刀當以質劑約劑為本義質劑見周禮小宰職約劑見大師職

錯法篇而功相萬者讓案謂其功萬倍於爵祿也

先便請謁而後功力讓案便便嬖

戰法篇敵衆勿為客讓案勿為客宜則為主攻人為客應敵為主

若兵敵彊弱讓案謂彊弱相等也

[illegible]

立本篇一曰輔法而法鬯案而法下脫一字疑是行字

此三者恃一因其兵可禽也鬯案讀至因字句或於一字句因字屬下當非

兵守篇患無不盡死而已鬯案已疑當作巳巳止也言其患不至於盡死不止故曰患無不盡死而已

此三者鬯案據上文則三當作二

非患不足鬯案患下有脫文以意求之當增兵之二字

及耕格阱鬯案耕字疑涉阱字形近而衍

給從從之不洽則熯之鬯案洽亦即給俞蔭甫太史平議已言之云給洽古通用爾雅釋天大歲在未曰協洽童子

逢盛碑作協給是也篆隸給洽並諧合聲本在通假之例而草書水旁糸旁又正相類或傳寫誤給為洽亦未可知俞謂給與不給以力之有餘不足言或兼時之緩急地之遠近其說亦頗得惟欲以從而二字為語辭故謂上從字下有闕文下從字當在不洽之下未免更張而所謂闕文亦止於從下補一兩字而下一字不能意補則其說殆非也從本訓隨說文从部云從隨行也詩既醉篇鄭箋小戴檀弓緇衣諸記鄭注皆云從隨也此承上文發梁撤屋而言蓋謂所發之梁所撤之屋其材苟可以取則取以歸不可取則熯之無以資敵故曰給從從之不給而熯之即給

商君書

隨隨之不給而熯之實猶云可取取之不可則燒之耳而之訓則詳王引之經傳釋詞及鬯莊子齊物論校然尚不勝舉證此則不煩改易於義自通不給下不言從者蒙省亦習例也

靳令篇以五里斷者王以十里斷者彊鬯案此文未審誤否去彊篇云十里斷者國弱九里斷者國彊嚴萬里校云九當作五又說民篇云治國者貴下斷故以十里斷者弱以五里斷者彊並以彊弱對言此言以五里斷者王以十里斷者彊與彼獨乖故疑其有誤然五里十里其義究不甚曉據說民篇言貴下斷則或指里宰而五里之宰與十

里之宰何至有彊弱之反對則又似此文轉得之上文言曲斷當亦即下斷之意然則曲者鄉曲之曲也

使民以粟出官爵卷案出本訓進說文出部云出進也謂使民以粟進官爵也然則後世納粟拜爵之例實本商君之法

重刑少賞上愛民民死賞重賞輕刑上不愛民民不死賞

卷案兩死賞俞蔭甫太史平議據去彊篇訂作死上是也上賞諭古音同部本亦在假借之例然竊疑此原文實作死尚死尚即死上也後人昧其借尚為上以死尚為無義因改作賞雖於假借之例未背然借賞為上不恆見不若

商君書

借尚為上之恆見也

修權篇不以法論知能賢不肖者惟堯鬯案此商君能知堯可謂特識蓋堯之為堯若共鯀之列於朝而不去若元愷之伏於野而不聞豈非不以法論知能賢不肖者乎故孔子之贊堯也曰唯天為大唯堯則之天生麟鳳亦生梟獍惟堯可以比擬商君之意猶孔子意也

徠民篇見此其所以弱不奪三晉民者愛爵而重復也鬯案見猶知也周易略例陸釋云見本作知然知見二字不在疊韻通借之例蓋二字義近通用呂氏春秋自知論高注云知猶見也知可訓見則見亦可訓知矣參見管子霸言篇校弱字衍

下文云三晉之所以弱者此亦有所以字故涉彼而衍也
復字之義見下文云今使復之三世無知軍事秦四竟之
內陵阪丘隰不起十年征者於律也葢即除其賦役之説
漢書高帝紀顏注云復者除其賦役也無知軍事除其役
也不起征除其賦也
故三世戰勝卷案據上文言今三晉不勝秦四世矣則此
三字當作四古四作亖所謂三四積畫而誤也下文云且
古有堯舜當時而見稱中世有湯武在位而民服此三王
者萬世之所稱也案言堯舜湯武明是四王何云三王則
彼三字亦當作四畫策篇四更俞蔭甫太史平議云四字

周君書

乃三字之误此四之误作三猶彼三之误作四矣

諸侯將無異民鬯案異民謂異國之民也诸侯之民苟有還皆歸秦不歸異國故诸侯無異國之民

周軍之勝華軍之勝鬯案周軍之勝疑即伊闕之戰戰國西周策云秦攻魏將犀武軍於伊闕進兵而攻周又魏策云秦敗東周與魏戰於伊闕殺犀武史記韓世家云釐王三年使公孫喜率周魏攻秦秦敗我二十四萬虜喜伊闕是伊闕之戰周實與韓魏連合故稱周軍之勝也華軍之勝即秦策言天下有比志而軍華下大王以詐破之者說秦王語策以為張儀吳師道校注云張儀當作韓非案韓非子初見秦篇與策同但非至秦在始皇時而篇中語皆說

昭王故以為張儀則太前以為韓非又太後仍當存疑又魏策云秦敗魏於華走芒卯而圍大梁史記秦紀云昭襄王十三年客卿胡傷攻魏擊芒卯華陽破之斬首十五萬是也然則華軍之勝在秦昭十三年周軍之勝在韓釐三年當秦昭十四年實周王赧二十一二十二兩年商君之死久矣商君死在秦孝公二十四年實周顯王三十一年且下文又云且周軍之勝華軍之勝長平之勝又兼及長平則更在後據秦紀載秦攻趙趙發兵擊秦相距秦使武安君白起擊大破趙於長平四十餘萬盡殺之在昭襄四十七年周王赧五十五年也據此說之知此篇實為後人附益之書非商君原書且如上文言今三晉不勝秦

四世矣自魏襄以來野戰不勝守城必拔小大之戰三晉之所亡於秦者不可勝數也魏襄之立依竹書紀年在秦惠文王更六年實周慎靚王二年明年紀元即依史記在惠文初三年實周顯王三十四年商君亦死其云四世者必指惠文以後決非孝公之前孝公之前三晉尚强又何至如所云云也又上文以愛爵重復為不然愛爵重復非即商君之法乎何為其不然其所稱王吏愛爵重復之說非即商君之說乎何為其不然是附益商君之書而實違其宗旨者矣蓋自商君死後遺法行之數十年已漸悟其非故有此說要其說視商君為不刻也

其徒請賜不與曰吾將以求封也箋案與訓許與之與不與者不許也上文云願有萬金云願有是當時固未有也然則其徒請賜焉者請俟他日有萬金之後賜之非即請賜於當日也而竟不許曰吾將以求封故下文云此愛於無也

故不如以先與之有也箋案有謂其徒也其徒怒而去之宋下文云豈異東郭敞之愛非其有以亡其徒乎則此句義實當云故不如以先去其有也不曰先去其有而曰先與之有措辭之譎

不人得一升箋案不人即人不倒文也下文不人得一錢

此當審

同

畫策篇黃帝之世不麛不卵　鬯案黃帝之世四字疑衍下文言神農之世又言神農既沒以彊勝弱以衆暴寡故黃帝作為君臣上下之義則此處不應先出黃帝且黃帝既作為君臣上下之義云云則不麛不卵云云尤非黃帝之世明矣衍此四字則仍承言上文昊英之世也

則氏如飛鳥禽獸　鬯案禽本指獸不指鳥觀字从禸可見故說文禸部云禽走獸總名是也說已見前爾雅釋鳥校小戴曲禮記云鸚鵡能言不離飛鳥猩猩能言不離禽獸飛鳥與禽獸對言適可為此文之證嚴萬里校謂禽字誤

非也

不得無返巹案不疑必字聲之誤也必得無返者不欲其歸欲其死於敵也下文云失法離令若死我死言設不死於敵而死於失法離令則我亦死之蓋欲其能死又惡其死不得當若死我死者若汝也激辭也此必字誤為不則不特本句無義而下文義亦不豁

非法不用也巹案非字俞蔭甫太史平議謂當作其義固得通然觀下文云國皆有法而無使法必行之法國皆有禁而無使姦邪盜賊必得之法且云必得而尚有姦邪盜賊者刑輕也則其說固視用法為尤進一層矣但言用法

商君書

誠不足以盡其義故云非法不用也蓋不僅用法直當用非法也非字不必改改非為其意轉涉淺矣

則削國之所以取爵祿者多塗亡國之欲賤爵輕祿危業此當讀塗字句嚴萬里校斷在亡字下非也其云秦本塗下有人字亦不然多塗者謂取爵祿之塗多也賞刑篇云博聞辯慧信廉禮樂修行羣黨任譽清濁不可以富貴又曰富貴之門要存戰而已矣足為此文之證蓋商君之法惟戰可以取爵祿故其塗止一而不多多塗者即博聞辯慧云云也彼言不可以富貴而此言所以取爵祿是削國之道矣塗下不得有人字竊謂秦本人字蓋當在亡國之

之下言亡國之人賤爵輕祿不作而食不戰而榮無爵而尊無祿而富無官而長此之謂姦民蓋指當時楊子一流人物也

境內篇其有爵者乞無爵者以為庶子級乞一人㲋案乞者當是乞之於公家也無爵者為有爵者服役故有爵者乞諸公家而公家與之爵一級則役一人二級則役二人三級則役三人多一級即多一人故云級乞一人惟謂之庶子者特名稱耳若曰僕夫云爾與漢書百官表太子太傅少傅屬官之庶子及凡他書言庶子指官名者不同

其無役事也其庶子役其大夫月六日㲋案上役謂公役

商君書

也下役謂私役也公役不能計日無公役則一月之中限私役六日故曰其無役事也其庶子役其大夫月六日其言大夫亦名稱耳若曰主人云爾

爵自一級已下至小夫命曰校徒操出公爵案出字據俞蔭甫太史平議謂當作士蓋是也但公字無義俞於出字讀句則以公字屬下文爵自二級已上讀然此文言爵自一級之下但言爵不言公爵則公字必不得下屬竊謂士公二字尚誤倒當作公士下文云故爵公士也即其證漢書百官表云爵一級曰公士故云爵自一級已下至小夫命曰校徒操公士公士正爵一級之名目操也徒也校也

小夫也又在公士之下則雖爵之而未入級者也後世所謂未入流品者是矣

弱民篇商物卷案商下當脫一字上文云農闢地下文云官法民並三字句則此亦當三字句文方一律上文云農商官三者國之常食官也據俞蔭甫太史平議以食字為衍然則此蓋即脫食字脫於此而衍於彼矣食當讀為飾飾諧食聲故得通借爾雅釋詁云食僞也訓食為僞必讀食為飾朱駿聲說文通訓言之 周禮玉府職云王齊則共食玉食玉者飾玉也鄭注謂玉是陽精之純者食之禦水氣又引司農說云王齊當食玉屑謬甚玉屑豈可食乎俞太史羣經平議云食玉乃神仙迂怪之說非周公制禮所有也食當讀為飾下文云商有淫利

有美好傷器故云商飾物美好傷器者乃過於飾矣商飾
物則未至於傷也故與農闢地官法民爲比偶句法句義
一律

檢別本

法枉治亂鬯案亂當作衆涉下文亂字而誤下文云治衆
國亂即承此治衆而言
用必加於功賞必盡其勞鬯案用賞二字蓋互誤

檢別本

游處之士鬯案士當作土

檢別本

君臣篇五官分而無常鬯案據下文官脩則有常事此無
常下亦當有事字
法制不明而求民之行令也鬯案此行字當作從下文云

民不從令即承此而言可證若行令是主君言矣上文云處君位而令不行君尊則令行是也民可言從令不可言行令

凡民之所疾戰不避死者邀賞不上疑脫而字言凡民之所疾者戰也然而不避死者以求爵祿也

禁使篇難其道邀賞難蓋當作離上句云別其勢離猶別也離難形亂又涉下文難字而誤

或先王貴勢邀賞或涉下文而誤當作故

慎法篇而散領其國者邀賞領之言令也散領蓋猶發令之意

商君書

定分篇法令 以當時立之者考案當時猶言今日也故下
文言明旦
各主法令之民敢忘行主法令之所謂之名考案行主法
令者必是吏則此民字當吏字之誤故云敢忘行主法令
之所謂之名若民則非行主法令者也下文屢言主法令
之吏可證
非以免也考案以當作人已之已

香草續校書内經素問二卷

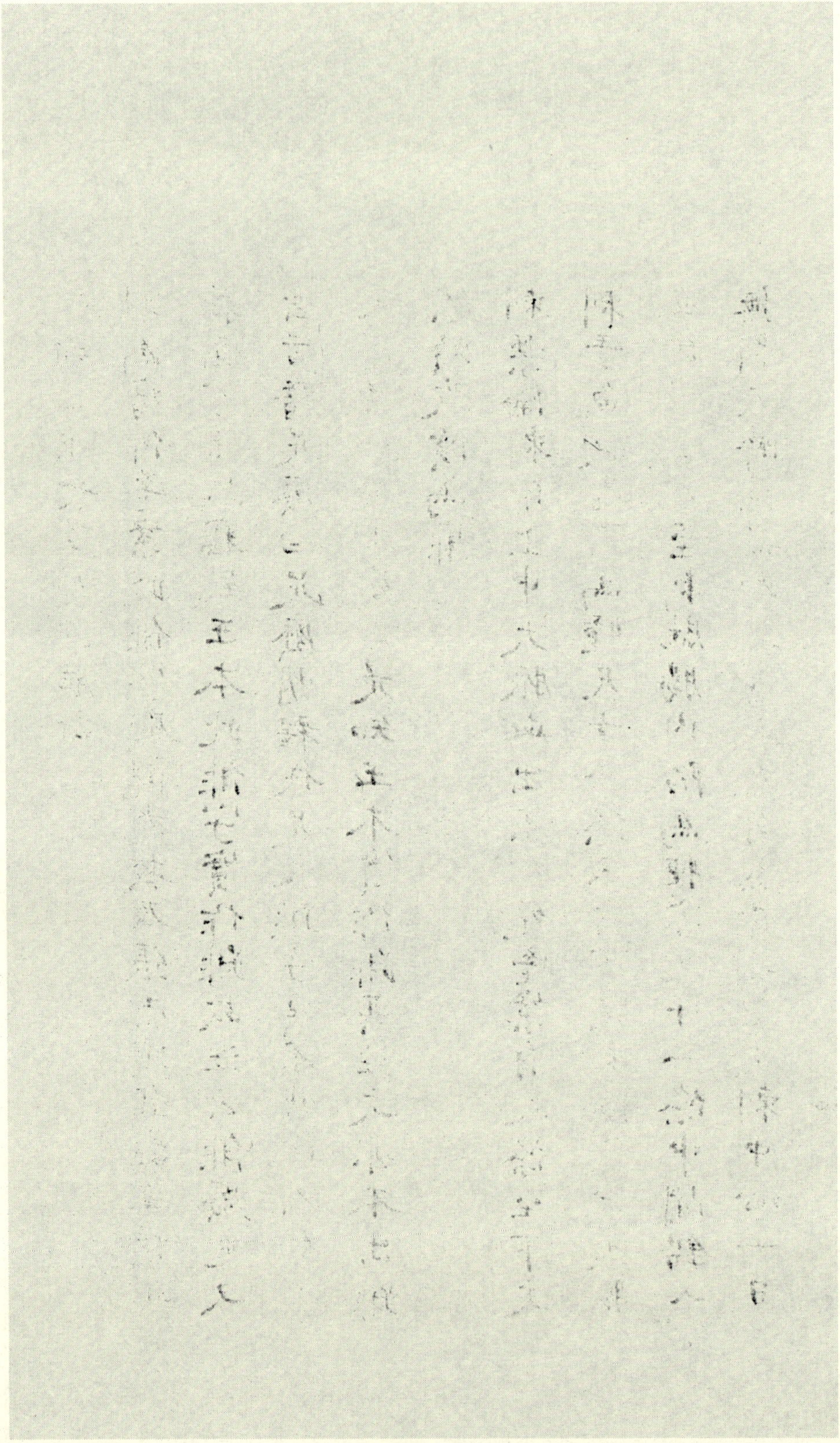

香草續校書

南匯于鬯

內經素問一

上古天真論迺問於天師曰鬯案天師當是黃帝時官名岐伯為天師之官故稱天師古謂官為師如左昭十七年傳所稱雲師火師水師龍師鳥師皆是彼云黃帝氏以雲紀故為雲師而雲名天師或即雲師之別稱與且如彼傳言少皞紀於鳥為鳥師而鳥名而有五鳩五雉九扈之官則不必定出鳥字然則以雲紀者何必定出雲字邪天雲一也著至教論以後黃帝又與雷公語而見於他籍者黃

素問

帝之臣又有風后雷公風后亦殆官名姓風名后之說不必得實雷風
雲亦一也天師猶雷公風后矣靈樞壽夭剛柔篇憂患無
言篇通天篇並載黃帝問於少師少師蓋天師之副然則
天師者太師也少師之為官名尤顯則天師之為官益驗
六節藏象論云岐伯曰此上帝所祕先師傳之先師者蓋
先岐伯為天師者也移精變氣論云先師之所傳也上古使僦貸季理色脈而通神明故六節論王注云先師岐伯祖之師僦貸季又引八素經序云天師對黃帝曰我於僦貸季理色脈已三世矣彼天師亦岐伯僦貸季蓋先岐伯為天師也靈樞百病始生篇云黃帝曰余固不能數故問先師願卒問其道此先師即稱岐伯或是天師之誤
醉以入房鬯案醉以疑本作以醉以醉入房與上文以酒

為漿以妄為常下文以欲竭其精以耗散其真五以字皆冠句首文法一律倒作醉以則失例矣腹中論及靈樞邪氣藏府病形篇並有若醉入房語則醉入房三字連文正有可證　下文林億等新校正林億孫奇高保衡等奉敕校正內經書中校語皆標新校正云而三部九候論中獨有標臣億等者案此書既奉敕校正自合標臣億等為是且校語首皆著一詳字臣億等詳云云文義極順今諸標新校正者當悉係重刻本改易三部論中則改易未盡者耳顧觀光彼校謂臣億等三字當作新校正云四字未察也引甲乙經耗作好今甲乙經動作失度篇亦作耗當屬後人據素問改凡今本甲乙經輒不同林校所引而轉與素問合者當悉據林校校訂　胡澍內經素問校義云以耗散其真與以欲竭其精句義不對則皇甫本作好是也好讀嗜好之好好亦欲也凡經傳言嗜好即嗜欲

素問

言好惡即欲惡孟子告子篇所欲有甚於生者中論夭壽篇作所好荀子不苟篇欲利而不爲所非韓詩外傳作好俞蔭甫太史讀書餘錄亦謂作好者是也案好耗一聲之轉王冰本作耗蓋亦當讀耗爲好而次注云王氏注素問移易篇第故稱次注輕用曰耗則失之矣酒也妄也醉也欲也好也五字皆讀退文法亦一律

生氣通天論因於暑汗煩則喘喝也案汗字蓋衍下文云汗出而散則因於暑者正取於汗何得云汗煩則喘喝乎蓋即涉彼而衍也且汗煩二字本無義如王注云病因於暑則當汗泄不爲發表邪熱內攻中外俱熱故煩躁喘數

大呵而出其聲則又讀汗一字句與下文義且病複矣抑無此文法也煩則喘喝與下句靜則多言句各四字文本整齊讀汗一字句不如徑刪汗字直捷吳崐注本攗上文因於寒三字又攗下文體若燔炭汗出而散八字都十一字并為一條在此文上更張太甚精絕辟積於夏使人煎厥邕棠精絕下疑脫而字精絕而辟積於夏使人煎厥與下文云氣絕而血菀於上高世栻讀上句形字斷與此上句張字斷亦一例使人薄厥同一句法脫而字則不成句矣

潰潰乎若壞都邕棠都字益本作賭賭都二字篆文从自从邑各異而隸書同作阝但分別在左右耳移賭左旁在

素問

右即成都字然二字並諧者聲論假借之例亦無不通說文𨸏部云陼如渚者陼丘水中高者也字通作渚詩江有汜篇毛傳云渚小洲也蓋渚者水中高地之名壞之則水溢故下文云汩汩乎不可止王注不詮發都字之義然注文已作都則其本似已誤而如高世栻內經素問直解云若國都之敗壞也望文生義坐小學之疏

乃生大僂愚案僂即下文陷脈為瘻之瘻字瘻正字僂借字也此用僂字下文用瘻字文異義同之例古書多有之王注不知僂之即瘻而云形容僂俯則生字何義玩一生字即知僂之即瘻矣此言大瘻下文止言瘻不言大則陷

脈者乃生小瘻也於義初不複
俞氣化薄傳為善畏鬯案傳字疑即涉薄字形近而衍為
善畏與下文為驚駭偶語著一傳字義不可解觀王注云
言若寒中於背俞之氣變化入深而薄於藏府者則善為
恐畏及發為驚駭也絕不及傳字之義可見王本無傳字
是傳為衍文之證
則脈流薄疾并乃狂鬯案此似當讀薄字句流薄者言脈
象也蓋謂脈見流蕩虛薄之象生疾不一并合之乃成狂
疾也王注云薄疾謂極虛而急數也讀疾字句殆非且急
數不當言流流義與急數之義不協而并乃狂句不指所

并者何事亦殊不明王訓并為盛實謂陽并於四支則狂則亦不應但曰并乃狂至張嘯山先生校疑其有脫誤字矣此據吳才壺所錄未刊入舒藝室續筆要得其讀法未必脫也腹中論云須其氣并疾并與氣并字法可例彼王注正云并謂并合也

金匱真言論故藏於精者春不病溫㕍業藏上當脫冬字王注云此正謂冬不按蹻則精氣伏藏蓋王本此冬字尚未脫也下文云夏暑汗不出者秋成風瘧此冬字與彼夏字為對脫去則句法亦失類矣生氣通天論及陰陽應象大論並有冬傷於寒春必溫病語意雖相反文實相似則

有冬、字可證

合夜至雞鳴嵒案合夜二字無義合疑台字之形誤台實始字之聲借始夜即上文黄昏也上文言天之陽故言黄昏此言天之陰故變黄昏言始夜始夜至雞鳴其語易曉借台為始遂誤台為合自來注家亦迄無能解合夜之義者

陰陽應象大論在變動為憂嵒案此憂字蓋當讀為嚘心之變動為嚘與下文言肺之志為憂者不同憂既為肺之志自不應復為心之變動也五志為怒喜思憂恐五變動為握憂噦欬慄一憂字既列志科又列變動科雜亂甚矣

林校正引楊上善云心之憂在心變動肺之憂在肺之志是則肺主於秋憂為正也心主於夏變而生憂也此說實曲如其說則肝之變動何以言握而不言思亦豈不得曰脾主中央思為正肝主於春變而生思邪而脾之變動當言恐不當言噦肺之變動當言怒不當言欬腎之變動當言喜不當言慄矣至王注謂憂可以成務尤為望文生義玉篇口部引老子曰終日號而不嚘嚘氣逆也今老子五十五章作嗄陸釋亦云嗄氣逆也莊子庚桑楚篇云兒子終日嗥而嗌不嗄陸釋云嗄或又作嚘徐音憂是嚘嗄古通用恐嗄即嚘之別體嚘訓氣逆則與脾之變動為噦肺

之變動為欬義正相類肝之變動為握或云當讀如呃喔之喔則義亦近是知此

憂字必嚘字之借與志科之憂文同而實異也

故同出而名異耳鬯案出當訓生呂氏春秋大樂紀高注

云出生也淮南子墬形訓注亦云出猶生也同出者同生

也同生者若云並生於世也上文云知之則強不知則老

是並生於世而有強老之異名故曰同出而異名耳王注

云同謂同於好欲未得其義且止解同字未解出字若即

以好欲為出字之義益無理矣解精微論云生則俱生林

校正引太素作出則俱亡則二字或并可通爾雅釋親女

子同出國語晉語韋解作女子同生彼同生之義與此有

素問

別說見彼而同出之為同生適可借證已

故邪風之至疾如風雨鬯案既言邪風又言疾如風必不可通據上下文諸言氣不言風且上文云風氣通於肝則風亦氣之一言風不如言氣之賅矣此邪風當作邪氣蓋即涉疾如風之風字而誤氣為風故邪氣之至疾如風雨句始有義下文云故天之邪氣感則害人五藏彼邪氣正承此邪氣而言則此之當作邪氣不當作邪風明矣

陰陽別論病為偏枯痿易鬯案易當讀為瘍說文疒部云瘍脈瘍也廣雅釋詁云瘍病也又云癡也易與痿是二病王注云易謂變易常用而痿弱無力也則似誤二病為一

要其言變易常用與癡義亦可合也漢書王子侯表云樂平侯訢病狂易亦以易為之

陰陽結斜多陰少陽曰石水巠案斜蓋當讀為除除斜並諧余聲例得假借除者除去之義廣雅釋詁云除去也據説文𨸏部云除殿陛也則除去非除本義其本字實為捈捈諧余聲余諧舍省聲然則即讀斜為捈亦例無不通矣説文手部云捈釋也捈釋之義即除去之義也斜多陰少陽者謂除去多陰少陽也蓋陰陽結或陰陽均等或多陽少陰皆曰石水惟多陰少陽則不在其科故曰陰陽結斜多陰少陽曰石水謂除去多陰少陽凡陰陽結者曰石水

素問

也王注簡略張嘯山先生舒藝室續筆謂斜乃糾之誤竊疑未然以斜為糾之誤則必以結糾連讀觀下文二陽結三陽結一陰一陽結皆以結字讀頓結下更不著字則此必當讀陰陽結頓結下不得有糾字明矣且既言陰陽結糾又言多陰少陽則何不直曰多陰少陽結糾而乃冗疊如是乎張志聰內經素問集註云結斜者偏結於陰陽之間亦望文為義五藏生成篇云小谿三百五十四名少十二俞此言除多陰少陽猶彼言少十二俞句意略有參證

靈蘭祕典論以傳保焉鬯案保讀為寶易繫傳聖人之大寶陸釋引孟喜本寶作保史記周紀展九鼎保玉裴解引

徐廣曰保一作寶寶保通用古書屢見傳保即傳寶此本宜学者共知而如高世栻直解云以傳後世而保守弗失夫寶者保也保守弗失之義與寶義無背而動静有閒曰傳寶自直捷曰傳保守弗失即迂回所以考古者不可不明假借也脈要精微論云是故持脈之道虛静為保保亦當讀寶彼王注云保定盈虛而不失則亦昧矣甲乙經脈經正作持脈有道虛静為寶寶命全形論之寶字轉合讀保

六節藏象論凡十一藏取決於膽也澍案一字蓋衍上文言心肺腎肝脾胃大腸小腸三焦膀胱凡十藏無十一藏并膽數之始足十一然云凡十一藏取決於膽是承上而

言必不并膽數王注云上從心藏下至於膽為十一此曲說十一也十一藏去膽止有十則一字之為衍甚明此儻因靈蘭祕典論言十二藏故其衍作十一藏者正不并膽數也不知彼尚有膻中一藏此上文不及膻中也王機真藏論云胃者五藏之本也胃在五藏外故為本膽在十藏外故取決可比例矣

五藏生成篇心之合脈也其榮色也瞥案色為赤色王注當不誤而林校正駁之云王以赤色為面榮美未通大抵發見於面之色皆心之榮也豈專為赤哉竊謂林說轉未當此觀於下文而可知下文言五藏所生之外榮云生於

心如以縞裹朱朱非正赤色乎又云生於肺如以縞裹紅生於肝如以縞裹紺生於脾如以縞裹栝樓實生於腎如以縞裹紫是赤色之外凡發見之色生於肺肝脾腎而不生於心也且如紅淺赤也紺青赤也王注云薄青色未是栝樓實黃赤也紫黑赤也則即不生於心之色亦復不離於赤焉有明明言心其榮色以赤色為未通乎蓋心生血血色赤此實淺可知者王謂火炎上而色赤含血言火卻似含近言遠要亦不必滋議者矣

故色見青如草茲者死叅案茲之言荐也草茲者草荐也草荐者草席也荐茲一聲之轉論雙聲假借之例本無不

可通説文草部云茲艸木多益荐薦席也是荐為正字茲為借字然卷竊又有一説馬茲从艸絲省聲蓋聲當兼義以絲編艸是草席之義也恐茲字本義正是草席而艸木多益乃是轉義故古人多謂席為茲周禮圉師職春除蓐鄭注云蓐馬茲也爾雅釋器云蓐謂之茲郭注云茲者蓐席也史記周紀云衛康叔封布茲裴集解引徐廣曰茲者藉席之名荀子正論篇楊注云或曰龍茲即今之龍鬚席凡此實皆用本字也蓋茲與荐二字同義或并同字自為荐字專席義而茲乃以轉義為本義遂莫解从絲省之説則但謂之聲矣草既成席青色必乾槁故色如之者死草

茲之即草席素問家固有知者特未發明茲字之說耳至王注謂如草初生之青色其說最謬果如其說是生色非死色矣

徇蒙招尤澍案徇吳崐注本改為眴俞蔭甫太史餘錄亦云徇者眴之借字蒙者矇之借字眴矇並為目疾說當得之而招尤二字俞雖識王注迂曲仍謂未詳其說澍竊謂招尤即招搖也搖尤一聲之轉此類連語字本主聲不主義招尤招搖一也漢書禮樂志顏注云招搖申動之貌文選甘泉賦李注云招搖猶彷徨也然則王注謂招謂掉也搖掉不定也義實未失特專解招字致尤字不可解而云

尤甚也宜俞氏斥為迂矣至顧觀光校謂目不明則易於招尤張嘯山先生校亦謂視不審則多誤故云招尤並以尤作過字義實較王義為更迂此與韓愈感二鳥賦祇以招尤而速累者自不可同也說文目部云旬目搖也或體作眴刺瘧篇云目眴眴然然則招搖即申眴矇之義猶下文腹滿䐜脹䐜脹即申腹滿之義也

五藏相音可以意識之案音字疑本作音音隸書止爭一筆故誤音為音音實倍字之借也倍之言背也五藏相音實謂五藏相背也上文云五藏之象可以類推謂其常象也至於五藏相背亦可以意識之故又云五藏相音可

以意識四句似平而實貫與上言脈下言五色分别一項者不同故複言五藏也音誤為音則義不可通王注釋為五音互相勝負則當云五藏互音不當云相音矣或以相作形相解益謬脈要精微論云五藏者中之守也得守者生失守者死五藏相背即失守之謂玉機真藏論云病之且死必先傳行至其所不勝病乃死此言氣之逆行也故死五藏相背亦即逆行之謂也

名曰肺痹寒熱得之醉案寒熱二字似當在得之之下方與上下文例合上文云名曰心痹下文云名曰肝痹名曰腎痹痹下俱不更著字則此名曰肺痹下不合著寒熱二

字方為類也又上文云得之外疾下文云得之寒溼則此云得之寒熱亦為類也二字倒轉為失例矣

五藏別論六府者傳化物而不藏遂案云化物而不藏則六府即上文傳化之府上文言傳化之府云胃大腸小腸三焦膀胱則止五府又云魄門亦為五藏使水穀不得久藏則魄門亦實傳化之府之一合之成六府然則此六府為胃大腸小腸三焦膀胱魄門與金匱真言論以膽胃大腸小腸膀胱三焦為六府者異膽亦見上文乃奇恆之府奇恆猶言變常也玉版論要篇云奇恆者言奇病也彼言病故云奇病其實奇恆止是變常之義若奇恆之府曰奇病之府不可通也或云古醫書有名奇恆 非傳化之府故者亦在彼奇恆可解在此奇恆不可解

合膽而取魄門為六自來素問家俱略未說故為拈出之
下文兩言六府當同　藏府之說今醫工一從金匱真言
論而在古初無定論故靈蘭祕典論云願聞十二藏之相
使貴賤何如又六節藏象論云凡十一藏取決於膽也是
合藏府而通謂之藏矣又診要經終論言十二月人氣分
兩月配一藏故五藏之外又有頭則頭亦為一藏矣又六
節藏象論及三部九候論並言九野為九藏故神藏五形
藏四王注云所謂形藏四者一頭角二耳目三口齒四胷
中則頭角耳目口齒胷中亦為藏矣又脈要精微論云夫
五藏者身之强也而彼下文云頭者精明之府背者胷中

素問

之府胥者腎之府膝者筋之府骨者髓之府則是五府也而云五藏五藏而又為頭背胥膝骨矣上文云黃帝問曰余聞方士或以腦髓為藏或以腸胃為藏或以為府則當時藏府之說有爭辯矣

異法方宜論其治宜砭石[illegible]案砭與鍼別故言砭石不言砭鍼此東方言其治宜砭石下文南方言其治宜微鍼鍼與砭分別如此而王注云砭石謂以石為鍼也則溷砭於鍼矣又云山海經高氏之山有石如玉可以為鍼則砭石也考今山海經作高氏之山其上多玉其下多箴石與王引小殊彼郭璞注云可以為砥鍼治癰腫者王義實

本於此然如王所引固止言箴顧觀光校云箴即鍼字左傳鍼莊子風俗通作箴莊子不言砭如今本亦止言箴石不言砭石烏覩箴石之即砭石乎要高氏山之箴石不妨亦如砭之可以治癰腫而治癰腫之砭石則石而非鍼也蓋但當是刃石而不當謂鍼石故靈樞九鍼十二原篇列九鍼之目一曰鑱鍼二曰員鍼三曰鍉鍼四曰鋒鍼五曰鈹鍼六曰員利鍼七曰毫鍼八曰長鍼九曰大鍼其說亦見九鍼論何曾見有砭鍼在內又申言九鍼其於鈹鍼云末如劍鋒以取大膿取大膿者即所謂治癰腫也然則治癰腫之鍼乃鈹鍼非砭石砭石與鈹鍼皆治癰腫而砭石不可名為鍼即猶鈹鍼不

素問

可名為石也故病能論云有病癰者或石治之或鍼灸治之又云癰氣之息者宜以鍼開除去之夫氣盛血聚者宜石而寫之則鍼與石之異物亦既彰明曉著矣靈樞玉版篇云黃帝曰其已有膿血而後遺乎不導之以小鍼治乎歧伯曰其已成膿血者其唯砭石鈹鋒之所取也鈹鋒者即鈹鍼也砭石與鈹鋒並稱明砭石與鈹鍼同類既言砭石又言鈹鋒明砭石與鈹鍼異物以砭石為鍼者恐即由誤讀此文以砭石鈹鋒為一物則砭石即鈹鍼鈹鍼為鍼砭石亦自為鍼矣則試問諸言鍼石者如金匱真言論云皆視其所在而施鍼石也移精變氣論云鍼石治其外血

氣形志篇云治之以鍼石通評虛實論云閉塞者用藥而少鍼石也鍼石之見於素問不一而足若砭石即鈹鍼既言鍼又舉九鍼之一以相配並稱誠何意義與鍼石並稱恐所謂鍼轉可專指鈹鍼而不可以鈹鍼屬石且鈹鍼大小有制九鍼十二原篇及九鍼論並言鈹鍼廣二分半長四寸九鍼論且申之云此大小長短法也則明一定而不可易者矣而砭石有大有小故寶命全形論云制砭石小大其必不能一定廣二分半長四寸則砭石之不可當鈹鍼不愈明乎彼林校引全元起云砭石者是古外治之法有三名一鍼石二砭石三鑱石古未能鑄鐵故用石為鍼

黃帝造九鍼以代鑱石此亦足見黃帝造鍼以代砭石必不得當九鍼之一也其言一鍼石二砭石三鑱石鍼石者固石之爲鍼者也即謂是高氏山之箴石亦聽之可也鑱石者即鑱鍼之所取法也故鑱鍼列九鍼之冠黃帝造九鍼以代砭去鍼石鑱石而獨存砭石則砭石之非鍼又可明矣其言古未能鑄鐵故用石爲鍼則有鑄鐵之後鍼必不復用石而用鐵砭石之非鍼又可明矣又案王氏於下文微鍼注云微細小也細小之鍼調脈衰盛也其意若謂南方治宜細小之鍼而東方治宜砭石者即粗大之鍼此蓋亦有說微鍼固即小鍼之名如玉版篇帝問以小鍼治而伯對

鈹鍼之所取則鈹鍼為大鍼說文金部云鈹大鍼是也此小鍼為細小之鍼可證也而彼上文又云黃帝曰余以小鍼為細物也夫子乃言上合之于天下合之于地中合之于人余以為過鍼之意矣歧伯曰大于鍼者惟五兵者焉夫帝問小鍼伯不曰大於小鍼者某鍼而云大於鍼者惟五兵則彼小鍼實兼九鍼之總名矣蓋九鍼有小大就鍼別之若論其物固莫非小物也故九鍼得總名為小鍼南方之治宜微鍼正是總名九鍼為微鍼而非指九鍼中之細小之鍼也何以知之以彼下句即承之曰故九鍼者亦從南方來不曰微鍼而曰九鍼豈非微鍼即九鍼乎微鍼

素問

即九鍼則砭石之非鍼又可明矣儻砭石在九鍼之外而亦為鍼則何不并九鍼數之為十鍼素問無十鍼之目故砭石卒不得冒鍼之名故曰但當是石之有刃者也不具鍼形故無鍼名也近人有謂今刮沙法為古砭遺法者今刮沙法用錢或用磁椀古則用石耳其說頗能别砭於鍼然無證據且古病名無沙安得有刮沙法聊附於此

其民陵居而多風鬯案此其民當本作其地下文始云其民不衣而褐薦則此不當出其民字蓋即涉彼而誤也下文言北方其地高陵居風寒冰冽此西方之陵居而多風猶北方之陵居風寒也彼明言其地則此亦當作其地明矣下文又云其民華食而脂肥吳崐本無彼其民字吳雖

多改易然其所改注中皆明出之此不出則其所據本原無二字也蓋此其民涉下而誤彼其民又涉上而行湯液醪醴論形施於外巻案施當爲改易之義詩皇矣篇鄭箋云施猶易也集韻紙韻云施改易也荀子儒效篇楊注讀施爲移釋爲移易移易亦即改易也施與易亦通用詩何人斯篇我心易也陸釋引韓詩易作施史記韓世家施三川戰國韓策施作易是也形施於外者謂形改易於外也上文云形不可與衣相保則信乎其形改易矣下文云以復其形既改易其形故復還其形復與施義正鍼對林校正謂施字疑誤非也而如王注云浮腫施張於身形

之外以施為施張則必增浮腫以成其義乃真誤矣高世栻直解本改施為弛猶可通要弛亦改易之義爾雅釋詁云弛易也字亦通馳水經河水酈元注引竹書紀年云及鄭馳地謂以地相易也皆改易之義也

玉版論要篇色夭面脫不治𢙣案色夭者色白也靈樞五禁篇云色夭然白是其明證蓋色白必兼潤澤之氣無潤澤之氣而白謂之色夭玉機真藏論云色夭不澤是其明證王注止云夭惡玉機論注云夭謂不明而惡意似得之而不言何色說轉不曉

診要經終論中心者環死𢙣案環下似本有正字故王注

云正謂周十二辰也今脘正字則注語無著矣王訓正為周十二辰者以刺禁論云刺中心一日死四時刺從逆論云刺五藏中心一日死故以為環正死者即一日死一日則十二辰也蓋譬如今日正午辰刺者則環至明日午辰正而死今夜正子辰刺者環至明夜子辰正而死此正為周十二辰之說也要古未以一日定十二辰故止曰環正耳自正字脘去後人或謂經氣環身一周而死人一日夜營衛之氣五十度周於身以百刻計之約二刻一周則不顧與刺禁刺從逆兩論所云一日死者不合乎

刺胸腹者必以布憿著之乃從単布上刺巻綮憿當讀為

繳廣雅釋詁云縶纏也縶即繳字說文亦作縶漢書司馬相如傳顏注云繳繞猶纏繞也然則繳著之者謂以布纏著於胃腹也作憿者借字林校正引别本作懒又作撽俱借字也張志聰集註訓憿為定謬案王注云形定則不誤中於五藏也說以布懒著之乃從單布上刺之義非以定字詁憿字憿為憿幸之義從無定字之訓素問家鮮通訓詁率類是

脈要精微論五色精微象見矣案此精微二字側而不平與他文言精微者獨異微蓋衰微之義精微者精衰也五色精微象見者五色精衰象見也王注云赭色鹽色藍

色黃土色地蒼色見者精微之敗象夫精微之敗象豈得但謂之精微象是誤以精微二字平列而增設敗字以成義贅矣衰微即衰敗也下文云以長為短以白為黑如是則精衰矣彼明出精衰精衰與精微正相應照亦上下異文同義之例也篇名題脈要精微義本如此脈要精微者猶其題脈要經終也經終謂十二經脈之終精微二字義側猶經終二字義側矣下文云言而微亦謂言而衰也言而微終日乃復言者毖案日字當衍言而微終乃復言終者一言一語之終非終日也終日乃復言決無之事王注云若言音微細聲斷不續亦不及終日之義是王本或

尚未行矣觀注下云甚奪其氣乃如是也玩一甚字則其本已行亦未可知然下文止言此奪氣也甚字王氏所增則素問之無日字可決顧觀光校據王懷祖說謂終日猶良久究為牽强

平人氣象論盛喘數絕者則病在中結而橫有積矣鬯案則病在中結而橫有積矣十字當一句讀中結二字連文而王注於中字絕斷則結而橫有積矣句實不成文法或分作三字兩句亦不然然細驗王於中字下止出絕謂暫斷絕也六字其云中謂腹中也轉出在結而橫有積矣絕不至曰死之下則此處王注似傳寫失真顧觀光校以中謂腹中也五字為當在絕謂暫斷絕也之下則仍以中字斷句竊疑未

得蓋絶謂暫斷絶也六字或當斷於盛喘數絶者下所以解數絶之絶字也不然則當在絶不至曰死之下蓋斷一節而始加注所注絶字仍是數絶之絶字非絶不至之絶字蓋後人正恐與絶不至之絶字相亂故移寫在上而不省中字之不可斷也且今絶不至曰死下尚有注文皆左乳下脈動狀也八字在中謂腹中也上與正文殊不應是豈六字既移寫在上而又漫入此八字以補空邪然則王氏原以則病在中結而橫有積矣十字連讀作一句未可知矣且下文云腹中有橫積痛王解此中為腹中正據彼而言則其十字讀作一句蓋可證若下文謂寸口脈沈而

堅者曰病在中寸口脈浮而盛者曰病在外猶其云脈盛滑堅者曰病在外脈小實而堅者病在內中與內相對為文猶外與內相對為文自不可以彼中字絶句例此也又云病在中脈虛病在外脈濇者皆難治亦中與外對又如玉機真藏論言太過病在外不及病在中凡五見皆對文不得例此

累累如連珠樾案連珠蓋本作珠連連字與下文如循琅玕玕字為韻詩伐檀篇云置之河之干兮河水清且漣猗漣與玕叶猶漣與干叶也楚辭招魂云高堂邃宇檻層軒些網戶朱綴刻方連些連與玕叶猶連與軒叶也乙作連珠則失韻矣王注云似珠形之中手但言珠而不言連珠

則未見王本之必作連珠矣

病肝脈來盈實而滑如循長竿案竿字與滑字失韻且上文云平肝脈來耎弱招招如揭長竿末梢則此言病肝脈來盈實而滑正與彼脈耎弱相反何得又以長竿為喻長竿若是竹竿中空而不盈實亦不滑也王注上文言長耎此文言長而不耎殆故為之說以字形擬之竿字當是筓字之壞文筓與滑則平入相叶筓或以玉或以象牙正與脈盈實而滑之義合古人用筓有二種一為固髮之筓一為固冠之筓固髮之筓短固冠之筓長長筓者其指固冠之筓與

素問一　二十

黃附

玉機真藏論其見人者至其所不勝之時則死瑩案凡言時有二說一為春夏秋冬之時上文所謂四時之序者是也一為周一日夜之時上文所謂一日一夜五分之王注云朝主甲乙晝主丙丁四季土主戊己晡主庚辛夜主壬癸是也若以後世十二辰言之朝寅卯也晝巳午也四季土辰未戌丑也晡申酉也夜亥子也靈樞有順氣一日分為四時篇則云朝則為春日中為夏日入為秋夜半為冬彼分四分之是朝寅卯辰也日中巳午未也日入申酉戌也夜半亥子丑也不別分四季土以四季土亦當一分實不若四分之允抑五分之說或當如張志聰集註云昧旦主甲乙晝主丙丁日昃主戊己暮主庚辛夜主壬癸則真五分矣但與四分之說又別為兩說而不可合也上文云真藏見目不見人立死立死者即時死也此言其見人者至其所不勝之時則死者苟非不勝之時猶不死

也則時爲周一日夜之時其義本無可疑獨王注云不勝之時謂於庚辛之月不言時而言月其語頗異凡言時止有以上二説從無謂月爲時者曰庚辛之月則疑王本實作不勝之月不作不勝之時而月乃日字之誤也何以言之上文云真藏見十月之内死彼十月當作十日諸家多已訂正益彼上下文皆言真藏見乃予之期日且曰大骨枯槀大肉陷下胷中氣滿喘息不便内痛引肩項一月死真藏見乃予之期日然則一月死者真藏猶未見也此可知真藏見且無及一月安及十月十月之當作十日至不可易而彼王注云期後三百日内是已從誤本作解矣以

素問

彼倒此知此亦误作月故亦從误本作解謂不勝之月謂於庚辛之月也蓋王本日误為月而後人又改月為時改月為時者正明知真藏見死必不久不能及月也今以作日言之則亦可通上文言目不見人立死者即日死也此言其見人至所不勝之日則死者苟非不勝之日猶不死也王言庚辛之月本之平人氣象論肝見庚辛死之語彼正言庚辛日非謂庚辛月（以干支紀月亦起後世）庚辛之日十日之内必有一遇然則至所不勝之日死亦謂不出十日耳因王注而漫疑及此書之侯醫工參驗可也（今案王注月字卻可疑然正文）時字不當改日上文言一日一夜五分之此所以占死生之早暮也賴有此條一時字應之不然上諸條皆言日若

并此條亦言日則前文為無着矣

其形肉不脫真藏雖不見猶死也㐫案上不字疑因下不字而衍其形肉脫故云真藏雖不見猶死也若作形肉不脫則句中亦當着雖字云形肉雖不脫真藏雖不見二句為偶文然恐非也或云不字當作已三部九候論云形肉已脫九候雖調猶死九候雖調即真藏雖不見此文正可例形肉已脫即形肉脫有已字無已字其義一也玉版論要篇云色夭面脫不治則脫者不治不脫當不至死矣上文其脈絕不來若人一息五六至或疑不字亦衍案吳崐注引一說云脈絕不來忽然一息五六至必死也則彼文有不字亦可解猶不字必衍

素問一

主

素問

藏氣法時論肝病者平旦慧鬯案慧即當訓愈方言陳楚篇云南楚病愈者或謂之慧廣雅釋詁云慧瘉也瘉即愈也說文疒部云瘉病瘳也是也說文無愈字或謂即愉字之別體則愈爲瘉之借字耳肝病者平旦慧者肝病者平旦愈也即上文病在肝愈於夏肝病者愈在丙丁之愈也下文云下晡甚夜半靜甚者即上文甚於秋之甚又即加於庚辛之加也靜者即上文持於冬持於壬癸之持也慧與愈甚與加靜與持皆異字而同義也王注解慧爲爽慧猶方言郭璞注解慧爲意精明推原其意或未始無理顧在方言既云病愈謂之慧則推原其意作解可也此文止言

肝病者平旦慧則何如訓慧爲愈之直捷乎王念孫廣雅疏證已引此以證彼而素問家鮮能援方言廣雅以釋此者故特爲明之下文心病者日中慧脾病者日昳慧肺病者下晡慧腎病者夜半慧並放此

宣明五氣篇胃爲氣逆爲噦爲恐大腸小腸爲泄下焦溢爲水膀胱不利爲癃不約爲遺溺膽爲怒此三十三字非素問原文疑是古素問家注語而雜入正文者古書多注語特古人或不必稱注耳上文云五氣所病心爲噫肺爲欬肝爲語脾爲呑腎爲欠爲嚏故下文結之云是爲五病注家於心肺肝脾腎之外又廣及胃大腸小腸下焦膀胱膽以補正文

素問

之所不及古注恆有此例今雜入正文則下文是為五病
句不可通矣且此篇通篇止言五藏不及六府則此文之
非素問原文固灼然易見素問中有古注語即前後亦多
見之姑略為拈出以證其說如陰陽離合論云命曰陰處
名曰陰中之陰夫既言命曰不應復言名曰下文則出地
者命曰陰中之陽俞蔭甫太史餘錄云則當為財財出地者言始出地也有命曰無
名曰即其例以下文命曰例此則此亦當言命曰不當言
名曰下文名曰亦疊見命曰亦見皆言名不言命言命不言名蓋命曰陰處四字為素
問原文名曰陰中之陰六字乃注語即以名曰釋命曰也
而陰處二字覼縷故傍下文陰中之陽之意而即以陰中

之陰釋陰處之義也以六字雜入正文則文複而不可解
矣又如移精變氣論標本已得邪氣乃服林校正引全元
起本又云得其標本邪氣乃散矣此九字即標本已得八
字之注語故王本無之而全本亦雜入正文則亦不可解
矣又如平人氣象論云左乳下其動應衣脈宗氣也又云
乳之下其動應衣宗氣泄也乳之下十一字亦即左乳下
十一字之注語素問言脈宗氣而注者謂是宗氣泄故林
校引全本及甲乙經無乳之下十一字則王本亦雜入者
矣又如玉機真藏論云病之且死必先傳行至其所不勝
病乃死此言氣之逆行也故死此言九字亦即病之且死

十六字之注語又云故曰別於陽者知病從來別於陰者知死生之期言知至其所困而死言知八字亦即故曰十九字之注語又如刺瘧篇云令人先寒洒淅洒淅寒甚洒淅寒甚四字之為注語尤明甚又如腹中論云不可服高粱芳草石藥石藥發瘨芳草發狂下八字之為注語亦明甚蓋黃帝問語不應先自解說也凡茲諸條隨筆所舉細核全書其類尚多奇病論然後調之林校正云此四字全注文誤書於此今當刪去之又王注云是陽氣太盛於外陰氣不足故有餘也林校正云此十五字舊作文寫乃是全注後人誤書於此今作注書則全注且有誤為正文者

素問無古注則已有則豈能無雜入哉

香草續校書

南匯于鬯

内經素問二

寶命全形論木敷者其葉發鬯案敷與陳義本相通漢書宣帝紀顔注引應劭云敷陳也韋元成傳注云陳敷也敷爲陳布之陳亦爲久舊之陳凡一字之有分别義悉由一義之通轉而得訓詁之法頗無泥滯然則木敷者其葉發即林校引太素云木陳者其葉落也木陳謂木久舊也漢書文帝紀顔注云陳久舊也是也則木敷亦若是義矣發當讀爲廢論語微子篇陸釋引鄭本廢作發莊子列禦寇

篇陸釋引司馬本發作廢文選江文通雜體詩李注云凡草木枝葉彫傷謂之廢此其義也故其葉發者其葉廢也其葉廢即其葉落矣王注云敷布也言木氣散布外榮於所部者其病當發於肺葉之中此說甚戾木既敷榮何為病發（靈樞五變篇云夫木之蚤花先生葉者遇春霜烈風則花落而葉萎是謂蚤花先生葉今止一敷字亦不足以盡此義）且素問止言其葉發不言其葉發病安得增設而為是說也林校正謂太素三字與此經不同而注意大異不知字雖不同而意實無別也（林言三字不同陳與敷也落與發也其一乃指上文斷敗之敗字王本原作嗄說見俞蔭甫太史餘錄今浙局本於下文血氣爭黑之黑字作異當屬刊誤不得為林指三字之一也）

心為之亂惑反甚其病不可更代邕案反甚其病四字當讀作一句蓋心既為之亂惑則所以治其病者必多不合故不惟不能除其病（上文云余欲鍼除其疾病）反使其病加甚而不可更代義本明顯王注於此簡略其讀法不可知而後人率誤讀心為之亂惑反甚為句（高世栻并讀心字屬上句益謬）其病不可更代為句原其意似欲斡旋黄帝之治病必無反使其病加甚之理殊不知下文云百姓聞之以為殘賊若但病不可更代何至以為殘賊乎以為殘賊正為反甚其病故也且正惟反甚其病故欲為之更代而又不可苟第心為之亂惑反甚亦何至為更代之說乎更代者謂欲以己身更代

素問二　二

病者之身也王注於更代義亦略而後人率解為更易時
月益誤矣邃於此更有所感夫以黄帝之用心如彼上句云余念其痛而治病猶如此今之醫工輒自謂已所治病若無一
不全者是其術竟過於黄帝乎靈樞邪氣藏府病形篇云上工十全九中工十全七下工十全六然則十全九已為上工矣周禮醫師職云十全為上十失一次之十失二次之十失三次之十失四為下蓋十全殊難得也
土得木而達邃案此達字益當主本義為說說文辵部云
達行不相遇也行不相遇為達字本義則達之本義竟是
不通之謂凡作通達義者卻以反義為訓書傳用達字多用
反義惟此達字為得本義耳土得木者木克土也土受木

克而曰達非行不相遇之意乎王注乃於此達字亦訓通疏矣上文云木得金而伐火得水而滅下文云金得火而缺水得土而絶達字與伐滅缺絶等字同一韻義亦一類茍爲通達之義不且大相剌謬乎張志聰集註云木得金則伐火得水則滅金得火則缺水得土則絶此所勝之氣而爲賊害也土得木而達此得所勝之氣而爲制化也高世栻直解云金能制木故木得金而伐水能制火故火得水而滅木能制土始木王既則木之子火亦王火王生土故土得木而達火能制金故金得火而缺土能制水故水得土而絶皆不明達字之義而曲說文離矣行不相遇與伐滅缺絶正一律也朱駿聲說文通訓謂惟書顧命用克達殷集大命似當訓絶禮內則左右達爲夾室所以相隔吳語寡人其達王于甬句東與不相遇義近迻意竊不敢漫

和說文家竟未有援及此文以證彼者而素問家亦無引說文本義以釋此達字甚矣讀書之難於貫徹也

從見其飛不知其誰澍案從字蓋徒字形近之誤徒見其飛故曰不知其誰也不知與徒見意義鍼合徒誤為從使失旨矣王注云如從空中見飛鳥之往來以如從解從謬甚

八正神明論則人血淳液而衛氣浮澍案淳蓋當作淖淖淳形近而誤淖即陰陽別論淖則剛柔不和之淖字釋音云淖同潮是也彼王注云血淖者陽常勝血淖二字即可證此云衛氣浮下文云故血易寫氣易行是即陽勝之謂

矣王於此無注而其字作淖張志聰集註云淖和也殆誤矣離合真邪論經絡論及靈樞藏府病形篇決氣篇行鍼篇並出淖澤字疑彼淖字皆淖字之誤抑液或當讀汐液諧夜聲夜即从夕亦省聲而夕聲亦同部可諧說文無汐字故借液為之淖液者即潮汐也如五藏生成篇言四支八谿之朝夕也彼朝夕即潮汐前人已言之此借液為汐猶彼借夕為汐矣移精變氣論虛邪朝夕或亦當讀潮汐

入則傷五藏工候救之弗能傷也巻案此古文倒裝法若云工候救之弗能傷也入則傷五藏工候救之承上文兩虛相感其氣至骨而言葢其氣至骨之時工猶可以候救救者即救使勿入傷五藏也入則傷五藏至於傷五藏工亦

素問二　四

弗能救矣故下文云天忌不可不知也入則傷五藏句倒在工候之上則意義似艱奧於是或疑弗能傷之傷字如左成十年傳公夢疾爲二豎子曰彼良醫也懼傷我之傷謂醫傷病非謂病傷人則傷字如治字之義究不若依古文倒裝法爲允否則直錯誤耳

離合眞邪論不知三部者陰陽不别天地不分參察此十三字錯簡也當在下文以定三部之下故曰刺不知三部之上其文云地以候地天以候天人以候人調之中府以定三部不知三部者陰陽不别天地不分故曰刺不知三部九候病脈之處云云不知三部者即承以定三部而言

故曰刺三部即承此不知三部者而言其文甚明此十三字錯在前則語意隔絕不可通矣張志聰集註高世栻直解乃以地以候地天以候天人以候人三句為亦承此不知三部者言實謬甚夫地以候地天以候天是明明分天地矣既以不分天地者為不知三部何又以分者為不知三部乎且三部九候論云下部之天以候肝地以候腎人以候脾胃之氣中部天以候肺地以候胸中之氣人以候心上部天以候頭角之氣地以候口齒之氣人以候耳目之氣所謂地以候地天以候天人以候人者即此是也安得謂不知三部者乎抑必以地以候地三句為承不知三

大陰陽明另是一篇因前篇字數未行到底

素問

部者言而調之中府以定三部二句仍與地以候地三句不可接合故不以此十三字為錯簡在前直須合下三句都二十五字為錯簡矣

通評虛實論脈虛者不象陰也毖案陰下疑脫陽字陽與上文常字恒字為韻脫陽字則失韻矣且脈不能有陰無陽脈虛而第謂不象陰亦太偏舉矣王注謂不象太陰之候氣口者脈之要會手太陰之動張嘯山先生校已譏其望文先生疑不象陰有誤毖則以為有脫而非誤素問有陰陽應象論篇然則不象陰陽者謂陰陽失其所應象耳

大陰陽明論則身熱不時臥上為喘呼毖案此時字疑誤

不便分明故加標記〻以便分明將來付印排板倘前篇末行字數不到底即不必加標記此應注意

或當作得得與時形近故誤得為時不得卧始為病若不時卧今之養病者有之非所謂病也且既云身熱又上為喘呼則其病正合不得卧豈尚能不時卧乎王無注後人或解不時卧為不能以時卧其義則近矣然不能以時卧不當但云不時卧凡言不時如氣交變大論云則不時有埃昏大雨之復則不時有和風生發之應則不時有飄落振拉之氣至真要大論云使洩不時皆不以時而有之之義非不能以時有之義繆刺論云其不時聞者不可刺也王注云不時聞者絡氣已絕故不可刺吳崐注云絕無所聞者為實不時聞者為虛虛而刺之是重虛也故在禁案兩說相反吳解不時之義為合至如上古天真論云不時御神則實不解之誤見林校正引別本蓋不解猶彼上文言不知也誤作不時無義故

知此時字實得字之誤也熱論云故身熱不得卧也刺熱篇云熱爭則不得安卧逆調論云有不得卧不能行而喘者有不得卧卧而喘者皆足以證此矣其不得卧三字在他篇猶屢見

刺熱篇榮未交[illegible]案榮未交似當從林校正據甲乙經太素作榮未夭爲是上文云太陽之脈色榮顴骨熱病也榮即承色榮言是榮即色矣榮未夭即色未夭也玉機真藏論云色夭不澤謂之難已然則色夭者難已色未夭者不至難已也故下文云曰今且得汗待時而已夭誤爲交實無義抑在古音夭交同部或讀交爲夭亦無不可而王注

言色雖明盛但陰陽之氣不交錯則據評熱病論陰陽交為說然彼明言陰陽此止言榮似未可據彼說此也至謂交者次如下句案下句云與厥陰脈爭見者死不過三日是言爭不言交交與爭義相似而實相反也後人立說更未得確故不如從作夭之義可解林校又云下文榮未交亦作夭是甲乙太素兩處皆夭字可據也

評熱病論穀生於精[illegible]案此於字但作語辭與上句於字不同上句云人所以汗出者皆生於穀謂穀生汗也此言穀生於精非謂精生穀也故王注云言穀氣化為精精氣勝乃為汗然則止是穀生精耳穀生精而云穀生於精則

素問

於字非語辭而何此猶靈蘭祕典論云恍惚之數生於毫釐毫釐之數起於度量亦止是恍惚之數生毫釐毫釐之數起度量耳是素問中固有用此於字一法顧觀光校彼兩於字亦以為止是語辭引穀梁文六年傳閏月者附月之餘日也積分而成於月者也為證而於此無校故特為一補　又案細玩王注言穀氣化為精似以為字代於字王引之經傳釋詞卻有於猶為也一釋顧氏所引穀梁文六年傳一條亦引在內然則穀生於精者謂穀生為精恍惚之數生於毫釐毫釐之數起於度量者謂恍惚之數生為毫釐毫釐之數起為度量亦未始非一解然如逆調論云

腎者水也而生於骨彼雖解作生為骨亦可通而甲乙經陰受病發痹篇作腎者水也而主骨無於字則於但作語辭明矣又如戰國燕策云夫制於燕者蘇子也彼於字卻不可解作為鮑彪注云言其制燕則又明是語辭矣就王釋所引各條穀梁傳之外並作為字解者其實即作語辭解亦皆無害也

使人強上冥視鬯案強上無義上疑工字之誤工蓋項字之借項諧工聲故借工為項強工者強項也王注云故使人頭項強而視不明也即其證矣後人誤本上字生說者俱非

素問

逆調論人身非常溫也非常熱也鬯案常本裳字說文巾部云常下帬也或體作裳是常裳一字書傳多以常為恆常義而下帬之義乃習用裳解作常致王注於此誤謂異於常候故曰非常而不如下文云人身非衣寒也以彼衣寒例此常溫常熱則其即裳溫裳熱明矣裳猶衣也詩斯干篇鄭箋云裳晝日衣也小戴曲禮記孔義云衣謂裳也是裳衣本可通稱裳溫裳熱猶衣溫衣熱也此言裳下文言衣變文耳

人有四支熱逢風寒如炙如火者何也鬯案寒字當衍下文云逢風而如炙如火者無寒字可證且云四支者陽也

兩陽相得惟止言風故四支陽風亦陽是為兩陽若寒〻則雜陰矣瘧論云夫寒者陰氣也風者陽氣也是也或依下文謂寒字即兩字之誤亦未可知

瘧論因遇夏氣淒滄之水寒〻迫〻案此水字為小字之誤無疑不特林校正引甲乙經太素作小寒〻迫之可證迫之二字或不必依補兩水寒之作小寒則如氣交變大論王注云淒滄薄寒也薄寒〻即小寒以薄寒〻釋淒滄正本此淒滄之小寒立說又五常政大論注云淒滄大涼也大涼亦即小寒之義蓋在寒〻猶為小在涼已為大矣然則王本於此亦作小寒而不作水寒可據訂正

素問

刺瘧論二刺則知悉案知當訓愈方言陳楚篇云知愈也
南楚病愈者或謂之知知通語也或謂之慧然則謂愈爲
知猶藏氣法時論謂愈爲慧（說見前）皆南楚之言也上文云
一刺則衰謂瘧衰也下文云三刺則已謂瘧已也則愈者謂
瘧愈也愈在衰已之閒則愈於瘧衰而瘧猶未能已之謂
也故知與已有別知之於已亦猶藏氣論慧之於靜彼慧
之於靜即彼上文愈之於起起之言已也王於此無注不
免疏略而如張志聰集註云一刺則病衰二刺則知三刺
則病已上古以小便利腹中和爲知以小便利腹中和爲
知未詳何本但即其註衰曰病衰已曰病已而知不曰病

知蓋其義實不便於知上亦加病字則不知訓知為愈即不妨曰病知病知即病愈也要三句並指癒言病字不可唐突沒卻腹中論云一劑知二劑已知字放此（腹中論上文云名曰鼓脹治之以雞矢醴王注云古本草雞矢並不治鼓脹惟大利小便張集註或即因此附會　腹中論吳崐注云知效之半也已效之全也意殊得之語出杜撰）

舉痛論善言人者必有厭於己澍案厭當訓合說文厂部云厭一曰合也國語周語韋解亦云厭合也元應大方等大集經音義引蒼頡篇云伏合人心曰厭然則善言人者必有厭於己猶上文善言古者必有合於今厭與合同一義也王注云靜慮於己亦與彼同似訓厭為同同亦合也

而詁語不著故後人多訓為足此不如訓合之善矣又厭字與上文驗字叶韻驗厭與合字轉韻亦可叶是為叶韻在句中之例

腹中論先唾血𤸷瘵此先字當因上文先字而衍

風論或為風也𤸷瘵或字當涉上文諸或為字而誤蓋本作同故下文云其病各異其名不同同誤為或則句不成義

然致有風氣也𤸷瘵有字吳崐本作自字吳本諸所改易注中皆出僭易字此不注則其所據本原作自字也當從之上文云無常方故作轉語云然然致自風氣也言雖無常

方然其致病則仍由風氣耳自誤爲有則義不可解林校正引全元起本及甲乙經致字作故攻矣方壺校云林校攻字衍案今甲乙經陽受病發風篇無攻字則攻字爲衍信但作然故有風氣也仍不可解竊疑全本及甲乙經亦作然故自風氣也故自風氣與致自風氣惟故致義略别要大旨一也

痹論經絡時踈故不通卷案通即讀爲痛痛通並諧甬聲故得假借甲乙經陰受病發痹篇作痛正字也此作通假字也不省通爲假字則既言踈又言不通義反背矣而或遂以通爲誤字則不然故不煩改通爲痛素問假字於此

素問

最顯注家多不明其例蓋醫工能習六書甚少也

凡痹之類逢寒則蟲[illegible]案蟲當讀為痋痋諧蟲省聲故可通借說文疒部云痋動病也字又作疼即上文云其留連筋骨者疼久釋名釋疾病云疼痹痹氣疼疼然煩也依吳志忠校本然則逢寒則痋正疼疼然煩所謂疼痹矣段玉裁疒部注以釋疾病之疼疼即詩雲漢篇之蟲蟲則又蟲痋通借之一證抑元應成實論音義引說文動病作動痛上文云寒氣勝者為痛痹又云痛者寒氣多也有寒故痛也然則逢寒則痋解作逢寒則痛亦一義矣要因痛故疼疼然煩兩義初不背也動痛本合兩義為一王注云蟲謂皮中如蟲行望文生

痿論另是一篇因前篇末行字數到底不便分明故加標記㇗以便分明倘將來付印排板前篇末行不到底即不用標記可也此應注意

3

義不足爲訓甲乙經陰受病發痹篇作逢寒則急當屬後人所改下句云逢熱則縱蟲與縱爲韻改作急則失韻矣㇗

痿論樞折挈𢀖窔挈上疑脱不字故王注云膝腕樞紐如折去而不相提挈是王本明作不挈若止言挈何云不相提挈乎且樞折挈三字本不成義甲乙經熱在五藏發痿篇挈作瘛

宗筋弛縱𢀖窔宗當訓衆廣雅釋詁云宗衆也周書程典商王用宗讒孔晁解亦云宗衆也宗筋猶宗讒矣宗讒爲衆讒則宗筋爲衆筋故下文云陰陽總宗筋之會又厥論云前陰者宗筋之所聚曰會曰聚則宗之訓衆明矣厥論宗字甲乙經陰衰發熱厥篇正作衆尤爲明據

素問

厥論篇厥本有二有脚氣之厥有氣逆上之厥王注云厥謂氣逆上也世謬傳為脚氣廣飾方論焉要兩說皆可存廣飾方今不傳不知其論云何第就篇中言之其云熱厥之為熱也必起於足下寒厥之為寒也必從五指而上於膝非明明指脚氣乎其云厥或令人腹滿或令人暴不知人或至半日遠至一日乃知人者非明明指氣逆上乎故即素問他篇諸言厥亦當分別觀之五藏生成篇云凝於足者為厥是脚氣之厥也調經論云厥則暴死氣復反則生是氣逆上之厥也然則此厥論之厥一字實賅二義世傳脚氣原為偏說而不可為謬王氏謬之而專主氣逆

上之說亦為偏也

病能論故人不能懸其病也𢎘案懸蓋讀為𥌒字或作𥌒

故說文目部訓𥌒為盧童子而方言釥嫽篇云黸瞳之子

謂之𥌒黸瞳子即盧童子明𥌒即𥌒字楚辭招魂云靡顏

膩理遺視𥌒些文選江賦李注云𥌒眇遠視貌然則人不

能𥌒其病當謂其病止自知而人不能見之之意上文言

臥而有所不安臥而有所不安信惟自知而人不能見其

病也王注云故人不能懸其病處於空中也臆說無當

不然病主安在𢎘案然蓋讀為㒄說文人部云㒄意膬也

意膬疑是以意揣度之謂不㒄病主安在不敢以意揣度

素問

故為問也王誤以不然二字屬上讀注云不然、言不沈也
則必非矣然從無沈字之訓如謂因上文沈字故承之曰
不然語尤無理後人强解更無足道甲乙經作不知病主
安在意義固甚明矣正以意義甚明何至誤、知為然、故彼
知字當為淺人所改

脈解篇正月太陽寅、寅、太陽也鬯案上太陽二字疑即涉
下行正月寅、寅、太陽也太陽正申釋寅、義今有兩太陽則
複疊無理矣

陽未得自次也鬯案次、當讀、為恣恣諧次、聲例得假借說
文心部云恣縱、也陽未得自恣者陽未得自縱、也王注云

次謂立王之次望文臆説

則為瘖俳〔案此俳字顧觀光校及張志聰集註並讀痱義固可通然竊疑王本此俳字實作䠊故注云俳廢也又云舌瘖足廢曰足廢明釋從足之䠊字矣不然何不知後之説者曰四支廢邪是知王本實作䠊其注文亦本出䠊不煩改讀為痱

刺志論邪在胃及與肺也〔案及與二字同義蓋古人自有複語耳故調經論云燔鍼劫刺其下及與急者亦以及與連文吳崐本刪去與字未必當也

經絡論皆亦應其經脉之色也〔案亦字疑衍

氣穴論肋肘不得伸鬯案肋字當涉上文筋字誤衍上下文各四字句不應此獨多一字

調經論而此成形鬯案此成二字蓋倒此者此五藏也成此形成五藏之形也與下文身形別身形下五藏二字涉下而衍高世栻直解已訂删

神不足則悲鬯案此悲字必以作憂為是王注云悲一作憂誤也則以不誤為誤矣然固明有作憂之一本也林校正引甲乙經及太素并全元起注本亦並作憂上文云神有餘則笑不休憂與休叶韻若作悲則失韻矣蓋憂字古作𢝊𢝊與悲亦形相似而誤也

340

内鍼其脈中久留而視謹案内鍼二字當句其脈中對下文脈大而言脈不大故曰中漢書律歷志顏注所謂中不大不小也其脈中而不大則不可即出鍼故云久留而視其脈大而過中鍼又不可留故下文云脈大疾出其鍼也王無注近世讀者輒不察脈中與脈大對文而以内鍼其脈中作五字句則合云内鍼於脈中不當云其矣又案此云久留而視上文云出鍼視之視者究何視竊謂視病人之目也即鍼解所云欲瞻病人目制其神令氣易行是也若為視其鍼則兩視字並閒文矣

不足則四支不用謹案用讀為勇

素問

四時刺逆從論不足病生熱痹𢀳案依王注則生字為衍吳崐注本無生字

滑則病狐疝風𢀳案下文諸言某風疝則此疝風二字蓋倒

夏刺經脈血氣乃竭令人解㑊𢀳案解㑊即解惰之義此言夏刺經脈血氣乃竭令人解㑊猶診要經終論言夏刺春分病不愈令人解憜憜即惰字之借是其明證而彼林校正引此文亦作令人解墮則一若林所據本此文原作解墮不作解㑊者則竊又不然此文原作㑊不作墮彼引當順彼文因作墮墮憜同字也新會李氏刻宋本診要論亦作墮或傳寫

誤耳何以明之此王注云解㑊謂寒不寒熱不熱壯不壯弱不弱即本刺瘧篇云少陽之瘧令人身體解㑊寒不甚熱不甚則明此本作解㑊矣特彼既言身體解㑊又言寒不甚熱不甚則是分指兩事言之非以寒不甚熱不甚申解㑊之義王於彼文誤解并又誤解此文則正賴此文有診要論之一證矣要此解㑊自作解㑊不作解惰而解㑊即解惰之義無以易也刺要論云胻酸體解㑊然不去非即解惰之義顯據乎然彼王注亦同此誤解也刺瘧篇止云寒不甚熱不甚王注又增壯不壯弱不弱則實因刺要論之解㑊而妄造之也故彼注云解㑊謂强不强弱不弱熱不熱寒不寒蓋止熱不熱寒不寒不足以釋彼之解㑊此又足徵解㑊之義本不爾也至近工以暑日發沙病為解㑊誤始

江瓘名醫類案今重訂本已改彼解㑊作沙雖失江書之舊然所改固未可非也書中又坿載杭世駿與魏玉橫論解㑊書一篇甚詳諦

素問

五運行大論然所合數之可得者也鬯案然與是本同義小戴曲禮記鄭注云然猶是也此然字承上句人中之陰陽言若云是所合數之可得者也與他處然字作轉語者不同六元正紀大論云然調其氣彼承上文達之發之奪之泄之折之而言亦當謂是調其氣也可以比證王注用然字亦有同是字者五常政大論注云物既有之人亦如然如然即如是也然之即是本屬恆語惟此兩經一注之然字為世罕用者耳

風勝則地動遂案此言地動因風力之勝使然既非地震亦非今西人地動之說蓋海中颶風暴至即今所謂風潮者吾鄉歲或遇此凡方極盛時地固為之撼動人頗覺之特不細察則專歸之風力吹人而已所謂風勝則地動指此動也若地震則由電力不由風力至於今西人謂地動是自然之動易豫卦象傳所云天地以順動者也更非風力之謂矣上文云帝曰地之為下否乎岐伯曰地為人之下太虛之中者也帝曰馮乎岐伯曰大氣舉之也是素問固早持今世地球之說者或云疑古宣夜說地球在大氣中既無馮藉風力所勝豈能無動故其言地動者必指是矣

素問

氣交變大論反脅痛鬯案反亦病名也即至真要大論所謂諸轉反戾是也彼王注云反戾筋轉也蓋筋轉謂之反戾亦單曰反反脅痛者反戾與脅痛即筋轉與脅痛二病也注家多誤作一病解則反脅二字不可通王注又倒作脅反脅反二字亦仍不可通下文云病反譫妄謂病筋轉與譫妄也又云反下甚謂筋轉與下甚也又云病反暴痛謂病筋轉與暴痛也又云病反腹滿謂病筋轉與腹滿也不知反之為病名而連下讀之諸文悉不可通矣

其主蒼早鬯案早當讀為皁周禮大司徒職其植物宜早物陸釋云早音皁本或作皁是其證矣彼鄭注引司農云

早物柞果之屬今世閒謂柞實為早斗早斗即皁斗也依說文作草斗艸部云草草斗櫟實也草即皁之正字自草字為草木之義所專故草斗之草作為皁蒼皁者蒼色之皁正卽大司徒職之早物也王注乃云蒼色之物又早凋落其說必謬早凋落豈得不言凋落而但曰早但曰早何以知其為早凋落乎或說據廣雅釋器云皁黑也又云緇謂之皁緇亦黑也說文徐鍇校云櫟實可以染帛為黑色則因其染黑故引申之義即為黑此皁與蒼連文宜從黑義蒼皁即蒼黑似尚可備一通然以下文其主黅穀證之亦殆不然也黅穀者黅色之穀黅色之穀與蒼色之皁

可儷以蒼皁作蒼黑義句法背例矣且曰其主蒼黑而不指其物則其所主蒼黑者果何物也

民病寒疾於下甚則腹滿浮腫箋案此蓋當讀民病寒疾為句於下甚則腹滿浮腫為句自來讀民病寒疾於下為句似未然也民病寒疾句義甚明民病寒疾於下於下二字實不成義甚則云云雖上文多有此例然下甚二字連文上文亦凡兩見云息鳴下甚云腸鳴反下甚

五常政大論其病搖動注恐箋案注字無義疑狂字形近之誤

其德柔潤重淖箋案淖疑澤字形近之誤史記天官書云

其色大圜黃、滜裴駰集解云音澤故六元正紀大論此文
兩見俱作其化柔潤重澤是其明證益滜實即澤之殊文
故說文玉篇集韻諸字書並有澤無滜至洪武正韻始出
滜字然其字已見天官書又見厤書云秋規先滜則不可謂
非古有也厤書借滜為嘷而彼文在大戴誥志記作瑞雄
無釋故司馬貞索隱解為子鳺鳥春氣發動則
先出野澤而鳴特著野澤二字似
小司馬意亦欲以彼滜為澤也
火行子槁壳槖子字無義王無注吳崐注云槁土乾也然
子屬水不屬土且上文已言土迺暑亦不必複舉若竟作
水解下文又云流水不冰亦複且義反也或改子為于火
行于槁亦不可通且素問宋本于字多作於則不應誤為

黃門

子字矣嘗偶舉以問潘甥和鼎（諸生）字味鹽答云此必干字之
誤干讀為旱旱槁即成義或讀為乾乾槁亦成義也竊謂
此說同一改字頗較改干為勝小戴月令記云大火為旱
即火行旱槁之義矣莊子田子方篇陸釋云干本作乾歐
陽詢藝文類聚旱類引洪範五行傳云旱之為言乾萬物
傷而乾不得水也則讀干為乾即讀干為旱矣又或曰子
乃芋字之借說文艸部云芋（敞曰芋槁）麻母也字亦作荸爾雅釋草
云荸麻母謂麻母枯槁此雖不改字然義轉不逮姑兩存
之
介蟲不成巹案此介蟲蓋本作鱗蟲上文既言介蟲靜則

不當復言介蟲不成此介之為誤字固甚明矣且介蟲不成上文屬厥陰司天此則陽明司天亦未合複疊也以上文推之曰介蟲不成曰毛蟲不成曰羽蟲不成曰倮蟲不成所未言者鱗蟲不成耳則此介蟲為鱗蟲之誤可知又況凡言不成者其在泉皆不舉如厥陰司天介蟲不成在泉言毛蟲倮蟲羽蟲而不舉介蟲少陰司天毛蟲不成在泉言羽蟲介蟲而不舉毛蟲太陰司天羽蟲不成在泉言倮蟲鱗蟲而不舉羽蟲少陽司天倮蟲不成在泉言羽蟲介蟲毛蟲而不舉倮蟲則此下文在泉言介蟲毛蟲羽蟲而不舉鱗蟲於鱗蟲不成亦為合例若作介蟲不成又失

例矣
六元正紀大論民迺厲毖案厲蓋讀為賴古賴厲多通史記豫讓傳司馬貞索隱云厲賴聲相近漢書地理志顔注云厲讀曰賴是也賴之言嬾也說文女部云嬾懈也怠也上文云氣迺大溫草迺早榮是春氣方交故人意多嬾此驗之於身而可知故曰民迺嬾若依厲字義說則如高世栻直解云厲亢厲也殆不確矣孟子告子篇云富歲子弟多賴亦謂子弟多嬾也
田牧土駒毖案田土本以生五穀今因洪水漫衍致不能生五穀而變為獸畜之所聚居故曰田牧土駒也孟子滕

文公篇述堯時洪水云禽獸繁殖五穀不登二句正可舉
證此田牧土駒之義而王注云大水去已似當作已去石土危
然若羣駒散牧於田野凡言土者沙石同其說迂曲必不
可信
少陰所至為高明燄為曛昧燄為二字似當乙
有故無殞亦無殞也昧案有故二字當句故有變義荀子
王霸篇楊注云故事變也穀梁傳每故字與正字為對文
正者不變也故者不正也則故即變矣俞蔭甫太史平議
以彼傳文諸言故也皆可訓變是也有故者有變也無殞
亦無殞也六字文不成義必有謬誤竊疑下無字本作有

素問

蓋治婦人重身上文云毒之何如案易師卦陸釋引馬注云毒治也莊子人閒世篇郭注陸釋亦並云毒治也然則毒之何如者猶上下文言治之奈何耳有不死亦有死故曰無殞亦有殞也無殞亦有殞正申明有變之義也王注言故謂有大堅癥瘕痛甚不堪又謂上無殞言母必全亦無殞言子亦不死俱強解難信

至真要大論痛留頂案留字於義可疑或當囟字之形誤痛囟頂猶下文言頭項囟頂腦戶中痛也

欬不止而白血出者死案而字疑隸書面字之壞文欬不止為句面白為句血出者死為句舊以白血連讀則血未見有白者矣王注云白血謂欬出淺紅色血亦明知血

無白色故以淺紅色假借之然淺紅究亦當言紅白未當
單云白也欬論云久欬不已使人多面浮腫蓋即此病面
浮腫則面必白而無血色矣
著至教論四時陰陽合之別星辰與日月光卷案別字疑
當在四時上合之二字屬星辰讀
疑於二皇卷案疑當讀為擬林校正引全元起本及太素
正作擬可證擬於二皇承上文上通神農著至教而言則
二皇必更在神農之上蓋庖犧女媧也司馬貞補史記三
皇本紀以庖犧女媧神農為三皇是庖犧女媧正在神農
之上去神農而言宜不曰三皇而曰二皇擬者正謂以神

農足三皇之數也王注乃云公欲其經法明著公公雷通於神農使後世見之疑是二皇並行之法則以二皇為神農黄帝其說迂甚蓋誤解疑字又以為古帝王之通醫者惟有神農黄帝耳而不知言著至教正不必泥醫言也庖犧女媧何必無至教況又安知其不通醫哉後人或指庖犧神農為此二皇更無義

示從容論別異比類猶未能以十全卷眾別異二字今本作則無似與上文黄帝問辭若能覽觀雜学及於比類為義合顧觀光校云比類亦古書名王注云言臣所請誦脈經兩篇眾多別異比類例猶未能以義而會見十全注文別異二字似

亦作則無為順言無比類猶未能況及比類乎故下文云
又安足以明之以十全三字蓋涉上文而行十全指治之
功效言故上文云可以十全若此言猶未能以義而會見
十全則指学問而非指功效與上文十全之義歧出矣兩
十全必不容異義也且諸言十全者如徵四失論云皆言
十全方盛衰論云診可十全解精微論云未必能十全靈
樞邪氣藏府病形篇云上工十全九中工十全七下工十
全六亦莫不指工效也故疑此以十全三字涉上行
公何年之長而問之少卷案問蓋當作聞涉下文問字而
誤

素問二　二三

素問

疏五過論迎浮雲莫知其際鬯案際字當依六微旨大論作極極與上文測字下文式字則字副字德字爲韻若作際則失韻矣王注云際不守常殊無義或本是極不守常正未可知林校云詳此文與六微旨論文重又六微論校云詳此文與疏五過論文重兩校皆言文重不言字異則林所見本當尚未誤極爲際也朱駿聲說文通訓云素問疏五過論叶測極式則副德則朱似尚曾見未誤之本

爲萬民副鬯案副當讀爲福福副同聲通借史記龜筴傳褚先生曰邦福重寶裴解引徐廣曰福音副是福讀爲副也此言爲萬民副實即爲萬民福是副讀爲福也林校引

楊上善云副助也則已不明假借之例後人或訓功或訓全更杜撰可嘆下文云診必副矣副亦讀福兩字正相呼應

徵四失論更名自功毖案更名者當是竊取前人之法而更其名目與上文謬言為道意義有别矣崐注謂變易其說非也素問明言更名不言更說且變易其說即謬言為道於義亦為重複矣功字當依林校正引太素作巧巧功於義皆可解而巧與上文道字下文咎字為韻功則失韻矣已見顧觀光校竊取前人之法而更其名目是以前人之巧為已巧故曰自巧也

方盛衰論是以春夏歸陽為生鬯案春夏歸陽疑當作陽歸春夏故下句云歸秋冬為死正與歸春夏為生語偶蓋以是以陽三字領句陽歸春夏為生陽歸秋冬為死也下文云反之則歸秋冬為生反之者反陽為陰也此句一倒誤而下文亦不可通矣

亡言妄期鬯案亡亦當讀妄亡言即妄言也吳崐本正作妄言妄期然一用借字一用正字古書亦自有此例不必從作妄而注家或因作亡曲為亡言生義則謬矣徵四失論云妄言作名即此亡言管子山至數篇所謂不通於輕重謂之妄言此其義也

解精微論憂知於色㓨縶知當訓見呂氏春秋自知論云知於顏色高誘注云知猶見也管子心術篇云見於形容知於顏色知與見互文耳然則憂知於色者謂憂見於色也左僖二十八年傳云晉侯聞之而後喜可知也是憂色與喜色皆可云知彼杜預解云喜見於顏色明亦詁知為見

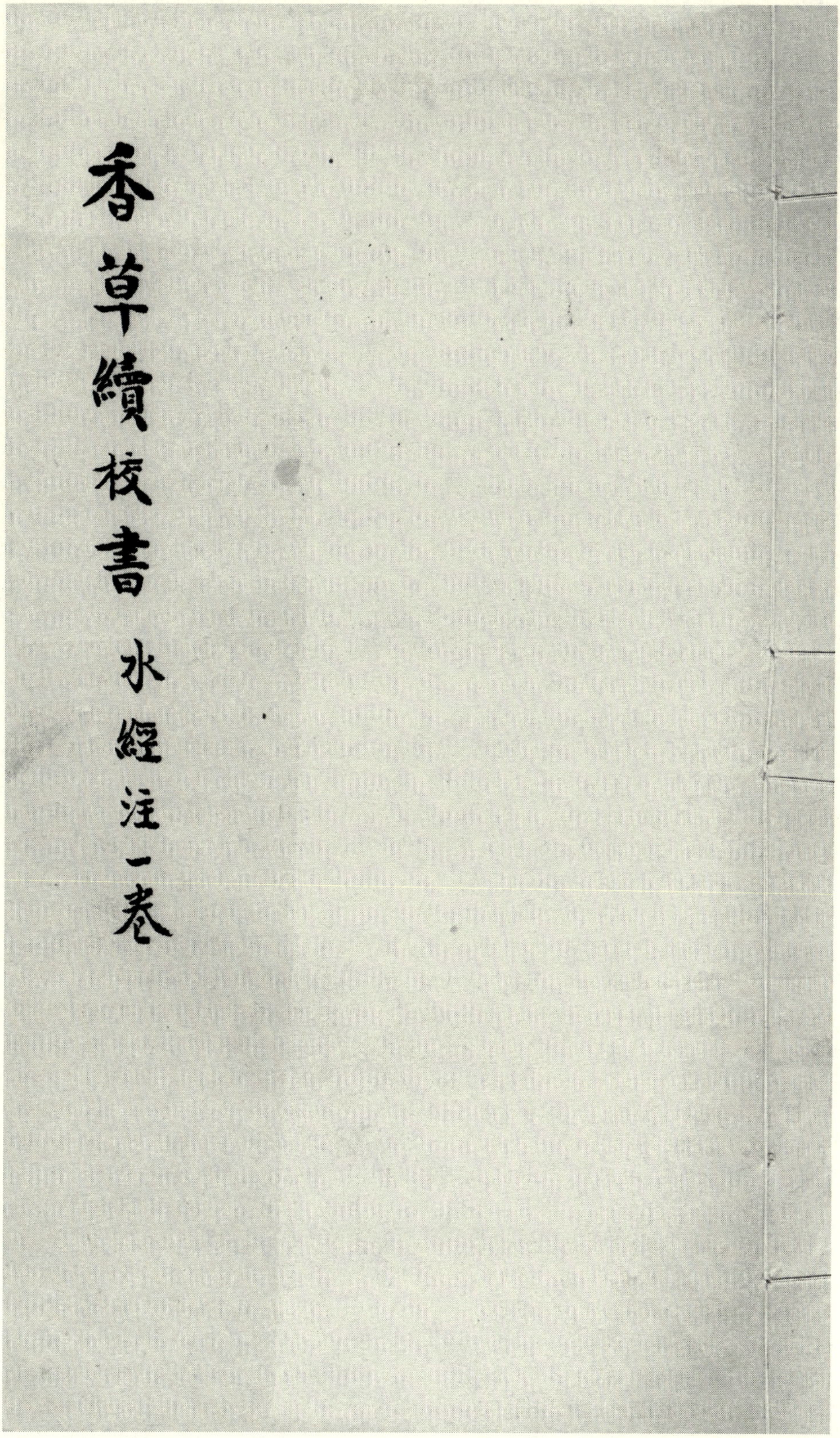

香草續校書 水經注一卷

乃究爲不可通矣

十五

香草續校書

南匯于鬯

水經注 用戴震校本

河水篇六山名也案此四字當是下文六谷水自南向下之小注謂六乃山名非水有六道也蓋既名六谷水恐人疑水有六道故特注之原本此四字在亂流東出之下誤戴本移在南流入湟水之下亦未是校云今考上六水謂承流谷水達扶谿水期頓雞谷二水吐那孤長門兩川出六山之谿谷皆舉山以名其水故總釋之亦注內之小注案如戴說則六下當補者字於義方明然水以山名者何可勝數何獨於此六者釋之且六

者又何以盡見其爲山名乎惟以爲注内之小注則確不可易

水發縣東北百里山流注高平川綮山疑西字之误屬下句讀百里非山名上文石門水出縣西百二十里下文肥水出高平縣西北二百里皆可證山流不成義則當爲西流發縣東北而西流亦其理也然則苦水在高平川之東汪士鐸水經注圖在高平川西誤汪圖爲讀水經注者必備之書然疏外殊甚道里方向皆所不計稍涉轇轕即任意爲之甞訂正十數條後訂不勝訂擬改圖之適同邑顧緑天茂才有志乎此遂聽之不復作顧圖倘成則此圖直可弁髦棄之矣北俗名之曰故槃迴城槃城字恐误或作河上文云北俗

謂之太羅城是武州縣城既謂之太羅城矣不應又謂之故槃迴城也故疑城為河字之誤

河又水左得湳水口案左當作右河水於此南流其西為右其東為左下文云湳水又東流入于河是湳水在河之西在右不在左也

水西出首積谿東注諸次水又東入于河案諸次水下當疊諸次水三字屬下句讀全書通例如此他本或多脫去戴本較完備然脫者猶夥此條之外若下文土軍水出道左高山西南流之龍泉水又北屈逕其城東龍泉水下當疊龍泉水三字濟水篇東北流注于黃水又東北逕故市

縣故城南黃水下當疊黃水二字濡水篇合而入于元水
又南與溫水合元水下當疊元水二字趙一清水經注釋本有盧水二字蓋
因俗本上句元下衍一盧字據朱謀㙔箋說元下脫一水字耳然與下文西流注于元水不合也洛水篇
其水東北流入白桐澗又北逕袁公塢東白桐澗下當疊
白桐澗三字或澗水二字沮水篇東南流注宜君水又東南流
逕祋祤縣故城西宜君水下當疊宜君水三字渭水篇又
東北注新興川又東北逕新興縣北新興川下當疊新興
興川三字又東南入綿諸水又東南歷綿諸道故城北綿諸水
下當疊綿諸水三字漾水篇又東南入洛谿水又東南逕
上祿縣故城西洛谿水下當疊洛谿水三字沔水篇西南

流注于白水又西逕其城南白水下當疊白水二字淯水篇而東南注于淯水又東南與棘水合淯水下當疊淯水二字羌水篇又西南注羌水又東南逕武街城西南羌水下當疊羌水二字江水篇東注濮水又東至來唯縣入勞水濮水下當疊濮水二字西流注于舉水又西南逕梁司豫二州東舉水下當疊舉水二字湘水篇冷水又北流注于鄀谿水又西北入于營水鄀谿水下當疊鄀谿水三字或谿水二字下文營水又東北流近刻本營字作谿蓋此谿字即此句中谿字而倒在後也又東流注于湘水又東北逕祁陽縣南湘水下當疊湘水二字溱水篇林水自源西注于瀧水又與雲水合瀧水下當疊瀧水

三

二字以上皆傳寫者脫之略一檢及不盡於此
門水又東北歷邑川二水注之案二當以近刻本作燭字爲是戴校謂爲訛非也作二自訛耳被改燭爲二者不過因下文又有燭水注之之語燭水注燭水似不可通不知下文又云是水亂流東注緒姑之水二水悉得通稱矣（此二水謂燭水與緒姑之水被改燭爲二者或亦因此而誤）是此燭水本名緒姑之水因燭水注之故亦通稱爲燭水其義甚顯趙本亦改燭爲二
刊誤云二水即下左水右水也案下文云左水出于陽華之陰東北流逕盛墻亭西東北流與右水合右水出陽華之陽東北流逕盛墻亭東東北流與左水合然則左水右

水者乃水有二源也其注于門水時固合為一水矣安得云二水注之邪漢書地理志宏農郡宏農縣衙嶺下谷爓水所出北入河則亦并錯姑之水而通謂之爓水爓即燭字也瀔水篇上平戴校云從近刻又方可五六十步校亦云從近刻則可見原本未必盡是近刻未必盡非洄水篇云黄溝又東逕平樂縣故城南又東右合泡水即豐水之上源也而下文又云右合泡水下又云自下灃泡並得通稱矣灃豐同立文與此文正相類是水亦斷屯氏故瀆水之又東北屯氏別河出焉案水之二字當衍

河水又逕荏平城東疑縣從也案疑縣從也四字當是注

中小注黃省曾本此四字在下文益荘時音相近耳句下黃本荘作荘益知為注中注也他本脫此四字非城內有層臺秀上案此下當有脫字上文東門側有層臺秀出雲表近刻本脫雲表二字與此句所脫正同然則此亦當作秀出雲表今出字又誤為上字耳

汾水篇出谷西北流逕祁縣故城南自縣連延西接鄔澤案據此則鄔澤有二此鄔澤非上文汾水于縣左迆為鄔澤之鄔澤也彼鄔澤在侯甲水既合嬰侯水之後下文所謂鄔陂是也此鄔澤在侯甲水未合嬰侯水之前是別一鄔澤也然竊恐此鄔字實祁字之誤澤在祁縣故謂之祁

澤下云是為祁藪也即爾雅所謂昭餘祁矣即可證
濟水篇又北歷水枝津案又北者又東北也謂灤水又東
北流也歷水枝津即上文分出之右水也下文云又北注
灤水則灤水必東北流故灤〔歷〕水枝津可以北注若灤水但
北流則歷水枝津在灤水之東二水同是北流無由相及
矣書中言東西南北或頗繁省即如上文言右水北出而
下文云東北逕東城西亦似前後失照然下文又云北出
郭又北注灤水則但謂北出固無妨礙若此句之去一東
字不幾於脈絡不明乎此段注文本多脫誤此句近刻作
自水枝津合水既不可通趙本删自水二字及上文會字

則為灤水之枝津矣亦不合固當以戴本為最勝然正恐尚有脫字若云又東北與歷水枝津合則語斯完善矣顧雖脫可以意會或此句即連下讀之亦自可通不必妄補惟此又北為又東北則所當明其說也

巨馬水篇東南流逕聖人城南南流注紫石水案近刻本城下有東字疑東字當在南字之下屬下句衍一南字蓋檐車水既東南流逕聖人城之南又東流注于紫石水上文紫石谿水又逕聖人城東又東南右會檐車水云右會則檐車水在紫石水之西南矣故一逕聖人城東一逕聖人城南紫石水既東南流若檐車水南流則不相注也

㶟水篇其水北流逕一故亭東案亭疑當作城下文城北有石人故世謂之石人城即承此故城而言非指上文之代城也上下文皆有逕一故城之文可以旁證

濡水篇有濡水南流逕孤竹城西右合元水案右當作左濡水於此南流則其東為左其西為右下文元水又西南逕孤竹城北西入濡水是元水在濡水之東不得言右也此引魏土地記之文或記文本誤而酈氏不及辨耳　又案土地記既作右合下文又引地理志曰元水東入濡酈氏解之云蓋自東而注也此則曲說矣云東入濡則元水乃在濡水之西與土地記右合之文正合然則豈別有元

六

水在濡水之西而酈氏誤以盧水所入之水爲元水亦未
可知也

伊水篇又屈逕其亭東東北流者也案疑衍一東字上文
云伊水又東北逕東亭城南是伊水既東北流又屈逕其
亭東則北流而不兼東矣不然無所謂屈也黄本作東流
者也無北字亦謬東流則不能逕東亭之東矣

沮水篇沮循鄭渠東逕當道城南案沮下當有水字

渭水篇明告亭長案明者明日也稱明日但曰明水經注
中有此例汳水篇云明則祭而祭焉亦稱明日爲明也

白渠又東枝渠出焉東南逕高陵縣故城北案枝渠出焉

東南六字當涉上文而衍上文枝瀆東南入渭此枝渠下
文不見有入處即可知其衍矣上文敘渭水又東得白渠
枝口亦止一見
堅以石為池案堅以二字倒
漾水篇漢水又東南于槃頭郡南案于當作逕上文逕神
蛇戍西近刻本亦訛逕作於可借證
淯水篇平地東注又屈而南流逕升城東案又屈上當有
黃水二字東注者七里溝水注於黃水也又屈而南者上
文言黃水又東南是由東南屈而正南也脫黃水二字則
下文又南歷燭城西又南流注于淯水不且溷為七里溝

乎則黃水有始無終矣

洧水又東鄢陵陂水注之水出鄢陵南陂東西南流注于洧水也案今讀陂東句然既云鄢陵陂水又云出鄢陵南陂東似非文義疑當讀水出鄢陵南句陂東西下有脫文蓋言陂之東西若干里南北若干里耳書中凡言陂處多具此文

獲水篇為零水瀤水清水也案為當依近刻本作謂此八字乃注中之小注趙本於全書中多指為注中之注而此八字反為正文非也水經注中有注自是可信戴氏校出數條皆確不可易然不過閒有一二而已趙氏竟以書中太半為注中之注則不免駭人誠如提要所云揆之事理似乎不近矣且注中凡敘一水必重

舉水名良以中間閒隔耳今以閒隔者悉為注中之注則
上句已云某水下句復云某水文義不嫌複疊乎又汾水
篇云按司馬彪後漢郡國志常山南行唐縣有石臼谷十
九字戴校云注內之小注而趙一本自漢高帝十一年起至
羊腸即此倉也止凡一百八十一字悉為注中之注則此
十九字仍溷於其間矣乃其釋亦云十九字注中注我不
知此語作何解既以一百八十一字通為注中注又以十
九字為注中注豈又是注中注之注乎則恐未必有此例
也若仍不過注中之注何必釋出此語又汶水篇晉灼曰
漢注作報山釋引全氏曰八字注中注而其本固自世謂
之龍山也起至后謁棄市國除止凡一百十七字皆為注
中之注則中間引全氏說亦不可通被其創例不善於此
益亦窮矣
睢水篇睢盛則北流入于陂陂溢則西北注于睢案西北
當作西南睢盛既北入陂陂溢則不得西北注睢也上文
云陂水西南流逕相城東而南流注于睢即可證

水經注　八

汶水篇故崇自號尤徠三老矣案三疑當作山上文云尤徠之山也

泗水篇泗水又南漷水注之案此下有脫疑上文漷水出東海合鄉縣起至經言瑕丘東誤耳止凡五百五十三字當在此漷水注之之下因上經言又西過瑕丘縣東屈從縣東南流漷水從東來注之故後人移此五百五十三字在彼經之下不知酈氏云漷水又西至湖陸縣入于泗故京相璠曰薛縣漷水首受蕃縣西注山陽湖陸是也經言瑕丘東誤耳正以明漷水入泗在湖陸而不在瑕丘駁正經文之謬也柰何不察而漫移在前邪猶幸賸此二語可

以考見趙釋引全氏曰前已言漷水自湖陸入泗矣此又忽出漷水逕上邳南注泗之文不幾複與倘所謂西漷水近是登案上文云南梁水自枝渠西南逕魯國蕃縣故城東俗以南鄣于漷亦謂之西漷水是西漷水即南梁水也安得指此乎云南鄣于漷則漷水在南梁水之南矣尤可證注文之當在此也　全氏云此又忽出漷水逕上邳南注泗之文此句尤謬下文云又逕薛之上邳城西而南注者也案又上依例當有泗水二字此指泗水而言非指漷水也上文言漷水又西逕仲虺城北晉太康地記曰奚仲遷于邳仲虺居之以爲湯左相應劭曰邳在薛徐廣史記

音義曰楚元王子郢客以呂后二年封上邳侯也有下故此為上矣是滕水西流而上邳在滕水之南泗水南流則上邳在泗水之東云逕薛之上邳城西而南注是明指泗水非指滕水也此注字止作流字解安得云滕水逕上邳南注泗邪下文又云泗水歷縣逕葛嶧山句東即奚仲所遷邳嶧者也彼是下邳故下句即接云泗水又東南逕下邳縣故城西

武原水又南合武水謂之泇水案泇蓋治字之誤沂水篇云沂水又南逕臨沂縣故城東有治水注之水出泰山南武陽縣之冠石山地理志曰冠石山治水所出應劭地理

風俗記曰武水出焉蓋水異名也是武水又名治水即此洳水矣洳字爲治字之誤明甚治水源流文見於彼故略於此惟彼文言治水入沂此言武原水合之入泗蓋分其流以入泗耳漢書地理志泰山郡南武陽下及應劭說皆但云治水入泗則統指武原水而言之矣或謂入沂仍入泗或統指沂水言要當非是

沂水篇沂水東南流左合桑預水桑左當作右沂水東南流則其東爲左其西爲右下文云東注于沂水則桑預水在沂水之西矣是沂水右合之非左合也否則下文之東注當改爲西注矣

沔水篇可小小使名為水虎者也案可小小使近刻本作可以小使以字蓋不誤小當為水字之誤可以水使者謂可使行於水面之上故名為水虎蓋兒戲也上文云小兒不知欲取弄戲便殺人正因疑其是水虎故欲弄戲之

淮水篇又東兩小水流注之案據注文以淩水當小水是止一小水無兩小水也疑經文兩字為南字之誤

肥水篇右會施水枝津水首受施水于合肥縣城東西流逕成德縣注于肥水也案西流實當是西北流施水篇云施水又東分為二水枝水北出焉下注陽淵枝水即此枝津也彼云北出此云西流或是互文見義耳肥水北流施

水分肥水東南流肥水又北而會施水枝津則枝津必西北流乃可注合但西流則無此理也施水篇言下注陽淵陽淵即肥水矣

水分為二案水上當有肥字上文敘閤澗水至夾横塘西注是閤澗水已注於肥水矣於此言水分為二則是肥水而非閤澗水也脱肥字則義不明且下文云閤漿水注之案閤漿水即下文黎漿水水首受芍陂芍陂在肥水之西故閤漿水得注於肥水若以此水分為二為閤澗水則閤澗水在肥水之東閤漿水何能注之邪近刻為下多一澗字此必後人誤認為閤澗水而改肥為澗又倒在下然可見此為五字

句矣

江水篇荆門在南上合下開闇徹山南有門像虎牙在北案山上當有虎字讀至像虎句謂虎山南有門像虎也牙在北三字句謂荆門虎山皆在南牙山則在北也故稱荆門虎牙之間虎山像虎牙山類牙故下文云並以物像受名是虎與牙二山非一山也下文又云此二山楚之西塞也近刻本二作三實不誤謂荆門山也虎山也牙山也誤以虎牙連讀因改三為二矣至又稱郭景純江賦虎牙桀豎以屹崒荆門闕竦而盤薄以荆門與虎牙為儷似虎牙為一山詞家之語非考訂之説也

夷水篇夷水又東北有水注之其源百里與丹水出西南望州山案此文有誤據下文丹水又北注于夷水是注夷水者即是丹水非丹水之外又有水也然則有水注之即當作丹水注之而百里與丹水五字殆爲衍文

沅水篇沅水又東逕辰陽縣南案沅水此處實東北流故下文云東合辰水若但東流則當云北合而不可云東合矣下文又云水又逕沅陵縣西水上脱沅字惟帶北流故可逕沅陵縣西也

湘水篇承水從東南來注之案據注文東當作西

贛水篇湖漢及贛並通稱也案此八字疑在上文東至廬

陵入湖漢水也句下益湖漢水在贛水之東既西入贛水廬水在贛水之西疑不能入湖漢水故中此一句謂贛水亦通稱湖漢水也漢書地理志豫章郡鄱陽縣鄱水餘汗縣餘水艾縣脩水即下文循水南城縣旴水建成縣蜀水即下文濁水宜春縣南水即上文牽水南埜縣彭水皆入吳漢新淦縣淦水應劭注亦入湖漢是湖漢即贛通稱之證矣今此句錯在於此則為贅文

香草續校書　淮南子一卷

香草續校書

南匯于鬯

淮南子

原道訓故能天運地滯輪轉而無廢鬯案莊逵吉校云古滯廛聲相轉故周禮質人珍異之有滯者注故書滯或作廛廛之言纏故纏有止訓其引質人誤當作廛人彼鄭康成注故書滯或為廛實尚可疑說見鬯前校周禮卷茲不贅及而滯與廛固一聲相轉亦不可誣也則滯無不可讀為纏竊謂如莊氏言卻合今人地行之說地行軌道圜之正成纏繞之形不必復訓纏為止且訓止之義滯字自明

從纏字轉出止義反不能明纏自繞義非止義說文糸部云纏繞也是也既讀滯為纏即當從纏字生義曰地纏非地行而何且云輪轉而無廢輪轉轉字纏承天地言若地止何以云輪轉乎讀滯為纏自協淮南文義則地行之說儻漢人已悟及乎

纖微而不可勤鬯案勤字無義疑勒字形近之誤小戴祭統記勤大命施于烝彝鼎前人謂勤者勒之誤字此其例金月會記物勒工名鄭注云勒刻也廣雅釋詁云刻分也字亦作泐考工記鄭注引司農云泐謂石解散也蓋勒有分散之義不可勒者謂不可分散也纖微而不可勒猶中

庸記云語小天下莫解破焉破亦分散之義

扶搖抮抱羊角而上卷案注云扶攀也搖動也抮抱引戾也扶搖直如羊角轉如曲縈行而上也云云此注旣分釋扶搖為攀動攀動未見有直義而云扶搖直如扶搖直如羊角轉如讀並於如字斷是明二義疑扶攀也搖動也二句是許叔重注抮抱以下為高誘注義出兩家故不同也又據高注則正文抮抱二字當在扶搖之上正以許注在前校者因之誤乙耳

射者扞烏號之弓彎棊衛之箭卷案注云扞張也彎引也棊美箭所出地名也衛剛也烏號桑柘其材堅動云云此

注先釋綦衛後釋烏號與正文倒或扜張也至衛利也十七字亦許注烏號以下爲高注

昔者夏鯀作三仞之城諸侯背之鬯案惡其有自保之意也高注謂以其勞役故諸侯背之非

木處榛巢水居窟穴禽獸有艽鬯案木處者鳥類也水居者魚類也然則禽獸當統言獸不言鳥獸若及鳥與木處之義複矣猶小戴曲禮記猩猩能言不離禽獸之禽獸也故曰禽獸有艽王念孫雜志引劉績本芄作艽云音仇獸蓐也王謂劉本是引廣韻艽獸蓐也又引脩務篇野彘有艽莦明專指獸而不兼及鳥也

故聖人不以人滑天鬯案高注云天身也以身訓天如上文所謂牛岐蹏而戴角馬被髦而全足者天也然則人身之五官四體亦是天也故曰天身也此不以聲訓也莊校云天竺即身毒故天有身義恐失高意凡莊校多迂

口不設言手不指麾鬯案高注云口不設不信之言也手不指麾不妄有所規擬也鬯謂此二句甚明但謂不言不指耳無不信不妄之義高說轉迂

而後者易為攻也鬯案攻讀為功

通而不變鬯案文子道原篇通作一義似較勝

俶真訓萑蔰炫煌鬯案道藏本萑字誤作雚王雜志因云

蘿當為蓶，劉績不知蘿為蓶之誤，而改蘿為萑，斯為謬矣。諸本及莊本同。㠯鷸謂既諸本及莊本皆同，劉作萑，何以決萑字為謬、蓶字為是？萑諧隹聲，蓶諧唯聲，唯亦諧隹聲，蓶萑一也。且萑字既劉莊諸本同，而曾無一本作蓶者，亦不見於諸注家諸類書所引，并不見於文子之書（文子多與淮南同而此文無之），而僅見於後漢馬融傳之廣成頌，何也？必出於淮南乎？要之，頌之蓶葭固即此之萑葦，而彼自作蓶字，此自作萑字，其義不二，其字不必同也。且道藏本誤作蘿，以形論之，亦必萑誤為蘿，非蓶誤為蘿。蓶字雖有一口，而在左旁，不至譌成吅也。蘿之必知其誤者，以不可通於高注讀曰唯一語耳若萑何不可讀曰唯乎而必定從萑固矣王氏通古音而書中此類泥滯亦竟不少又謂菴不當依後漢出作菴以說文玉篇廣韻集韻類篇皆無菴字此猶或可說然子籍中字亦正未可執字出定之者況欲輒改高注菴讀曰菴爲菴讀曰户乎

一範人之形而可喜邕案範人者非人也故下文云若人者彼人字才真指人明範人非人矣高注云範猶遇也遭也一說範法也言物一法效人形而猶喜也俞蔭甫太史乎議據莊子大宗師篇作特犯人之形而猶喜之以此範爲犯之假字主高注前一說以後一說爲泥邕竊謂後一

淮南子　四

說實近之但語似不甚明曉範人之形而可喜者蓋如國語越語言王命工以良金寫范蠡之狀而朝禮之者也莊子作犯實正當讀犯為範故彼文又云今大冶鑄金金踊躍曰我且必為鏌鋣大冶必以為不祥之金今一犯人之形而曰人耳人身〔耳〕夫造化者必以為不祥之人今一以天地為大鑪以造化為大冶惡乎往而不可哉觀彼文上下以鑄金鑪冶取喻即犯字之義可知矣特範人之形指範人非人也此之範人又取喻是依說文字當作笵竹部云笵法也

立太平者豪〔處〕大堂皇桌從舅氏姚藝諳廣文云堂非堂室之堂釋名堂高顯貌也上文員方清明及此平字均非實

義高注以明堂解失旨

茲雖遇其毋而無能復化已鬯案遇當作過

夫秋豪之末淪於無閒而復歸於大矣鬯案高注云秋豪微妙故能入于無閒閒孔言道無形以豪末比道猶復為大也此注似未得其義此止言秋豪之末未以道無形比也以道無形比尚在下文若夫無秋豪之微以下𤼵義不得此先及之淪於無閒者謂閒孔之中止容一秋豪之末而已故曰無閒也然則秋豪之末已盈一孔而更無空處不亦大乎故曰復歸於大也今案此說亦非無閒者無孔也蓋但有孔則秋豪之末無有不能入至於無孔雖秋豪之末亦不能入矣故曰淪於無閒是見豪末之大

故不免於虛詧案高注云故曰不免于虛疾則正文虛下亦當有疾字疾蓋與上文世泄音近相叶也文子精神篇作故不免於累累亦與世泄叶也

以求鑿枘於世而錯擇名利詧案注云錯施也擇取也求索也言施其巧偽索榮顯之名利也先釋錯擇後釋求與正文倒疑錯施也擇取也六字是許注

擢德攓性詧案文子上禮篇攓作攓同字下文擢拔吾性攓取吾情此書亦作攓云擢德自見也攓性絕生也此古義

肌膚之於寒燠詧案燠下例當有也字文子十守篇作肌膚之于寒溫也可證

美哉不能濫也㓃案美葢讀為媚眉聲美聲古音同部小爾雅廣詁云媚美也是二字義亦相通媚可訓美則美亦可訓媚矣

是猶兩絆騏驥㓃案兩當讀為緉左宣十二年傳御下兩馬陸德明釋文云兩徐云或作掚掚葢即緉字說文有緉無掚糸部云緉絞也是兩絆者絞絆也高注云兩者雙也誤矣周禮太宰職九兩疑彼兩亦讀緉說已見彼校

天文訓賁星墜而勃海決㓃案賁讀為奔小戴表記引詩鶉之賁賁今詩作奔奔孟子盡心篇虎賁陸釋云丁音奔先儒言如猛虎之奔素問繆刺論王冰注云賁謂氣奔也

是二字音義俱通賁星者奔星也爾雅釋天云奔星為彴約郭璞注云流星文選上林賦李善注亦云奔星流星也是也高注云賁星客星也又作孛星疑非

燥故炭輕溼故炭重鬯案此即今人言炭氣之炭始見於此

加十五日指乙則清明風至鬯案風至二字當衍上文言八風故曰清明風至此言二十四時不必著風至二字今案以下文白露下著降字例之此風至二字亦可有

大風濟鬯案莊子齊物論言厲風濟則衆竅為虛同此濟字疑濟當訓渡說已詳彼校時則訓云春風不濟~~毋~~亦同自

來皆訓止未是今案時則訓三月春風不濟既是三月則濟作止義已可解又覽冥訓云於是風濟而波罷尤見是止義矣經目之書輒至忘御此病在我為最多用志於此不敢護前

挺羣禁念孫案時則訓挺重因高注云挺緩也此當同義又案此文上下高皆說之獨不及此句而於時則則始出訓緩疑高本無此句今案時則訓又言脩羣禁在孟冬蓋挺義與脩義反對而彼下文言申羣禁又彼篇亦有挺羣禁之文

冬雷其鄉念孫案其鄉二字涉上文衍

蟄蟲首定而處念孫案姚藝譜廣文云定疑穴字之誤上文云蟄蟲首穴

墬形訓太汾澠阸念孫案此並楚塞也說見呂氏春秋有始

覽校高注謂太汾在晉澠阬今宏農澠池非也且使澠阬為澠池與下文殽阪複矣

掘昆侖以下地中有增城九重鬯案據此古人亦有掘地事即今西地學家所謂地下有城郭宮室萬物各類者蓋上古淪沒者也增當讀為層

八殥之外而有八紘亦方千里鬯案此方千里四字亦疑涉上文而衍上文云九州之大純方千里是九州統方千里也故又云九州之外乃有八殥亦方千里是八殥各方千里也然則統方三千里矣此云八殥之外而有八紘是八紘又在統方三千里之外則安得亦方千里乎據下文

八紘之外乃有八極下不言方里故疑此亦方千里四字
涉上而衍若必言其數則八紘當各方三千里也
木氣多傴㕷寀木氣即林氣也上文既言林氣多癃此又
言木氣多傴義殊複疊疑木乃水字之誤王雜志據太平
御覽諸引及酉陽雜俎廣知篇以上文障氣爲水氣之誤
㕷竊謂此如作水氣多傴則上文障氣多喑不誤若上文
作水氣多喑則此合作障氣多傴要水障二字互誤有之
若王氏以障字爲後人妄改是直謂憑空改出一障字後
人雖妄未至此也木與水形近故知木字爲必誤耳
凡人民禽獸萬物貞蟲㕷寀貞大戴易本命記家語執轡

篇並作昆高注云貞蟲諸細要之屬也細要之屬而謂之貞蟲實無義

時泗沂覺案高注云時泗沂皆水名考水經當篇泗水有沂水無時水時水見瓠子何淄水兩篇中道酈元注云時即耏水也音而京相璠曰今臨淄唯有澅水即地理志如水耏如聲相似然則如時又一聲之轉而亦稱時水

丹水出高褚覺案王雜志引劉績說高褚為高都之譌云此作高褚豈都字古通作諸因誤為褚與覺謂都諸褚皆諧者聲通在借例何必都字可通諸獨不可通褚而謂之誤王氏精於音學於此猶不能無拘惜矣戰國秦策五都

史記蘇代傳作五渚亦其比也

時則訓正月官司空㽞案上文既出孟春之月至此又出正月以下十二月皆同一例此時則一篇采取各書而成之迹

田獵畢弋罝罘羅罔㽞案高注云畢掩罔也又云畢羅鳥罟也既釋畢字則畢羅之畢蓋因下引詩畢之羅之而衍也呂氏春秋季春紀高解云羅鳥網也無畢字可證

四鄰入保㽞案小戴月令記呂氏春秋孟夏紀鄰並作鄙此下文季夏季冬亦並言四鄙入保疑鄰字非

飾鍾磬㽞案姚藝譜廣文云飾當作飭禮月令飭鍾磬柷

敔鄭注云飭者治其器物習其事之言案呂氏春秋仲夏紀亦同月令作飭飭飾字通讀飾為飭不必改字以定晏陰之所成鬯案高注云晏陰微陰也非也呂氏春秋誣徙紀云取舍數變固無恆心若晏陰則晏陰之義可會說已具彼校上文云陰陽爭明晏陰即陰陽惟其爭故定之也　又案此句小戴月令記呂氏仲夏紀皆有高呂紀解云晏安陰微陰則此注晏下恐脫一安字然義仍非也

律中百鐘鬯案高注云百鐘林鐘也是月陽盛陰起生養萬物故曰百鐘案林鐘稱百鐘惟見於此周禮大司樂職

歌凾鐘鄭注云凾鐘一名林鐘則林鐘又稱凾鐘竊疑此百字為凾字之誤高本已誤為百故附會說之

乃命漁人伐蛟取鼉登龜取黿嚳案漁人似當作滂人作漁人者後人因小戴月令記呂氏季夏紀漁師而改之也下文云令滂人入材葦據月令作命澤人納材葦呂紀作乃命虞人入材葦淮南卻亦當同月令作澤人呂紀乃命虞人入材葦高解云虞人掌山澤之官又乃命虞人入山行木解云虞人掌山林之官而虞人皆發解疑前之虞人亦本同月令作澤人今本正文及注皆誤故淮南允當同月令不當同誤本之呂紀不當作滂人蓋即此文之字而誤出於下月令鄭注云令月令漁師作榜人此其證矣榜滂同聲通用今月令作榜淮南作滂一也文選

（注意）順彼另立行，不与前行末也字接連

子虛賦榜人歌聲流喝郭璞注張揖曰榜船也引月令曰命榜人榜人船長也張所引月令即鄭所謂今月令榜人為船長即是漁師矣固與伐蛟取鼉登龜取黿各事義合而與入材葦則不合高注云漁人掌漁官疑亦本作滂人掌漁官而下文注云滂人掌池澤官則明是澤人之解也

順彼四方劵案高注云順循也小戴月令記鄭注云順猶服也竊謂皆未是也呂氏孟秋紀作巡彼遠方順即當讀為巡巡順並諧川聲假借之通例也

天子乃厲服廣飾劵案姚藝諳廣文云廣當作厲禮月令天子乃厲飾無厲服二字然不作廣飾案呂氏季秋紀正

作天子乃厲服厲飭（飾通）然俞平議又據此廣字以訂彼厲字之誤蓋因高此注言廣其所佩（佩）之飾廣字似是也𡿺妄謂厲服厲飾下厲字即涉上厲字而衍厲服廣飾既衍而又誤其字天子乃厲服飾義自見（今案姚說當是厲服厲飾句法猶青色衣青采赤色衣赤采之類）

以供皇天上帝社稷之芻享𡿺案芻字涉下文芻豢而衍小戴月令記呂氏季冬紀並無芻字

毋釋罪𡿺案莊校引太平御覽作毋釋刑罪所引見御覽地覽多一刑字其冬覽引此亦無刑字此當無者是

覽冥訓位賤尚葈（𡿺案）尚蓋尚字形近之誤尚即敝也說文尚

部云㡀敗衣也又云敝一曰敗衣明二字同菓即枲字謂枲著也論語子罕篇衣敝緼袍何集解引孔曰緼枲著陸釋文引鄭注緼枲也是鄭即謂枲著為枲盧文弨校釋文本據藝文類聚改鄭注枲也作絮也絮枲一聲之轉然謂枲著為枲之古義㓕矣今吾鄉音御謂衣木綿著者曰枲不作絮音以絲綿著者則謂之胎其實胎枲並諧台聲以胎例枲知枲著之曰枲不由絮音轉也盧氏之改枲為絮實大不可㡀菓者敝枲著也即所謂敝緼也故下文云權輕飛羽㡀菓物之至賤者也飛羽物之至輕者也謂瞽師庶女位賤如敝枲權輕如飛羽也以飛羽偶㡀菓其義尤

明高注不知尚字之誤以尚爲官名夫官雖小焉可以喻賤又何以與飛羽對乎

陽侯之波𨚗案高注云陽侯陵陽國侯也氾論訓注陵陽作陽陵然文選南都賦李注引此注無陵字竊謂無陵字者是

手徵忽怳不能覽其光𨚗案覽讀爲擥説文手部云擥撮持也故高注云言手雖覽得微物不能得其光注中覽亦擥字或體作擥攬

故嶢山崩而薄洛之水涸𨚗案薄洛之水或即戰國趙策武靈王所謂吾國東有河薄洛之水者則在齊趙之閒策

亦高所注頗不援以證此而列在馮翊與涇水兩説爲觧儻以嶢山爲在雍州取相近與然玩文意即隔東西遙相感應亦似無害要可備存

非乃得之也鬯案也讀邪

與之爭於江海之中若乃至於元雲之素朝鬯案者（若）乃二字當在與之之上

日入落棠鬯案日字疑暮之壞文否則夕字之誤

仁君處位而不安鬯案此承上夏桀之時言則此仁君當指夏諸侯之仁者或即指湯桀囚湯於夏臺則湯信有處位不安之事矣高注謂不爲民所安非也

美人挐首墨面而不容曼聲吞炭内閉而不歌◎案此毀容毀音為避亂之計也然則雖當夏桀之世而美人頗尚節操

七國異族◎案高注云七國齊楚燕趙韓魏秦也齊姓田楚姓羋燕姓姚趙姓趙韓姓韓魏姓魏秦姓嬴故異族也其云燕姓姚與史記燕世家與周同姓姓姬氏之說不合豈高别有所本抑刊誤與當俟檢核至齊在戰國以田為氏趙韓魏春秋時已各以氏著以為姓固不必誅論也

精神訓弗疾去則志氣日耗◎案謂當疾去其嗜欲好憎也

賤之而弗憎貴之而弗喜。𨸏案此二句當即承上而進言之。上文云欲生而不事憎死而不辭，此則并言不憎不欲喜即欲也。故曰賤之而弗憎貴之而弗喜，謂賤死而不憎死、貴生而不喜生也。兩之字仍指死生。高注云人有惡賤己者己不憎也，人有尊己者己不喜也，以兩之字指己。而賤之貴之在人，殆非義。文子十守篇連上文二句皆有可字，云欲生不可事也，憎死不可辭也，賤之不可憎也，貴之不可喜也。如以高義說彼，更不可通，明高義之不然也。

隨其天資而安之不極。𨸏案極字之義與隨字相反對。廣雅釋詁文極已也，此訓為近。蓋隨者不已之也，然則隨其天資而安之不極即上文不彊求已不彊求止之謂矣高注訓極為急殆未的文子十守篇作因其資而寗之弗敢極也著一敢字猶上條著四可字語似較淺而義更明

吾死也有一棺之土㓁案一棺之土無義疑棺本是㠯字㠯誤加宀為官官即从㠯但聲故不得假借不為後人以官字無義妄從死字生義復加木旁為棺殊不省土在棺之外豈可云一棺之土乎㠯即堆字一㠯之土者即一堆之土也

鄭之神巫㓁案此本莊子應帝王篇云鄭有神巫曰季咸故云鄭之神巫而列子黃帝篇云有神巫自齊來處於鄭命曰季咸也則是本齊人非鄭人

子求𠙵案頗〔顧〕廣圻校據莊子大宗師篇陸釋載崔譔引淮南作子永謂永〔求〕鈔〔疑〕當作永俞平議又以彼篇子來為即此子求云子求當作子來字之誤也𠙵謂此當依本文一體也𠙵案體當作實上文可例作體者涉上句一體而誤

踡跼而諦𠙵案諦疑即啼字从口从言義本甚近故如訡之與吟詠之與咏謨之與暮諎之與唶皆同字也此與諦審之諦同形而實異字後人嫌其相溷故易以口作啼依說文作嗁口部云嗁號也則讀諦為嗁固無不可然竊謂此并非假借也荀子禮篇論哭泣諦號楊㝛〔倞〕注引管子曰家人立而諦今大

匡篇作啼必經後人改春秋繁露執贄篇羊殺之不諦皆用諦字

夫脩夜之甯非直一噲之樂也鹵案一噲猶今人言一寤言因病苦故得脩夜之甯不但是尋常一寤之樂高注謂不得此長夜之樂非也

然顏淵夭死鹵案高注云顏淵十八而卒此高氏當別有本後漢書郎顗傳則謂顏淵十八天下歸仁不言其卒年也

本經訓流黃出而朱草生鹵案石流黃見張華博物志則是石也高注云流黃玉也美其名耳然竊謂此之流黃當是醴泉別名並不當以玉石訓

十五

句爪居牙㟒案姚藝譜廣文云居當為倨之省文爾雅釋畜云駮如馬倨牙食虎豹郭注引山海經云有獸名駮如白馬黑尾倨牙刑疏云其牙倨曲而食虎豹也㟒謂說文以居為即踞字見尸部而人部又出倨字其實居踞未必同字而倨踞當同字倨踞並諧居聲假借固無不通字亦作鋸亦諧居聲神異經云窮奇鋸牙鉤爪然則鋸之為居即猶鉤之為句

殘高增下積土為山㟒案積土為山則何以殘高增下竊疑高下二字當互易惟殘下增高故曰積土為山

無所㟒既㟒案既疑祝字之誤後漢書賈逵傳李賢注云

祝詛也書無逸篇云否則厥口詛祝正與此無所發祝義相反對高注云無以發其恩賜也以恩賜訓貺則其本已誤然如漢縣祝其見漢石刻作況其蓋金石有形近假借一例儻以例此則貺亦可為祝之借字矣

主術篇事猶自然鬯案文子自然篇猶作由

夫權輕重不差蚑首鬯案高注云蚑首猶微細也竊疑正文注文兩首字並當作盲形近而誤蚑之言萌也盲之言芒也

兵莫憯於志鬯案高注云以智意精誠伐人為利竊謂注文智字當作志正文志下當依注補意字兵莫憯於志意

（○○（注意）又案与前行未矣字連接但空一格

與下文寇莫大於陰陽爲偶文高注志意精誠猶其下文
言陰陽虛實以精誠足志意之義以虛實足陰陽之義也
且繆稱訓云兵莫憯於意志彼言意志此言志意一矣
又案注云小細憯猶利也云云小字尚在下文而先釋之
疑小細二字許注非高注
推移大犧案墨子明鬼篇云昔夏王有勇力之人推哆
大戲主別兕虎指畫殺人推哆移戲犧皆通用字又所染
篇推哆呂氏春秋當染紀作歧踵戎則推移又一號歧踵
戎推移或又作雅侈雅誤字侈亦通字下文云湯革車三百乘困之鳴條禽
之焦門湯未嘗禽桀則困者困桀也禽者即禽推移大犧

也呂氏簡選紀云殷湯以戊子戰於郕遂禽移大犧是也畢沅校本移上補推字而彼高解云桀多力能推大犧畢校推下補移字因以為號則高意此椎移大犧承上桀之力言即指桀不謂桀臣蓋非是

橋直植立而不動◎案姚廣文云直涉植字而衍高注以植為柱並無直字

夫人之所以莫抓玉石而抓瓜瓠者何也莊本人下有主字謬甚◎案王雜志云抓皆當為搋廣雅搋裂也搋之言劈也瓜瓠可劈而玉石不可劈第一桂不得其解乃謂讀為抓痒之抓其失甚矣◎謂此同一改字而茅義實較勝蓋瓜瓠抓

十七

之可去其皮玉石抓之則無可去故人莫抓玉石而抓瓜瓠也下文云無得於玉石弗犯也高注云玉石堅抓不耐入故不抓也今正文注文皆誤抓為抓無義而改抓為捩訓為裂為劈玉石豈不可劈裂哉何云不得於玉石弗犯也王易毛說殆真其失甚乎

國雖若存古之人曰已（亡）矣鬯案古蓋占字形誤占當讀為覘覘之人者覘國之人也言國雖若存覘國之人已早以其國為亡矣占誤為古義不可通

隨鄉曲之俗卑下衆人之耳目鬯案舊讀俗字句則卑下屬衆人讀謂衆人中之尤卑下者耳然語究支離姚廣文

云俗字行則讀隨鄉曲之卑下為句

湯有司直之人◎案呂氏春秋自知論作湯有司過之士直作過似勝

已飯而祭竈行不用巫祝◎案王雜志標此文已飯而祭竈句絕則行字屬不用巫祝讀然行不用巫祝義不明似不若竈行連讀時則訓其祀井高注云井或為行案作行與小戴月令記呂氏春秋孟冬紀合此行字即彼行字也荀子正論篇云代睪而食雍而徹乎五祀即此上文鼙鼓而食奏雍而徹而祓(彼)接言五祀明此不得專言祭竈矣竈也行也竝五祀之一云祭竈行舉二以賅三也

吴起張儀智不若孔墨而争萬乘之君此其所以車裂支解也鬯案張儀不聞車裂支解若改作蘇秦則合矣　又案謬稱訓云商鞅立法而支解吴起刻削而車裂此張儀恐本作商鞅

小有教而大有存也鬯案上文所持甚小其存甚大王雜志謂其存甚大本作所任甚大任誤爲在後人因改爲存然以此文例彼則彼存字亦不定是誤儻以王彼校例此則此存字亦當作任矣

繆稱訓今謂狐狸鬯案謂狐狸者謂狐爲狸謂狸爲狐也下文而謂狐狸同此措辭渾簡以有下文承之云是故謂

不肖者賢謂賢者不肖則其義可明也

可以形勢接而不可以昭諰也案下文可以消澤而不可以昭諰高注云昭道諰誡也不可以教導戒人此注乃不著在此而著在下疑此文本不作昭諰文子精誠篇作可以形接不可以照期此或本同文子亦作照期也　又案照期當是正字昭諰蓋是借字昭諰即當讀為照期照即諧昭聲照昭義亦相通期諰古音亦同部可通說文月部云期會也照期者猶照會也齊俗訓云日月之所照諰明諰字不當訓誡矣鹽鐵相刺論云天設三光以照記記亦借字也

十九

取庸而強飯之鬯案庸當訓償小爾雅廣言云庸償也取庸而強飯之者謂雖飯之而欲取償其飯值也庸之言傭說文人部云傭均值也即償義

鷹翔川魚鼈沈鬯案注云禹以德服三苗猶鷹翔川上魚鼈恐皆潛此注謬甚且上文既言三苗畔禹禹風以禮樂而服之則何必復言禹以德服三苗下文注云鷹懷欲害之心與禹正相反何得言禹以德服三苗猶鷹翔川上乎疑禹以德服三苗猶七字後人妄加否則此注及下飛鳥揚注云鳥見鷹而揚去并二十二字與上下文注當為兩家之說蓋下注既總言鳥魚知其情實必遠之亦不煩析

言魚鼈恐皆潛鳥見鷹而揚去矣特孰高孰許無以别之論義則上下文注是而此非也陸心源淮南子高許二注攷以此篇皆為許注則仍不可通陸以繆稱齊俗道應詮言兵略人間泰族要略八篇為許注

故人之憂喜非為蹗蹗焉往生也謹案此當讀故人之憂喜非為蹗句蹗焉往生也為句與上文言故人之甘甘非正為蹠也而蹠焉往句法同此言蹗猶彼言蹠或謂蹠蹗二字形頗相似當有一誤明蹗蹗不連讀又案彼高注卻出蹠蹗字可疑

不身遁謹案王雜志云身當為自字之誤謹謂身義即是自義不必改字特不當如高注於身外增自義耳

淮南子

子予棄何兮乘我何㠯案子者歎辭也詩綢繆篇子兮子兮毛傳云子兮者嗟茲也是也故如戰國楚策云嗟乎子乎尚書洛誥大傳云嗟子乎累言曰嗟子單言但曰子一也予亦子字之誤以子子二字連讀即如詩子兮子兮義亦甚悉但以上子字斷作一句為歎辭下子字指其所哭之人亦無不可後人不得其解因改子為予轉不通矣乘蓋棄字之誤

晉文得之乎閨内㠯案戰國魏策云晉文公得南之威三日不聽朝遂推南之威而遠之所謂得之乎閨内也

齊俗訓鐵不可以為舟㠯案今世竟有鐵甲之舟然其舟

底仍不用鐵則不可之義仍在

吾服汝也忘㓂案忘承上文忘本之忘而言故下文云孔子知其本也下三忘字同或欲讀此忘為妄疑未然

而誹譽萌於朝㓂案萌字似非義疑朋字之誤誹譽朋於朝者言誹者譽者黨聚於朝也文子上仁篇作非譽萃于朝

義者宜也禮者體也㓂案此更明其聲訓以起下文也上文云義者循理而行宜也禮者體情制文者也義訓中兼備聲訓而聲訓猶不明故復伸之云義者宜也禮者體也下文因有知義不知宜知禮不知體之說此二句實不可少

王雜志謂上二句即是訓義為宜訓禮為體不須更云疑後人取中庸禮器之文記於旁而寫者誤入正文其説非也

有虞氏之祀鬯案祀蓋礼字形近而誤礼即禮字古文因是知上下文諸禮字淮南原本當皆作礼此字若不誤為祀後人亦必改從禮矣

其合道一體也鬯案姚廣文云一體倒上下文可例

晉平公出言而不當鬯案韓非子難一篇云晉平公與羣臣飲飲酣乃喟然歎曰莫樂為人君惟其言而莫之違所謂出言不當也

故賓有見人於宓子者謹案戰國趙策作客有見人於服子者然疑彼文客人二字此文賓人二字皆宜互易此文即襲彼文也

因所有而並用之謹案並字之義自勝王雜志據羣書治要引並字作遂云遂即也言因所有而即用之則義轉不逮王顧謂作遂於義為長竊恐不然況文子下德篇亦是並字乎

周公放兄誅弟謹案上文云放蔡叔誅管叔高注以管叔為周公兄又氾論訓注云管叔周公兄也蔡叔周公弟也與孟子合則此應言周公放弟誅兄

道應訓今趙氏之德行無所積今一朝兩城下鬯案王雜志云今一朝兩城下本作一朝而兩城下此後人嫌其與上文相複而改之也不知此是復舉上文之詞當與前同不當與前異若云今一朝兩城下則與上句今字相複矣羣書治要引此正作一朝而兩城下列子呂氏春秋並同鬯謂此後（復）舉上文之辭固無嫌於語同亦何嫌於文變必謂當同不當異何其拘泥且此文法顯然何以必欲改與上文不同而轉與上句今字犯複後人之不通不至此也蓋此本淮南原文古人行文固多疊用今字而不嫌其複者戰國齊策今秦之伐天下（以下）複四今字趙策今事有可急

者戰國亦複四今字魏策今臣直欲棄臣前之所得矣以下複三今字皆可棄也又如史記高祖紀云今父老雖為沛今守諸侯並起今屠沛沛今共誅亦複三今字又云今誠得長者往毋侵暴宜可下今項羽慓悍今不可遣亦複三今字是則漢人喜效戰國文法複今字不為厭此止複兩今字尤不當怪治要所節淮南子本不盡可訂今本至列子天瑞篇呂氏慎大覽與淮南固宜各存本文可也

為吾臣與翟人奚以異鬯棄莊子讓王篇作為吾臣與為狄人臣奚以異多為字臣字語較足呂氏春秋審為論作為吾臣與狄人臣奚以異無為字而有亦臣字

若滅若失若亡其一鬯案列子說符篇作若滅若沒若亡若失

爭者人之所本也鬯案本疑當作否形近之誤下文始人之所本始讀為治言治人之所否也

若何以辱羣大夫曰鬯案羣大夫下似當疊羣大夫三字或下文羣大夫三字在此

三年而天下二垂歸之鬯案姚廣文云垂乃分字之誤垂古文作𠂹與草書分形相似要略云文王地不過百里天下二垂歸之御覽垂作分足證案此垂字別本固有作分者然作垂似亦無害

懼哉王人乎　案王人義與君人同

甲兵未及銳弊也　案銳當讀為捝說文手部云捝解捝也後人通用脫字脫捝義本不遠特脫主肉言故說文肉部云脫消肉臞也引伸亦即凡解捝之義捝弊二字平列與上文發泄下文之絕罷病一律若銳則與弊適相反且句亦不成義矣

朝菌不知晦朔　案高注云朝菌朝生暮死之蟲也生水上狀似蠶蛾一名孳母此文及注文菌字本皆作秀說已見王雜志秀字亦作蟜廣雅釋蟲云朝蟜孳母也蓋孳母之名謂其孳乳浸多即今人謂水面上之蟜蛆是矣然則

其狀不似蠶蛾卻似蠶子疑注文蛾字當作子而御覽茲
母覽引此亦作蛾蓋已據誤本也御覽引此注標許慎注至朝菌實
糞上蟲并非水上蟲說見大戴夏小正記校
丘嘗問之以治言曰鬯案呂氏春秋具備覽作丘嘗與之
言曰家語屈節篇亦作吾嘗與之言曰疑此言曰上亦當
有與之二字
築長城鬯案姚廣文云高誘序淮南以父諱長故其所著
諸長字皆曰脩人閒訓將築脩城又云欲知築脩城以備
亡不知築長脩城之所以亡也此長字蓋諱之未盡者案
說山訓巨雖可而長不足據御覽引彼長作脩是知今本

淮南有經後人寫亂者

蹇重舉白而進之卷案高注云舉白進酒也不云進爵而云進酒是以酒訓白當卽小戴内則記清白之白鄭注云白事酒昔酒也賈釋云以二酒俱白故以一白標之然則舉白而進亦謂舉事酒若昔酒而進高義當然也與通解白為罰爵之名者不同

氾論訓古者有鍪而綣領卷案文子上禮篇作古者被髮而無卷領此綣領上蓋亦當有無字而高注本已脫

據籍卷案文子上義篇作握篇籍此籍上蓋亦當有篇字與下文守舊教各三字句為對

國之所以存道德也家之所以已者理塞也𢘅案俞平議謂德當為得是也得德古多通用此當讀德為得與理塞字義才偶俞又據下文存在得道而不在於大也亡在失道而不在於小也疑此塞字亦失字之誤則非也德塞韻叶也若作失戾其韻矣又案此文二句不通過反覆言之國與家道與理皆互文

太史令向藝先歸文王朞年而紂乃亡𢘅案高注云武王滅之然則向藝歸時尚是文王朞年而武王滅紂去文王之没當不遠耳此與父死未葬爰及干戈之説御可合齊俗訓云武王伐紂載尸而行

恭王懼而失體念孫案失體當謂踏地而不醒四大夫載而行念孫案此下當有此所謂失禮而有大功者也十一字與上文何謂失禮而有大功相應與下文此所謂忠愛而不可行者也相比失此十一字則上言何謂失禮而有大功下言此所謂忠愛而不可行者也安有此文法

河上之丘冢不可勝數猶之為易也水激興波高下相臨差以尋常猶之為平念孫案河當讀為阿同聲通借草書字形阿河無別誤阿為河亦未可知穆天子傳郭注云阿山陂也蓋山則累石嵯峨故坡上丘冢雖多猶以為易水波

高下相臨動至数仞故尋常之差猶以為平高注似多未㥦

孔子辭廩邱終不盗刀鉤許由讓天子終不利封侯鬯案孔子既廩邱而辭之則區區刀鉤必無盗之之理許由既天子而讓之則區區封侯必無利之之理高注未得

今世之祭井竈門户箕箒臼杵者鬯案此言今世當指淮南之時箕箒臼杵亦有祭此可以見漢俗

有加轅軸其上鬯案有讀為又

詮言訓羿死於桃棓鬯案羿善射故死於射與上文言王子慶忌死於劍下文言蘇秦死於口同義例然則桃棓當

是弓名高注棓大杖似未確考工輪人記部廣鄭注引司農云部蓋斗也賈釋云蓋之斗四面鑿孔內蓋弓者於上部高隆穹然謂之為部朱駿聲說文通訓云部假借為棓蓋弓象五指棓物之形故謂之棓案棓部棓皆諧音聲據朱所釋部不但是蓋斗之名實兼蓋弓而言弓之號桃棓儻亦如蓋弓之號部與說山訓羿死桃部彼注又以桃部為地名則以下句子路葅於衛比例卻較此大杖之說為可備或云彼高注此許注也

天下皆流獨不離其壇域鬯案文子符言篇作與天下並流不離其域與字似宜據彼補無與字不成義也

雖有聖賢之寶鬯案寶字疑實字之誤

鼓不滅於聲故能有聲鏡不沒於形故能有形鬯案此當云鼓滅於聲故能有聲鏡沒於形故能有形兩不字疑衍惟文子上德篇亦云鼓不藏聲故能有聲鏡不沒形故能有形亦有兩不字則兩不字或是語辭古人用不字有但為語辭者說詳王引之經傳釋詞

豈加故為哉鬯案高注云豈故者遭時宜而制禮非故為也姚廣文云加衍字注豈故連文可證無加字

匹夫百晦一守鬯案高注云百晦之田一夫一婦守也據注似匹夫下原有匹婦二字

以數雜之壽畧案莊校云太平御覽引作以數帀之壽有注云帀猶至也或作卒卒盡也言垂盡之年與此本不同畧謂此當以作卒為是作雜者固非作帀者亦非而訓卒為盡更非數者促也卒者猝也而音即從之故數卒實雙聲連語聲轉即為倉猝皆迫急之義對上文遠字滔字而言也上文云自身以上至於荒芒亦遠矣自死而天地無窮亦滔矣然則豈能以倉猝之年憂天下乎故曰以數卒之壽憂下天之亂猶憂河水之少泣而益之也

兵略訓此戰之助也而全亡焉畧案全即下文故全兵先勝而後戰之全

恆有不原之智嵒案原當讀為傆說文人部云傆黠也傆之言儇也說文又云儇慧也然則與智義相近不原之智猶言不智之智故與下句不道之道為對

必擇其人技能其才嵒案此能字疑涉下文能字而衍技其才與擇其人為對技其才者才各有技靜字而動用之也即猶之擇之義也下文云使官勝其任即承擇其人而言人能其事即承技其才而言此處不得有能字且致句法參差不可讀

為人杓者死嵒案杓當讀為的故高注云杓所擊也莊子庚桑楚篇云我其杓之人邪郭注云不欲為物標杓陸釋

云杓郭音的是亦讀杓為的矣標杓則標的也朱駿聲說文通訓以此杓字假借為扚殆誤讀高注說文手部云扚疾擊也是扚為擊者非所擊高不但以擊訓杓以所擊訓杓明是的也非扚也

人不及步鋗晉案鋗諧肙聲肙諧口聲口非口舌字也當作○實古文環字故睘聲與肙聲同也環之言也還步鋗者猶言步還也人不及步鋗與下句車不及轉轂文旣相偶義亦相同

若乃人盡其才悉用其力晉案此似當作若乃人不盡其才悉其力用字涉上文而衍衍用字因脫不字下文云以

少勝衆者自古及今未嘗聞也則其義可見矣
所持不直鬯案所上疑脫主字與下句平字對
說山訓蘭生幽谷不為莫服而不芳鬯案芳字隔下文浮
休而韻而與光揚相叶叶韻之變例也或欲改芳為茂或
援下文蘭芝欲脩改芳為脩並取與浮休叶竊恐不然高
注云性香明芳字不誤文子上德篇作蘭芷不為莫服而
不芳亦是芳字
嫁女於病消者夫死則後難復處也鬯案處謂處女也處
女者女未嫁之稱今嫁於病消者則不能有人道之接是
雖嫁而實仍處女也然既嫁矣夫死將曰寡婦不可復曰

處女故曰難復處也高注列兩説並非

近之則鐘[illegible]覽畧案莊校云太平御覽充作亮蓋取與下

文章字叶韻耳然充與章實亦轉韻相叶即如上文云天

二氣則成虹地二氣則泄藏人二氣則成[illegible]充與章字叶

猶虹與藏字病字叶此其近例矣高注云充大也明充字

不誤

山高者不修畧案文子上德篇此下有地廣者德厚一句

此似亦當故下文反承其義云廣其義而薄其德於文為

足

殺牛必亡之数畧案此但謂殺牛牛必亡耳高注牽王法

禁殺牛言似屬支論又案下文云以必亡贖不必死是謂牛必亡而馬不必果死也然則上文言殺罷牛可以贖良馬之死彼死字疑有誤或是病字

髡屯犂牛鬯案曾釗周禮注疏小箋牧人下引此謂屯當作毛未知然否

撰良馬者鬯案撰之言選

鼎錯日用而不足貴周鼎不爨而不可賤鬯案此二句義本甚明不煩解說而高注解上句云雖日見用不能和五味故不足貴解下句云不日炊火以供味而能和味故曰不可賤支離甚矣且既日用矣焉有不能和五味既不爨矣又何有於和味是卻當謂鼎錯雖能和五味而不足貴周

鼎雖不和五味而不可賤注義不惟支離又適相背矣蓋高實探下文不用而為有用之而為是說不知彼言用有不必泥也

以浴而倮謹案以已通

說林訓設鼠者機動謹案設字無義疑投字之誤賈誼新書階級篇云里諺曰欲投鼠而忌器又云鼠近於器尚憚弗投又云投鼠而不忌器之習也亦見漢書賈誼傳是漢人有投鼠之技

使響濁者聲也謹案濁當讀為觸使響觸者聲也義自明濁則失義矣高注云聲濁則響濁也然則聲清則響清何

以偏言濁史記律書云濁者觸也亦聲訓也明二字可通
矣
羊肉饘也鬯案四字蓋注文溷入正文
以篙測江篙終而以水為測惑鬯案高注云船以篙渡江
篙沒因以江水為盡故曰惑也鬯謂此但言以篙測江是
欲測江水之淺深非謂船以篙渡江此可高注商者而其
言篙沒因以江水為盡一盡字義顯疑正文下測字本作
盡涉上測字而誤也宜依注訂正
故鄭詹入魯春秋曰佞人來佞人來鬯案高注云鄭詹鄭
文公大夫以齊桓公卒不使鄭伯朝齊而使朝於楚齊人

執之自齊逃至魯魯謂之倭人以方驪姬豎牛故曰倭人來倭人來此注殊誤此見公羊莊十七年傳云倭人來矣倭人來矣此時鄭尚厲公非文公也齊桓方霸更何得言卒乎不朝齊之說取左傳以說此亦恐不合因一故字以為承上驪姬豎牛而言然亦不可云以方驪姬豎牛故曰倭人來倭人來也且驪姬豎牛之事皆在叔詹之後也之與矣皆案也邪同用故也者辭之反也矣者辭之正也

病熱而强之餐皆案熱當作濕蓋濕誤為溫後人因改為熱耳人間訓云病濕而强之食此其明證而彼道藏本濕

字正誤作温王雜志轉以作温為是且引文子微明篇亦作文然今文子卻作病濕而強餐之熱亦濕字非温字益病濕則不能食故欲強之餐而不知適所以甚其病也故下文云欲救之反為惡也人間訓云此衆人之所以為養也而良醫之所以為病也若作病熱則儘有病熱而能食者又何必強之餐強之餐又何至反為惡為良醫之所病此理淺顯王氏疑惑於道藏本耳且下文云救暍而飲之寒若病熱與暍不更意複乎

人間訓是故人皆輕小害易微事以多悔也案害字疑衍讀微字為句事字屬以多悔為句人輕小易微事以多悔

猶後文云聖人敬小慎微動不失時其文義相反句句法可類也今案文子微明篇作凡人皆輕小害易微事以至于大患則此多悔上或脫至於二字或下文疊一患字亦可

於是智伯乃從韓魏圍襄子於晉陽 案此從字為從橫之從

相恃而勢也 案而當作之

以問先生 案列子說符篇作以問孔子王充論衡福虛論同

三國伐齊圍平陸 案此三國未詳高注云韓魏趙也當因習稱韓魏趙為三國而言之耳未必有據下文括子曰三

國之地不接於我踰鄰國而圍平陸則獨一韓可當之魏趙地皆接於齊也齊地東接魏趙南接楚北接燕然則韓之外惟有一秦耳如此止二國而云三國豈尚從一小國與要高注實不足信　又案戰國齊策魯燕連遺將書有魏攻平陸之語考其事即史記魏世家及六國表所書昭王十二年與秦趙燕共伐齊敗之濟西之役蓋言魏攻者實秦趙燕假道於魏而魏遂與之共伐耳正所謂踰鄰國而圍平陸也則三國者秦趙燕也三國之地不接於我者謂不接於平陸固不必及趙燕與齊有相接之處也若魏則正接平陸故齊策又云有陰平陸則梁門不啟然則此

言三國必去魏而言秦趙燕矣非魏則三國不能攻平陸
故魯連又舍三國而專言魏且彼上句楚攻南陽作偶對
也附考如此未審是否
舍仁而後佞詈案姚廣文云後疑即厚以聲而近借佞人
而貴是厚於佞人也
使被衣不暇帶詈案姚廣文云被疑讀為彼
使離朱捷剟索之詈案脩務訓云離朱之明攫掇之捷攫
剟字通是攫剟以捷稱故亦稱捷剟道藏本脫捷字王雜
志因欲據脩務補攫字而以捷字為劉績所增非也各本
皆作捷字者且離亦非氏也離者明也以朱明目故稱之

曰離朱與攫掇之稱捷掇正同攫亦非氏也亦以其善攫
而稱之然則攫掇捷掇又一也古人稱謂多如此
君胡得之案得疑當作待涉上文得字而誤上文云季
氏之得殺三家為一其德厚其威強是昭公實無以待季
氏也故曰君胡待之
婦人也得剡麻考縷案高注云考成也則以剡麻考縷
為一事謂剡麻以成為縷也方言爰暖蕭云考引也則分
剡麻與引縷為兩事亦可解
天下席卷案似當作席卷天下
斂躬而行案謂微行也

此後其睯案此字似不當有疑在下文刑者之上刑者遂襲恩者逃之於城下之廬睯案恩者二字不當復恩者即指子發也上文云罪人已刑而不忘其國故自刑者言之謂子發為恩者言此刑者襲子發而逃之於城下之廬非子發自逃也且子發既被襲又何能逃惟刑者襲之而逃故下文踹足而怒對追者明此恩者二字之不當復也

使狐瞋目植睹睯案姚廣文云植與直同吳越春秋范蠡曰大王勿疑直眂而行眂與視同晉書阮籍傳籍散髮箕踞醉而直視釋氏通鑑僧志言相貌奇古直視不瞬與此

云直睹一也
脩務訓以此論之則不類矣鬯案此二句與上文不接高
注殊為强說疑當在下文又況人乎之下
形夸骨佳鬯案夸者夸毗也爾雅釋訓云夸毗體柔也累
言夸毗單言但曰夸
佩玉環揄步鬯案五字讀成一句義亦可通而姚廣文云
步下有奪字當作揄步搖與佩玉環為對鬯謂如姚說則
下文搖字可即移在此下文口曾撓奇牙出醶酺各四字
句醶酺下不合有搖字且高注亦不釋彼搖字
口曾撓奇鬯案口疑足之壞文撓奇蓋物名亦單稱撓下

文曾撓摩地是也云摩地明指足言矣撓奇者蓋如今女人鞋下用木底曾之言層也謂重木底也與史記貨殖傳言跕屣屣相類姚廣文云撓同蹺或作蹻然則如今優人扮女著蹻乎今蹻在鞋內此似在鞋外故可摩地

搏援攫肆鬯案姚廣文云援當作捷涉上文援豐條之援而誤注但云搏捷並無援字可據以訂正鬯謂援義亦可通姚說未知是否

泰族訓黜淫濟非鬯案濟當訓止天文訓高注云濟止也或謂當讀為擠說文手部云擠排也

養性之本也鬯案性當讀為生下文云養生之末也此用

三十六

性字下用生字文異而義同道藏本下文生字亦作性於義尤可通足見性之固讀為生矣

攻不待衝降而拔𨑒案姚廣文云降當隆字之誤氾論訓晚世之兵隆衝以攻衝隆之衝順倒一也注云隆之高也衝所以臨敵城衝突衰之隆音轉如臨詩皇矣篇與爾臨衝韓詩作隆衝毛傳云臨臨車也衝衝車也葢臨車在上臨下衝車從旁衝突皆攻之之具也兵略訓云不待衝隆雲梯而城拔是此文確證𨑒謂姚說葢是但謂降為隆之誤非也隆即諧降聲降即可讀為隆

皆方命奮臂而為之鬬𨑒案方葢讀為放廣雅釋詁云放

效也然則放命者猶言效死也道藏本命字作面殊不可通

教之以金目則快射又况知應無方而不窮哉啓案姚廣文云快句絶上文曰說曰喜皆一字何獨此以二字且二字連文無義下文射者數發不中以十字當在快字之下又况知應無方而不窮哉十字當在其爲師亦博矣之下均係錯簡人教之以儀則喜喜字複疑當爲善字之誤案如姚說但中多一射字今依其說録文如下人欲知高下而不能教之用管準則說欲知輕重而無以予之以權衡則喜欲知遠近而不能教之以金目則快射者數發不中人

教之以儀則善矣又况生儀者乎犯大難而不懾見煩繆而不惑晏然自得其樂也豈直一說之快哉夫道有形者皆生焉其為親亦戚矣享穀食氣者皆受焉其為君亦惠矣諸有智者皆學焉其為師亦博矣又况知應無方而不窮哉人莫不知學之有益於己也然而不能者嬉戲害之也之字原作人依王雜志改

要略故為之浮稱流說其所以能聽鬯案以字涉下文而衍故為之浮稱流說其所能聽十一字作一句讀言諒其所能聽而稱說之也有以字則義不通

殯文王於兩楹之間鬯案周初用殷禮

蔡叔管叔輔公子祿父嵒案高注云祿父紂之兄子與史記管世家言紂子不同異聞也

好色無辨嵒案上文既言内好聲色此不應復出好色字且好色無辨義亦不顯疑好字本作子女二字誤并為一字因衍色字子女無辨者謂男女無别也